1

COLLECTION

COMPLÈTE

DES MÉMOIRES

RELATIFS

A L'HISTOIRE DE FRANCE.

Du Bellay, livres 3, 4, 5 et 6.

LEBEL, IMPRIMEUR DU ROI, A VERSAILLES.

COLLECTION
COMPLÈTE
DES MÉMOIRES

RELATIFS

A L'HISTOIRE DE FRANCE,

DEPUIS LE RÈGNE DE PHILIPPE-AUGUSTE, JUSQU'AU COMMENCEMENT
DU DIX-SEPTIÈME SIÈCLE;

AVEC DES NOTICES SUR CHAQUE AUTEUR,
ET DES OBSERVATIONS SUR CHAQUE OUVRAGE,

Par M. PETITOT.

TOME XVIII.

PARIS,
FOUCAULT, LIBRAIRE, RUE DE SORBONNE, N.° 9.
1821.

TROISIESME LIVRE

DES MEMOIRES

DE MESSIRE MARTIN DU BELLAY.

SOMMAIRE DU LIVRE TROISIESME.

Estant le roy François prisonnier en Espagne, la duchesse d'Angoulesme, sa mere, prent le gouvernement du royaume, pourvoit sagement à la deffence d'iceluy, et appaise l'Anglois, qui vouloit faire la guerre en Picardie. Les freres du duc de Lorraine deffont, pres Saverne, un populasse d'Allemagne, mutiné contre la noblesse. Le Roy devient malade à Madril, qui fut cause que l'Empereur entendit à sa delivrance, moyennant l'hostage de ses enfans, et autres conditions qui ne furent entretenues, comme iniques. Rome est saccagée par les Imperiaux, où fut tué Charles de Bourbon. Il se fait une grande ligue pour chasser les Espagnols d'Italie; Lautrec y est envoyé avec armée, qui prent, au profit de Francisque Sforce, plusieurs villes du duché de Milan : estoit sur le point de gaingner le reste, s'il ne fut contraint d'aller au secours du pape Clement, oppressé par les Espagnols, lesquels en sont destournez par l'entreprise qu'il fait sur le royaume de Naples : poursuyvant laquelle, devient maistre de toutes les villes du royaume, fors de Manfredone, Gayette, et la ville de Naples, où il met le siege : la peste ruine son camp, dont il meurt avec la plus part de ses gens. André Dorie se revolte; aussi fait la ville de Genes. La paix se traitte à Cambray, entre le Roy et l'Empereur; par ce moyen, sont delivrez les enfans de France, et le Roy espouse la sœur de l'Empereur; lequel, peu apres, passe en Italie, se fait couronner à Rome, et contraint les Florentins, par un long siege, de changer le gouvernement de leur république.

TROISIESME LIVRE.

Madame Louise de Savoye, duchesse d'Anjou et d'Angoulesme, mere du Roy, que je vous ay dit estre demeurée regente en France, ayant eu ces nouvelles, on peult estimer le deplaisir qu'elle en porta, voyant son fils captif, et l'armée de France ruinée. Toutesfois, comme femme de vertu, delibera remedier à ce qui luy seroit possible, et, pour cest effect, manda querir les princes et seigneurs qui estoient demourez en France, et, entre autres, le duc de Vendosmois, qui estoit demeuré gouverneur et lieutenant du Roy en Picardie et l'Isle de France; le duc de Guise, qui estoit demouré lieutenant du Roy en Champagne et Bourgongne; et le seigneur de Lautrec, gouverneur de Guienne et lieutenant du Roy en Languedoc: lesquels, apres avoir pourveu à leurs frontieres, se retirerent à Lion, devers elle. Le duc de Vendosme, partant de Picardie pour venir à Lion devers madite dame, arrivé à Paris, luy fust remonstré par quelques uns de ladite ville, et mesmes par de gros personnages, conseillers de la cour de parlement, que luy estant la premiere personne et plus proche du sang, pour estre le Roy prisonnier, messieurs ses enfans en bas aage, le duc de Bourbon revolté de l'obeïssance du Roy, le duc d'Alançon n'estant encores de retour à Lion, à luy seul appartenoit le gouvernement du royaume; et que, s'il le vouloit entreprendre, la ville de Paris, avecques toutes les autres bonnes villes d'iceluy, luy assisteroient à ceste fin. Je pense que l'occasion qui les mouvoit, estoit pour la haine qu'ils portoient au chancelier Antoine du Prat, par le conseil duquel ils ne vouloient estre gouvernez. Charles, duc de Vendosmois, considerant que ceste novalité ne seroit seulement la ruine du Roy, mais aussi du royaume, et que madame la Regente, ayant pris le maniement des affaires depuis le partement du Roy, eust trouvé estrange de s'en desister, et que finablement il en sourderoit une partialité en ce royaume, qui causeroit la ruine entiere de ceste monarchie françoise, à ceste cause, leur feit response qu'il se retireroit à Lion, où tous les princes se devoient assembler, et que là seroit avisé au faict du Roy et du bien public; enquoy il feit grand service à la Couronne et au royaume; car plusieurs demandoient novalitez, et ne leur estoit besoing que d'un chef pour ce faire et leur servir de couverture. Estant mondit-seigneur de Vendosme arrivé à Lion, fut ordonné chef du conseil de France.

Madame la Regente, comme j'ay predit, en toute diligence regarda de pourveoir aux choses concernantes la tuition de ce royaume. Premierement elle manda au seigneur André Dorie, general des galleres du Roy, et au seigneur de La Fayette, qui estoit vice-amiral des navires, tous à Marceille, qu'ils eussent à faire voile et s'en aller au royaume de Naples, pour rapporter en France le duc d'Albanie avec l'armée qu'il avoit menée; car, par terre, il n'y avoit ordre de le retirer, pour estre noz affaires en Italie trop desfavorisées: ce qui fut faict, et se retira ledit duc d'Albanie sans riens perdre, horsmis quelques uns qui estoient devant avecques le seigneur d'Esgvilly à Velistre, qui eurent la chasse par les Colonnois, jusques dedans Romme, où ils furent recueillis par la part Ursine. En apres, ordonna que tous les capitaines et soldats revenans de la bataille, fussent payez de ce qui leur estoit deu, et à la pluspart feit donner argent pour payer leurs rançons. Puis estant le marquis de Salluces, Michel Antoine, retourné de Savonne, où il estoit demouré lieutenant du Roy, et le comte Ludovic de Belle-Joyeuse avecques luy, ayant la charge de deux cens hommes de pied italiens, iceluy Ludovic, avecques sadite charge, fut envoyé en Bourgongne, pour faire teste aux ennemis, si par la Franche-Comté ils vouloient descendre. Puis, sçachant que le roy d'Angleterre, suivant le traitté qu'il avoit faict avec l'Empereur, devoit estre à Douvres avecques son armée, prest à s'embarquer pour descendre à Callaiz, envoya ses ambassadeurs, qui estoit Jean Jouachin, genevois, pour luy faire entendre la fortune avenue au Roy, son fils, le priant ne vouloir assaillir un prince prisonnier, mais vouloir entendre à quelque traitté gracieux avecques le conseil de France. Le roy d'Angleterre, craignant que l'Empereur ne se voulsist faire si grand, qu'apres il luy courust sus, tourna sa malveillance envers le Roy en amitié, de sorte qu'il traitta avec Madame et le conseil de France, promettant tout le secours qui luy seroit possible, tant d'hommes que d'argent, pour mettre le Roy en liberté; et, encores que son armée luy eust beaucoup cousté à mettre ensemble, n'en demanda toutesfois aucune recompense, et la licentia.

En ce temps, se leva en Allemagne un populaire (1)

(1) *Un populaire :* c'étoit une troupe de paysans soulevés par Mun-

qui vouloit maintenir tous les biens estre communs.
Soubs lequel pretexte, se meirent ensemble quatorze ou
quinze mille villains, pour marcher droit en Lorraine,
et de là en France, estimans pouvoir tout subjuguer,
par-ce qu'ils avoient opinion que la noblesse de France
estoit morte à la bataille : lesquels païsans assemblez,
par-tout où ils passoient, pilloient maisons de gentil-
hommes, tuoient femmes et enfans avecques cruauté
inusitée. Pour à quoy obvier, monsieur le duc de Guise
et le comte de Vaudemont, son frere, apres avoir assemblé toutes les garnisons de la Bourgongne et Champagne, tant de cheval que de pied, et, entre autres, le
comte Ludovic de Belle-Joyeuse, duquel j'ay parlé cy
devant, qui avoit deux mille hommes de pied italiens,
marcherent au devant de la furie de ce peuple, lequel
ils rencontrerent à Saverne, au pied de la montagne,
tirant le chemin de Strasbourg; et, encores qu'ils fussent
quinze mille contre six mille, se fians lesdits seigneurs à leur gendarmerie, les chargerent et les deffirent, et taillerent tous en pieces, horsmis ceux qui se
sauverent à la montagne; et y moururent de ce populaire de huict à dix mille hommes, et des nostres peu :
et, entre autres, de nostre part, y furent tuez le capitaine
Sainct Malo et le seigneur de Bethune, capitaine de
la garde dudict duc de Guise. Onc, depuis ceste deffaicte, ne fut nouvelles que ceste canaille se deust rassembler.

Madame la Regente ny le conseil de France ne trouverent bonne l'entreprise dudit duc de Guise, d'avoir

cer ; ils vouloient l'égalité absolue, la communauté des biens, et, pour
y parvenir, ils massacroient les seigneurs. Mezerai les appelle *avortons
de Luther*. Voyez l'Introduction.

hazardé les forces que nous avions ensemble, pour soustenir un effort, au cas que l'armée victorieuse d'Italie eust marché en ce royaume; mais bien en prist. Dom Charles de Lannoy, vice-roy de Naples, lieutenant general de l'Empereur en Italie, apres la bataille gaignée, fut en grande pensée du moyen qu'il pourroit tenir pour contenter son armée; n'ayant argent pour la payer de trois ou quatre mois qui luy estoient deuz, craignoit que les soldats, se mutinans, ne cherchassent le moyen par force d'avoir le Roy entre leurs mains, pour seureté dudit payement. Pour à quoy obvier, il mena le Roy, au desceu de sadite armée, à Pissequeton, place forte sur la riviere d'Adde, le baillant en garde au seigneur Alarçon, espagnol, auquel l'Empereur avoit grande fiance; puis chercha les moyens de trouver deniers pour contenter lesdits soldats. Il eut du pape Clement cent cinquante mille francs; du duc de Ferrare, quarante mille : les Venitiens offrirent luy en bailler bonne somme; mais, par-ce que le vice-roy les vouloit contraindre à plus grande quotisation, ils temporiserent, de sorte qu'ils ne baillerent rien. Estant le Roy à Pissequeton, y sejourna jusques apres Pasques, que l'on comptoit 1525, que l'Empereur, estant en Espagne, envoya devers luy le seigneur du Ru, son grand maistre, avecques articles par lesquels il demandoit que le Roy investist monsieur de Bourbon de la comté de Provence et du Dauphiné, pour joindre avecques les terres desquels ledit seigneur de Bourbon avoit au-paravant jouy, et le tout estre erigé en royaume duquel il ne recognoistroit superieur : par mesme moyen, que le Roy luy remist entre ses mains le duché de Bourgongne; et autres plusieurs articles que je laisse, comme non raisonnables à demander. Auquel seigneur du Ru fut respondu par le Roy : « Je « suis marry dequoy l'Empereur vostre maistre vous « a donné la peine de venir en poste de si loing, pour « m'apporter articles si desraisonnables; vous luy di-« rez, de ma part, que j'aymeroye mieux mourir pri-« sonnier que d'accorder ses demandes, luy faisant en-« tendre que mon royaume est encores en son entier, « lequel pour ma delivrance je ne vueil endommager; « et, s'il veult venir à traittez, il fault qu'il parle autre « language. »

Pendant ce temps, le comte de Sainct Pol, qui estoit sorty de prison, ayant praticqué ses gardes, le comte de Vaudemont et le marquis de Salluces, Michel Antoine, faisoient dresser quelques praticques avecques aucuns princes et capitaines d'Italie, de la quelle estoit conducteur le comte Francisque de Pontresme, esperans trouver moyen d'empescher que le Roy ne fust transporté hors du duché de Milan, et que le temps ameneroit que les potentats d'Italie, craignans que l'Empereur ne se voulsist faire monarque, puis apres les suppediter, dresseroient armée pour mettre le Roy en liberté. Dequoy le vice-roy de Naples ayant eu quelque vent, feit entendre au Roy qu'il avoit seureté de l'Empereur, et luy en monstroit lettres, que là où il se passeroit en Espagne, leurs deux Majestez, apres avoir parlé ensemble, feroient une paix finale par laquelle il seroit mis en liberté. Le Roy, ayant cognoissance que monsieur de Bourbon estoit passé en Espagne (1), et que les propos du ma-

(1) *Monsieur de Bourbon estoit passé en Espagne :* le connétable ne quitta point alors l'Italie. Il fut dupe de Lannoi, et témoigna le pla-

riage dudit seigneur de Bourbon et de madame Aleonor, seur de l'Empereur, se continuoient, et qu'on en esperoit la conclusion, resolut et accorda de son passage, encores que plusieurs de ses serviteurs ne fussent de ceste opinion. Et l'occasion à ce le mouvant estoit qu'il esperoit qu'estant arrivé en Espagne, ladite Dame Aleonor aimeroit mieux espouser un grand Roy comme le nostre, qu'un prince desherité : par ce moyen, elle pourroit divertir l'Empereur, son frere, de ceste opinion ; car advenant le mariage dudit Bourbon et d'elle, c'estoit mettre la guerre dedans le cueur de son royaume : veu les demandes que desja lui avoit faictes le seigneur du Ru, au nom de l'Empereur, il estoit apparant que ledit Empereur favoriseroit de ses forces ledit seigneur de Bourbon espousant sa seur. Mais il falloit que le Roy fournist, pour sa conduicte, six de ses galleres qui estoient à Marceille, lesquelles seroient armées d'Espagnols, et qu'il feist desarmer les autres pour la seureté dudict passage : chose que le Roy trouva bonne ; et depescha le seigneur de Montmorency, mareschal de France, pour cest effet, devers madame la Regente, sa mere.

Ledit de Montmorency estant arrivé à Lion devers ladicte dame, luy fit entendre l'intention du Roy ; chose qu'elle et son conseil trouverent bonne, esperant, par ce moyen, avoir plustost la delivrance du Roy son fils. Incontinant que ledict de Montmorency fut depesché de Pissequeton, le Roy partit accompagné dudict vice-roy de Naples, pour prendre

grand chagrin quand il sut que François I étoit à Madrid. Il partit alors pour l'Espagne, afin du moins que l'Empereur ne traitât pas sans lui avec le Roi.

le chemin de Gennes. Auquel lieu de Gennes estant le Roy, attendant ses galleres, arriva ledict mareschal de Montmorency; mais, par ce qu'il ne trouva bon, sans reiteratif commandement du Roy, de mettre les galleres entre les mains des Imperiaulx, les avoit laissées à Toulon, en intention de les avoir assez à temps quand il seroit besoing. Toutesfois le vice-roy de Naples, sentant l'armée de mer du Roy plus forte que la sienne, et craignant que, se mettant au passage, il seroit en danger de perdre son prisonnier et son armée, ou pour crainte de quelque novalité en terre, ne vouloit plus temporiser. A ceste occasion, print la routte de Naples, partant de Gennes, pour mettre son prisonnier en seureté; qui fut un grand ennuy au Roy, de se veoir mener en païs si loingtain de ceulx desquels il pouvoit avoir faveur. Mais estant arrivé à Porto Venere, où il feit sejour d'un jour ou deux, les vint joindre le mareschal de Montmorency, avec les six galleres que le Roy avoit promises. A ceste cause, ils changerent incontinant la routte de Naples, et prindrent celle d'Espagne, passans aux isles d'Ieres, et par le goulfe de Leon, arriverent à Barcelonne. Puis, peu de jours apres, estans à Taraçonne en Espaigne, les Espagnols qui estoient de la garde du Roy se mutinerent contre le vice-roy, par faulte de payement; de sorte qu'il fut contrainct de se sauver par dessus les gouttieres, de maison en maison; où le Roy ne fut sans grand danger (1), pour les arquebouzades qui passoient pres de sa personne. De là allerent à

(1) *Où le Roy ne fut sans grand danger* : Brantôme raconte que François I se montra aux soldats mutinés, leur donna de l'argent, et parvint à les calmer.

Valance, duquel lieu le Roy depescha de rechef ledict de Montmorency devers madame la Regente, pour sçavoir d'elle et du conseil, quel appoinctement il devoit offrir à l'Empereur, aussi pour entendre comment on auroit traicté avec le Roy d'Angleterre. Lequel seigneur de Montmorency rapporta au Roy comme le roy d'Angleterre estoit entré en ligue avecques Madame et le conseil de France, pour le mettre en liberté; luy raporta aussi comme Madame avoit deliberé de luy envoyer la duchesse d'Alançon, sa seur, nouvellement vefve, par la mort de monsieur d'Alançon qui estoit mort à Lion; et que, pour cest effet, il eust à obtenir saufconduit, afin de pouvoir traitter de sa delivrance; et que ledict Anglois avoit quelque malcontentement de ce que l'Empereur, apres ceste grande victoire, l'avoit dedaingné, attendu qu'il avoit fourny d'argent pour la soulde de l'armée imperiale. Peu devant, estoit arrivé devers le Roy le seigneur de Brion, qui luy portoit argent et des fourreures, et avoit commission de madite dame, pour estre associé avec l'archevesque d'Ambrun, depuis cardinal de Tournon, et Jean de Selva, premier presidant de Paris, qui de long temps estoient envoyez pour traicter de la delivrance du Roy, pres de l'Empereur.

En ce temps, tomba le Roy en une fievre fort vehemente, au chasteau de Madril, dont peu de gens avoient esperance de convalescence; et desja les passages d'Espagne estoient fermez, de sorte qu'on n'en pouvoit avoir nouvelles : parquoy madame la Regente entra en grand ennuy, ne pouvant sçavoir la verité ou de la vie ou de la mort de sondict fils. Mais le seigneur de Langey entreprint de passer; ce qu'il feit, cherchant les passages qui n'estoient gardez, et revint devers elle luy apporter certaines nouvelles.

Madame Marguerite, seur du Roy, vefve du duc d'Alançon, estoit par les chemins pour aller visiter le Roy son frere, quand un saufconduict de l'Empereur luy fut apporté pour passer seurement; parquoy, au mois de septembre, elle s'embarqua à Aigues-mortes, et vint descendre à Barcelonne, de là à Sarragosse, et de Sarragosse à Madril, en intention de traitter de la delivrance du Roy son frere. Son arrivée vint bien à propos; car, ayant trouvé le Roy en si extreme maladie que dit est, elle servit plus à sa convalescence que n'avoient faict tous les medecins. A son arrivée à Madril, elle trouva l'Empereur qui l'estoit venu visiter, non, à mon avis, par charité qu'il eust vers luy, mais craignant qu'il mourust, et par ce moyen il perdist son prisonnier, qui estoit le fruict de sa victoire; car, depuis son arrivée en Espagne, jamais ne l'avoit veu, quelque promesse que luy eust faicte le vice-roy de Naples. Ladite duchesse d'Alançon, apres avoir veu le Roy hors 'e danger, et trouvant l'Empereur tousjours obstiné en ses demandes desraisonnables (hors mis qu'il ne parloit plus de faire monsieur de Bourbon roy), delibera s'en retourner en France, laissant pres de l'Empereur, l'archevesque d'Ambrun, depuis cardinal de Tournon, et le premier president de Paris, de Selva, et messieurs de Montmorency et de Brion, rapportant quand et elle pouvoir du Roy (1), tel qu'il le pouvoit donner

(1) *Rapportant quand et elle pouvoir du Roy* : voyez, dans l'Introduction, l'édit par lequel François I abdiqua la couronne en faveur de son fils ainé.

au lieu qu'il estoit ; par lequel il remettoit le gouvernement du royaume à monsieur le Dauphin, son fils aisné, avec permission de le faire couronner, se deliberant plustost mourir prisonnier, que de faire chose qui portast prejudice à son royaume. Et depesch^a le mareschal de Montmorency et le seigneur de Brion, pour aller servir mondit-seigneur le Dauphin en France, lesquels toutesfois ne partirent si soudain ; car l'Empereur, voyant la sœur du Roy retirée et malcontente, et ledit seigneur resolu de tenir prison plustost que d'endommager son royaume en la sorte que vouloit l'Empereur, donna esperance de plus gratieux traitté. Le voyage de madame la duchesse d'Alançon dura trois mois : sur son retour elle fut avertie que l'Empereur avoit donné charge de l'arrester, estant son saufconduit expiré, car il ne l'avoit voulu prolonger; parquoy elle feit telle diligence, que le chemin qu'elle avoit deliberé de faire en quatre jours elle le feit en un ; et avertit le seigneur de Clermont de Lodesve, qui estoit lieutenant de Roy dedans Narbonne, de la venir recueillir à Salluces (1), par-ce que c'estoit le dernier jour du saufconduit ; ce qu'il feit en si bonne compagnie, que ceux qui avoient charge de l'arrester n'oserent entreprendre d'executer leur charge. Et là elle eut nouvelles comment le roy Henry de Navarre estoit par subtils moyens sorty et eschappé des prisons des Espagnols, où il estoit demouré depuis la bataille de Pavie.

[1526] Or, à la fin, il fut accordé par les deputez ce qui s'ensuit : sçavoir est que le Roy, arrivé en

---

(1) *A Salluces*; lisez *à Salces* : c'étoit une forteresse du Roussillon.

France, mettroit entre les mains de l'Empereur le duché de Bourgongne, promettant d'employer son pouvoir à le faire accorder aux estats du païs; quitteroit la souveraineté de Flandres et Artois, et son droit du duché de Milan et du royaume de Naples, et espouseroit madame Aleonor, sœur de l'Empereur et doueriere de Portugal; avec plusieurs autres conditions : pour seureté desquelles promesses, le Roy, partant de Fontarabie, mettroit entre les mains des deputez de l'Empereur, en entrant en son royaume, monsieur François, dauphin de Viennois, son fils aisné, et monsieur Henry, duc d'Orleans, le second. Ce que le Roy volontiers accorda (1), entendant bien que, quelque

---

(1) *Ce que le Roy volontiers accorda :* il y avoit dans ce traité d'autres clauses encore plus humiliantes. François I ôtoit sa protection au roi de Navarre, au duc de Gueldres, au duc de Virtemberg, et à Robert de La Marck. Il abandonnoit ses alliés d'Italie, et promettoit d'envoyer des troupes contre eux. Le connétable de Bourbon étoit rétabli dans ses biens, et pouvoit faire valoir ses prétentions sur la Provence. La rançon étoit fixée à deux millions.

Le traité portoit que le Roi pourroit livrer, au lieu de son second fils, douze seigneurs, au choix de l'Empereur. On ne profita pas de cette offre insidieuse, parce qu'il auroit fallu priver la France de ses généraux les plus habiles. Ces généraux, que Charles demandoit pour remplacer le duc d'Orléans, étoient le duc de Vendôme, le duc d'Albanie, le comte de Saint Paul, le comte de Guise, le maréchal de Lautrec, le comte de Laval, le marquis de Saluces, les seigneurs de Rieux et de Brezé, le maréchal de Montmorency, l'amiral Brion, et le maréchal d'Aubigny.

Le Roi conserva long-temps un ressentiment profond du traitement qu'il avoit éprouvé en Espagne. Bayle rapporte une lettre de Palamède Gontier, secrétaire de l'amiral Brion, datée de Londres, 5 février 1535. Cette lettre porte que Henri VIII dit à ce secrétaire « qu'il estoit sou-
« venant et bien record que, quand ils se entrouverent dernierement
« ensemble, le dict seigneur roy François, parlant un jour à messei-
« gneurs le Dauphin, d'Orléans et d'Angoulême, ses enfans, leur dict

promesse qu'il fist, estant prisonnier gardé et non sur sa foy, estoit de nulle valleur, et que, par cy apres, il pourroit par argent ravoir messieurs ses enfans.

Les choses ainsi conclues et accordées, partit monsieur le mareschal de Montmorency pour venir devers Madame, à ce qu'elle eust à prendre le chemin, au plustost que possible luy seroit, à Bayonne, et y mener messieurs les hostagers. Pareillement l'Empereur vint à Madril veoir le Roy, auquel lieu ils eurent long propos ensemble; puis allerent en une mesme littiere veoir la royne Aleonor, sœur de l'Empereur, et vefve du roy de Portugal, laquelle, par ledit traitté, avant que partir d'Espagne, le Roy devoit fiancer; ce qu'il feit. Puis le Roy marcha droict à Fontarabie, où fut faict l'eschange de luy et de messieurs ses enfans. L'Empereur feit conduire le Roy jusques à Bayonne, par ses ambassadeurs, pour luy faire ratifier ledit traitté, incontinant qu'il seroit en son royaume; ausquels le Roy, y estant arrivé, feit response qu'il estoit besoing qu'il sceust premierement l'intention de ses subjects de Bourgongne, par-ce qu'il ne les pouvoit aliener sans leur consentement, et que de brief il feroit assembler les estats du païs pour sçavoir leur volonté.

Estant le Roy de retour en son royaume, ordonna des estats vacans par le decez de ceux qui estoient morts à la bataille. Au lieu du grand maistre bastar

« ces propres mots : *que, s'il savoit qu'ils oubliassent jamais les tors et*
« *inhumains traitemens faits à luy et eulx par ledict Empereur, en*
« *cas qu'ils ne s'en vengeassent, si faire luy mesme ne le pouvoit,*
« *comme il esperoit durant sa vie, qu'il leur donneroit des lors sa ma-*
« *lediction.* »

de Savoye, ordonna le mareschal de Montmorency grand maistre et mareschal; au lieu de l'amiral Bonnivet, ordonna le seigneur de Brion amiral; au lieu du mareschal de Chabannes, le seigneur Theodore Trevoulse fut mareschal: et la compagnie dudit de Chabannes fut separée, sçavoir est, cinquante hommes d'armes au seigneur de La Milleraye, Charles de Mouy, et les autres cinquante à Antoine des Prez, seigneur de Montpesat; au seigneur de Fleuranges, fils aisné de messire Robert de La Marche, seigneur de Sedan, la mareschaucée du mareschal de Foix; lequel seigneur de Fleuranges avoit esté pris à la bataille, et avoit esté prisonnier à L'Ecluse en Flandres, fort estroittement, pour la haine que portoit l'Empereur à sa maison. Et par-ce que, le jour de la bataille, ayant le Roy son cheval tué entre ses jambes, ledit seigneur de Pomperant, qui s'en estoit allé avecques monsieur de Bourbon, descendit à pied pour le secourir, de sorte qu'il estimoit que, sans ledit Pomperant, avant l'arrivée du vice-roy de Naples, il eust esté en danger de sa personne, le Roy retira ledit Pomperant à son service, et luy donna la compagnie de cinquante hommes d'armes, vacante par la mort du seigneur de Saincte Mesme, qui estoit mort prisonnier: vray est que luy, estant prisonnier à Pissequeton, avoit ja donné audit Pomperant les cinquante hommes d'armes susdits, et l'avoit envoyé devers Madame. Et au seigneur de La Rochedumaine donna la moitié de la compagnie de monsieur d'Alançon, de cent hommes d'armes, dont il estoit lieutenant, lequel estoit mort à Lion, au retour de la bataille. De la compagnie du seigneur Louis de La Trimouille, donna cinquante à son petit fils et cinquante à messire Jean d'Estempes, seigneur de La Ferté Nabert; à l'amiral de Brion, le gouvernement de Bourgongne, vacant par la mort du seigneur de La Trimouille; celuy de Dauphiné au comte de Sainct Pol, vacant par la mort de l'amiral Bonnivet; et au seigneur de Montmorency donna le gouvernement en chef de Languedoc, dont au paravant il estoit lieutenant soubs monsieur le Dauphin, auquel le Roy l'avoit baillé apres le partement de monsieur de Bourbon; et au grand seneschal de Normandie, messire Louis de Brezé, donna le gouvernement de Normandie, vacant par la mort de monsieur le duc d'Alançon, dont par devant il estoit lieutenant du Roy.

Pour revenir à l'Empereur, ayant entendu la response faicte par le Roy à ses embassadeurs à Bayonne, depescha le vice-roy de Naples, Charles de Lannoy, seigneur de Mingoval, le duc de Trajette, le seigneur Alarçon, pour venir devers le Roy, esperant que la response des estats de Bourgongne seroit suivant son intention; ce que non. Lequel ils vindrent trouver à Congnac, auquel lieu ils feurent receus et festoyez magnifiquement : mais, peu de jours apres, ils virent chose qui ne leur pleut gueres, car ils virent et ouirent publier en leurs presences une ligue faicte entre le pape Clement, le roy de France, le roy d'Angleterre, les Venitiens, les Suisses et les Fleurentins, qui s'appella la Saincte Ligue, pour mettre l'Italie en liberté, et en chasser tous estrangers, et remettre le duché de Milan entre les mains de Francisque Sforce, avec quelques conditions, laissant place à l'Empereur pour y entrer, si bon luy sembloit; chose qu'ils trouverent estrange : dequoy je ne m'esbahy, car, au lieu

qu'ils pensoient prendre possession du duché de Bourgongne, (estant ja party le prince d'Orenge (¹), pour
aller prendre ladite possession comme gouverneur), on
leur presenta un traitté entierement contraire à l'Empereur leur maistre. Parquoy, apres avoir pris congé
du Roy, retournerent en Espagne, rapportans qu'où
l'Empereur vouldroit prendre argent pour la rançon
du Roy, et rendre messieurs les enfans de France,
ledit seigneur le luy fourniroit; autrement, non :
et pour l'execution desdits traittez, chacun, pour sa
quotte portion, devoit mettre ses forces ensemble. Et,
pour conduire l'armée que le Roy devoit fournir pour
son respec, en fut donnée la charge à Michel Antoine, marquis de Salluces, lequel fut depesché avec
quatre cens hommes d'armes et dix mille Suisses que
le Roy avoit envoyé lever, dont estoit colonnel le
comte de Tende, et quelque nombre de gens de pied
françois.

Ce-pendant que ces traittez se faisoient, le duc Francisque Sforce (²), qui estoit assiegé dedans le chasteau
de Milan, tomba en telle necessité de vivres, qu'il n'y
avoit plus que menger. Or estoit à l'heure mort le marquis de Pesquaire ; parquoy le seigneur Antoine de Leve

(¹) *Le prince d'Orenge :* Philibert, dernier prince d'Orange, de la
maison de Châlons. Des mécontentemens l'avoient fait passer au service
de Charles-Quint, et il étoit intimement lié avec le connétable de Bourbon. — (²) *Le duc Francisque Sforce :* ce prince, indigné des traitemens
que lui faisoit éprouver l'Empereur, étoit entré dans une grande conspiration tramée par Moron, chancelier du duché de Milan. Cette
conspiration avoit pour but de secouer le joug de Charles-Quint. On
voulut y entraîner le marquis de Pescaire, à qui l'on promit la couronne
de Naples ; mais ce général révéla tout à son maître. François Sforce
étoit alors assiégé par les troupes impériales.

et le marquis du Guast, cousin germain dudit marquis, avoient pris l'administration de l'armée et de tout l'Estat du duché de Milan, ensemble de l'assiegement du chasteau ; lesquels firent grande diligence de pourveoir à ce que secours de vivres n'entrast dedans, et, par-ce que le payement estoit failly à leurs soldats, mirent une imposition sur la ville de Milan, intolerable. L'Empereur, estant averty de la mort du marquis de Pesquaire, depescha soudain le duc de Bourbon, pour estre son lieutenant general en Italie, lequel vint descendre à Gennes, puis, arrivé qu'il fut à Milan, trouvant la ville en desespoir, pour les grandes cruautez qui leur estoient faictes, tant par impositions insuportables, que pour la tyrannie que leur faisoient les soldats, assembla les habitans de la ville, et leur remonstra l'ennuy qu'il portoit pour les injures qui leur avoient esté faictes par cy devant, mais qu'il estoit deliberé du tout les soulager : si est-ce qu'il estoit besoin de trouver trente mille escus pour contenter ses soldats, et, cela fourny, si jamais leur estoit faict tort, il prioit Dieu qu'au premier lieu qu'il se trouveroit, fust en bataille ou assault, il fust tué d'un coup d'arquebouze, ce que depuis luy advint devant Romme.

Pendant que ces choses se faisoient à Milan, le Pape et les Venitiens faisoient toute diligence d'assembler leur armée, pour venir à Milan secourir le chasteau, le sentans en grande extremité, et firent marcher leurdite armée droict à Laudes. Le marquis du Guast et Antoine de Leve, de ce avertis, craignans que leurs ennemis ne se missent dedans Laudes, qui leur eust esté grand empeschement pour les vivres de la ville de Milan, en toute diligence depescherent trois enseignes d'Espagnols, pour se mettre dedans; mais, arrivez qu'ils furent audit lieu, vint un bruict parmy eux, que ladite ville de Milan devoit estre livrée à sac; lesquels, à ceste cause, pour ne perdre leur part du butin, sans aucun commandement s'en retournerent à Milan, laissans dedans Laudes Fabrice Maramault, avec sept cens hommes de pied italiens, lequel permist à ses soldats de faire aux citadins toutes cruautez, tant usitées que non usitées.

Quoy voyant, le seigneur Ludovic Vistarin, citadin de Laudes, homme noble, se delibera de secourir sa patrie, et, pour cest effect, envoya devers Francisque Marie, duc d'Urbin, capitaine general de la seigneurie de Venise, à ce qu'il eust à marcher, et qu'il le mettroit dedans la ville, moyennant qu'il luy promist sa foy de ne souffrir faire extortion aux citadins; ce qui fut exécuté; et se sauva ledit Fabrice, avec sesdits soldats, dedans le chasteau. Le marquis du Guast, averty de la perte de Laudes, partit de Milan en toute diligence, pour trouver moyen de la recouvrer, devant que l'armée du Pape et des Venitiens y fust arrivée, pensant, par le moyen de ceux du chasteau, pouvoir entrer dedans; mais le duc d'Urbin, qui estoit homme de guerre, y avoit si bien pourveu par tranchées, que ledit marquis laboura en vain; et ce qu'il peut faire, fut de retirer les soldats qui estoient dedans le chasteau, avecques lesquels il s'en retourna à Milan. Ce-temps pendant, le reste de l'armée des Venitiens et celle du Pape marchoient en toute diligence par le Plaisantin, aussi faisoit Michel Antoine, marquis de Salluces, avecques l'armée des François, et desja avoit passé le pas de Suze, et estoit descendu en Piemont. Aussi les dix mille Suisses que le Roy avoit faict lever, marchoient par le païs des Grisons, sans lesquels les François ne vouloient combatre : mais lesdits Suisses furent lents à marcher, si, que ce temps pendant, la famine pressa de sorte le duc de Milan, qu'il fut contraint de remettre le chasteau de Milan entre les mains de monsieur de Bourbon, soubs condition que ceux de dedans ledit chasteau s'en iroient avecques leurs armes et bagues sauves, et que la ville de Come, tenue par les Imperiaux, seroit remise entre les mains dudit duc de Milan, pour faire sa demeure jusques à ce que l'Empereur eust cogneu sa justification, disant qu'à tort et sans cause, le marquis de Pesquaire l'avoit spolié dudit duché. Estans doncques ces traittez signez et accordez, et apres avoir mis le chasteau entre les mains de monsieur de Bourbon, lequel en feit capitaine le seigneur Tensane, vieil gentil-homme de Bourbonnois, partit ledit seigneur Sforce pour s'en aller à Come ; mais par les chemins luy fut raporté que les Imperiaux, en lieu de luy livrer la ville de Come, avoient deliberé de le mettre prisonnier, et mesmes que ses meubles qu'il avoit laissez à Milan en garde, par faulte de charroy pour les emporter, avoient esté baillez à sac aux soldats. Cela entendu par ledit Sforce, il se retira au camp de la ligue, se joignant avecques elle, pour les injustices qui luy avoient esté faictes. Ce pendant, le marquis de Salluces, avec l'armée du Roy, qui estoit de quatre cens hommes d'armes et quatre mille hommes de pied gascons, et cinq cens chevaux legers, arriva au camp de la ligue ; lui arrivé, fut conclu d'envoyer Malateste Baglion, avecques huict mille hommes de pied et quelque nombre de cavallerie, pour prendre la ville de Cremonne, par le moyen du chasteau qui tenoit pour le duc, dedans laquelle estoient mille lansquenets, cinq cens hommes espagnols, et deux cens chevaulx legers pour la part imperialle. Apres avoir esté, ledit Malateste, plusieurs jours devant Cremonne sans riens prouffiter, fut advisé que le duc d'Urbin, general de la seigneurie de Venise, iroit en personne, avecques l'armée venitienne, à l'expugnation de ladite ville de Cremonne ; auquel lieu, arrivé qu'il fut, en peu de jours contraignit les Imperiaux, de sorte qu'ils firent capitulation telle, que, si dedans dix jours ils n'estoient secourus, ils remettroient la ville entre les mains de la ligue ; ce qu'ils feirent, par-ce qu'il ne leur vint point de secours.

Pendant que ces choses se demenoient au duché de Milan, le pape Clement, estant à Romme, voyant la grande despense en laquelle il estoit, de tenir une armée au duché de Milan, autre en la Romagne, pour le souspeçon qu'il avoit de la part collonnoise, feit un traitté avecques Vaspasien Colonne, fils du feu seigneur Prospere Colonne, au nom de toute la maison colonnoise, par lequel furent remises toutes les injures precedentes, tant d'un costé que d'autre, faisant une paix generale. Les choses ainsi accordées et jurées, le Pape rompit son armée qu'il avoit en la Romagne : dont mal luy print, car, peu de jours apres, le cardinal Colonne et le seigneur Ascagne Colonne leverent à l'improviste, dedans leurs terres qui sont vers le royaume de Naples, grand nombre de soldats, et marcherent droict à Romme, de sorte que, devant que le Pape en fust averty, ils furent à Sainct Jean de Latran. De la chose si soudaine et inopinée, le Pape fut si estonné, que le principal remede qu'il sceut faire, fut de se retirer au chasteau Sainct Ange; et avec luy se retirerent tous les cardinaux, et si grand nombre de citadins, pour sauver leurs personnes, que les vivres qui estoient dans ledit chasteau n'estoient pour les nourrir trois jours; qui fut cause que le Pape, craignant la famine, fut contraint de capituler : par laquelle capitulation il promist faire retirer son armée du duché de Milan, et de quatre mois ne donner secours à la ligue. Les Imperiaux estans dedans Milan ayans eu ceste nouvelle, leur augmenta grandement le cueur. Semblablement le seigneur Georges de Fronsberg, sçachant que son fils Gaspard de Fronsberg, general des lansquenets qui estoient dedans Milan, estoit en extreme necessité, tant pour le service de l'Empereur que pour la salvation de sondit fils, avoit levé, de ses propres deniers, quatorze mille lansquenets; et avec bon nombre de cavallerie et d'artillerie qui luy fut baillée par Ferdinant, roy de Hongrie, frere de l'Empereur, marchoit en toute diligence pour secourir ceux de Milan, et desja avoit passé le pas de Trente, et le païs des Venitiens, qu'il avoit passé de force par la faveur du duc de Mantoue.

Le marquis de Salluces, chef de l'armée du Roy, et le duc d'Urbin, de celle des Venitiens (car desja l'armée du Pape s'estoit retirée), avertis dudit secours, abandonnerent le siege dudit Milan, pour aller trouver leurs ennemis et les combatre au passage; mais ils vindrent trop tard, car desja ledit Georges de Fronsberg avoit gaigné la pleine; parquoy ne s'y feit que quelques legeres escarmouches, à l'une desquelles, au passage d'une petite riviere, le seigneur Jean de Medicis fut frappé d'un coup d'arquebouze par la jambe, dont il fut contraint de se faire porter à Mantoue, auquel lieu, peu de jours apres, il mourut dudit coup : qui fut une grande perte pour la ligue, car il estoit tenu un des plus hommes de guerre d'Italie. Estant le siege levé de devant Milan, comme j'ay dit, les Espagnols voulurent contraindre monsieur de Bourbon de les payer de six mois qui leur estoient deuz ; autrement ils estoient deliberez de sacager la ville et se retirer. Pour à quoy obvier et contenter les soldats, ledit de Bourbon feit prendre la nuict les principaux et plus riches de la ville, lesquels, avec astrapades et autres inventions de tourmens, il contraignit de bailler argent, de sorte qu'il paya ses gens de guerre pour deux mois. Peu apres, voyant n'y avoir plus de moyen que le duché de Milan peust soustenir son armée, mesmes estans Cremonne et Laudes entre les mains de la ligue, delibera d'aller chercher pasture ailleurs ; parquoy, laissant Antoine de Leve à Milan, avec la superintendence de l'Estat du duché, se resolut d'entrer dedans les terres de l'Eglise, desquelles aisément il pouvoit user à son plaisir, estant le Pape desarmé, pour la paix qu'il avoit faicte avec les Colonnois ; et, pour cest effect, manda Georges de Fronsberg, pour se venir joindre avec luy à Plaisance. Le marquis de Salluces, avec l'armée françoise, averty de l'entreprise dudit duc de Bourbon, laissant le duc d'Urbin à la campagne avec l'armée venitienne, feit telle diligence, qu'il arriva avec son armée le premier à Plaisance. Monsieur de Bourbon, voyant la ville si bien pourveue et de si gens de bien, et l'armée venitienne en campagne, n'osa entreprendre de l'assaillir.

J'ai laissé à vous dire comment le Pape, cognoissant l'injure qu'il avoit receue des Colonnois, ses subjets, et que le vassal ne peult capituler avec son souverain chose qui luy puisse servir, ayant pris les armes contre luy, rompit lesdits traittez, et appella à luy le comte de Vaudemont, frere du duc de Lorraine, descendu de la maison d'Anjou, maison fort desirée par les Napolitains; lequel, estant party de Marceille avecques les galleres du Roy, ayant en sa compagnie le seigneur Rence de Cere, baron rommain, arriva à Romme; puis, y ayant dressé une armée de huict ou dix mille hommes et de quelque cavallerie, marcha droict au royaume de Naples: lequel de arrivée print la pluspart des places colonnoises et la ville de Salerne; et, s'estant présenté jusques devant les portes de Naples, et chassé dom Hugues de Montcade, vice-roy de Naples, et levé le siege de devant la ville de Frezelon, que les Imperiaux tenoient assiegée; à ceste occasion, le vice-roy de Naples, dom Charles de Lannoy, voyant les choses malbaster pour luy, feit une trefve avec le Pape, au nom de l'Empereur, pour quatre mois, au moyen dequoy fut nostre armée licentiée; chose qui vint mal à propos, car il estoit apparant qu'on eust mis l'Empereur hors de l'Estat de Naples, par-ce que tout le royaume estoit mutiné, ayant prins les armes contre les Espagnols, pour les tribus que le vice-roy leur demandoit, joint que l'Empereur n'avoit armée à Naples, et que toutes ses forces estoient avec monsieur de Bourbon. Ce faict, mondit seigneur de Vaudemont sur ses galleres se retira à Marceille, fort mal content dudit accord; car les Napolitains le demandoient, pour estre, comme dit est, de la maison d'Anjou.

Le seigneur de Bourbon, voyant son entreprise de Plaisance faillie, se deliberа tenter autre fortune, car la faim et la faulte de payement le chassoit, et conclud en toute diligence de surprendre Florance (sentant qu'elle estoit revoltée de l'obeïssance du Pape et de la maison de Medicis, et qu'il n'est que pescher en eau trouble), pour la bailler à sac à ses soldats. Mais le seigneur de Langey, qui pour lors estoit audit lieu de par le Roy, pour la conservation de la Saincte Ligue, averty de ladite entreprise, donna avis au marquis de Salluces du chemin que devoient prendre les Imperiaux, et que, venant par autre chemin qu'il luy manda, il pourroit prevenir ledit de Bourbon, et arriver le premier à Florance, et par ce moyen sauver la ville du sac. Le marquis, qui n'estoit paresseux, feit telle diligence avec son armée et le duc d'Urbin, general de la seigneurie de Venise, qu'ils arriverent le soir à Florance; dequoy monsieur de Bourbon averty, changea de chemin pour tirer à Romme. Le seigneur de Langey, voyant Florance en seureté, ayant avis que l'entreprise dudit de Bourbon estoit, au cas qu'il faudroit son entreprise de Florance, qu'il voudroit executer celle de Romme, nonobstant la trefve faicte par le vice-roy de Naples avec le Pape, estant en tel desespoir, qu'il n'avoit esgard à aucune foy promise, ledit seigneur de Langey, prenant la poste, en vint avertir le Pape d'heure, tellement qu'il avoit moyen d'y pourveoir; car les bandes noires, qui estoient celles du feu seigneur Jean, n'estoient qu'à une journée ou deux de Romme, lesquelles le seigneur Horace Baglion avoit en charge. Mais le Pape, se fiant aux accords par luy faicts avec le vice-roy, n'y voulut pourveoir.

Aussi le seigneur Rence de Cere luy offroit dedans trois jours mettre ensemble cinq ou six mille hommes de la part ursine. Toutesfois le Pape, estant ou abusé ou estonné, ne voulut pourveoir à chose du monde, qu'il ne veist les ennemis devant sa porte; de sorte que son principal combat fut de se retirer dedans le chasteau Sainct Ange, avec une partie des cardinaulx et ambassadeurs, laissant la ville sans garde; ce que voyans le seigneur Rence et le seigneur de Langey, trouverent moyen de promptement lever deux mille hommes pour faire ce qui leur seroit possible, attendans le marquis de Salluces. Mais il advint une chose estrange: car un porteur d'enseigne, ayant la garde d'une ruine qui estoit à la muraille au bourg Sainct Pierre, voyant monsieur de Bourbon venir, avecques quelques soldats, à travers les vignes, pour recognoistre la place, entra en tel effroy, que, cuidant fuir devers la ville, passa, l'enseigne au poing, par ladite ruine, et s'en alla droict aux ennemis : monsieur de Bourbon, voyant ceste enseigne venir droict à luy, estima qu'elle fut suivie d'autres gens, et que ce fust une saillie faicte sur luy; parquoy s'arresta pour recueillir les hommes qui venoient à son secours, et faire teste, attendant son armée, laquelle incontinant se mist en armes. Ledit enseigne, ayant marché environ trois cens pas hors la ville, et oyant l'alarme au camp dudit seigneur de Bourbon, se recogneut, et, ainsi qu'un homme qui vient de dormir, reprist ses esprits, et tout le pas s'en retourna devers la ville, et par la mesme ruine dont il estoit sorti rentra dedans. Monsieur de Bourbon, ayant veu la contenance de cest homme, et ayant cogneu ladite ruine, commanda de donner le signe de l'assault, et luy mesme marcha le premier, l'echelle au poing. Mais, arrivé qu'il fut pres des murailles, fut tiré par ceux de dedans un coup d'arquebouze, qui luy donna au travers de la cuisse, dont il mourut soudain (1). Plusieurs estimerent que ce fut punition divine, pour le serment qu'il avoit faict aux Milanois, lequel apres il avoit faulsé. Le prince d'Orange, estant plus prochain de luy quand il tomba, le feit tost couvrir d'un manteau, à ce que les soldats, voyans mort leur chef, ne s'estonnassent; puis suivit chauldement l'entreprise, de sorte qu'ils entrerent pesle-mesle dedans la ville. Le seigneur Rence et le seigneur de Langey, avecques ce qu'ils peurent ramasser de leurs hommes, en combatans se retirerent au chasteau de Sainct Ange, apres avoir long temps gardé le pont d'iceluy, et qu'ils y furent forcez. Lesquelles choses arriverent le sixiesme jour de may 1527.

Je n'ay que faire de vous dire les cruautez lesquelles furent commises à ladite expugnation; car il est assez manifeste ce qu'on a accoustumé de faire en tels actes, et aussi que la pluspart de l'armée estoient allemans, qui outrepassent les autres en ferocité; et mesmes estoient presque tous protestans, parquoy grands ennemis du Pape; et dura le pillage environ deux mois. Aucuns ont estimé que si monsieur de Bourbon ne fust encores mort, il se fust faict roy de Romme et roy de Naples, pour le malcontentement qu'il avoit contre l'Empereur, qui l'avoit trompé; car, luy

---

(1) *Dont il mourut soudain*: son corps fut porté à Gaëte, où on lui éleva un tombeau: l'épitaphe suivante y fut placée: *Aucto Imperio, Gallo victo, superatá Italiá, pontifice obsesso, Romá captá, Borbonius hic jacet.*

ayant promis sa sœur, la roine Aleonor, douairiere de Portugal, il ne l'avoit faict; puis, l'envoyant au duché de Milan, l'avoit laissé sans le secourir d'argent, comme le laissant en proye : mais Dieu voulut les choses autrement.

Estant mort monsieur de Bourbon, Philebert de Chalon, prince d'Orenge, par le consentement de tous, print la charge de l'armée ; lequel assiegea le chasteau Sainct Ange, dedans lequel le Pape et presques tous les cardinaux s'estoient retirez, mesmes les ambassadeurs des princes chrestiens. Ledit prince d'Orange, faisant les approches pour batre le chasteau, fut frappé d'un coup d'arquebouze par la teste, dont il fut en danger de mort; mais, pour cela, ne laissa le siege d'estre continué. A cause dequoy, le pape Clement, desesperé de secours, et craignant tomber entre les mains des Allemans, ses ennemis, joinct qu'il avoit faulte de vivres, capitula avecques le prince d'Orange; par laquelle capitulation luy et tous les cardinaux demourerent prisonniers entre les mains dudit prince. Mais le seigneur Rence de Cere, le seigneur de Langey, et autres tenans le party du Roy, ne voulurent accepter ladite capitulation, ains avoient deliberé d'attendre le secours du marquis de Salluces ; parquoy firent capitulation particuliere, et, par icelle, leur fut permis d'eux en aller, armes et bagues sauves ; et le Pape, avecques ceux de son party, fut retenu prisonnier au chasteau en seure garde.

Le Roy et le roy d'Angleterre, son bon frere, voyans l'inhumanité de laquelle avoit esté usé envers Sa Saincteté, et le scandale advenu à l'Eglise chrestienne, de retenir prisonnier le chef d'icelle, delibererent d'y pourveoir; et, pour cest effect, le roy d'Angleterre envoya devers le Roy le cardinal d'Iorc, lequel avoit la principalle superintendence de ses affaires, et vint trouver le Roy à Amiens, où, apres plusieurs collocutions et conseils tenus, fut accordé entre-eux d'envoyer une armée à communs frais en Italie, pour remettre le Pape en liberté, et les terres de l'Eglise entre les mains de sadite Saincteté. Et pour la conduite de ladite armée, fut ordonné messire Odet de Foix, seigneur de Lautrec (1), avecques le nombre d'hommes tel qu'il sera dit par cy apres. Puis, estant le cardinal d'Iorc de retour en Angleterre, et le seigneur de Lautrec ayant pris congé du Roy pour dresser son armée, à laquelle contribuoit le roy d'Angleterre, pour sa quotte portion, soixante mille Angelots tous les mois, fut ordonné messire Anne, seigneur de Montmorency, grand maistre et mareschal de France, pour, de la part du Roy, aller en Angleterre confirmer les traittez, et porter l'ordre dudit seigneur Roy au roy d'Angleterre, son bon frere et perpetuel allié; lequel de Montmorency print congé du Roy, environ le dixiesme d'octobre 1527, ayant en sa compagnie Jean du Bellay, evesque de Bayonne, et depuis cardinal du Bellay; le seigneur de Humieres, chevalier de l'ordre du Roy; monsieur Brinon, premier presidant de Rouen et chancelier d'Alançon, avecques douze ou quatorze tant gentils hommes de la chambre du Roy, que capitaines de gens d'armes, tels que le sei-

(1) *Odet de Foix, seigneur de Lautrec :* il paroit que ce fut le roi d'Angleterre qui exigea que Lautrec commandât les armées française et anglaise. Il étoit dans une espèce de disgrâce, depuis que sa sœur, la comtesse de Châteaubriand, avoit perdu la faveur du Roi.

gneur de Rochebaron, le seigneur de Boutieres, le seigneur de La Rochedumaine, le seigneur de La Guiche, le seigneur d'Allegre, messire Joachim de La Chastre, capitaine des gardes du Roy, avecques plusieurs autres, jusques à cinq ou six cens chevaux.

Estant ledit grand maistre arrivé à Douvres, trouva grand nombre d'evesques, gentils-hommes, et autres, envoyez de la part du roy d'Angleterre, desquels il fut recueilly fort honorablement, et accompagné jusques à Londres. Au devant de luy sortirent de ladite ville mille ou douze cens chevaux, avec nombre infiny de peuple, pour le recueillir; lesquels l'accompagnerent jusques au logis qui estoit ordonné pour sa personne, qui estoit à Sainct Pol, au palais episcopal de Londres. Deux jours apres, fut conduit par barques sur la riviere de la Tamise, à Grenovich, trois mille au dessoubs de Londres, sur ladite riviere, auquel lieu le Roy faisoit sa demeure, où il fut recueilly par le Roy et le cardinal d'Iorc, en grande magnificence. Or fault-il entendre qu'en toutes choses ledit cardinal estoit honoré comme la propre personne du Roy, et seoit tousjours à sa dextre, et, en tous lieux où estoient les armes du Roy, celles du cardinal estoient au mesme reng : si qu'en tous honneurs ils estoient esgaulx. Apres que ledit grand maistre eut exposé au Roy sa legation, et apres avoir esté festoyé par plusieurs jours, tant audit Grenovich qu'à Londres, fut conduit par ledit cardinal en une sienne maison qu'il avoit bastie nouvellement, à neuf mille au dessus de Londres, sur la riviere de la Tamise, nommée Hamtoncourt. Auquel lieu luy et toute sa compagnie fut, par quatre ou cinq jours, festoyé de tous les festimens qui se pourroient souhaitter, avecques riches tapisseries et vaisselle d'or et d'argent, en nombre presque innumerable. Estant de retour à Londres, luy fut par le Roy d'Angleterre, le jour de la feste Sainct Martin, faict un festin en sa maison de Grenovich, autant magnifique que j'en vey oncques, tant de services de table que de mommeries, masques et comedies; ausquelles comedies estoit madame Marie, sa fille, jouant elle mesme lesdites comedies. Puis, apres avoir faict presens à un chacun, donna congé ledit roy d'Angleterre à mondit-seigneur le grand maistre, lequel laissa ledit seigneur du Bellay, evesque de Bayonne, ambassadeur pour le Roy devers ledit roy d'Angleterre, pour entretenir les traittez. Estant mondit-seigneur le grand maistre de retour, feit rapport au Roy des choses par luy negotiées, qui furent fort à son contentement.

Vous avez ouy par cy devant, comme le seigneur de Lautrec avoit pris congé du Roy pour marcher en Italie, qui avoit esté environ la Sainct Jean : l'Empereur, pour lors estant en Espagne, averty de ladite entreprise et dudit partement, feit arrester prisonnier l'evesque de Tarbe, depuis cardinal de Grantmont, lequel estoit ambassadeur de la part du Roy devers Sa Majesté, avecques les autres ambassadeurs des alliez et confederez en la Saincte Ligue. Dequoy le Roy et le Roy d'Angleterre, son bon frere, avertis, firent arrester pareillement les ambassadeurs dudit seigneur Empereur, et depescherent Guienne, roy d'armes du Roy, et Clarence, roy d'armes du roy d'Angleterre, de la part de leurs deux Majestez, pour de leur part aller deffier l'Empereur, mandans premierement à leurs ambassadeurs, qui depuis avoient esté mis en liberté, de prendre congé dudit seigneur Empereur, et de se retirer devers leursdites Majestez.

Ladite depesche faicte, et le Roy ayant eu nouvelles comme ses ambassadeurs estoient en liberté et sur leur retour, manda querir l'ambassadeur de l'Empereur, pour luy faire entendre les occasions qu'il avoit eu de sa retention, se plaignant de plusieurs autres torts qui luy avoient esté faicts par l'Empereur son maistre. Et pour cest effect, le vingt-huictiesme jour de mars, l'an 1527, avant Pasques, le Roy estant en sa bonne ville et cité de Paris, accompagné des princes de son sang et autres princes, prelats et seigneurs, tant de son royaume qu'estrangers estans pour lors en sa cour, et semblablement les ambassadeurs des princes et potentats estans au tour de luy, feit venir devers Sa Majesté l'ambassadeur de l'Empereur, nommé maistre Nicolas Perrenot, seigneur de Granvelle. Iceluy Granvelle, apres avoir faict la reverence au Roy en la presence des dessusdits, luy remonstra que, depuis treze jours, par l'adresse de monsieur le grand maistre de France, il avoit receu lettres de l'Empereur, son naturel et souverain seigneur, du septiesme du mois de fevrier, contenantes que messieurs les ambassadeurs du Roy avoient, le vingt-unicsme jour de janvier, pris congé de sondit maistre, et, le lendemain, le vingt-deuxiesme, un herault luy avoit, de par ledit seigneur, intimé la guerre et deffié ; et qu'à ceste cause, luy mandoit sondit maistre de prendre congé du Roy le plustost qu'il pourroit, et s'en retourner devers luy : et desplaisoit audit ambassadeur que les choses fussent passées en ces termes, ainsi eslongnées et mises hors du chemin et moyen d'establissement de paix et amitié, laquelle sondit maistre avoit tousjours desirée et esperée, attendu ledit traitté de Madril, dont s'estoit ensuivie la delivrance du Roy; et avoit tenu ledit ambassadeur la main de tout son pouvoir et devoir au bien de ladite paix : mais, puis que lon estoit venu à ceste rigueur, que, obeissant au bon plaisir de sondit maistre, il supplioit au Roy luy donner congé, luy requerant qu'il le luy vousist octroyer avec bon et suffisant saufconduit, pour en liberté et seureté retourner vers sondit maistre, comme la raison et honnesteté le vouloient, et avoit tousjours esté faict et observé par les princes magnanimes et vertueux ; et qu'il ne pensoit avoir faict, durant sadite legation, chose pour bailler occasion d'en faire autrement ; et neantmoins, si, de son particulier et privé endroict il avoit esté ennuieux, ou s'y fust incivilement conduit, il supplioit au Roy l'excuser, et le luy pardonner, en le merciant de l'honneur que luy, messieurs de sa cour, et autres de son royaume, luy avoient faict durant sa legation. Ces propos finis, le Roy, de sa propre bouche, luy parla en ceste maniere.

« Monsieur l'ambassadeur, il m'a despleu et des-
« plaist tresfort que j'aye esté contrainct de ne vous
« traitter jusques icy si graticusement et humaine-
« ment que, par le bon et honneste office que vous
« avez faict estant par deça au tour de moy, vous
« avez tresbien merité ; où je vueil bien dire que
« vous estes tousjours aquitté, tant à l'honneur de
« vostre maistre, et contentement d'un chacun, que
« je suis tout asseuré qu'il n'a tenu à vous que les
« choses n'ayent pris autre fin et issue qu'elles n'ont
« peu faire, pour le bon zele et affection que je

« vous ay tousjours cogneu avoir au bien de la paix,
« conduitte et addressement des choses; enquoy je
« ne fay doubte que vous n'ayez tousjours faict vostre
« bon et loyal devoir. Mais, ayant entendu ce que
« l'Empereur vostre maistre, avoit commandé, contre
« tout droict, tant divin qu'humain, estre faict à mes
« ambassadeurs, et à tous ceux de la ligue estans par
« devers luy, pour le bien de la paix, et contre toutes
« bonnes coustumes qui jusques icy ont esté gardées
« et observées entre les princes, non seulement chres-
« tiens, mais aussi infidelles, il m'a semblé que je ne
« pouvoy rien moins faire, pour le devoir que j'avoy
« à mesdits ambassadeurs prins contre raison et de-
« tenus, que de faire de vous le semblable, encores
« que je n'eusse aucune envie de vous maltraitter,
« pour les raisons dessusdites. Pour lesquelles et pour
« le devoir auquel en ce faict vous estes mis, je vous
« avise, monsieur l'ambassadeur, qu'outre ce que je
« pense que vostre maistre ne faudra à vous en re-
« compenser, vous estes asseuré que là où je vous
« pourray particulierement en aucune chose faire
« plaisir, je le feray d'aussi bon cueur que vous vou-
« driez m'en vouloir faire requerir.

« Et pour satisfaire et respondre à ce que vostre
« maistre a dit de bouche à Guienne et Clarence, roys
« d'armes du Roy mon bon frere, perpetuel et meilleur
« allié, et de moy, sur l'intimation de la guerre qui
« luy a esté faicte de par nous, qui consiste en huict
« poincts, je vueil bien que chacun l'entende. Pre-
« mierement, quant à ce qu'il dit qu'il s'esbahit que,
« m'ayant prisonnier de juste guerre, et ayant ma foy,
« je le deffie, et que par raison je ne le puis ny doy

« faire, je vous respon, pour luy dire, que si j'estoy
« son prisonnier icy, et qu'il eust ma foy, il eust dit
« verité ; mais je ne sçache que ledit Empereur ait
« jamais eu ma foy, qui luy sceust de rien valloir ;
« car, premierement, en quelque guerre que j'aye esté,
« je ne sçay que luy aye jamais ny veu ny rencontré.
« Quand j'ay esté prisonnier, gardé de quatre ou cinq
« cens arquebouziers, malade dedans le lict à la
« mort, il n'eust pas esté malaisé à m'y contraindre,
« mais peu honnorable à celuy qui l'eust faict ; et,
« depuis que j'ay esté retourné en France, je ne
« cognoy ne luy ny autre qui ayt eu puissance de
« la me pouvoir faire bailler; et de ma liberale vo-
« lonté c'est chose que j'estime trop, pour si legere-
« ment m'y obliger.

« Et, pour-ce que je ne vueil que mon honneur
« demeure en dispute, encores que je sçache bien
« que tout homme de guerre sceust assez que pri-
« sonnier gardé n'est tenu à nulle foy, ny ne se peult
« obliger à riens, si envoye-je à vostre maistre cest
« escrit, signé de ma propre main, lequel, monsieur
« l'ambassadeur, je vous prie vouloir lire, et, apres,
« me promettre le luy bailler, et non à autre. »

Et ce faict, le luy feit, ledit seigneur Roy, presenter par Jean Robertet, l'un de ses secretaires d'Estat et de sa chambre. Lequel escrit print iceluy ambassadeur en ses mains, faisant son excuse de le lire, disant au-dit seigneur Roy comme, par les lettres de son mais-tre, apportées ouvertes, et qui supposoit le Roy et son conseil avoir veues, par lesquelles lettres il n'a-voit plus de pouvoir, ains estoit revoqué de sa lega-tion, et ne pouvoit ny entendoit plus negocier ny prendre de charge; requerant au Roy (combien qu'il fust en sa main et puissance) qu'il voulsist en honnesteté avoir regard à ce qui estoit de la faculté et puissance dudit ambassadeur, et encores aux choses convenables, et qui pouvoient concerner et estre de la charge et qualité d'un ambassadeur, et non le presser plus outre.

A quoy respondit le Roy : « Monsieur l'ambassa-
« deur, puis que vous ne voulez prendre ceste charge
« de lire cest escrit, je le feray lire en ceste compa-
« gnie, afin que chacun entende et cognoisse comme
« je me suis justifié de ce que, contre la verité, vostre
« maistre m'a voulu accuser ; et si, apres, vous ne vou-
« lez le luy porter et presenter, je depescheray l'un de
« mes heraulx, pour aller en vostre compagnie, et pour
« lequel vous obtiendrez saufconduit bon et valable,
« pour pouvoir aller vers vostre maistre, porter ledit
« escrit ; protestant et demandant acte, devant ceste
« compagnie, que, là où il ne voudroit qu'il vint en
« sa cognoissance, je me suis aquitté de luy faire en-
« tendre, tout ainsi que je le devoy, de sorte qu'il ne
« sçauroit pretendre cause d'ignorance. » Apres avoir achevé lesdits propos, le Roy appella Robertet, et tout hault luy commanda lire ledit escrit : ce qui fut faict par luy, de mot à autre, en la maniere qui s'ensuit :

« Nous, François, par la grace de Dieu, roy de France, seigneur de Gennes, etc. à vous, Charles, par la mesme grace, esleu empereur de Romme, et roy des Espagnes : faisons sçavoir que, nous, estans avertis qu'en toutes les responses qu'avez faictes à noz ambassadeurs et heraulx envoyez devers vous pour le bien de la paix, vous voulant sans raison excuser, nous avez accusé, en disant qu'avez nostre foy, et que sur icelle, outre nostre promesse, nous en estions allez et partis de voz mains et de vostre puissance; pour deffendre nostre honneur, lequel en ce cas seroit trop chargé contre verité, vous avons bien voulu envoyer ce cartel, par lequel (encores que tout homme gardé ne puisse avoir obligation de foy, et que cela nous fust excuse assez suffisante, ce-nonobstant, voulant satisfaire à un chacun et à nostre-dit honneur, lequel nous avons voulu garder et garderons, si Dieu plaist, jusques à la mort) vous faisons entendre que, si vous nous avez voulu ou voulez charger, non pas de nostre-dite foy et delivrance seulement, mais que jamais nous ayons faict chose qu'un gentilhomme aymant son honneur ne doive faire, nous disons que vous avez menty par la gorge, et qu'autant de fois que vous le direz, vous mentirez; estant deliberé de deffendre nostre honneur jusques au dernier bout de nostre vie. Parquoy, puis que contre verité vous nous avez voulu charger, desormais ne nous escrivez aucune chose, mais nous assurez le camp, et nous vous porterons les armes; protestans que, si, apres ceste declaration, en autres lieux vous escrivez ou dites paroles qui soient contre nostre honneur, que la honte du delay du combat en sera vostre, veu que, venant audit combat, c'est la fin de toutes escritures. Faict en nostre bonne ville et cité de Paris, le vingt-huictiesme jour de mars, l'an 1527, avant Pasques. » Ainsi signé François.

L'escrit achevé de lire, le Roy, continuant son propos, dit audit ambassadeur : « Monsieur l'ambassa-
« deur, il me semble que l'Empereur cognoistra, par
« ce que vous venez d'ouir lire, que je satisfay assez à

« ce qu'il m'a chargé, et à mon honneur, qui me gar-
« dera vous en dire autre chose. Mais quant à ce que
« vostre maistre dit, que ce luy est chose nouvelle d'es-
« tre deffié, veu qu'il y a six ou sept ans que je luy fey
« la guerre sans l'avoir deffié, je voudroy qu'il souvint
« mieux à vostre maistre des choses qu'il faict, ou à
« son conseil, pour l'en avertir apres qu'elles sont
« faictes : car, s'il s'en veult bien enquerir, il trouvera
« que dom Prevost du Trecq, lors son ambassadeur
« devers moi, me deffia, estant à Dijon, contre le con-
« tenu du traitté d'entre luy et moy; parquoy, puis-
« qu'il me deffioit, il me semble qu'il se devoit tenir
« pour adverty que je me vouloy deffendre. Et entant
« que vostre maistre dit, qu'il ne pense avoir en riens
« demerité envers Dieu, iceluy Dieu sera juge de noz
« consciences, et non pas nous, et tesmoing, quant
« à moy, que je ne desire tyrannie, ny usurpation,
« ny chose qui ne soit raisonnablement mienne, ny
« pretendant ny aspirant à l'Empire ny à la monar-
« chie.

« Et au regard de l'excuse que vostredit maistre a
« faicte de la prise et detention, contre tout droict, de
« nostre Sainct Pere, vicaire et lieutenant de Dieu
« en terre, personne sacrée et inviolable, je m'esbahy
« comme propos où il y a si peu d'apparence de ve-
« rité s'osent mettre en avant parmy les gens ; car,
« comme est il vray semblable que vostredit maistre
« n'ayt esté consentant de ce qui a esté faict en la per-
« sonne de nostredit Sainct Pere, veu que sa prison a
« esté longue ; et que, au lieu de chastier ceux qui, sans
« son commandement, avoient, comme il dit, faict
« acte si execrable et si peu chrestien comme cestuy

« là, il leur a permis prendre et traitter avec Sa Saincte-
« teté, de sa rançon, luy en faisant payer et debourcer
« deniers, jusques à vendre et prendre argent des be-
« nefices et choses divines dans ses royaume et païs ;
« chose qui n'est seulement contre Dieu et la saincte
« Eglise, mais tresdangereuse à prononcer et dire, veu
« les heresies qui ont cours pour le temps qui est à
« present.

« Et quant à ce que vostre maistre dit, que je sçay bien
« que mes enfans sont entre ses mains hostagers, et
« que mes ambassadeurs sçavent bien qu'il ne tient à
« luy qu'ils n'en sont delivrés, vous luy direz que je
« sçay tresbien que mes enfans sont entre ses mains,
« dequoy il me desplaist tresfort ; et à ce qu'il dit qu'il
« ne tient point à luy qu'il ne les delivre, je ne vueil
« autre advocat en cela pour me deffendre, que le de-
« voir enquoy je me suis mis de les ravoir, sinon que
« chacun sçait que je suis leur pere ; et quand ils ne se-
« roient mes enfans, mais seulement gentils-hommes,
« estans au lieu où ils sont pour ma rançon, si devroy-
« je pourchasser leur liberté de toute ma puissance :
« laquelle chose j'ay faicte par si grandes et excessives
« offres, que jamais les roys mes predecesseurs, qui
« ont esté prisonniers des Infidelles, ne furent requis de
« telles et si desraisonnables sommes, à la quarte par-
« tie pres, que toutesfois je ne refuse de vouloir bailler,
« pour parvenir au bien de la paix. Et pour, entre tant
« de grandes offres, vous en reciter une seule, vostre-
« dit maistre sçait tresbien que je luy ai faict offrir à la
« delivrance de mesdits enfans, luy bailler et faire de-
« livrer la somme de deux millions d'escus, tant en
« argent comptant qu'autrement, du deu d'Angle-

« terre que revenu de terres et rentes en ses propres
« païs; qui est somme telle et si grande, qu'elle me rend
« innocent envers tout homme qui sera de bon juge-
« ment, que je ne me feusse voulu destituer de telle
« force, pour apres faire la guerre à celuy à qui je
« l'eusse baillée.

« Toutesfois, si pour la detention de mes enfans il
« ne vouloit venir à nulle raison de traitté, vouloit me
« faire abandonner mes amis avant la restitution de
« mesdits enfans, ayant pris un pape, lieutenant de
« Dieu en terre, ruiné toutes les choses sacrées et
« sainctes, ne vouloit entendre et remedier à la venue
« du Turc, ny aux heresies et sectes nouvelles qui pul-
« lulent par la chrestienté, qui est office d'empereur,
« moy estant pere et portant le nom de Tres-Chrestien,
« je ne sçay, si toutes ces choses ne me pouvoient es-
« mouvoir à la guerre, quelles autres injures ou raisons
« seroient suffisantes à m'y provoquer et faire venir.
« Neantmoins, pour tout cela, n'ay-je laissé à luy faire
« les offres que je vous ai dites, comme vous sçavez
« assez : et par ceste raison, se peult clairement co-
« gnoistre et juger qu'à mon grand regret et desplai-
« sir je suis venu à faire la guerre, veu que j'achetoy
« la paix si chere, sans les autres quittances, renon-
« ciations de droicts et restitutions de villes et païs, qui
« excedent assez la somme que je vous ay cy devant
« dicte.

« Quant au roy d'Angleterre, mon bon frere et
« perpetuel allié, je le tien pour si sage, si vertueux
« et si bon, qu'il n'a faict et ne fera chose là où son
« honneur n'ayt esté et n'y soit entierement gardé;
« et aussi qu'il sçaura si bien et si vertueusement res-

« pondre des choses qui luy touchent, qu'on luy feroit
« tort d'en vouloir respondre pour luy. Bien vous dy-
« je, monsieur l'ambassadeur, que la bonne, ferme et
« perpetuelle amitié qui est entre mon bon frere per-
« petuel allié et moy, est telle, que, là où il seroit en
« estat, pour indisposition de sa personne (dont Dieu
« le gard), de n'en pouvoir respondre, je vous avise
« que je ne voudroy en rien moins faire que je voudroy
« faire pour moy-mesme, y employant non seulement
« mes royaume, païs et seigneuries et subjects, mais
« ma propre personne, laquelle n'y sera jamais espar-
« gnée, là où il en aura besoing; et cela veux-je que
« tout le monde entende.

« Aussi, monsieur l'ambassadeur, pour-ce que mon
« herault Guienne m'a dit que vostre-dit maistre luy
« donna charge me dire qu'il croit que je n'ay esté
« averty de quelques propos qu'il tint à mon ambas-
« sadeur (1) le president, luy estant en Grenade, pour
« me faire sçavoir lesquels me touchoient tresfort, et
« qu'il m'estimoit si gentil prince que, si je les eusse
« sceus, j'y eusse respondu, je vueil bien à cela vous
« dire que mondit-ambassadeur m'a averty de beau-
« coup de propos, mais non point de chose qui rien
« sceust toucher mon honneur : et s'il l'eust faict, vous
« estes asseuré que je n'eusse failly ne si longuement
« demeuré à y respondre; car, dés que j'ay entendu les
« choses que je vous ay dittes, j'y ay faict la response
« que je vous ay baillée à lire, signée de ma propre

(1) *De quelques propos qu'il tint à mon ambassadeur* : cet ambassadeur étoit le président Calvimont : Charles - Quint lui avoit dit :
« Votre maître a lâchement violé la parole qu'il m'a donnée à Madrid :
« s'il ose le nier, je le lui soutiendrai seul à seul, les armes à la main. »

« main, laquelle je tien si suffisante, qu'elle satisfaict
« non seulement à ce que vostredit maistre sçauroit
« avoir dit par cy devant, mais entierement à tout ce
« qu'il pourra dire contre mon honneur par cy apres.

« Et, au regard de ce qu'il dit que, par lesdits pro-
« pos, je cognoistray qu'il m'a mieux tenu ce qu'il me
« promist à Madril, que je ne luy ay tenu ce que je
« luy promis, il ne me souvient point luy avoir faict
« quelque promesse; car, quant au traitté qui est par
« escrit, je m'en tien assez justifié du peu d'obligation
« que j'y ay, veu que je ne fu en liberté ny devant ny
« depuis ledit traitté, jusques à ce que j'ay esté en mon
« royaume, ny mis sur ma foy, pour pouvoir la garder
« et observer. Et du demeurant, quand j'y ay bien
« pensé, je ne trouve point avoir eu avecques luy au-
« tre propos d'obligation, si ce n'est quant à l'entre-
« prise du Turc, que toutesfois et quantes qu'il l'entre-
« prendroit, et que sa personne y seroit, que je m'y
« trouveroy pour l'accompagner avecques mes forces :
« laquelle chose j'avoue et trouve tresbonne; et pleust
« à Dieu de vouloir convertir les passions particulieres
« d'un chacun, tant au bien general de toute la chres-
« tienté, que toutes noz forces fussent employées en
« un si sainct et bon effet! luy promettant, quant à
« moy, qu'il peult estre tout asseuré qu'il n'aura ja-
« mais pour ceste occasion si tost le pied à l'estrier,
« que je n'aye plustost le cul sur la selle pour ce faire,
« encores que je n'aye les Turcs si pres mes voisins
« comme de nouveau il les a en Hongrie, et par con-
« sequent en Allemagne. »

Ces propos parachevez, le Roy licentia ledit seigneur de Granvelle, avec bonnes et gratieuses paroles

quant à sa personne, le priant ne vouloir faillir de
faire donner saufconduit au herault qui l'accompagneroit pour presenter l'escrit cy dessus dit à l'Empereur,
son maistre. Et ce faict, la compagnie se separa.

Lors que ces choses se faisoient en France et en Angleterre, comme j'ay dit cy dessus, le seigneur de Lautrec avoit passé la montagne avec une partie de son armée; mais encores n'estoient arrivez dix mille Suisses
desquels le Roy avoit envoyé faire levée; aussi n'estoit
arrivé qu'une partie des lansquenets qui devoient estre
soubs la charge du comte de Vaudemont : parquoy,
pour les attendre, s'en alla sejourner en Lastisane. Or,
pour vous faire entendre une partie des forces que ledit seigneur menoit : de la gendarmerie, y estoit la
compagnie de mondit-seigneur de Lautrec, de cent
hommes d'armes, conduitte par le baron de Grantmont, son lieutenant; celle de monsieur de Vaudemont, autre cent, conduitte par le seigneur de Gruffy,
son lieutenant; celle de monsieur de Lorreine, cent,
conduitte par le capitaine Pierrepont, son lieutenant;
la compagnie de monsieur d'Albanie, cent, conduitte
par le seigneur de Moriac, son lieutenant; le seigneur
de Lignac, cinquante hommes d'armes; la compagnie
de monsieur de La Fayette cinquante, conduitte par
son fils; le seigneur de Montpesac, cinquante; le seigneur de Pomperant, cinquante; cinquante du seigneur
de La Trimouille, petit fils de feu messire Louis de
La Trimouille, conduitte par Louis de Beauvillier,
seigneur de La Ferté aux Ougnons, son lieutenant; le
comte Hugues de Pepolo, boulonnois, cinquante; le
seigneur de Tournon, cinquante; et son frere, son
lieutenant, messire Claude d'Estampes, seigneur de La

Ferté Nabert, cinquante; le seigneur de Neigre Pelisse, cinquante; le seigneur de Laval, de Dauphiné, cinquante; et maistre Jerminghen, anglois, gentilhomme de la chambre du Roy et du roy d'Angleterre, ayant charge de deux cens chevaux legers, homme bien estimé, et son lieutenant maistre Care, lesquels moururent audit voyage, comme les autres François, de l'infection de l'air, devant Naples. De gens de pied, le comte de Vaudemont, six mille lansquenets; le comte Petre de Navarre, six mille Gascons; le seigneur de Burie, quatre mille François et dix mille Suisses, avec bon nombre d'artillerie, desquels avoit la charge le seigneur de Mondragon, gascon. Ayant le seigneur de Lautrec sejourné quelques jours en Lastisane, fut averty que le comte Ludovic de Lodron, lequel estoit dedans Alexandrie avec six mille lansquenets, en avoit envoyé deux mille au Bosc, petite ville, pour contraindre le peuple des environs de fournir deniers pour la solde desdits lansquenets estans en Alexandrie.

Le seigneur de Lautrec, considerant que, s'il pouvoit deffaire lesdits lansquenets, ce luy seroit grande faveur, et affoiblissement pour son ennemy, depescha bon nombre de gendarmerie avecques une partie des Suisses qui ja estoient arrivez, pour aller clorre ledit lieu du Bosc, et empescher que les lansquenets ne se peussent retirer en Alexandrie, ce pendant qu'il marcheroit avec le reste de son armée et l'artillerie. Estant partie ceste trouppe, ledit seigneur de Lautrec marcha apres en toute diligence; puis, estant arrivé devant Bosc, soudain feit faire les approches, et planta son artillerie au lieu qu'il cogneut le plus avantageux pour luy et dommogeable à l'ennemy; dont il feit telle et si furieuse batterie, que, n'ayans les ennemis loisir de remparer, voyans l'assault prest à donner, capitulerent, de sorte qu'ils s'en allerent la vie sauve et sans armes; mais, depuis, vindrent au service du Roy, soubs les enseignes du comte de Vaudemont : aussi le seigneur de Lautrec, encores que, par la composition, ils deussent laisser les armes, par l'honnesté de la guerre les leur rendit; qui fut cause, à mon avis, qu'estans mal receus et soldoyez d'Antoine de Leve, estans quittes de leurs sermens, ils prindrent la solde du Roy.

Pendant ce temps, le seigneur André Dorie, qui avoit la charge des galleres du Roy, estant party de Marceille avec quatorze galleres, feit telle guerre aux Gennevois, que nul s'osoit trouver en mer le long de la riviere de Gennes, en sorte que vivres et marchandises y deffaillirent, et faisoit sa retraitte à Savonne. Cependant le seigneur Cesar Fregoze, lequel, depuis peu de temps, estoit venu du service des Venitiens à celui du Roy, averty, par les amis qu'il avoit à Gennes, de la necessité de vivres en laquelle estoient les habitans, fut depesché par le seigneur de Lautrec, avec bon nombre d'hommes, tant de pied que de cheval, pour leur aller faire la guerre par terre; et leur feit telle, qu'en peu de jours n'y demoura ny grains, ny bestial, ny autres vivres, desquels les habitans de ladite ville peussent estre substantez à six lieues à la ronde. Les Gennevois, estans en telle extremité, ne veirent autre moyen de leur salvation, sinon par mer : parquoy armerent six galleres, lesquelles ils mirent à l'aventure pour avoir vivres. Or, la fortune leur fut si bonne, qu'estans en mer, se leva une tourmente telle, que André Dorie fut contraint de se retirer à Savonne : sur

laquelle retraitte, le comte Phelippin, nepveu dudit
André Dorie, fut pris et mené à Gennes; dont lesdits
Gennevois furent si enorgueillis, n'estimans plus les
François, qu'ils feirent une saillie sur Cesar Fregose,
telle, qu'ayans mis en chasse les premiers qu'ils trouverent, comme mal advisez chasserent si avant, que
les François leur coupperent chemin entre la ville
et eux, de sorte que tout ce qui estoit sorty fut
deffaict, et le comte Gabriel de Martiningues, leur
capitaine general, fut pris prisonnier. Pour lequel in-
fortune ils s'estonnerent tellement, qu'ils mirent la
ville entre les mains dudit Cesar Fregose, au nom du
Roy, où, peu de jours apres, arrivant ledit seigneur de
Lautrec, y ordonna pour gouverneur et lieutenant
du Roy, le seigneur Theodore Trevoulce, mareschal
de France; puis, peu de jours apres, les Imperiaux et
ceux de la part adorne, qui s'estoient retirez dans le
chasteau, le remirent entre les mains du Roy.

Au temps que le seigneur de Lautrec pourvoioit à
l'estat de Gennes, il manda aux lansquenets qui estoient
au Bosc, qu'ils eussent à marcher à Alexandrie, pour
empescher le secours d'entrer dedans; puis, ayant
pourveu, comme dit est, à l'estat de Gennes, les suivit avecques son armée. Auquel lieu d'Alexandrie estant arrivé, en toute diligence feit mettre son artillerie
en batterie; et, n'eust esté le seigneur Albert Barbe-
ran, qui la nuict entra dedans avec mille hommes de
guerre, dés ce jour estoit en hazard d'estre prise d'assault, par-ce que les habitans estoient si estonnez,
pour la perte de leurs lansquenets qu'ils avoient per-
dus au Bosc, que peu de gens mettoient la main aux
armes.

Le lendemain, les Venitiens envoyerent renfort de bon nombre d'artillerie, de pouldre et de boullets: dequoy ledit seigneur de Lautrec feit telle batterie, que le comte Ludovic de Lodron, qui estoit chef en ladite ville, la rendit, par composition telle, que les lansquenets et autres gens de guerre estans dedans la ville, s'en iroient leurs bagues sauves, faisans serment de ne porter armes de six mois contre les François ny leurs alliez. Estant la ville entre les mains du seigneur de Lautrec, la remist entre les mains des deputez du seigneur Francisque Sforce, suivant la ligue faicte et jurée entre les alliez de la Saincte Ligue. Au mesme temps, Jean Jacques Medequin, castelan de Muz, et depuis marquis de Marignan, avoit faict levée de quelque nombre d'hommes pour amener au service du duc Sforce, et se venir joindre avecques l'armée françoise; dequoy le seigneur Antoine de Leve averty, et sçachant que ledit Medequin estoit logé à quatorze mille de Milan, en lieu ouvert et non fortifié, partit de Milan à l'improviste avecques toutes ses forces, et feit telle diligence, qu'arrivant au poinct du jour sur le logis dudit Medequin, depuis nommé Jean Jacques de Medicis, le surprint, de sorte que ses forces furent defaictes, et luy se sauva à Muz. Ce faict, craignant que monsieur de Lautrec vint à Milan, qu'il avoit laissée despourveue, s'en revint en toute diligence loger aux faubourgs de la ville. Auquel lieu estant arrivé, ayant les nouvelles de la prise de la ville de Gennes et de Alexandrie, et se voyant peu de gens sans payement, desesperé de pouvoir garder la ville de Milan, delibera de l'abandonner et de se retirer à Pavie; mais, estant averty du peu de vivres qui estoient dedans, changea d'opinion, et y envoya le comte Ludovic de Bellejoyeuse (lequel, depuis peu de temps, avoit abandonné le service du Roy, pour une querelle qu'il avoit contre le seigneur Federic de Bozzolo), accompagné de deux mille cinq cens hommes de pied.

Le seigneur de Lautrec, ayant remis Alexandrie entre les mains du duc Sforce, s'en alla à Vigeve, laquelle se remist en son obeïssance: aussi feit tout le païs de l'Omeline. Auquel lieu de Vigeve il passa le Tesin pour aller à Biagras, laquelle pareillement il print et remist entre les mains dudit Sforce. Ce faict, faignant de prendre le chemin de Milan, tourna tout court à Pavie, laquelle il assiegea du costé du chasteau, et l'armée venitienne par l'autre part; lesquels commencerent une furieuse batterie, chacun de son costé. Le seigneur de Lautrec ayant faict breche, mais non raisonnable, quelques François se presenterent à donner l'assaut, sans commandement; mais, ainsi que follement ils estoient allez, follement furent repoussez. Le lendemain, de la part de monsieur de Lautrec, fut faicte telle batterie, que la breche fut si raisonnable que la ville fut emportée d'assaut. Et n'y mourut, tant de ceux de dedans que de dehors, qu'environ trois cens hommes, par-ce que ceux de la ville, se voyans forcez, se sauverent par dessus le pont, le rompant apres eux afin de n'estre suivis. Le feu fut mis en quelques maisons au milieu de la ville, laquelle fut sacagée; et n'eust esté la diligence dont usa ledit seigneur de Lautrec, ladite ville eust esté mise en cendre, pour la memoire qu'avoient les soldats de la bataille qui avoit esté perdue quatre ans au-paravant. Ayant, ledit seigneur de Lautrec, sauvé la ville du feu, et l'ayant remise és mains du duc de Milan, vint devers luy le cardinal Cibo, legat de la part du Pape, pour le sommer à ce que, suivant les traittez d'entre le Pape, le Roy et le roy d'Angleterre, il eust à marcher, pour mettre l'armée imperialle hors des terres de l'Eglise, et mettre Romme en liberté. Le duc Sforce, de ce averty, accompagné de grand nombre de gentils-hommes milannois, vint devers ledit seigneur de Lautrec, le suppliant ne passer outre, que premierement il n'eust mis le reste du duché hors des mains des Imperiaux; chose, à ce qu'il disoit, aisée à faire, par-ce que desja Antoine de Leve estoit denué d'hommes et d'argent, et la ville de Milan en necessité de vivres, parquoy il seroit contrainct de l'abandonner, ne trouvant lieu seur pour sa retraitte.

Le seigneur de Lautrec, combien qu'il eust la cognoissance que ces remonstrances estoient raisonnables, et mesmes estoit son opinion et intention de ce faire, mais le legat, au contraire, le pressoit de passer outre, disant que c'estoit chose aisée à l'armée venitienne et celle du duc, de parachever ladite conqueste, veu que Antoine de Leve pour toutes choses ne tenoit plus que Milan, desja demy affamée, et l'armée imperialle ruinée; parquoy ledit seigneur de Lautrec condescendit aux remonstrances dudit legat. Toutesfois il fut contrainct de faire sejour à Pavie plus qu'il n'esperoit; car encores n'estoient arrivez tous les lansquenets qui estoient soubs la charge du comte de Vaudemont, et les Suisses firent refus d'entreprendre le voyage de Romme. Estans lesdits lansquenets arrivez, marcha ledit seigneur de Lautrec à Plaisance (auquel lieu, Alfonce, duc de Ferrare, se joignit en ligue avecques le Roy, laissant la part imperialle); et là se traitta le mariage d'Hercules, fils dudit duc Alfonce de Ferrare et de madame Renée, fille du roy Louis douziesme, et seur de la feu royne de France : lequel mariage fut consommé au palais à Paris, peu de temps apres, en grande magnificence; et en la salle de Sainct Louis se feit ce festin. Plusieurs ont estimé, et c'est mon opinion, que si le seigneur de Lautrec eut employé le temps qu'il sejourna à Plaisance et à Bouongne, aisément il eut remis en l'obeïssance du duc Sforce tout le duché de Milan, et n'eut laissé à executer son entreprise de Naples; car, ayant chassé de la Lombardie les Imperiaux, il eust esté plus formidable à toute l'Italie. Mais je pense qu'il estoit si bien avisé, que ce qu'il faisoit estoit à bonne intention, ou par commandement qu'il avoit de son prince.

Antoine de Leve, voyant les forces de France partir du duché de Milan, et n'ayant en grande reputation ny l'armée des Venitiens, ny l'armée du duc, qui estoient demourées entre le Pau et le Tesin, entreprint d'eslargir ses limites, pour plus aisément avoir vivres; et, pour cest effect, partant de Milan, vint assaillir Biagras : laquelle ville il print sur les gens du duc Sforce; puis, mettant en ordre des batteaux, debera de faire un pont sur le Tesin, pour faire le semblable à Vigeve, Morterre, Noare, et toute l'Omeline. Dequoy monsieur de Lautrec, qui estoit à Plaisance, adverty, depescha le comte Petre de Navarre, avecques cinq ou six mille hommes de pied françois, et quelque gendarmerie; lequel à son arrivée reprint ladite ville de Biagras, taillant en pieces ce qu'il trouva dedans, puis la remist entre les mains du duc de Milan, lequel y meit meilleure garde qu'il n'avoit faict au precedant.

Le seigneur de Lautrec, ayant executé ladite entreprise, partit de Parme et Plaisance, environ le commencement de l'hyver 1528, et marcha à Boulongne la Grace, passant à Rege : audit lieu de Boulongne il trouva le cardinal Cibo, legat et gouverneur de ladite ville, auquel lieu il hyverna son armée jusques environ le commencement de fevrier. Ce-pendant qu'il sejourna à Boulongne, les Imperiaux, voyans la bonne fortune dudit seigneur de Lautrec, craignans perdre leur butin, mirent le Pape à rançon pour faire le payement de leur armée, faisans entendre qu'ils avoient commandement de l'Empereur de le mettre en pure liberté, mais que, pour contenter leur armée, ils estoient contraincts, encores que ce ne fust le vouloir dudit Empereur, d'avoir argent de luy, craignans que les soldats, estans mutinez, ne feissent offence à sa personne. Mais, à vray dire, ils avoient doubte qu'arrivant le seigneur de Lautrec, ils fussent contraincts de le mettre en liberté ; car ils l'avoient mis à une somme si desraisonnable, qu'il n'avoit le moyen de la payer : parquoy ils le mirent en une rigoureuse garde, encores qu'il eust baillé ostages. En fin, il trouva moyen de tromper ses gardes, et, montant sur un genet d'Espagne, se sauva au chasteau d'Orviette : mais les ostages, depuis, payerent sa rançon. Partant de Boulongne, le seigneur de Lautrec prist le chemin de Rimini, et de là à Senegaille ; de là à Anconne et à Recanat, auquel lieu (par-ce que c'estoit du patrimoine de l'Eglise) il fut tresbien receu ; car les Imperiaux, le sentans approcher, avoient abandonné toute la Romagne, se retirans vers le royaume de Naples. Audit lieu de Recanat sejourna le seigneur de Lautrec quelques jours, pour refreschir son armée : partant de ce lieu, dressa son chemin par Pezaire et autres villes du duché d'Urbin; de là entra en l'Abrusse, païs de petite montagnes, fort fertille, et plantureux de vins, bleds et huilles, et alla loger à Lenzanne; puis, suivant le bord de la mer Adriatique, s'en alla loger au marquisat du Guast. Au partir du Guast, l'armée entra au païs de l'Aquille : auquel lieu feit telle tempeste de temps, que, encores que les soldats fussent frais et reposez, si en mourut il plus de trois cens, tant de pied que de cheval, pour la tourmente et les froidures qui feirent. Partant dudit lieu, l'armée tira le chemin de la Pouille, par-ce que le seigneur de Lautrec vouloit recevoir le tribut de la foire de la douane, qui sont cent mille ducats, pour luy servir au payement de son armée; ce qu'il feit. Audit païs de la Pouille estoit le haras de l'Empereur, duquel les chevaux furent distribuez par les compagnies.

Au mesme temps, estant encores à la Pouille, fut averty que Philebert de Challon, prince d'Orenge, lequel, depuis la mort de feu monsieur de Bourbon, estoit demouré lieutenant de l'Empereur en son armée, marchoit avec ladite armée pour luy empescher le chemin. Apres lequel avertissement, il s'en alla loger à Nochieres (1), avecques l'infanterie françoise et seulement les gentils-hommes, lesquels estoient venus pour leur plaisir pour veoir la guerre, et le reste de l'armée les envoya loger à Foge, distant dudit lieu de Nochieres de quatre ou cinq mille. Estant l'armée ainsi divisée, l'ennemy se vint camper à Troye, sur

(1) *Nochieres* : ou *Luceria*.

le chemin de nostre armée. Le seigneur de Lautrec, voyant l'ennemy si pres, manda à la gendarmerie qui estoit logée à Foge, de se venir joindre avec luy : dequoy l'ennemy averty, sortit de son camp avecques toute sa cavallerie, pensant empescher ladite gendarmerie de se joindre avec le reste de nostredite armée; mais, voyant nostre gendarmerie marcher en bonne ordonnance, l'armet en teste, et la lance sur la cuisse, deliberez de combatre, se retira en son fort, sans mesmes oser leur dresser l'escarmouche; parquoy nostre gendarmerie sans empeschement vint à Nochieres trouver mondit-seigneur de Lautrec.

Le seigneur de Lautrec, ayant assemblé son armée, et sçachant l'ennemy estre campé audit lieu de Troye, partit de Nochieres avec toutes ses forces, pour l'aller combattre : l'ennemy, de sa part, sortit de son camp pour venir au devant de luy, mais il n'approcha de trop pres; si est-ce qu'il s'y feit de belles escarmouches, deux jours durant. Le seigneur de Lautrec ne feit que deux lieuës pour jour, dont le deuxiesme jour passa un canal, pour lors estant sans eau mais fort profond, et vint loger son camp pres du pied de la montagne là où estoit l'ennemy, et pres de la ville de Troye; lequel logis ne se feit sans y avoir de belles et braves escarmouches, où un chacun feit son devoir, tant d'un costé que de l'autre. Le lendemain, qui estoit le premier samedy de caresme, l'armée de France marcha en ordre de bataille, toute preste à combattre, et monta la montagne, laissant l'ennemy à main gauche, pour trouver moyen de le tirer hors de son fort; mais jamais il n'en voulut desloger : parquoy nostre armée tourna la teste vers l'ennemy, marchant nostre artillerie la bouche devant, sçavoir est, douze canons, six bastardes et six moyennes ; les enseignes d'Allemans, desquelles estoit general le comte de Vaudemont, qui pouvoient estre jusques au nombre de huict mille hommes, et le nombre de trois mille Suisses, desquels estoit colonnel monsieur le comte de Tendes (qui estoient les vieilles bandes qui depuis deux ans estoient en campagne avecques le marquis de Salluces); les enseignes de trois mille hommes de pied françois, desquels estoit colonnel le seigneur de Burie; quatre mille Gascons, desquels estoit colonnel le comte Petre de Navarre, et le seigneur de Candalle avecques luy; et les enseignes de dix mille Italiens. Et marcherent les colonnels desdites trouppes, chacun à la teste de leur bataillon.

Or est-il que l'avantgarde, bataille et arrieregarde marchoient tout d'un front, seulement y avoit distance entre deux bataillons, de deux cens pas : et marcherent avec la plus grande volonté de combatre que gens qu'on eust veu de nostre vivant; de sorte qu'il y a grande apparence que, si ce jour on eust combattu, veu la volonté des hommes, la victoire eust esté pour les François. Sur les aisles de chacun bataillon, y avoit une trouppe de gendarmerie pour les soustenir; à l'aisle droicte des Suisses estoit ordonné la compagnie de cent hommes d'armes du duc d'Albanie, conduitte par le seigneur de Moriac, son lieutenant, et le seigneur de Pomperant, avec cinquante hommes d'armes dont il estoit capitaine. L'escarmouche se dressa sur lesdites compagnies, pendant laquelle, apres que noz Suisses eurent, comme ils ont accoustumé, baisé la terre, esperans combatre, et que tous ceux de l'armée d'une voix crioient *bataille*, mondit-seigneur de Lautrec feit tourner son artillerie sur le costau d'une montagne, et la feit tirer sur l'ennemy : les escarmouches estoient encores meslées, mais chacun fut contrainct de se retirer de son costé, pensans jouer le gros jeu. Et y perdirent les Imperiaux de leurs hommes, mais peu. Sur les bataillons qui marchoient apres l'artillerie descendit jusques au nombre de trois cens chevaux des ennemis : quoy voyant, mondit-seigneur de Lautrec, luy en personne, l'armet en teste, l'espée au poing, vint commander aux seigneurs de Moriac et de Pomperant, d'aller charger ceste troupe d'ennemis ; ce que soudain fut executé. A ladite charge se trouverent les seigneurs de Tournon, avecques leurs hommes d'armes ; aussi feit la jeunesse françoise, qui y estoit venue pour son plaisir, tels que le seigneur de Bonnivet, de Jarnac, le baron de Conty, Chasteigneraye, Cornillon, et autres, jusques au nombre de trente ou quarante. La charge fut si vigoureusement faicte, que tous les ennemis qui estoient sortis furent deffaicts, et les enseignes et les guidons gaignez.

Ce-pendant que ladite charge se feit, monsieur de Lautrec logea son armée vis à vis de l'ennemy, sur une platte montagne, où y avoit une vallée entre luy et l'armée de l'ennemy, assez ample ; auquel lieu estant campé, se feirent ordinairement de belles escarmouches, charges, prinses, et recourses. Le lendemain que le camp de France fut logé, fut dit audit seigneur de Lautrec que, si le jour precedant il eust combatu, il estoit apparant qu'il eust gaigné la bataille : à quoy il feit response : « Je ne pouvoy donner la ba-

« taille sans y perdre beaucoup de gens de bien ; mais
« je les auray la corde au col. » L'armée fut audit
lieu huict jours, durant lequel temps se leva une tempeste de vents, telle et si impetueuse, qu'il ne demoura pavillon ny tente debout; et y feit une telle
froidure, et le temps si contraire, qu'il y mourut
grand nombre d'hommes devant que partir de là.
Aussi une des occasions qui meut monsieur de Lautrec de ne donner la bataille le jour qu'il la presenta, fut qu'il attendoit le seigneur Horace Baglion,
qui amenoit treze enseignes de gens de pied des plus
agguerris d'Italie, qui estoient les bandes noires qui
avoient esté, de longue main, soubs la charge du seigneur Jean de Medicis.

Un vendredy au soir arriva ledit Horace Baglion
avecques ses bandes. Dequoy l'ennemy estant averty,
la nuict d'entre ledit vendredy et le samedy, meit toutes les campanes des mullets dans les coffres, et, sans
sonner trompettes ny tabourin, deslogea, prenant le
chemin des bois droict à Naples. Dequoy le seigneur
de Lautrec averty, envoya quelque compagnie de
gendarmerie et quelque troupe de chevaulx legers
à leur suitte, qui en deffirent quelques uns demeurez
sur la queue, mais bien peu. Plusieurs capitaines
françois furent d'avis que mondit-seigneur de Lautrec
devoit suivre le prince d'Orenge, et, s'il l'eust faict,
il estoit apparant qu'il l'eust deffaict; car, arrivant ledit prince à Naples, dom Hugues de Montcade (1), lequel pour lors estoit vice-roy de Naples, et autres

(1) *Dom Hugues de Montcade* : Lannoy, vice-roi de Naples, étoit mort au commencement de cette année. Il avoit désigné pour son successeur Hugues de Moncade, son ami, que l'Empereur avoit agréé.

principaux serviteurs de l'Empereur, avoient ledit prince d'Orenge en telle haine, que les portes de Naples luy eussent esté fermées, et, arrivant nostre armée sur ces disputes, elle eust separé la querelle. Mais Dieu le voulut autrement, et ne voulut que mondit seigneur de Lautrec print le meilleur avis. Beaucoup de gens eurent opinion que le comte Petre de Navarre luy donna ce conseil, qui estoit homme qui avoit esté nourry au païs, disant qu'ayant pris le reste du royaume, il auroit la ville la corde au col. Mais il avint le contraire de son dessein, car il leur donna loisir de se pourveoir et de mettre ordre à leurs affaires.

Le lendemain que le prince d'Orenge fut deslogé de Troye, le seigneur de Lautrec depescha le seigneur Petre de Navarre, avec bon nombre de gens de pied françois, et les bandes noires, et bon nombre de gendarmerie avec une bande d'artillerie bien pourveue de munitions, pour aller devant Melphe, et la mettre en l'obeïssance du Roy, à ce que nostre camp estant devant Naples, le prince de Melphe, qui avoit jusques au nombre de trois mille hommes de pied et une bonne trouppe de cavallerie, ne rompist les vivres à nostre armée, faisant souvent des saillies. Arrivé qu'il fut devant Melphe, meit son artillerie en batterie, où, apres avoir battu deux jours, fut donné un assault, auquel furent repoussez les soldats de la Toscane, encores qu'ils feissent fort bien leur devoir; mais le second, donné par les Gascons, la ville fut forcée, non sans grande perte, pour la resistence que feirent ceux de dedans. Les François, animez de la perte de leurs compagnons, l'ayant forcée, y feirent un grand carnage; car, de compte faict, il y mourut, tant de gens de guerre que des habitans de la ville, jusques au nombre de six à sept mille personnes, dont de gens de guerre y avoit environ trois mille. Et fut pris ledit prince de Melphe prisonnier, en combatant les armes au poing; aussi fut prise sa femme et ses enfans, qui s'estoient retirez dans le chasteau. Estant le siege devant Melphe, le seigneur de Lautrec envoya une trouppe de gendarmerie et de gens de pied, pour prendre Venouze: lesquels estans arrivez audit lieu, apres avoir dressé quelques eschelles contre les murailles, ceux de la ville, estans surpris, l'abandonnerent, et se retirerent dedans le chasteau, qui estoit une tresforte place; mais, quelques jours apres, n'ayans esperance de secours, se rendirent, eux et le chasteau, par composition. Ladite place de Venouze estoit celle que le capitaine Louis d'Ast [1], du temps du roy Louis douziesme, garda un an apres que tous les François furent hors du royaume de Naples, contre toute l'armée du roy d'Arragon, et, au bout d'un an, s'en revint en France par composition, armet en teste et enseignes desployées.

Le sac de Melphe parachevé, le seigneur de Lautrec, passa son armée par le païs de Labour, arriva devant Naples le premier jour de may 1529 [2], auquel lieu estant arrivé, se logea à Poge Real, et la pluspart de toutes les villes et places du royaume se meirent en son obeissance, au nom du Roy, hors mis le chasteau de Manfredoine, assis sur la mer Adriatique, tirant à Sainct Nicolas du Bar et Gaiette. D'au-

---

[1] *Louis d'Ast*: lisez *Louis d'Ars*. Il avoit été intimement lié avec Bayard, et passoit pour l'un des plus grands capitaines de l'armée française. — [2] 1529: *lisez* 1528.

cuns, cognoissans la nature du païs, ne furent d'avis qu'il logeast son armée à Poge Real (1), d'autant que, venantes les chaleurs, l'air y est incontinant infecté, pour les eaues qui n'y sont salubres ; mais le seigneur Petre de Navarre l'asseuroit que, devant que lesdites chaleurs vinssent, la ville seroit affamée ; d'où vint la principalle ruine de nostre armée. Estant logé le camp devant Naples, se feit une entreprise de quarante hommes d'armes estans de la compagnie du duc d'Albanie et du comte de Vaudemont, conduits par le seigneur de Gruffy, sur la ville et chasteau de Vic ; laquelle, pour la diligence qu'ils feirent, ils surprindrent, de sorte qu'ils prindrent et ville et chasteau, où fut trouvé du butin inestimable, tant de vaisselle d'or et d'argent, que d'autres riches meubles ; de sorte qu'il y eut environ douze cens escus pour homme d'armes de ce qui vint au butin. Vous pourrez estimer quels autres biens il y pouvoit avoir, qui ne vindrent à cognoissance ; mesmes y fut pris les sceaux de l'Empereur. Estant nostre camp logé et assis devant Naples, fut faict un fort dedans les marais de la Magdalene, pres de Naples, qui fut nommé le fort de Basque, par-ce qu'il fut commis à la garde de deux capitaines basques, sçavoir est, du capitaine Martin le Basque et du capitaine Raymonnet, qui estoient deux vaillans capitaines, ayans des soldats de mesmes comme ils monstrerent, ainsi qu'entendrez par cy apres. Aussi fut entrepris, pres Sainct Martin, un autre fort, par le

(1) *Poge Real*, ou *Ponge Real* : c'étoit une charmante habitation, bâtie autrefois par le roi Alphonse, et où Charles VIII résida pendant son expédition de Naples. Il paroit que, depuis les dernières guerres, on l'avoit négligée, ce qui en avoit rendu le séjour malsain.

seigneur Petre de Navarre, plus grand que le precedant, pour y loger bon nombre d'hommes, et garder que les assiegez n'y feissent saillies sur les chevaux du camp, pour les surprendre à l'abrevoir; où il y eut grand combat, pour une sortie que feirent les Imperiaux pour empescher ladite fortification ; mais en fin, estans repoussez jusques dedans les barrieres, fut ledit fort parachevé; et y fut mis, pour la garde, le seigneur de Burie, avec la charge de gens de pied françois ausquels il commandoit, et le baron de Grantmont avec des Gascons; aucuns le nommerent le fort de Gascongne, autres le fort de France. Lequel fort feit beaucoup d'ennuy à ceux de la ville, pour les entreprises qu'ordinairement faisoit ledit seigneur de Burie et de Grantmont sur eulx. Et, entre autres, s'en feit une pres nostre Dame de Pied de Grotte, où le seigneur de Bonnivet, jeune gentilhomme et vaillant, apres avoir fort bien faict son devoir, fut blessé de sorte que les entrailles luy sortirent du corps: toutesfois fut porté à Venouze, et fut guerie sa playe ; mais depuis il mourut par maladie.

La veille de la Penthecouste subsequente, les ennemis, pensans surprendre le fort de Basque, lequel les tenoit de pres, partirent de la ville sept ou huict cens hommes, pour leur donner une camisade : environ minuict, le guet du fort, qui estoit vigilant, entrevit quelque blancheur; parquoy, le monstrans l'un à l'autre sans faire bruit, estimoient que ce fussent moutons couchez là aupres, tant que l'un, ayant la veue plus certaine que les autres, jugea que c'estoient gens de guerre couchez sur le ventre, avecques des chemises blanches, pour les surprendre. A cause dequoy ils avertirent leurs capitaines, lesquels, sans faire alarme, de main en main le feirent entendre à leurs soldats, et les feirent mettre chacun en sa deffence, preparez de recevoir leur ennemy; puis, estans les capitaines sur une platte forme, apres avoir mis quelques fauconneaux aux lieux dont ils se pouvoient ayder, demanderent: *Qui va là!* et *qui vive!* Mais l'ennemy, sans faire response, donna de la teste de furie droict aux remparts, lesquels n'estoient gueres haulx, de telle hardiesse, que lesdits ennemis monterent jusques sur le hault du fort; mais, ainsi que furieusement ils monterent, ils furent recueillis de ceux de dedans, en telle asseurance, que tout ce qui monta hault fut tué, et ceux aussi qui s'efforcerent de ce faire. Et y mourut des assaillans, de compte faict, deux cens cinquante; et y furent blessez, de la part de dedans, les deux capitaines, sçavoir est le capitaine Martin, dequoy il mourut peu de jours apres, et le capitaine Raymonnet, d'une arquebouzade à travers du genoil, dont il fut contrainct, pour ne se pouvoir tenir debout, long temps combatre sur un genoil. Et telle fut l'issue de ladite entreprise. Peu de jours apres, le seigneur Horace Baglon, chef des enseignes noires, ayant faict entreprise d'aller chercher les ennemis entre ledit fort et la Magdalene, les ayans trouvez, les chargea de telle vigueur, qu'il les remist dedans la ville, mais, mal suivy de ses hommes, fut tué à coups d'hallebarde, sur sa retraitte, sans estre cogneu; qui fut grand dommage. Sa charge fut donnée au comte Hugues de Pepolo, boullenois, duquel a esté parlé en plusieurs endroits de ces Memoires.

Durant ledit temps, le comte Phelippin Doric, nepveu du seigneur André Dorie, estoit avec huict galleres près de Naples. Le seigneur dom Hugues de Montcade, vice-roy de Naples, estant dedans la ville, averty que les soldats desdites galleres ordinairement s'en alloient au camp, de sorte que lesdites galleres le plus souvent demouroient sans grande garde, feit armer six galleres qui estoient au port de Naples, pour aller surprendre les huict galleres de Phelippin. Le seigneur de Lautrec, par ses espies estant averty de l'entreprise, envoya le faire entendre audit Phelippin, et, quand et quand, secrettement et sans bruit, luy envoya quatre cens arquebouziers esleus, conduits par le seigneur du Croq, gascon, pour recueillir la furie de l'ennemy. Dom Hugues de Montcade, n'estant averty du renfort venu dans lesdites galleres, partit du port de Naples, avecques les six galleres qu'il avoit equippées de tous gens esleus, et, entre autres, du marquis du Guast, du seigneur de Ris, bourguignon, pour ceste heure sommelier du corps de l'Empereur, et plusieurs autres gros personnages, et feit voile droict à noz galleres, sans les marchander. Mais, ainsi que gaillardement les avoient assaillies, ils furent receus; et, de premiere abordée, les galleres françoises en mirent deux des leur en fond, à coups de canon; les autres furent investies, et furent combattues main à main et pied à pied, tellement que ce combat tant furieux dura l'espace d'heure et demie, avecques grande perte d'hommes, tant d'un costé que d'autre; de sorte que des Imperiaux n'en reschappa que bien peu; et, entre autres y mourut dom Hugues de Montcade (1), vice-roy

(1) *Y mourut dom Hugues de Montcade :* Moncade fut remplacé dans la vice-royauté de Naples par le prince d'Orange.

de Naples; et fut prisonnier le marquis du Guast, le seigneur de Ris, Ascagne Colonne, le beau Vauldré, et plusieurs autres gros personnages : des quatre cens arquebouziers françois n'en rechappa que soixante, qu'ils ne fussent morts ou grandement blessez. Ceste victoire obtenue, deux de leurs galleres, qui n'avoient point esté mises en fond, à l'arrivée furent prises; les deux autres, s'estans sauvées à la fuitte, se rendirent à Naples; de l'une desquelles galleres le prince d'Orenge feit pendre le patron, dequoy l'autre ayant la cognoissance, s'en alla rendre au comte Philippin Dorie.

Le seigneur de Lautrec, averty de ladite victoire, manda que lon envoyast en France les prisonniers; ce qui fut faict, et furent baillez à Phelippin Dorie, avec deux galleres pour les conduire; mais, passant à Gennes, le seigneur André Dorie les retint, mettant en avant que le Roy ne luy avoit satisfaict de la rançon du prince d'Orenge, qu'il avoit pris prisonnier à Porte-Fin, durant que le Roy estoit au siege devant Pavie; dont depuis avint la ruine de nostre armée de Naples, par-ce que ce fut le motif de la revolte d'André Dorie, et le marquis du Guast, estant son prisonnier, le pratiqua pour l'attirer au service de l'Empereur.

Or ay-je laissé à vous dire que, peu apres la depesche de monsieur de Lautrec pour aller à Naples, le Roy pareillement avoit depesché une armée de mer pour aller en Sicile, soubs esperance des pratiques et intelligences que disoit avoir un Sicilian, nommé Cesar Imperator, et autres Siciliens de sa faction, cuidant par ce moyen divertir les forces imperialles du royaume de Naples, ou bien s'investir de l'isle de Sicile. De ladite armée le Roy avoit faict son lieutenant general le seigneur Rance de Cere, et le seigneur André Dorie, amiral de l'armée de mer, esperant qu'au temps que monsieur de Lautrec arriveroit devant Naples, ladite armée de mer arriveroit en Sicile; chose qui fut tresbien pourveue si Dieu eust permis qu'elle fust venue à execution : mais l'armée, estant partie des havres de la Tuscane, fut surprise d'une tourmente telle, qu'elle fut contraincte de prendre la volte de Corseque (1), et, pour avoir vivres, prindrent le train de Sardaigne, où ils prindrent terre. Auquel lieu ayans mis leurs hommes en terre, le vice-roy de Sardaigne, pour l'Empereur, vint rencontrer nostre armée, qui n'estoit que de deux à trois mille hommes; et luy estoit accompagné de quatre à cinq mille hommes de pied et de trois à quatre cens chevaux. Ce-nonobstant, noz gens les rompirent, et de la mesme furie emporterent la ville de Sassary d'assaut : auquel combat fut tué, des nostres, le seigneur Jacques du Bellay, colonnel de deux mille hommes de pied. Apres laquelle execution, la peste se meit dans leur armée, pour les vivres qu'ils y trouverent en abondance, attendu la grande necessité que les soldats avoient enduré, et, venus à en avoir largesse, tomberent en fievres qui se tournerent en peste. Aussi se meit quelque division entre le seigneur Rance et le seigneur André Dorie; pour lesquelles deux occasions ils furent contraincts de se rembarquer et se retirer à Gennes, ayans consumé les vivres qu'ils avoient pour leur voyage de Sicile. Et eux arrivez à Gennes, fut envoyé le comte Philippin, avec les huict galleres

---

(1) *La volte de Corseque* : le chemin de l'île de Corse.

qui combattirent devant Gennes, ainsi que dessus a esté dict.

Pour vous faire entendre les occasions de la revolte d'André Dorie, avecques les praticques que je vous ay dit du marquis du Guast (dequoy depuis arriva l'entiere ruine de nostre armée de Naples : car, sans le secours de André Dorie, la ville de Naples n'eust eu le moyen d'estre secourue de vivres, ayans, comme j'ai dit, perdu leur armée de mer, chose qui les amenoit la corde au col) : apres que ledit seigneur de Lautrec eut remis en l'obeïssance du Roy la ville de Gennes, le Roy, par le conseil d'aucuns, delibera de fortifier Savonne, et y faire le port, qui eust esté l'entiere ruine de Gennes; et dés l'heure transporta à Savonne le commerce de la marchandise, et principallement la gabelle du sel qui estoit à Gennes, luy faisans entendre que, par ce moyen, il tiendroit les Gennevois en plus grande obeïssance : mais ce fut bien le contraire, car, eux desesperez de ladite novalité, laquelle, à la longue, seroit la ruine de leur ville, les principaux citadins vindrent devers André Dorie, et luy remonstrerent qu'il estoit en son pouvoir de remettre sa patrie en sa premiere liberté, chose qu'il ne devoit differer estant amateur du païs ; ausquels ledit André Dorie feit response que ce qu'il pourroit faire pour son païs avec son honneur, il le feroit. Or, sur ces malcontentements, avint l'occasion cy dessus ditte des prisonniers qu'il retint; parquoy, les ayant entre ses mains, delibera d'envoyer un gentilhomme devers le Roy, pour luy supplier de luy faire raison de la rançon du prince d'Orange, et autres prisonniers prins quand et luy, et pareillement de l'estat de ses galleres, qui luy estoit deu; et que, là où le Roy luy en feroit refus, il promist aux Gennevois de tenir la main à ce qu'ils fussent remis en liberté.

Le seigneur de Lautrec, averty de ceste praticque par le moyen du seigneur de Langey, depescha ledit Langey devers le Roy, pour luy supplier d'y pourveoir. Lequel seigneur de Langey, passant à Gennes, pour la grande familiarité et habitude qu'il avoit audit André Dorie, logea en son palais, où il trouva moyen d'entendre la volonté dudit André Dorie; et y feit telle diligence, que ledit Dorie l'asseura que là où il plairoit au Roy luy faire raison de ses prisonniers, et remettre le trafic de la gabelle du sel à Gennes, et autres libertez qu'ils avoient accoustumé d'avoir, tant de son temps que des roys ses predecesseurs, il feroit avecques le peuple que, pour seureté de leur foy, ils livreroient au Roy douze galleres entretenues à leurs despens, sur lesquelles il pourroit mettre tels capitaines et soldats que bon luy sembleroit, retenant seulement deux galleres pour la garde du port. Le seigneur de Langey vint en poste à Paris trouver le Roy, logé en la maison de Ville-Roy, auquel il exposa ce qu'il avoit de charge de la part de monsieur de Lautrec, aussi ce qu'il avoit entendu de l'intention d'André Dorie; chose qui fut remise au conseil, où les demandes dudit André Dorie ne furent trouvées raisonnables, et mesmement par le chancelier du Prat, qui avoit grande authorité, et quelques remonstrances que feit ledit seigneur de Langey, de l'apparence qu'il y avoit que, mal contentant André Dorie, le hazart estoit tant de la perte de Gennes, que de la ruine de nostre armée qui estoit devant Naples, au cas que ledit

André Dorie se revoltast, estant le plus fort sur la mer et le plus riche en argent comptant, lequel, s'il se voyoit dedaigné, exposeroit tout son bien et sa vie pour s'en ressentir. Mais, toutes choses debatues, fut conclu de depescher le seigneur de Barbezieux, pour aller à Gennes se saisir, tant des galleres du Roy que de celles d'André Dorie, le faisant amiral sur la mer de Levant, et destituant André Dorie; et, s'il veoit l'occasion, qu'il se saisist de la personne dudit Dorie.

Les choses ne furent si secretement ordonnées que ledit André Dorie n'en fust averty; parquoy, pour sa seureté, se retira sur ses galleres. Le seigneur de Barbezieux, arrivé à Gennes, alla parler à luy, suivant le commandement que le Roy luy en avoit faict. Lequel Dorie feit response qu'il sçavoit bien qu'il avoit charge de se saisir de sa personne et de ses galleres; mais que, quant aux galleres du Roy, il les luy remettroit entre les mains, suivant le commandement que le Roy lui en faisoit, et, quant aux siennes, il en feroit à sa volonté. Le marquis du Guast et autres prisonniers qui estoient entre ses mains, voyans ces troubles, secretement acheverent leur pratique; de sorte qu'ils eurent promesse de luy d'aller au service de l'Empereur, jouxte le concordat de ce faict et passé entre-eux, promettans le faire ratifier à l'Empereur. Vray est qu'il declara au seigneur de Barbezieux qu'il n'avoit intention autre, sinon de servir sa patrie; mais, peu de temps apres, s'estant declaré, donna tel refreschissement à ceux qui estoient dedans Naples, que, sans son secours, on les eust eus la corde au col par famine. Il me souvient qu'en ce temps là, venant, par les postes d'Italie, devers le Roy, qui estoit à Paris, je rencontray Antoine Dorie, cousin dudit André, au pont, à Gasson pres Montargis, qui alloit en poste à Marceille, qui me dist les nouvelles de la revolte de son cousin, le detestant comme homme qui avoit faict acte d'infamie ; mais, peu de jours apres, j'eu nouvelles comment ledit Antoine Dorie avoit desrobé les galleres desquelles il avoit la charge du Roy, et qui n'estoient siennes, s'estant rendu au service de l'Empereur.

Pendant que ces choses se traittoient, le Roy estoit ordinairement solicité par le seigneur de Lautrec de luy envoyer secours d'hommes et d'argent, par-ce que, s'estant mise la mortalité en son camp, il en avoit beaucoup perdu ; parquoy le Roy avoit ordonné d'y envoyer l'amiral de Brion, pour y mener le secours par mer, et le faire vice-roy de Naples, d'autant que le seigneur de Lautrec pourchassoit son retour en France. Mais les choses se changerent, je ne sçay pour quelle occasion; car il y envoya le prince de Navarre, frere du roy Henry de Navarre, accompagné de peu de gens, desquels la pluspart estoient jeunes gentilshommes, y allans pour leur plaisir et pour aquerir honneur : aussi y fut conduit quelque argent, non en telle somme que monsieur de Lautrec esperoit. Lequel prince de Navarre arriva à Nolle, conduit par le seigneur de Barbezieux ; mais, estant descendu en ladite ville de Nolle, il se trouva accompagné de si petit nombre de gens, qu'il fut contrainct d'envoyer en nostre camp querir escorte pour le conduire. Et, pour cest effect, monsieur de Lautrec y envoya monsieur de Candalles, lequel, passant par devant Naples à son retour, conduisant ledit prince de Navarre, ceux de la ville feirent une saillie sur luy, telle et si gaillarde, que nous y perdismes beaucoup de gens; et, entre autres, ledit seigneur de Candalles fut fort blessé, et mené prisonnier dedans Naples; mais, estant racheté pour un des leur pris audit combat, mourut de ses blesseures dés qu'il fut en nostre camp. Aussi y fut pris le comte Hugues de Pepolo, lequel, comme j'ay dit, avoit eu la charge des bandes noires, par la mort du seigneur Horace Baglion, lequel aussi fut racheté pour un Imperial pris des nostres à ladite faction. Qui fut le premier lieu là où, depuis dix-huict mois que le seigneur de Lautrec estoit party de France, les ennemis avoient combatu en combat esgal : si est-ce, qu'estant sorty renfort de nostre camp, les ennemis furent repoussez jusques dans leurs barrieres. Durant ce temps, le seigneur Rance de Cere, lequel, depuis le retour de Sardaigne, s'estoit tousjours tenu avecques l'armée des Venitiens et du duc de Milan, en Lombardie, fut mandé par le Roy d'aller à Naples pour luy faire service, par-ce qu'il avoit le moyen de ce faire, pour avoir la part ursine à son commandement. Et à ceste fin, ledit seigneur Rance alla à Port Hercule, auquel lieu il trouva messire Nicolas du Bellay, chevalier de Rhodes, lequel, avecques deux gallions et quelque fuste qu'il avoit, embarqua ledit seigneur Rance, et le descendit à Nolle en seureté.

Arrivé qu'il fut en nostre camp, il trouva la mortalité telle, que les deux parts de l'armée estoient mortes ou malades, et, entre autres, de mors, le comte de Vaudemont, le seigneur de Gruffy, et plusieurs autres capitaines, et le seigneur de Lautrec malade; toutesfois il depescha ledit seigneur Rance, pour aller à l'Abrusse lever gens nouveaux pour refreschir nostre

armée, deliberant, ledit seigneur de Lautrec, mourir
sur le lieu plustost que se retirer un pas; aussi, luy
vivant, les ennemis n'entreprindrent jamais d'assaillir
nostre camp. Le seigneur Rance avoit charge de prendre argent en l'Abrusse, pour soldoyer des hommes,
mais il trouva des tresoriers qui n'avoient un liard
par leur dire; parquoy fut contrainct de se joindre
avecques le seigneur neapolitain, fils du feu seigneur
Jean Jourdan Ursin, qui avoit levé des hommes pour
le service du Roy, à ses despens. Il fut dit que ceux
qui avoient la charge pour le Roy en l'Abrusse, avoient
mangé les deniers, et mesmes La Foucaudiere, auquel
le seigneur de Lautrec en avoit donné la charge : aussi,
estant de retour de Naples, il en fut prisonnier; mais,
par le moyen de Antoine du Prat, chancelier, il en
eschappa. Vous avez ouy cy devant comme le prince
de Melphe avoit esté pris dans sa ville de Melphe, faisant bien son devoir; aussi avoient esté pris sa femme
et ses enfans; ledit prince de Melphe avoit envoyé par
plusieurs fois devers l'Empereur, le suppliant de le
secourir pour payer sa rançon, luy remonstrant la
perte qu'il avoit faicte de sa ville et de ses biens, pour
le service de Sa Majesté; mais, voyant que l'Empereur
n'en faisoit compte, fut contrainct de prendre le party
du Roy, lequel le mist en liberté avec sa femme et ses
enfans : parquoy, ayant renvoyé à l'Empereur son
serment, le seigneur de Lautrec le depescha pour
faire levée de quelque nombre d'hommes, tant de pied
que de cheval, pour aller assieger Gaiette; ce qu'il
avoit faict, et la tenoit de pres. Durant ce temps, de
jour en autre, à la vue de nostre armée de mer, André
Dorie mettoit vivres et refreschissement dedans Naples.

Le Roy, averty que le duc de Brunsvich marchoit pour secourir Naples, avec douze mille lansquenets et bon nombre de cavallerie, et desja estoit passé le pas de Trente; aussi averty comme Antoine de Leve avoit repris Pavie sur le duc Sforce, et que les Imperiaux commandoient en toute la campagne, nonobstant l'armée des Venitiens et dudit duc de Milan, depescha le comte de Sainct Pol (1) avec une armée de cinq cens hommes d'armes et cinq cens chevaux legers, soubs la charge du seigneur de Boisy, et six mille hommes de pied, soubs la charge du seigneur de Lorges, et trois ou quatre mille lansquenets, soubs la charge du seigneur de Montejean; et de la gendarmerie y avoit la compagnie dudit comte de Sainct Pol, de cent hommes d'armes; de monsieur de Chasteaubriant, soubs la charge du seigneur de Montejean, de cent autres; cent de la compagnie du grand seneschal de Normandie, de laquelle estoit lieutenant le seigneur d'Annebault; le seigneur d'Allegre, cinquante hommes d'armes, et cinquante de monsieur de Boisy.

Le Roy feit commandement audit seigneur comte de Sainct Pol, qu'au cas que ledit duc de Brunsvich marcheroit à Naples pour la secourir, qu'il se meist à sa queuë, et se vint joindre avecques monsieur de Lautrec : mais, passant les montagnes, ledit comte de Sainct Pol eut nouvelle comme ledit duc de Brunsvich, par faulte de payement, s'estoit retiré en Allemagne avecques ses lansquenets. Parquoy il avertit l'armée des Venitiens, de laquelle estoit general Francisque Marie de La Rouere, duc d'Urbin, pour se ve-

(1) *Le comte de Sainct Pol* : François de Bourbon, comte de Saint-Paul, frère du duc de Vendôme.

nir joindre avec luy ; et, en l'attendant, meit en son obeïssance toutes les places que tenoient les Imperiaux entre le Pau et le Tesin, jusques à Pavie. Auquel lieu de Pavie se vint joindre l'armée venitienne : lesquels : estans assemblez, conclurent d'assaillir la ville de Pavie, par-ce qu'elle estoit d'importance, pour estre assise au milieu du duché de Milan. Apres laquelle deliberation, le comte de Sainct Pol l'assiegea d'une part, et le duc d'Urbin, d'une autre. Antoine de Leve, cuidant donner faveur aux assiegez, se vint camper à Marignan : toutesfois, cognoissant qu'il n'estoit suffisant pour nous combatre, et craignant, pour sauver l'un, perdre tous les deux, se retira dedans Milan.

Le comte de Sainct Pol et le duc d'Urbin, apres avoir faict breche raisonnable, estans en dispute à qui toucheroit de donner l'assault, car les Venitiens disoient leur appartenir, les François au contraire, en fin fust arresté que les deux chefs jetteroient le dez, pour veoir à qui toucheroit le sort d'assaillir le premier : la fortune toucha pour les Venitiens. Le seigneur de Lorges, voyant lesdits Venitiens trop longuement temporiser d'executer ce qu'ils avoient gaigné au hazard, s'amusans à escarmoucher de loing à coups d'arquebouzades, se jetta entre-eux et la breche, et donna droict à ladite breche; de sorte que, devant que les Venitiens eussent mis les armes au poing, la ville fut prise d'assault. Auquel assault, ledit seigneur de Lorges, montant le premier, avoit pris pres de luy le capitaine Florimond de Chailly et le seigneur de Grandzay, pour estre à ses deux costez, pour le favoriser et soustenir là où besoing seroit ; lesquels y furent tous deux tuez ; aussi fut l'enseigne qui marchoit devant luy; mais soudain trois autres reprindrent leurs places, tellement qu'il força la breche. Le seigneur Petre de Birague et Petre de Boutigeres, estans chefs dedans la ville, se retirerent au chasteau : lesquels, deux jours apres, se rendirent.

Durant ce temps, environ la fin de juillet 1528, la mortalité se renforça dans nostre camp devant Naples, tellement qu'en moins de trente jours, de vingt-cinq mille hommes de pied, n'en demoura pas quatre mille qui peussent mettre la main aux armes ; et de huict cens hommes d'armes n'en demoura pas cent. Et mesmement y mourut le seigneur de Lautrec (1), le comte de Vaudemont, le prince de Navarre, nouvellement arrivé ; le seigneur de Tournon et son frere, messire Claude d'Estampes, seigneur de La Ferté Nabert; le seigneur de Negre Pellisse, le seigneur de La Val de Dauphiné, le baron de Grantmont, le seigneur de Gruffy, le seigneur de Moriac, le seigneur de Montdragon, capitaine de l'artillerie; le seigneur du Croq, le seigneur de La Chasteigneraye, le seigneur de Candalle, le seigneur de Luppe, le seigneur de Cornillon, le seigneur de La Grutture, le seigneur de Maunoury, le baron de Buzancés, l'aisné Jarnac, le seigneur de Bonnivet, le comte Hugues de Pepolo, le baron de Conty, le comte Wolf, et un infiny nom-

---

(1) *Y mourut le seigneur de Lautrec :* Lautrec succomba autant au chagrin qu'à la maladie. Son corps fut d'abord enterré dans un champ, puis exhumé par un soldat, qui le déposa dans une cave, espérant le vendre bien cher à sa famille. Le petit-fils de Gonsalve de Cordoue, touché du courage et du malheur du général français, lui fit élever un magnifique tombeau dans l'église de Sainte-Marie-la-Neuve, prés de la sépulture de son aïeul.

bre d'autres bons personnages et soldats, et de gentilshommes qui y estoient allez pour acquerir honneur, et sans solde; et une legion d'autres, que je laisse, parce que ce papier ne sauroit suffire à les nommer. Si le Roy eut secouru ledit seigneur de Lautrec, d'hommes et d'argent, ainsi qu'il pouvoit faire, il fust demeuré possesseur du royaume de Naples : car nostre armée fut ruinée par faulte d'estre refreschie.

Le Roy, ayant eu les nouvelles de la mort du seigneur de Lautrec, s'il en fut fasché il n'est besoing de le descrire, car vous pouvez estimer quel ennuy luy fut d'avoir perdu un tel personnage : et, pour luy faire l'honneur tel qui luy appartenoit, outre les honneurs qu'on a de coustume de faire aux lieutenans de Roy, luy fist faire son service à Nostre Dame de Paris, où assisterent tous les princes du sang, en tel dueil que si c'eust esté pour monsieur le Dauphin.

Le seigneur de Lautrec mort, Michel Antoine, marquis de Salluces, homme autant courageux, aymé et suivy des gens de guerre que nul autre, print charge de la conduitte de ceste armée ruinée : parquoy, ramassant le surplus de ceux qui pouvoient porter les armes, fut conseillé de lever son siege de devant Naples, et se retirer à Averse, attendant le secours que pourroit amener le seigneur Rence de Cere. Sur sa retraitte, l'armée imperialle sortit sur la queuë; mais il y meit si bon ordre, qu'il se retira avec peu de perte de ce qui estoit avecques luy en son avantgarde. Or, ayant laissé le seigneur Petre de Navarre à la bataille, en forme d'arrieregarde, fut ordonné le seigneur de Pomperant, le seigneur de Negre Pelisse, et le seigneur Paule Camille Trevoulce, tous trois capitaines d'hommes d'armes des ordonnances du Roy : ces deux dernieres troupes furent rompues par ceux qui sortirent de Naples, et fut mené Petre de Navarre à Naples, où il mourut (¹). Estant le marquis arrivé au lieu de Averse, quand et quand il fut assiegé des ennemis, où, apres longue et furieuse batterie, fut blessé d'un esclat poulsé par l'artillerie, qui luy rompit le genoil; parquoy, se voyant inutil et sa playe rengreger, chercha moyen de sauver le reste des hommes qui estoient avecques luy, et feit la capitulation telle, avecques le prince d'Orenge, que s'ensuit.

« Premierement, est accordé que le marquis de Salluces, incontinant la presente capitulation signée, rendra et mettra és mains du prince d'Orenge, ou ceux qui par luy seront ordonnez, la cité et chasteau de Averse, que pour ceste heure il occuppe et detient au nom du Roy, avec toute l'artillerie, munitions, vivres et autres biens qui sont dedans ladite cité et chasteau.

« *Item,* est accordé que ledit seigneur marquis, comme lieutenant general du Roy, et le comte Guy de Rangon, demoureront prisonniers dudit seigneur prince, avec promesse de les bien traitter jusques à ce qu'ils soient en liberté ou autrement.

« *Item,* est accordé que tous les capitaines et gens de guerre qui sont en ladite cité, tant à cheval qu'à

(¹) *Et fut mené Petre de Navarre à Naples, où il mourut :* c'est à ce général que l'on doit l'invention des mines. Sujet du roi d'Espagne, il étoit entré au service de France, après la bataille de Ravenne, où il avoit été fait prisonnier. Les Espagnols le traitèrent avec d'autant plus de rigueur, qu'ils le regardoient comme un transfuge. On croit qu'il fut étranglé dans sa prison.

pied, hommes d'armes, archers, chevaux legers, tant françois qu'italiens, lansquenets, suisses; et autres soldats, de quelque nation qu'ils soient, estans à ladite ville au service du Roy, doivent laisser en la puissance dudit seigneur prince, toutes les enseignes, guidons et banderolles, et toutes leurs armes. Et est accordé, par ledit seigneur prince, que tous les capitaines, lieutenans, enseignes, guidons, gens d'armes et chevaux legers, pourront amener quand et eux trois montures, comme courtaulx, roussinots et mulles, ainsi qu'ils verront pour le meilleur, sçavoir est l'un des trois; et chacun capitaine, lieutenant ou enseigne de gens de pied, pourront amener un courtault ou mulle.

« *Item*, est accordé que les gens de guerre italiens ne feront aucun service de six mois prochains venans, pour le Roy ny ses alliez, ny autre contre l'Empereur, mais se retireront en leurs maisons, ou bien en autre lieu où bon leur semblera; et les François, Gascons, Suisses, et autres soldats, gens de guerre, capitaines, enseignes, tant de cheval que de pied, estans en ladite cité, s'en iront en leurs maisons, sans aucunement s'arrester en quelque lieu que ce soit.

« *Item*, est accordé, et ainsi le promet ledit seigneur marquis, qu'il fera tout son effort de faire rendre et mettre entre les mains dudit seigneur prince, ou à ses deputez, toutes les places et villes fortes, tant du païs de Calabre, de l'Abrusse, qu'autre terre de Labour et de la Pouille; et aussi toutes les terres du royaume de Naples qui se trouveront en la puissance du Roy, celle des Venitiens ou autres alliez; et de remettre tout le royaume en la puissance dudit prince, comme il estoit alors que le seigneur de Lautrec le vint assaillir.

Et s'entend que tous les capitaines et soldats qui sont aux fortes places et provinces, jouiront des graces desquelles jouissent ceux qui sont dans ladite cité d'Averse. Aussi promet ledit prince audit marquis de faire accompagner lesdits capitaines et soldats avecques seureté et bonne sauvegarde, sans leur faire aucune violence ny fascherie, jusques aux limites du royaume; et, de là en avant, ne sera plus obligé.

« Lesquelles capitulations lesdits princes et marquis ont promis et promettent sur leur foy, observer et garder, et n'y point contrevenir en maniere que ce soit; et, en verité de ce, ont affermé et signé de leurs mains, et fait seeller du seel de leurs armes. Faict au camp imperial, devant Averse, le trentiesme d'aoust 1528. »

Les choses ainsi passées, le marquis fut porté dans une litiere à Naples, où peu apres il mourut: aussi fut le seigneur Do et le chevalier Nicolas du Bellay. Ce fut une perte grande de la mort de ce gentil prince, car c'estoit un autant vertueux prince qui ayt esté de son temps, et autant aymé des soldats et gens de guerre. Dedans Averse mourut de maladie le seigneur de Pomperant, gentil capitaine. Une partie des nostres, qui avoient santé, se retirerent à l'Abrusse, pour trouver le seigneur Rence et le prince de Melphe, lesquels s'estoient joincts ensemble et s'estoient retirez dans Barlette et autres villes maritimes; lesquelles ils garderent jusques à ce que, par le traitté de Cambray, elles furent remises entre les mains de l'Empereur. Autres se retirerent le chemin de Romme, desquels peu se retirerent jusques en France, pour la pauvreté qu'ils endurerent par les chemins; autres se retirerent sur noz galleres. Le seigneur de Buric et le baron de Grantmont, aussi ceux qui estoient dedans le fort de Basque, ayans tousjours gardé leurs fors, quelques jours apres, n'ayans espoir de secours, et commençans à avoir faim, capitulerent; de sorte qu'ils sortirent avecques les armes; mais ledit baron, peu de jours apres, mourut du travail qu'il avoit porté. Durant tous ces voyages, tant du marquis de Salluces, que de monsieur de Lautrec, que du comte de Sainct Pol, il y avoit bonne patience entre les païs de Picardie et les bas païs de l'Empereur, et toutes leurs frontieres de pardeça, hors mis quelque routure qui avint l'hyver d'apres le partement du seigneur de Lautrec, qui ne dura que sept ou huict mois que tout ne fust rappaisé.

J'ai oublié à vous dire que le comte Guy de Rangon estoit sorti au camp imperial pour parlementer; mais, estant sur son partement, ceux de dedans firent la composition cy devant ditte, sans en avertir ledit comte; parquoy il maintint qu'il n'estoit compris en la capitulation, et fut mis en liberté par le jugement des capitaines. Le seigneur de Barbezieux, apres avoir recueilly ce qu'il en peut charger, feit voile, et s'en alla joindre avec les galleres venitiennes, pour aller rencontrer André Dorie, qui s'estoit jetté en mer pour destrousser les François retournans de Naples : mais, ayant descouvert nostre armée, qui estoit joincte à celle des Venitiens, et ne se sentant suffisant pour les combatre, se retira pres du chasteau de l'isle d'Ische, auquel lieu nostre armée le tint assiegé deux jours, sans l'oser attaquer, pour le lieu avantageux où il estoit, estant deffendu du chasteau.

Cognoissant, le seigneur de Barbezieux, et aussi le general de l'armée venitienne, que c'estoit temps perdu de cuider combatre ledit André Dorie, veu le lieu fort où il estoit surgy à la garde de l'artillerie du chasteau, firent voile pour tirer le chemin de France : mais les Venitiens, estans en mer, abandonnerent nostre armée, et se retirerent en leurs ports. André Dorie, sentant l'armée separée, feit voille et se meit à la suitte de noz galleres, lesquelles, estans arrivées à Gennes, et sentans qu'André Dorie estoit à leur suitte, abandonnerent le port de Gennes, et prindrent la routte de Savonne ; mais ils furent suivis de si pres, que la patronne du capitaine Jonas fut investie et prise par les ennemis. Et de la mesme entreprise, ledit seigneur André Dorie revolta Gennes, et s'en feit seigneur et maistre. Quelques autres navires, où estoit le seigneur de Termes et le fils aisné du seigneur de Sercu et autres, pensans se retirer à la Calabre, furent pris des Turcs. Telle fut la fin de ceste armée tant superbe, laquelle, vingt-huict mois durans, avoit commandé à l'Italie, la Romaigne et le royaume de Naples ; et, ne pouvant estre vaincue par les hommes, Dieu y mist la main, pour montrer qu'à luy seul appartient l'honneur et la gloire des victoires.

Les habitans de Capoue, deffaillans de leur foy, sçachans que le seigneur Rance de Cere marchoit avecques huict ou dix enseignes des gens du seigneur Neapolin Ursin, fils du seigneur Jean Jourdan, pour se mettre dedans Capoue et donner faveur à nostre camp, aussi sçachant la mort du seigneur de Lautrec, advertirent le seigneur Fabrice Maramault, qu'il eut à marcher avecques quelque nombre de gens de pied et de cheval, pour se mettre en embuscade pres la ville, en lieu à propos; et ils metteroient peine de le faire maistre de leur ville, et d'en expulser les François; ce qu'il feit. Les Capouans, ayans dressé leur trahison, vindrent persuader aux François qu'il estoit besoing de faire une saillie, pour mettre du bestial dedans la ville, et autres vivres, avant que la necessité y vint, et qu'ils avoient moyen de ce faire. Les François, voyans qu'il y avoit grande apparence à leur dire, sortirent; mais, voulans rentrer, trouverent les portes fermées, et que les Capouans avoient mis par l'autre porte le seigneur Fabrice dedans; parquoy chacun regarda à se retirer au lieu qui luy sembla plus à propos pour sa sauveté. Nolle et les autres villes feirent le semblable, car ils mirent les ennemis dedans, voyans la ruine tourner sur nous.

Le comte de Sainct Pol, averty de la revolte de Gennes, esperant par diligence la pouvoir recouvrer, partit du duché de Milan, avecques trois mille hommes de pied, et quelque cavallerie pour les soustenir, et marcha droict à Gennes, avecques promesse d'aucuns de la luy faire surprendre; mais ayant failly son entreprise, et noz gens repoussez de l'assault de la ville, fut contrainct de se retirer, par-ce qu'il n'avoit mené artillerie ny porté vivres que pour vingt-quatre heures; puis, se voyant estre desja bien avant en l'hyver, et son armée fort travaillée, se retira en Alexandrie pour hyverner. Pendant ce temps, le seigneur Theodore Trevoulse, par faulte de vivres, fut contrainct de rendre le chasteau de Gennes, sortans luy et ses hommes leurs bagues sauves.

[1529] Les Gennevois, ayans le chasteau entre leurs

mains, marcherent à Savonne, dont estoit gouverneur le commandeur de Morette, laquelle ville, peu de jours apres, il rendit entre les mains desdicts Gennevois, non sans en estre fort blasmé, par ce que le comte de Sainct Pol marchoit en toute diligence pour luy donner secours. Estant doncques Savonne entre les mains des Gennevois, raserent la forteresse et gasterent le port, pour avoir meilleur moyen de la tenir en subjection. Le comte de Saint Pol, ayant tousjours devant les yeux la perte de Gennes, cherchoit tous les moyens à luy possibles de la pouvoir recouvrer; parquoy, estant adverty que ladicte ville estoit mal pourveuë d'hommes, et mesmes que, le plus du temps, le seigneur André Dorie se tenoit en un sien palais, hors la ville, depeschea le seigneur de Montejean avecques une trouppe d'hommes, pour aller assaillir ladicte ville; et, ce pendant, un capitaine italien, nommé Valsergue, avecques une autre trouppe, devoit aller surprendre ledict André Dorie dedans son palais, hors la ville; mais ils furent si mal guidez, que le jour les surprint avant que d'arriver audict lieu. A ceste cause, ayans failly à l'une et l'autre entreprise, se retirerent, sans perte et sans gaing, en Alexandrie.

Peu de temps apres, estant venue la primevere, le comte de Sainct Pol, avecques si peu d'hommes qui luy estoyent restez (parce que la plus grande part s'estoyent retirez en France, pour l'hyver et les maladies), se jetta en campagne, et marchea droict à Morterre, laquelle ville il print de force, et tailla en pieces tout ce qui estoit dedans. Le comte Philippes Tourniel, de ce adverti, abandonna Noare, et se retira à Milan :

parquoy le comte de Sainct Pol remist en son obeissance ladicte ville et toutes les dependences d'icelle.

Le duc d'Urbin, averty que nostre armee estoit en campagne, avecques l'armee venitienne dont il estoit chef, passa la riviere d'Adde, et se vint joindre à Marignan avecques nostre armee; aussi firent ceux de la part du duc Sforce.

Estans les armees assemblees audict lieu de Marignan, cognoissans n'estre suffisans pour assaillir Millan, mesmes que la gendarmerie françoise, qui s'estoit retiree l'hyver en France, n'estoit encores de retour, et qu'il estoit entré dedans Milan trois mille Espagnols de renfort, fut conclud que l'armee venitienne se retireroit à Cassan, l'armée des François à Biagras, et celle du duc à Pavie, afin que chacun de son costé mist peine d'empescher de mener vivres en la ville de Milan, laquelle, en ce faisant, en peu de temps seroit affamée, par-ce qu'à dix mille és environs il n'y avoit rien labouré. Suivant ladite conclusion, les Venitiens se retirerent à Cassan, et le duc à Pavie et à Vigeve. Mais le comte de Sainct Pol, ayant tousjours les affaires de Gennes en fantasie, changea d'opinion; car, laissant le chemin de Biagras, print le chemin de Landrian, qui est à douze mille de Milan, et y arriva le samedy; mais toute la nuict il feit une pluie si extreme, que la riviere, qui est fort petite, devint si grosse, qu'il n'y eut ordre de faire passer l'artillerie; parquoy on fut contrainct de sejourner le dimenche. Auquel jour Antoine de Leve, estant averty de ce faict, partit de Milan sur le soir, et, avecques toutes ses forces, vint planter son armée pres de la nostre, devant le jour, sans que noz gens en eussent la cognoissance.

Le comte Hannibal de Nugolare, ayant charge de deux cens chevaux legers, et le capitaine Piton, avecques pareille charge, avoient esté ordonnez pour recognoistre les chemins venans de Milan, et entendre si de la part de l'ennemy rien se remuoit: lesquels trouverent la peiste de l'armée imperialle; mais ils ne la suivirent, ny avertirent les nostres, et, à ce qu'on dit, par jalousie l'un de l'autre, prindrent autre chemin qui ne leur estoit commandé : qui fut la ruine de nostre armée; car le comte de Sainct Pol, se reposant sur lesdits quatre cens chevaux legiers, n'y avoit autrement pourveu.

Le lundy matin, estant la riviere retirée, de sorte qu'on pouvoit passer, monsieur de Sainct Pol feit passer l'artillerie et tout le bagage et carriage, pour marcher droict à Pavie, se reposant sur ledit comte Hannibal et Piton, comme dit est, estimant le païs estre bien descouvert; mais, sur la fin du passage, une piece d'artillerie demoura embourbée; parquoy mondit-seigneur de Sainct Pol demoura luy-mesmes avec si peu de gendarmerie qu'il avoit, et environ quinze cens lansquenets soubs la charge du capitaine Nicolas de Rusticis, dit le Bossu et commanda d'abatre une maison pour avoir des chevrons pour mettre soubs le rouage et faire passer ladite piece. Mais, estant embesongné pour cest effect, luy survint un affaire de plus grande importance; car, à l'improviste, l'arquebouzerie espagnolle fut sur ses bras, laquelle, de prime abordée, fut par nostre gendarmerie rembarree dans le bataillon de leurs Allemans; mais, se trouvant un ruisseau profond entre les François et Espagnols, leur arquebouzerie se retira derriere ledit ruisseau, où y avoit un pas de trente ou quarante pieds de large. Les lansquenets françois feirent teste, et de grande furie repousserent ce qui estoit passé le ruisseau ; mais, arrivez sur le bord, furent fort foullez de leur arquebouzerie qui estoit de là le canal : parquoy furent contraincts de se retirer hors du danger desdits arquebouziers. Le soir precedant, avoit esté conclu que le comte Guy de Rangon, ayant charge de l'avantgarde, dés le matin prendroit le chemin de Pavie; ce qu'il fit, de sorte qu'il n'eut cognoissance du combat, qu'il ne fust à Pavie en seureté : aussi le comte Claude Rangon, avec la trouppe qu'il avoit sur la queuë, y fit bien son devoir. Jean Thomas de Galleras et le castellan de Laudes, colonnels de gens de pied italiens, voyans le combat, par autre chemin se retirerent à Pavie, laissans combatre ceux qui en avoient envie. Ce temps pendant, quelque nombre de leur cavalerie passa le canal, laquelle fut soustenue par si peu de gendarmerie que nous avions : où fut porté par terre messire Jean de Cambray, guidon de monsieur le grand seneschal de Normandie, et autres sept ou huict avecques luy, et furent pris. Alors noz Allemans furent contraints de se retirer vers une cassine, tenans bataille avecques monsieur de Sainct Pol au mieux qu'il leur estoit possible pour la contraincte du lieu. Mais, tout en un coup, leur cavallerie ayant passé le pas avec un gros bataillon d'Allemans, vint charger monsieur de Sainct Pol de telle furie, qu'ils luy firent abandonner la cassine; et noz Allemans, se voyans investis sans plus d'esperance de combat, se rendirent aux Allemans imperiaux, pour sauver leur vie.

Le comte de Sainct Pol et le seigneur d'Annebault, avecques si peu de gendarmerie qui leur resta, commencerent leur retraitte, tousjours tournans visage; mais, estans retirez jusques à un quart de mille, trouverent au devant d'eux un canal, lequel le seigneur d'Annebault passa; mais le comte de Sainct Pol, pour la foiblesse de son cheval, demoura dedans, et là tout ce qui estoit demouré avecques luy fut pris ou tué; et, entre autres, ledit comte de Sainct Pol, le seigneur Jean Hieronyme, castellan, nouvellement revenu de Naples, le comte Claude Rangon, furent pris et menez en une cassine, pres de là, où estoit le seigneur Antoine de Leve. Le seigneur d'Annebault, avecques si peu de gendarmerie qui avoit passé le canal avecques luy, tourna vers laditte cassine par autre chemin, et donna alarme aux Imperiaux, pensant recouvrer ledit comte de Sainct Pol; mais, voyans qu'il n'y avoit ordre, se retira à Pavie, où estoit l'armée du duc; et le seigneur Antoine se retira à Milan avecques ses prisonniers. Telle fut l'issue de ceste armée.

Pendant que ces affaires se passoient ainsi en Italie, madame Louise, mere du Roy, et madame Marguerite, tante paternelle de l'Empereur, traittoient ensemble pour faire une paix generalle entre les deux Majestez; et avoient tant travaillé pour cest effect, que le jour estoit prins de se trouver, elles deux, à Cambray, avecques le conseil de l'Empereur et du Roy : auquel lieu ils se trouverent environ la fin de may 1529. Estans doncques lesdites princesses arrivées à Cambray, avecques tout pouvoir desdites Majestez de conclurre une paix finalle; apres avoir esté trois sepmaines ensemble, et plusieurs choses debatues, tant d'un costé que d'autre, estans quelques fois les affaires prestes à conclurre, autrefois desesperées, en fin fut traittée une paix (1), par laquelle fut dit que le Roy payeroit pour sa rançon, à l'Empereur, deux millions d'ecus d'or, desquels en seroit fourny douze cens mille escus, alors que l'Empereur mettroit les enfans du Roy en France et en liberté; et seroient baillées pour quatre cens mille escus, racheptables dedans un temps, les terres que madame Marie de Luxembourg, mere du duc de Vendosme, avoit en Flandres, Artois, Brabant et Hainault, et aussi les terres qu'avoit dedans lesdits païs le duc de Montpensier, cousin germain dudit duc de Vendosme. Et pour les autres quatre cens mille escus restans desdits deux millions, le Roy devoit acquitter l'Empereur de pareille somme envers le roy d'Angleterre, car ledit Empereur estoit obligé envers iceluy roy d'Angleterre en quatre cens mille escus, à cause de prest, pour seureté de laquelle somme l'Empereur estoit tenu de bailler audit Roy la ville de Sainct Omer et celle d'Aire en gage, chose qu'il n'avoit fournie. Et, outre lesdits deux millions de rançon, le Roy devoit acquitter l'Empereur, envers ledit roy d'Angleterre, de cinq cens mille escus, enquoy l'Empereur luy estoit redevable pour l'indamnité du mariage d'entre ledit Empereur et madame Marie, fille dudit roy d'Angleterre, ayant, depuis lesdites obligations, pris en mariage la fille de Portugal, et laissé ladite Marie; car, passant l'Empereur par Angleterre pour aller en Espagne, apres le trespas de Ferdinand, roy d'Arragon, son grand pere, il avoit

(1) *En fin fut traittée une paix* : le traité de Cambray fut signé le 3 août 1529.

promis espouser ladite madame Marie, et, au cas de default, devoit payer audit roy d'Angleterre, cinq cens mille escus d'indamnité. Et outre, par ce que le roy dom Philippe, pere de l'Empereur, passant en Angleterre pour aller en Espagne, avoit engagé au pere du roy d'Angleterre, pour cinquante mille escus, une fleur de lys d'or, enrichie de pierreries, où y avoit de la vraye croix, venant du bon duc Philippe de Bourgongne, le Roy la devoit degager et la rendre audit Empereur. Et devoit le Roy quitter la souveraineté de Flandres et Artois, et espouser madame Aleonor, sœur de l'Empereur; et, au cas qu'il en vint enfant masle, il devoit avoir le duché de Bourgongne. Et devoit le Roy quitter à madame Marguerite de Flandres, ce qu'il avoit droict de prendre sur la seigneurie de Salins; et devoit le Roy contenter les heritiers de feu monsieur de Bourbon, de sa succession, encores qu'il l'eut confisqué. Les traittez ainsi conclus, fut pris jour de se trouver, au dixiesme de mars subsequent, à Bayonne et à Fontarabie, pour executer le contenu d'iceux. Et quittoit le Roy ce qu'il pretendoit au duché de Milan et au royaume de Naples : ce qu'il ne pouvoit, par-ce que desja c'estoit chose aquise aux enfans de France, par la succession de madame Claude, leur mere, fille du roy Louis douziesme, duc d'Orleans, duquel dependoit ladite succession de Milan, à cause de madame Valentine, son ayeulle.

Ces choses ainsi accordées, fut envoyé le seigneur de Langey en Angleterre, pour traitter avec le roy d'Angleterre des neuf cens cinquante mille escus, tant pour les quatre cens mille escus, et pour les cinq cens mille escus de l'indamnité, et des cinquante mille escus pour la fleur de lys, dont le Roy estoit tenu d'acquitter l'Empereur envers ledit roy d'Angleterre; chose qui fut malaisée à conduire, pour le mal contentement qu'avoit le roy d'Angleterre, pour n'avoir esté appellé ausdits traittez.

Or est-il qu'alors ledit roy d'Angleterre vouloit repudier madame Caterine, sa femme, tante de l'Empereur et fille du roy d'Espagne, disant, comme il estoit vray, qu'elle avoit premierement espousé son frere aisné, et que le Pape ne pouvoit dispenser une femme d'avoir espousé les deux freres; mais, estant empesché par l'Empereur et ses ministres, n'en pouvoit venir à bout. Qui fut cause qu'en fin il se ramodera du malcontentement qu'il avoit du Roy, esperant que, par le moyen dudit seigneur de Langey, qui estoit fort favorisé aux universitez, tant de France, Italie, qu'Allemagne, il pourroit obtenir ce qu'il demandoit (ainsi qu'il feit, tant à Paris que par les autres universitez de France, aussi à Pavie, Padoue, Boulongne la Grasse, et diverses facultez), qui estoit de faire declarer par les universitez, que le Pape ne le pouvoit dispenser dudit mariage, comme estant de droict divin. Parquoy, pour venir à ses fins, accorda audit seigneur de Langey plus que le Roy ne demandoit; car les quatre cens mille escus, qui estoit l'une des principalles sommes des deux millions qu'il falloit bailler comptant, il les presta au Roy, à payer à cinq années; les cinq cens mille escus d'indamnité, il les donna au Roy; et à son fillueil Henry, duc d'Orleans, il donna la fleur de lys, qui estoit cinquante mille escus. Les choses ainsi accordées, le roy d'Angleterre envoya, quand et ledit seigneur de Langey, maistre Briant, gentilhomme de sa chambre, lequel apporta avec luy toutes les obligations, quittances, et autres pieces necessaires, et mesmes ladite fleur de lys, pour le tout fournir quand le temps en seroit.

[1530] Le Roy, estant asseuré du roy d'Angleterre, au commencement du mois de fevrier s'en alla à Blois, pour acheminer toutes choses, à ce qu'au dixiesme de mars, lors ensuivant, ses deputez se trouvassent à Bayonne, pourveus de ce qui leur estoit necessaire; et, pour executer les choses traittées et accordées, esleut le seigneur de Montmorency grand maistre et mareschal de France, auquel il avoit toute fiance. Lequel, ayant pris ceste charge, s'achemina à Bordeaulx et à Bayonne, luy ayant le Roy donné tout pouvoir de faire et accorder, comme s'il y estoit en personne; et avecques luy l'archevesque de Bourges, qui fut faict cardinal luy estant à Bayonne, et se nomma cardinal de Tournon; et grand nombre de la noblesse de France. Menant ledit seigneur de Montmorency, quand et luy, les douze cens mille escus que le Roy estoit tenu de livrer comptant, arrivé qu'il fut à Bordeaux, aussi y arriva maistre Briant, en poste, conduit par le seigneur Martin du Bellay, frere du seigneur de Langey, par-ce qu'iceluy seigneur de Langey estoit demouré pour le faict du roy d'Angleterre, cy devant mentionné, pourveus de tout ce qui estoit necessaire à fournir de la part dudit roy d'Angleterre.

Au dixiesme de mars, ainsi qu'il estoit promis, arriva mondit-seigneur le grand maistre à Bayonne; aussi feit le connestable de Castille à Fontarabie, et avecques luy le seigneur du Prat, chevalier de l'ordre de l'Empereur, ayans toute puissance de Sa Majesté. Estans tous arrivez au lieu ordonné, convindrent ensemble pour trouver le moyen de la forme de faire l'eschange de messieurs les enfans avecques l'argent, en seureté, d'une part et d'autre, car chacun se deffioit de son compagnon. En fin toutes choses debatues, fut conclu que les douze cens mille escus, en la presence des gens à ce deputez de la part du connestable de Castille, seroient nombrez, et mis en des casses de boys, en chacune casse vingt-cinq mille escus; puis seroient emballées lesdites casses et seellées des seaulx desdits deputez, et pareillement des deputez de la part de monsieur le grand maistre; et seroient lesdits escus tous esprouvez, et, pour cest effect, estoient venuz les maistres des monnoyes d'Espagne et de France : qui fut chose longue, de sorte que cela dura pres de quatre mois. La cause de ce long sejour fut que le chancellier du Prat (lequel, au traitté de Cambray, avoit plus l'oreille de madame la Regente que nul autre), persuadé par quelques gens des monnoyes, meit en avant (encores que les deputez de l'Empereur fussent contents de prendre les escus marchans et ayans cours), pensant faire le prouffit du Roy, qu'on mist lesdits escus au marc et à l'aloy; de sorte que, les prenant à l'aloy, et fondant lesdits escus, se trouvoit grand interest : si que, finablement, pour demourer d'accord, fut baillé aux deputez de l'Empereur quarante mille escus d'avantage, pour les interests de l'aloy sur la somme de douze cens mille escus.

Il y a une riviere [1] venant des montagnes de Na-

(1) *Il y a une riviere :* la Bidassoa.

varre, qui vient tomber en la mer, passant tout au long des murailles de Fontarabie, laquelle riviere separe la France d'avecques la Bisquaye ; et y reflotte la mer deux fois le jour ; de là l'eau est assise Fontarabie, deça l'eau y a un village françois, nommé Andaye. Il fut ordonné qu'à mi-chemin de Fontarabie et Andaye, il seroit mis un bac, pareil de ceux qui servent à passer les chevaux sur les rivieres en France, lequel seroit enfoncé en forme d'un ponton par dessus ; et, par-ce que ladite riviere, quand la mer est retirée, est si petite, qu'elle se passe aisément à gué, fut ordonné qu'à chacun coing dudit ponton seroit un gros cable, et à chacun cable un ancre, en sorte que, reflottant la mer, elle leveroit ledit ponton jusques à la hauteur de l'eau, qui tiendroit ferme à cause desdits cables et ancres ; et y auroit au milieu dudit ponton une barriere, à ce qu'arrivans les batteaux aux costez, les François passeroient d'un costé de la barriere, et les Espagnols de l'autre. Et devoit avoir mondit-seigneur grand maistre, partant de Sainct Jean de Luz pour venir audit lieu d'Andaye, pour la seureté de son argent, quatre enseignes de gens de pied et deux cens chevaux ; et le connestable de Castille, de là l'eau, pareil nombre, pour la garde de Messieurs : et seroit permis à monseigneur le grand maistre d'envoyer six gentils-hommes françois par tout le païs de Bisquaye et de Navarre, pour cognoistre si aucune assemblée s'y feroit ; et devoit avoir pareil nombre le connestable de Castille en France. Plus, fut permis que les François pourroient envoyer librement courriers en Espagne, et les Espagnols en France. Et se devoit faire le passage en la sorte que je vous diray. Il devoit avoir une barque dedans laquelle seroient mis les douze cens mille escus et la fleur de lys avecques les obligations d'Angleterre, au costé de devers Andaye ; et devoit estre dedans le seigneur de Montmorency, grand maistre de France, accompagné de douze gentils-hommes françois, chacun la cappe, l'espée et le poingnard, sans autres armes, et douze batteliers françois tirans la rame : puis devoit avoir une autre barque françoise à l'embouchement de la mer, et une espagnolle pour recognoistre, chacun de sa part, si rien s'innovoit du costé de la mer ; et, au dessus de la riviere, devers Behaubie et Saincte Marie, devoit pareillement avoir deux batteaux, pour pareille seureté de la venue de la riviere. Puis devoit avoir, devant Fontarabie, une barque de pareille grandeur que celle où seroient les douze cens mille escus, et dedans ladite barque devoit avoir du fer, à raison de la pesanteur desdits douze cens mille escus, dans laquelle devoient estre messieurs les enfans et le connestable de Castille, avecques douze gentils-hommes espagnols, ayans l'espée et le poingnard, et douze batteliers espagnols, aussi tirans la rame. Puis devoit avoir autres deux batteaux, en l'un desquels devoit avoir six gentils-hommes françois et deux espagnols, conduits par six batteliers françois ; lesquels gentils-hommes avoient la charge qu'à l'embarquement de devers Fontarabie, ils iroient visiter si les Espagnols auroient autres armes que celles qui avoient esté ordonnées, ou autre plus grand nombre d'hommes : et pareillement autre batteau, auquel estoient six gentils-hommes espagnols et deux françois, faisans pareil effect de nostre costé. Puis devoit estre la royne Aleonor en une autre barque, sur la main droicte de messieurs les enfans, accompagnée du cardinal de Tournon et de dix gentils-hommes françois, et le seigneur du Prat avecques dix espagnols; et en une autre barque joignante seroient les dames de ladite royne. Puis y devoit avoir deux gallions françois et deux espagnols en mer, dont les françois devoient estre du costé Sainct Sebastien, en Biscaye, et les espagnols, devers Sainct Jean de Luz et Bayonne, pour veoir si de costé ou d'autre viendroient quelques autres navires. Et les batteliers qui conduiroient la Royne, ne devoient vauguer sinon à mesure que Messieurs vaugueroient. Et devoit estre toute l'artillerie de Fontarabie demontée, et, pour cest effect, devoit avoir deux gentils-hommes françois dedans ladite ville.

Les choses ainsi conclues, vint le jour que se devoit faire ledit eschange (qui fut environ la fin de juing ou le commencement de juillet) : monsieur le grand maistre partit de Sainct Jean de Luz, qui est à deux lieues de Fontarabie, avec trente deux mullets portans douze cens quarante mille escus en casses; car il y avoit quarante mille escus, pour la tare de l'or, outre lesdits douze cens mille escus dont j'ay parlé; et partit ledit grand maistre dés minuict, pour arriver à Andaye au poinct du jour, par-ce que la marée estoit du matin. Partant de Sainct Jean de Luz, iceluy grand maistre envoya un gentilhomme à Fontarabie, avertir le connestable de Castille de son departement, à ce qu'il se tint prest de sa part. Mais, arrivé que fut le gentil-homme à Fontarabie, trouvant encores le chasteau fermé, et le connestable de Castille au lict, se retira au logis du seigneur du Prat (1), qui n'estoit encores levé, auquel il dit l'occasion qui l'avoit là mené; et, ne trouvant moyen de parler audit connestable, qu'il vouloit bien l'avertir qu'il eust à se preparer, de sa part, comme avoit faict monsieur le grand maistre, de la sienne. Mais ledit du Prat fist response que, s'ils n'estoient venuz pour autre effect que pour avoir messieurs les enfans, ils s'en pouvoient bien retourner; car ils n'estoient deliberez de les rendre, par-ce que nous avions rompu le traitté (à ce qu'il disoit), pour avoir arresté un courrier à Bayonne; et que desja Messieurs, qui estoient à la Rauterie, avoient esté faicts retourner à Renary, quatre lieuës en arriere. Le gentil-homme, retournant devers mondit-seigneur le grand maistre, le trouva à mi-chemin de Sainct Jean de Luz et de Fontarabie, et luy feit entendre la depesche qu'il avoit eu dudit seigneur du Prat. Nonobstant ledit rapport, il delibera de marcher jusques sur la greve, pour se mettre en son devoir. Auquel lieu arrivé qu'il fut, appella les deputez de la part du connestable de Castille, leur demandant s'ils estoient satisfaicts des choses qui estoient promises par le traitté : lesdits deputez firent response qu'ils se tenoient satisfaicts, et qu'en tous lieux ils en porteroient tesmoignage.

Leur response ouye, monsieur le grand maistre depescha le seigneur de La Guische, par-ce qu'il parloit espagnol, lequel estoit gentil-homme de la chambre du Roy, auquel il commanda d'aller à Fontarabie,

(1) *Du seigneur du Prat* : il ne faut pas le confondre avec le chancelier de France. Ce Duprat, gentilhomme espagnol, étoit membre du conseil de Charles-Quint.

et declarer, de la part dudit grand maistre, au connestable de Castille, comme il estoit là arrivé pour fournir à tous les articles contenus és traittez qu'ils avoient faicts ensemble, et qu'il le sommoit de sa part faire son devoir; autrement, s'il y faisoit faulte, il estoit deliberé de l'appeller en lieu qu'il luy feroit confesser avoir failly de sa foy. Mais à l'heure se trouva un des deputez dudit connestable de Castille, commandeur de Sainct Jacques, lequel pria mondit-seigneur le grand maistre de luy permettre aller à Fontarabie, parler audit connestable, l'asseurant qu'ayant parlé à luy, il n'auroit besoing de luy faire tel mandement; ce que par ledit grand maistre, de l'opinion des capitaines et gentils-hommes y estans, luy fut accordé. Parquoy ledit commandeur s'estant embarqué, feit telle diligence, qu'à son retour il asseura monsieur le grand maistre que, devant que la marée fut basse, messieurs les enfans de France se trouveroient sur le bord de la greve, devers Fontarabie, pour executer les choses promises entre eux deux, et que dedans une heure elles se pourroient parachever. Sur la parole duquel, monsieur le grand maistre feit descharger les mullets, et preparer toutes choses pour faire le passage. Puis, environ trois heures apres midy, Messieurs arriverent sur la greve devers Fontarabie. Alors chacun se prepara, selon l'ordonnance que j'ay dit par cy devant; de sorte que le batteau où estoient Messieurs, arrivé qu'il fut au ponton, s'acrocha de plat contre ledit ponton, et celuy où estoit l'argent à l'autre costé, accrochans lesdits batteaux par les deux bouts au ponton. Puis estans deux gentilshommes sur ledit ponton, l'un françois, l'autre espagnol, l'un du costé de la barriere, l'autre de l'autre (et estoit le François le seigneur de Sainct Pey, basque). L'Espagnol appella le connestable de Castille; le François, le grand maistre de France. Lesquels ayans chacun deux batteliers, passerent, sçavoir est, le grand maistre dedans la barque de Messieurs, et le connestable dedans la barque de l'argent, puis consecutivement, jusques à ce que tous les François furent dedans ladite barque où estoient Messieurs, et tous les Espagnols dedans celle où estoit l'argent. Ce faict, chacun feit force de gaigner sa rive; mais ne sceurent faire si grande diligence, que, quand monsieur le Dauphin, monsieur d'Orleans et la royne Aleonor arriverent à Sainct Jean de Luz, il ne fust nuict.

Ce faict, le seigneur de Montpesat fut depesché en poste, pour en avertir le Roy, qui estoit à Bordeaux; vous pouvez penser l'aise que receut le pere de veoir ses enfans en liberté. Ces nouvelles entendues, le Roy partit de Bordeaux, pour aller au devant de la royne Aleonor et de ses enfans; aussi firent le semblable Messieurs et la Royne, pour aller au devant du Roy, et le vindrent rencontrer entre Rocquehort de Marçan et Captieux, en une petite abbaye, auquel lieu, une heure devant le jour, le Roy et la Royne furent espousez. Puis, ayant ladite Royne faict son entrée à Bordeaux, prindrent le chemin par Congnac, pour venir à Amboise et à Bloys, puis à Sainct Germain en Laye, auquel lieu firent sejour, attendans les preparatifs, tant du couronnement de la Royne à Sainct Denis, que de son entrée à Paris. Lequel couronnement fut faict à Sainct Denis; et, l'entrée faicte, le tournoy fut faict en la rue Sainct Antoine, en grande magnificence (ainsi qu'il est accoustumé faire aux autres roynes), au mois de mars 1530. En ce temps, le duc Maximilian Sforce, au paravant duc de Milan (lequel, apres la journée de Marignan, avoit remis entre les mains du Roy le droict par luy pretendu au duché de Milan), mourut à Paris.

Durant ce temps, l'Empereur ayant asseurance du Roy, qui estoit celuy qui plus luy pouvoit empescher ses desseings, delibera de se faire couronner, et pour ce faict, cognoissant que du Pape il falloit qu'il print la couronne, chercha de le gaigner. Ce dont l'Empereur vouloit rechercher le Pape, le Pape mesmes le rechercha, pour, par son moyen, avoir la raison des Florentins, et se venger de l'injure qu'ils luy avoient faicte durant qu'il estoit captif des Imperiaux; car ils avoient saccagé tous les biens de ceux de la maison de Medicis, dont il estoit le chef, et les avoient bannis de Florence, avec tous leurs bien vueillans et adherans. Parquoy, pour estre restitué à sa patrie, feit un concordat par ambassadeurs avec l'Empereur, par lequel il estoit dit que, là où ledit Empereur le voudroit favoriser et secourir de son armée, pour estre remis en sa patrie, il consentoit de luy bailler la couronne imperialle, laquelle de son predecesseur il n'avoit jamais peu obtenir. Les choses ainsi accordées, l'Empereur s'embarqua à Barcelonne, et vint descendre à Gennes, auquel lieu le vindrent congratuler les legats du Pape; aussi feirent ceux de la plus grande part des autres potentats d'Italie. De Gennes l'Empereur vint à Plaisance, où le duc Francisque Sforce, voyant ses affaires malbaster (car de nouveau il avoit perdu Pavie), chercha, par le moyen du Pape et des Venitiens, d'estre remis en la seigneurie de ses predecesseurs ; remonstrant n'avoir faict faulte, et que la tyrannie du marquis de Pesquaire, qui l'avoit spolié de son Estat, l'avoit contrainct de chercher moyen d'y rentrer : en fin, estant l'Empereur à Boulongne la Grasse (1), par le moyen du Pape fut remis en son Estat, avecques quelques conditions apposées en l'investiture ; et demeura entre les mains de l'Empereur le chasteau de Milan et le chasteau de Cremonne, jusques à ce que les conditions fussent accomplies : aussi, par apres, l'Empereur, pour plus grande seureté, luy bailla en mariage sa niepce, fille du roy de Dannemarc, qui estoit prisonnier et spolié de son royaume.

L'Empereur ne se pouvoit resoudre de dresser son armée contre les Florentins, d'autant que le Turc, avec une trespuissante armée, estoit en campagne, monstrant vouloir assieger Vienne : à ceste occasion il craignoit avoir besoing de ses forces, pour secourir son frere, le roy Ferdinand, aussi pour garder ses païs.

(1) *Estant l'Empereur à Boulongne la Grasse* : ce fut dans cette ville que Charles-Quint fut couronné par Clément VII, le 22 février 1530. Les détails de cette cérémonie sont assez curieux. Le Pape, en lui donnant le sceptre d'or, lui dit : *Empereur, notre fils, prenez ce sceptre, et servez-vous-en pour régner sur les peuples de l'Empire, auquel Dieu, nous et les électeurs vous avons trouvé digne de commander.* Il lui remit l'épée : *Prenez cette épée*, lui dit-il, *vous devez vous en servir pour la défense de l'Eglise, contre les ennemis de la foi.* Il lui présenta le globe : *Ce globe, que nous vous donnons, représente le monde, que vous devez gouverner avec vertu, religion et fermeté.* Il posa la couronne sur sa tête, en lui disant : *Empereur, recevez cette couronne, qui doit servir de témoignage à toute la terre, de l'autorité qui vous est conférée, pour vous faire honorer, servir et obéir de tous les peuples qui sont soumis à votre puissance.*

Mais, estant à Boulongne, eut nouvelles que le Turc s'estoit retiré de devant Vienne, avec perte et honte : parquoy accorda au Pape de faire marcher son armée devant Florence, estant mal content d'eux, pour avoir servy les François contre luy, au royaume de Naples, soubs la conduitte du seigneur de Lautrec; mais couvroit son entreprise sur la restitution de la case de Medicis en leur pristine authorité. Pour executer ladite entreprise, ordonna messire Philebert de Chalon, prince d'Orenge, chef de son armée, luy mandant se retirer de l'Abrusse, où il sejournoit son armée, luy mandant de prendre le chemin de la Tuscane; aussi manda à dom Ferrant de Gonzague, general de sa cavallerie, et au marquis du Guast, general de l'infanterie espagnolle, de faire le semblable. Le siege fut assis devant Florence, lequel dura onze mois continuels, durant lequel se feit de belles entreprises par les assiegez; et, entre autres, y fut tué ledit prince d'Orenge, chef de l'armée imperialle, à une entreprise par luy faicte pour rompre un secours venant aux assiegez. Dedans Florence, estoit capitaine general le seigneur Malateste Baglion, de la nation perousine, et le seigneur Stephe Colonne, de la nation romaine, lesquels y feirent tellement leur devoir, qu'ils en sont à recommander. Autres ont escrit de ladite guerre tuscane, parquoy je m'en passeray à tant; aussi ce n'est de la matiere dont j'ay deliberé traitter, mais de celle de ma patrie, et aussi de ceux qui en dependent, dont j'ay eu la cognoissance.

Procès verbal contenant la défense du roi Très Chrétien, contre l'élu en Empereur, délayant le combat d'entr'eux.

En la grande sale du palais royal de Paris, par le commandement du Roi, a été dressé un tribunal au devant de la table de marbre, de la hauteur de quinze marches, auquel ledit seigneur s'est trouvé le dixiéme jour de septembre, l'an 1528, pour ouir parler le hérault d'armes que l'on disoit l'élu en Empereur lui envoyer. Et étoit ledit seigneur accompagné en la maniere qui s'en suit. Premierement, étoit à sa main dextre, assis dedans une chaire, très-haut, très-excellent et très-puissant prince, le roi de Navarre, duc d'Alençon et de Berry, comte de Foix et d'Armignac : en ce même côté, étoit assis, sur un banc, monseigneur le duc de Vendomois, pair de France, lieutenant-général et gouverneur de Picardie; don Hercule d'Este (fils aîné du duc de Ferrare), duc de Chartres et de Montargis; le duc d'Albanie, régent et gouverneur du royaume d'Ecosse; le duc de Longueville, grand chambellan. Près lesquels, à un autre banc, étoient assis les présidens et conseillers de la cour de parlement; et derriere eux, plusieurs gentilshommes et gens de lettres. De l'autre côté étoient assis, en chaires séparées, messeigneurs les révérendissimes, monseigneur le cardinal Salviati, légat de notre saint père le Pape et du saint siége apostolique; monseigneur le cardinal de Bourbon, évêque et duc de Laon, pair de France; monseigneur le cardinal de Sens, chancelier de France; monseigneur le cardinal de Lorraine, archevêque de Narbonne; messeigneurs les ambassadeurs de très-haut, très-excellent et très-puissant prince le roi d'Ecosse; les ambassadeurs de la très-illustre seigneurie de Venise; l'ambassadeur du très-illustre duc de Milan; l'ambassadeur des seigneurs des ligues des hautes Allemaignes; l'ambassadeur de la seigneurie de

Florence. En un autre banc étoient, l'évêque de Transilvanie, ambassadeur de très-haut et très-puissant prince le roi de Hongrie; l'évêque duc de Langres, pair de France; l'évêque comte de Noyon, pair de France; l'archevêque de Lyon, primat de Gaule; l'archevêque de Bourges, primat d'Aquitaine; les archevêques d'Aix et de Rouen; les évêques de Paris, de Meaux, de Lysieux, de Mâcon, de Limoges, de Vabres, de Conserans et de Tarbes: et à leur dos étoient les maîtres des requêtes, et conseillers du grand conseil. Aux deux côtés de la chaire dudit seigneur, étoient, le comte de Beaumont, grand maître et maréchal de France, et le seigneur de Brion, amiral de France, lieutenant général et gouverneur de Bourgogne; et derriere ladite chaire, étoient plusieurs chevaliers de l'ordre; c'est sçavoir: le comte de Laval, lieutenant-général et gouverneur de Bretagne; le seigneur de Montmorency; le seigneur d'Aubigny, capitaine de cent lances et de la garde écossaise; le comte de Brionne, Ligne et Roussy; le seigneur de Fleurange, maréchal de France; le seigneur de Ruffey; le seigneur de Genoilhac, grand écuyer et maître de l'artillerie de France; Louis, seigneur de Cleves; le seigneur de Humieres, et le comte de Carpy. Et derriere étoient, le comte d'Etampes, prévôt de Paris, et avec lui plusieurs gentilshommes de la chambre dudit seigneur, entre lesquels étoient, le comte de Tancarville; le seigneur de Guymené; le fils du comte de Roussi; le fils du seigneur de Fleurange; le seigneur de La Rochepot; le seigneur Douatry, grand maître des eaux et forêts; le seigneur de Lude; le seigneur de Janly; le seigneur de Villebon, bailly de Rouen; le baron de Chasteau-Morant; le seigneur de La Loüe; le vicomte de La Motheaugroing, et le seigneur de Verets. Et outre, les maîtres d'hôtel, pannetiers, échansons, écuyers tranchans, et autres officiers domestiques, il y avoit grand nombre des deux cents gentilshommes de la maison dudit seigneur, et plusieurs autres gentilshommes; et à l'entrée dudit tribunal, étoient les capitaines des gardes et prévôt de l'hôtel. Et

devant la chaire dudit seigneur, étoient, à un genou, les
huissiers de chambre; et, aux pieds du dégré dudit tribunal,
étoient les prevôts des marchands et échevins de ladite ville
de Paris. Et au bas de la sale, dont les portes demeurerent
toujours ouvertes, y avoit un nombre infini de gens de diverses nations. En la présence desquels ledit seigneur Roi a
dit et exposé que la cause qui l'avoit mû faire icelle assemblée, étoit pour ce que l'élu en Empereur lui avoit envoyé
un héraut d'armes, lequel, ainsi que ledit seigneur pensoit, et que celui héraut avoit dit, comme aussi son saufconduit contenoit, portoit audit seigneur lettres-patentes et
authentiques de la sûreté du camp, pour le combat qui devoit être entre ledit élu en Empereur et lui. Et, d'autant
que ledit héraut d'armes, sous ombre d'apporter la sûreté
dudit camp, pourroit, pour divertir et éloigner l'affaire,
user de quelques fictions, simulations ou hypocrisie; et que
ledit seigneur Roi demande la briéveté et expédition dudit
combat, afin que, moyennant icelui, se puisse mettre fin à
la guerre qui a si longuement duré entre eux, au soulagement de toute la chrétienté, éviter l'effusion de sang, et
autres maux qui en adviennent, a bien voulu, ledit seigneur, que cela fût connu par toute chrétienté, afin que
chacun puisse à la vérité juger dont procède le mal et la
longueur. D'autre part aussi a fait ladite assemblée, pour
remontrer qu'il n'a légérement entrepris un tel acte, car
le droit est de sa part; et quant eût fait autrement, son
honneur eut été grandement blessé; ce que les seigneurs
de son sang, et autres ses sujets du royaume, n'eussent
trouvé bon; et, sçachant la cause du combat et le droit d'i-
celui seigneur, se comporteront comme bons et loyaux sujets doivent faire, espérant, avec l'aide de Dieu, y aller
de sorte, que clairement se verra si le droit est de son côté,
et que, contre vérité, il a été accusé d'être infracteur de sa
foi. Les rois ses prédécesseurs et ancêtres, dont les effigies
sont en taille effigiées par ordre en icelle salle, qui ont en
leur temps fait successivement actes glorieux, et augmenté

grandement leur royaume, estimeroient ledit seigneur n'être capable d'être leur successeur, s'il souffroit contre son honneur une telle note lui être par l'élu en Empereur imputée, et qu'il ne défendît de sa personne son honneur, ainsi et par la forme et manière accoutumée. Et, pour entendre la matiere, faut présupposer qu'après que, par fortune de guerre, ledit seigneur Roi fut pris de ses ennemis devant Pavie, à nul desquels ne bailla sa foi : pensant que seroit, par la magnanimité de l'élu en Empereur, mieux traité en Espagne, autour de lui, qu'ailleurs, consentit y être mené; ce que fut fait sur les galères qu'il fit armer à ces fins. Et, lui arrivé en Espagne, fut mis au château de Madrid, où a été nuit et jour gardé par gros nombre d'arquebusiers et autres; qui lui ennuyoit et fâchoit grandement, tellement que, pour la détresse où il étoit, devint malade jusqu'à la mort. L'élu en Empereur le visita, et depuis, sur sa guérison, se traita un accord entre les députés d'icelui élu en Empereur et les ambassadeurs que Madame, mère dudit seigneur, y avoit envoyés à ces fins, par vertu du pouvoir que ledit seigneur Roi lui avoit laissé, de régir son royaume, quand il partit d'icelui pour passer les Monts, par lequel elle ne pouvoit obliger la personne dudit seigneur. Même que, par l'inspection d'icelui traité, chacun évidemment pourra connoître qu'il est déraisonnable, tant en paroles qu'en effets, et violemment extorqué; et que jamais prince qui eut été en liberté n'eût passé un tel traité, ni pour sa delivrance promis telle rançon que celle qui fut promise. Lequel traité, toutefois, firent jurer audit seigneur, qui étoit prisonnier, contre les protestations que par plusieurs fois il avoit publiquement faites, lui étant encore bien malade, en danger de récidivation et de la mort. Après lequel traité, ledit seigneur, tenu toujours sous la garde des dessusdits, hors la liberté, fut mis en chemin pour retourner en France, sur les otages de messeigneurs ses enfans : auquel fut dit par plusieurs fois qu'après qu'il seroit en France, en sa liberté, falloit qu'il baillât sa foi, sçachant et connoissant que ce qu'il avoit fait et promis en Espagne étoit nul; et si n'est records ledit seigneur que ledit élu en Empereur lui dit jamais que s'il n'accomplissoit le contenu audit traité, le tiendroit infracteur de foi; et ores que lesdites paroles lui auroient été dites, ledit seigneur n'étoit en sa liberté pour lui répondre aucune chose, et n'y auroit donné son consentement. Par ainsi, avec cas du present, il y a deux choses à considérer: l'une, le traité extorqué violentement, fait par ceux qui n'avoient pouvoir d'obliger sa personne, et lequel, quant au demeurant, a été accompli par Madame, mere dudit seigneur, qui a baillé otages messeigneurs les enfans dudit seigneur; l'autre est la prétendue foi dudit seigneur, sur laquelle ne peuvent faire fondement, devant qu'au moyen d'icelle, ne l'ont mis en liberté. Or, en matiere de guerre, la foi d'un prisonnier, si celui à qui elle a été baillée ne le met en pleine liberté, n'a aucun effet d'obliger, de sorte que s'il evade de ceux qui le gardent, ne peut être redargué de foi enfreinte; et par ainsi qu'ils ont tenu ledit seigneur sous grosse garde, et n'ont fait fondement sur sa foi, ne la peuvent accuser, car en rien ne l'oblige. Aussi, par plusieurs fois les ministres dudit élu en Empereur ont dit et confessé que la foi qu'ils prétendoient avoir dudit seigneur étoit nulle, parce qu'il n'étoit en liberté; que là ou il seroit, étoit nécessaire que de nouveau leur baillât la foi; ce que ledit seigneur ne fit, ains seulement bailla messeigneurs ses enfans en ôtages; qui étoit une autre grosse et grande sujettion pour montrer qu'il ne s'arrêtoient à sa foi, et ne le mettoient en pleine liberté sur icelle. Aussi faut présupposer qu'en matière d'honneur et combat, y a assaillant et defendeur: l'assaillant baille la sûreté du camp, et le défendeur, provoqué et assailli, baille les armes. Or averti ledit seigneur Roi, tant par ses ambassadeurs, heraut d'armes, qu'autres, que ledit élu en Empereur le blâmoit d'avoir rompu sa foi, et usoit de grosses paroles touchant grandement son honneur, ainsi qu'il se pourra voir par les lettres missives qu'icelui

élu en Empereur a écrites à maître Jean de Calvimont, président de Bordeaux, ambassadeur dudit seigneur en la cour d'icelui élu en Empereur, lesquelles ledit seigneur fit lire devant toute l'assistance, et dont la teneur s'en suit : « Monsieur l'ambassadeur, j'ai vu les lettres que vous m'a-
« vez écrites, touchant les paroles que vous dis en Gre-
« nade ; et aussi ai vu les extraits de votre procès-verbal,
« par lesquels j'entends très-bien que ne voulez avoir sou-
« venance de ce qu'alors vous dis, pour en avertir le roi de
« France, votre maître, afin que vous rediez lesdites pa-
« roles, pour satisfaire à votre desir ; c'est que je vous dis
« alors, après plusieurs propos, qui n'étoient de grand subs-
« tance, par quoi n'est besoin de les répéter, que ledit Roi
« votre maître avoit fait lachement et méchamment, de
« non m'avoir gardé la foi que j'ai de lui, selon le traité
« de Madrid, et que, s'il vouloit dire du contraire, je lui
« maintiendrois de ma personne à la sienne. Velà les pro-
« pres paroles substantielles que je dis au Roi votre maître,
« en Grenade, et je crois que ce sont celles que tant desirez
« sçavoir ; car ce sont les mêmes que je dis au Roi votre maî-
« tre en Madrid, que je tiendrois pour lâche et méchant, s'il
« me failloit de sa foi que j'ai de lui ; et, en les disant, je lui
« garde mieux ce que je lui ai promis, qu'il ne fait à moi.
« Je les vous écris volontiers, signées de ma main, afin que,
« d'ici en avant, vous, ni autre, n'en fassiez doute. Donné
« en notre ville dudit Madrid, le dix-huitiéme jour du mois
« de mars 1528. Ainsi signé Charles, et contre signé L'Alle-
« mand. » Et à la rescription desdites lettres, est écrit : « A
« monseigneur l'ambassadeur du roi de France, maître
« Jean de Calvimont, chevalier, second président de Bor-
« deaux, étant de present à Posa, en Castille ; » et le dixiéme jour d'après la date d'icelles lettres, en pleine assemblée et assistance, comme celle qui étoit lors présente, après avoir oui l'ambassadeur dudit élu en Empereur, et qu'il prit congé de retourner par devers son maître, et qu'on tenoit pour assuré qu'icelui élu en Empereur avoit

assailli et blâmé ledit Roi de foi non gardée; pour la conservation de son honneur, et pour soûtenir la vérité, auroit ledit seigneur Roi fait réponse par écrit audit élu en Empereur, signée de sa main, laquelle a fait lire en icelle assistance, de la teneur qui s'ensuit : « Nous, François, par « la grâce de Dieu,.... » (voyez la lettre ci-dessus rapportée, p. 37); lequel écrit fut envoyé par un héraut d'armes, en Espagne, qui, sans autre parole ni contestation, le mit, en la présence d'une grosse assemblée, entre les mains dudit élu en Empereur. Si a demandé depuis icelui élu en Empereur un sauf-conduit audit seigneur, pour lui envoyer un héraut; lequel sauf-conduit lui a été envoyé, limité pour apporter la sureté du camp, et non autrement. Et, d'autant que ledit seigneur desire, comme dit est ci-dessus, cette matière prendre briève fin et expédition, pour le soulagement de la chrétienté, ne veut et n'entend entrer en paroles, ni autres contestations qui pourroient tendre à deguiser et prolonger l'affaire. Et, d'autant que ledit élu en Empereur a fait son accusation, et ledit seigneur Roi baillé ses défenses, ne reste plus que le camp, dont l'élu en Empereur doit fournir, et ledit seigneur les armes. Et par ainsi, si ledit héraut ne baille la patente authentique pour la sûreté du camp, et n'observe le contenu en son sauf-conduit, ledit seigneur n'entend lui donner audience. Et ce fait, a commandé ledit seigneur qu'on fit venir pardevers lui ledit héraut; ce qui a été fait : et a comparu devant ledit seigneur, affublé de sa cotte d'armes. Auquel héraut dudit élu en Empereur le Roi a dit : « Héraut, portes-tu « la sûreté du camp, telle qu'un assailleur, comme l'est ton « maître, doit bailler à un défendeur tel comme je suis? » Le héraut lui a dit : « Sire, il vous plaira me donner « congé de faire mon office. » Alors le Roi lui dit : « Baille- « moi la patente du camp, et je te donnerai congé de dire « après tout ce que tu voudras, de la part de ton maître. » Le héraut commence à dire : « La très-sacrée Majesté,.... »

Sur lequel mot le Roi lui a dit derechef : « Montre-moi la
« patente du camp, car je pense que l'élu en Empereur
« soit gentil prince, ou le doive être, qu'il n'auroit point
« voulu user de si grande hypocrisie, que de t'envoyer
« sans ladite sûreté du camp, vu ce que je lui ai mandé;
« et aussi tu sais bien que ton sauf-conduit contient que
« tu portes ladite sûreté. » Ledit héraut a répondu qu'il
croyoit porter chose que ledit seigneur Roi s'en devroit
contenter. A quoi ledit seigneur Roi a répliqué : «Héraut,
« baille-moi la patente du camp; baille-moi la, et, si elle
« est suffisante, je l'accepte; et, après, dis tout ce que tu
« voudras. » A quoi ledit héraut a répondu qu'il avoit commandement de son maître de ne la bailler point, qu'il
n'eut premièrement dit aucune chose qu'il lui avoit donné
charge de dire. Alors le Roi lui a dit : « Ton maître ne peut
« pas donner des lois en France, et, d'autre part, les
« choses sont venues à tel point, qu'il n'est plus besoin de
« paroles; et si dois être averti que je n'ai fait porter pa-
« roles par mon héraut à ton maître, mais ce que je lui
« ai mandé a été par écrit, signé de ma main; à quoi ne
« falloit autre réponse que ladite sûreté du camp, sans la-
« quelle je ne suis délibéré de te donner audience; car tu
« pourrois dire chose dont tu serois désavoué, et aussi ce
« n'est pas à toi à qui j'ai à parler ni à combattre, mais
« seulement à l'élu en Empereur. » Ledit héraut a dit lors
audit seigneur qu'il lui donnât donc congé et sauf-conduit,
pour s'en retourner; ce que ledit seigneur lui a accordé; et
a dit au héraut : « Prends acte. » Et, après, a demandé à
moi, Gilbert Bayart, seigneur de Neufville, baillif de Montpensier, vicomte de Mortaing, son conseiller notaire, et secrétaire d'état de sa chambre, signant en ses finances, acte
comme il n'avoit tenu et ne tenoit à lui qu'il ne reçût ladite
patente, et qu'en la lui baillant telle qu'elle doit être, il ne
refusoit de venir audit combat. Et ce fait, s'est retiré en
la chambre ordonnée, pour tenir son conseil. Et ledit hé-

raut a requis audit seigneur que les choses susdites lui fussent baillées par écrit; ce qui avoit été accordé. Fait en ladite ville de Paris, les jour et an que dessus. Ainsi signé, Bayart.

Réponse de Charles-Quint au cartel de François I.

CHARLES, par la clémence divine, empereur des Romains, roi des Allemaignes, des Espaignes, à vous, François, par la grâce de Dieu, roi de France, fais sçavoir comme, par Guyenne, votre herault, j'ai, le huitiéme de ce mois de juing, receu vostre cartel du vingt-huitiéme de mars, lequel du plus loing que de Paris en ce lieu eust peu plustost venir; et, en suivant ce que de ma part fut dit à vostredit herault, je vous responds à ce que dites, que en aucunes responses par moi faictes à vos ambassadeurs et herault, envoyés devers moi pour bien de paix, me veuillant sans raison excuser, vous ai accusé; que je n'ai jamais veu herault venant de vostre part, sy non celui qui vint à Bourgos me intimer la guerre. Et, quant à moi, ne vous ayant en riens failly, je n'ay nul mestier de m'excuser; mais vostre faulte est celle que vous accuse. Et, en ce que dites, que j'avoye vostre foy, vray est, entendans de celle que vous avez donnée par le traité de Madrid, selon qu'il appert par escriptures signées de vostre main, que retourneriés en ma puissance, comme prisonnier de bonne guerre, en cas que n'accomplissiés ce que par ledit traité m'avez promis; mais que j'aye dit, comme audit cartel dictes, que, sur icelle, et oultre vostre promesse, vous estiez allé et party de mes mains et de ma puissance, ce sont motz que oncques ne dis; car jamais n'ay prétendu d'avoir vostre foy de non partir, mais bien celle de retourner en la forme traictée; et si l'eussiez ainsi, n'eussiez failly à vos enfans ny à l'acquit de vostre honneur. Et, à ce que dictes que, pour deffendre vostre dit honneur, lequel, en ce cas, seroit trop chargé contre vérité, vous avez bien voulu envoyer vostre cartel, par lequel dictes que, encores que tout homme gardé ne puisse avoir obligation de foy, et que cela vous fust excuse assez souffisante, ce non obstant, veuillant satisfaire à un chacun et à vostre dit honneur, lequel dictes vouloir garder, et que garderez, si Dieu plaist, jusques à la mort, me faictes entendre que si vous ay voulu ou veulx charger, non pas de vostre foy et delivrance seulement, mais que vous ayez fait chose que ung gentilhomme aymant son honneur ne doyve faire, dictes que j'ay manty par la gorge, et que, autant de fois que le diray, que mantiray, estant deliberé de deffendre vostre honneur jusques au dernier bout de vostre vye, je vous responds que, en suivant la forme traictée, vostre excuse, d'avoir esté gardé, ne peut avoir lieu; et, puisque tant peu estimez vostre honneur, ne m'est merveille que nyés estre obligé d'accomplyr vostre promesse : vos parolles ne souffisent pour satisfaire à vostre dit honneur; car j'ay dit et diray, sans mantir, que vous avez fait laschement et meschamment de non m'avoir gardé la foy et promesse que j'ay de vous, selon ledit traicté de Madrid. Et, en ce disant, je ne vous charge des choses secretes et non possibles de prouver, puisqu'il en appert par escriptures signées de vostre main, desquelles ne vous povez excuser ny les nyer; et si vous voulez affermer le contraire, puis, seulement en ce cas, je vous tiens habilitte pour combatre; je vous dis que, pour le bien de la chrestienté, et éviter effusion de sang, et mettre, par ce, fin à ceste guerre, et, pour deffendre ma juste querelle, je maintiendray ce que dit est de ma personne à la vostre, estre véritable. Et ne veulx user envers vous de tels mots que vous faictes, veu que vos œuvres mesmes sont celles, sans ce que je ne aultre le dye, que vous desmantent; et aussi que chacun peut user de tels propos plus sceurement de loing que de près. A ce que dictes que, puis, contre vérité, vous ay voulu charger doresenavant ne vous escripre aucune chose, mais que je vous asseure le camp, et vous me pourterez les armes, il vous fault avoir pacience que l'on dye ce que vous faictes, et que je vous escrive ceste response, par laquelle je vous dis que je accepte de vous lyvrer le camp, et suis contant pour ma part, et vous asseurer, par tous les moyens raisonnables que sur ce seront advisés : et à cest effet, et pour plus prompt expedient, je vous nomme dés maintenant le lieu dudit combat, sur la riviere qui passe entre Fontarabie et Andaye, en tel endroit et de la maniere que de commun consentement sera advisé plus sceur et plus convenable : et me semble que, par raison, ne le povés aucunement refuser, ne dire non estre bien asseuré, puisque y fustes delivré, en recevant vos enfans pour hostaiges, et moyennant vostre foy, par avant baillée, pour vostre retour, comme dit est; et, veu aussi que sur la mesme riviere fiastes vostre personne et celles de vos enfans, pourrés bien fier la vostre seule, puisque je y mettray la mienne, et que, nonobstant la situation dudit lieu, se trouvera bon moyen qu'il n'y aura avantaige plus à l'ung que à l'autre, et à l'effect que dessus. Et, pour appoincter sur l'élection des armes, que je prétends me appartenir, et non à vous, et afin qu'il n'y ait longueur ni dilacion en la conclusion, pourrons envoyer sur ledit lieu gentilshommes de chacun cousté, avec souffisant, pour où d'adviser et conclure, tant de la sceureté esgale dudit camp que de l'élection desdites armes, jour dudit combat, et du surplus touchant à ce cas. Et si dans quarante jours apres la presentation de ceste, ne me respondés, et ne me advisés de vostre intention sur ce, l'on pourra bien veoir que le délai du combat sera vostre, que vous sera imputé, et adjoinct avec la faulte de non avoir accomply ce que promistes à Madrid. Et quant à ce que protestés, que si, aprés vostre déclaration, en aultres lieux je dis ou escripts parolles qui soient contre vostre honneur, que la honte du délai du combat sera myenne, veu que, venant audit combat, est la fin de toutes escriptures, vostre dite protestacion est chose bien excusée; car ce n'est à vous me garder que ne dye vérité, encores qui vous griesve, et aussi je suis bien sceur que, par raison, ne puis recepvoir honte du délai du combat, puisque tout le monde peut congnoistre l'affection que j'ay d'en veoir l'effect. Donné à Mouson, en mon royaulme d'Arragon, le vingt-quatriéme jour du mois de juing, l'an 1528.

QUATRIESME LIVRE

DES MEMOIRES

DE MESSIRE MARTIN DU BELLAY.

SOMMAIRE DU QUATRIESME LIVRE.

Le roy François, ne se pouvant contenter des conditions rigoureuses du traitté de Cambray, se fortifie d'alliances en Allemagne, Angleterre et Italie ; toutesfois la roine Alienor s'efforce de l'entretenir en amitié avec l'Empereur, et les faire entrevoir. Le roy Jean d'Hongrie demande secours d'argent au Roy, qui luy est accordé. L'Empereur, d'autre part, presse le Roy de luy aider à faire la guerre aux Turcs, dont il est refusé, sinon que ce fust pour la deffence d'Italie. Le duché de Bretagne, du consentement des Estats, s'unit à la couronne de France. Le concile universel est mis en termes entre les princes chrestiens. Merveille, gentilhomme milanois, est fait inhumainement mourir par le duc de Milan, combien qu'il fut pardevers luy ambassadeur pour le Roy, lequel s'en ressentit, de sorte qu'il estoit prest luy faire la guerre, si la vengence ne fut prevenuë par la mort de ce duc. Monsieur d'Orleans espouse Catherine de Medicis, à present roine mere du Roy. Les ducs de Wittemberg sont restituez en leurs Estats, qu'occuppoit le roy Ferdinand, à l'aide des princes d'Allemagne, prattiquée par le seigneur de Langey, à laquelle le Roy contribuoit d'argent. Les legionnaires sont instituez en France, et commence à se descouvrir la haine que le Roy portoit au duc de Savoye.

QUATRIESME LIVRE.

Vous avez entendu cy devant comme s'estoient portées les affaires entre ces deux grands princes, de sorte qu'un chacun estimoit une paix par toute la chrestienté, leur vie durant; mais ceux qui, par longue experience, avoient la cognoissance des choses de ce monde, pensoient, à mon certain jugement, que le Roy ne pouvoit autrement qu'il n'eust quelque ressentiment du traittement que l'Empereur luy avoit faict en la redemption de messieurs ses enfans. Car, s'il l'eust seulement rançonné en deniers, c'estoit chose qui se pouvoit oublier en peu de temps; mais, veu les rigoureuses conditions qu'il avoit apposées audit traitté, comme de quitter la souveraineté des païs de Flandres et d'Artois, de toute ancienneté estans de la couronne de France; et aussi quitter le droict du duché de Milan, appartenant à ses enfans, et non à luy, et le droict du royaume de Naples et de Sicile, ne pouvoit que le Roy ou sesdits enfans, avec le temps, ne s'en ressentissent, pour avoir amoindry les bornes et limites de son royaume. Or, ainsi qu'ils penserent en avint; car plusieurs, qui mieux aymoient le trouble de la chrestienté que le repos, mettoient en avant à l'Empereur, que si le Roy avoit recouvert l'Estat de Milan, jamais ne le laisseroit en repos en ses royaumes de Naples et de Sicile; parquoy, à leur avis, il estoit requis audit seigneur Empereur, de forclorre au Roy toute esperance d'y retourner, ce qu'il pouvoit faire en rendant iceluy duché à Francisque Sforce, duquel il tireroit une grosse somme de deniers ; et qu'en ce faisant, il contenteroit tous les potentats d'Italie, lesquels aymeroient mieux à Milan un duc egal ou moindre qu'eux, que un empereur ou roy, duquel la puissance leur fust suspecte : et qu'à ce moyen, il les attireroit tous à quelque ligue deffensive, pour ledit Sforce, en quoy il se fortifieroit de nouvelles alliances, et affoibliroit le Roy en les luy ostant. Autres luy mirent d'avantage en avant qu'estant le païs de Savoye assis au passage de France en la Lombardie, s'il attiroit le duc à sa devotion et à ceste ligue, cela seroit mettre un grand obstacle et boullevert au devant du Roy, à ce que jamais il n'entreprint en Italie : et pour ceste fin, luy conseilloient de bailler à ce duc la comté d'Ast, avecques ses appartenances, afin que d'icy en avant il eust particulier interest és guerres de Lombardie. Aussi des Suisses et Grisons luy fut parlé, pour les dissouldre, par le moyen dudit duc de Savoye, de l'alliance et amitié du Roy, et les tirer et convertir à la sienne, et, par tous moyens, tascher à le denuer d'amis, et le mettre si bas qu'il n'eust moyen de se ressoudre. Mesmes il avoit desja (comme j'ai dit en la fin du precedant livre) accordé, par le moyen du Pape et des Venitiens, avecques le duc de Milan.

Et se feirent tous ces discours devant que l'Empereur passast de Barcelonne à Gennes. Et sur ceste occasion, ledit Empereur faignit se laisser aller à la persuasion du Pape et des Venitiens, mais, à vray dire, il avoit ja conclu en son cerveau, pour les raisons susdittes, de restituer ledit duché à Francisque Sforce:

lesquelles remonstrances furent faictes tant et si longuement à l'Empereur, qu'il s'accorda de suivre ce train. De l'autre part, à l'entour du Roy et de messieurs ses enfans, y en avoit d'autres qui, par occasions et opportunitez, leur remonstroient ceste indignité dont envers eux usoit l'Empereur, en aymant mieux bailler un tel Estat que celuy de Milan és mains de Sforce, yssu de basse condition et d'une bastarde, et lequel il avoit souvent dit et maintenu publicquement luy avoir esté faulseur de foy et traistre, qu'à luy, qui estoit son beau frere, ou à messieurs ses enfans, ausquels il appartient si justement; s'il l'eust retenu pour luy, bien, de par Dieu; mais de le bailler à un tel, comme par mespris et despit d'eux, c'estoit une chose intollerable. Et qui eust aussi pensé, disoient-ils, qu'un duc de Savoye eust si avant contemné les forces et authorité d'un roy de France, que d'accepter la comté d'Ast, ancien patrimoine de la maison d'Orleans? Si contre l'Empereur on ne s'en veult venger, ou qu'on ne puisse le faire, obstant les traittez, contre le duc de Savoye le peult on faire; car on a contre luy assez d'autres bonnes et justes querelles. Et si l'Empereur entreprend de le soustenir, comme il est apparant qu'il le voudra faire, ne sera il pas infracteur de paix? n'aura pas le Roy occasion tres-juste de repeter à l'encontre de luy, l'obeïssance et souveraineté de Flandres et d'Artois? luy et messieurs ses enfans, de recouvrer l'estat de Milan? Ils y ont tant d'intelligences, il y a tant de mal-contens qui les y appellent, les maulx que leur ont faict endurer les Espagnols y ont canonisé le nom des François, faut il perdre l'occasion que la fortune nous offre?

Tels et semblables propos luy estoient tenus souvent, et tous autres qui peuvent esmouvoir un cueur ulceré, pour se ressentir d'un outrage et desdaing. Le Roy se ressentoit bien du dommage, plus encores du mespris, et voyoit bien que, s'il ne tenoit qu'à juste occasion, il n'en pouvoit avoir faulte; car l'Empereur avoit, dés le commencement, contrevenu au traitté, d'autant qu'il n'avoit rendu les officiers de messieurs les Dauphin et duc d'Orleans, lesquels injustement il avoit mis en galleres par force, encores qu'il en eust esté sommé par le Roy, en vertu d'iceluy traitté de Cambray. D'avantage, il n'ignoroit point les praticques et menées qui se faisoient par les gens de l'Empereur, du roy Ferdinand, son frere, et des ducs de Savoye et Sforce, pour divertir les Suisses et autres de son alliance et amitié; qui estoit directement contrevenu au traitté. Mais il avoit devant les yeux les maulx avenuz en la chrestienté, durant les guerres passées, et qui aviendroient, s'ils retournoient à prendre les armes. A ceste cause, vouloit traitter par amitié, pour recouvrer le sien, avecques le temps, par le moyen de quelque argent, et plustost vouloit user d'amiable composition, que de voye de la guerre. Et pour ceste occasion, envoya le seigneur de Rabodanges devers l'Empereur et le roy Ferdinand, son frere, en ceste opinion de chercher le chemin de plus estroicte alliance; et en ce estoit entretenu par la royne Aleonor, laquelle, comme femme de l'un et sœur de l'autre, et comme sage et vertueuse princesse, n'obmettoit rien envers l'un ny l'autre, qui luy semblast estre requis à les entretenir en bonne paix, et confermer en plus grande amitié.

A ceste cause, estant le seigneur de Morette en Allemagne, ambassadeur de la part du Roy pres de l'Empereur, ladite dame moyenna que le seigneur de Courbaron, un des gentils-hommes de la chambre de l'Empereur, et qui avoit esté fort privé de l'archeduc Philippe, son pere, fust envoyé devers le Roy, estant lors à Sainct Germain en Laye, pour moyenner l'appointement des Gennevois avecques le Roy, à ce que le commerce et traffic de la marchandise leur fussent permis en France. Et, soubs couleur de ceste negotiation, eut charge ledit de Courbaron, de s'addresser à ladite dame, et de moyenner une entre-veuë de l'Empereur et du Roy, pour entr'eux-mesmes conclurre de ces estroittes alliances; chose que le Roy, ne desirant rien plus que bonne paix, et oster toute occasion de rancune, ne trouva mauvaise. Mais, par-ce que ceste praticque se dressoit avec la Royne, ne s'en voulut entremettre, jusques à ce que les choses en fussent plus avant; et en laissa faire à ladite dame et à madame la duchesse d'Angoulesme, sa mere, ausquelles en devisa ledit de Courbaron par plusieurs fois, et si avant, que la Royne, sur les propos de luy, envoya premierement le seigneur de Tombes, et, depuis, l'escuyer Silly, vers l'Empereur, pour arrester le lieu et temps de ceste entreveuë.

[1531] L'Empereur alors, soit qu'il eust mis ces propos en avant pour mettre en jalousie les alliez du Roy, ou pour crainte que les siens n'y entrassent, ou qu'il voulust en un mesme temps avoir praticque en divers lieux, pour s'attacher à celle qui mieux feroit pour luy, en avertit le cardinal Campeige, lors estant legat devers le Roy, pour moyenner la reunion de l'Eglise et la paix universelle entre les Chrestiens. Puis en escrivit lettres au Pape, l'asseurant par icelles que quelques praticques qu'il eust avecques le Roy, que toutesfois il ne feroit rien pour luy, et que Sa Saincteté n'en devoit entrer en jalousie ny en souspeçon. Le sainct Pere, ce nonobstant, ne s'osant trop fier en ceste asseurance, envoya vers le Roy, se douloir et plaindre que, sans son sceu et communication, telles praticques se demenassent : de quoy ledit seigneur s'excusa, remonstrant que ladite praticque n'estoit encores si avant, qu'elle meritast d'estre communiquée legierement avecques Sa Saincteté, devant qu'il y eust aucun fondement ; car c'estoit chose tant seulement mise en avant aux dames, par l'Empereur. Et de faict, fist le Roy cesser icelle praticque, et ne peut autrement imaginer, sinon que l'Empereur eust mis les propos en avant afin de tirer de luy chose qui mist tous ses alliez en souspeçon, et les fist jetter en ses bras; ne voulut toutesfois en prendre ouverte division avecques luy ; mais, de la cassation et roupture d'iceux propos, envoya, par le seigneur de La Pommeraye, s'excuser audit seigneur Empereur, sur le trespas, alors intervenu, de feu madame sa mere [1], laquelle avoit avec la Royne manié ladite praticque. Les meurs, conditions et vertus de laquelle dame, et le grand regret qu'elle a laissé d'elle, me semblent estre chose trop prolixe, si je vouloy amuser ma plume à les racompter.

Estant le seigneur de La Pommeraye arrivé devers

[1] *De feu madame sa mere* : Louise de Savoie, duchesse d'Angoulême, mourut à Grès, en Gatinois, le 22 septembre 1531. Les détails de cette mort se trouvent dans l'Introduction.

l'Empereur, ledit seigneur luy declara, pour dire au Roy, comment il s'en alloit en Germanie, dresser une armée contre le Turc, qui se preparoit de faire nouvelle descente en Autriche, priant le Roy que, ce pendant, il voulsist demourer son amy : ce que le Roy non seulement luy accorda, mais le fist prier de faire une assemblée des princes et potentats chrestiens, pour aviser de faire et dresser une armée à communs frais, pour resister à l'entreprise dudit ennemy de nostre foy. Et ceste mesme requeste et offre le Roy fist faire à nostre sainct Pere, par l'evesque d'Auxerre de Tainteville, son ambassadeur devers Sa Saincteté. Lequel sainct Pere fist à sçavoir au Roy qu'il envoyast pouvoir à son ambassadeur d'en communiquer et traitter avec les autres ambassadeurs des princes et potentats chrestiens : à quoy obtempera ledit seigneur, et y envoya le duc d'Albanie, avec ample pouvoir, y offrant non seulement ses forces, mais sa propre personne.

En Germanie [1], à l'autre voyage auquel avoit esté l'Empereur, il avoit beaucoup promis de choses aux princes et autres Estats de l'Empire, lesquelles ils pretendoient ne leur avoir esté observées et tenues par Sa Majesté, combien qu'elles concernassent grandement les droicts, privileges et libertez du sainct Empire. Aussi tendoit iceluy Empereur à contraindre lesdits princes et autres Estats de l'Empire, qu'ils receussent le roy Ferdinand, son frere, à roy des Rommains, approuvans l'election faicte de luy, contre et

[1] *En Germanie* : les princes protestans d'Allemagne avoient formé, au mois de septembre 1530, la ligue de Smalcade, en opposition à la ligue d'Augsbourg, composée des princes catholiques, à la tête desquels étoit l'Empereur.

au prejudice de la bulle dorée, et observances anciennes dudit sainct Empire, dont y avoit plusieurs d'entre eux tresmal contens. Et de faict, le duc Jean, electeur de Saxoigne; le duc Jean Federic, son fils; les ducs Guillaume et Louis de Baviere; lansgrave Philippe de Hesse, et autres princes, firent entr'eux aucunes assemblées et parlemens, et mesmement un traitté pour la conservation et deffence de tous les droicts, privileges et libertez du sainct Empire; et par plusieurs fois avoient envoyé devers le Roy, le requerir d'y vouloir entrer, en vertu d'une ancienne ligue et alliance qui a esté inviolablement observée de fort long temps, entre l'Empire et la couronne de France. A quoy ledit seigneur avoit tousjours respondu en termes generaux, et envoyé devers eux un docteur alleman, nommé Gervais Wain, pour entretenir iceux princes en son amitié, sans toutesfois faire ou promettre particulierement aucune chose qui peust contrevenir aux traittez qu'il avoit avecques l'Empereur.

Et sur le poinct que ledit seigneur Empereur avoit, de fresche memoire, descouvert au Pape les propos de l'entreveuë cy dessus mentionnée, et que le Roy avoit occasion de penser et prester l'oreille à ce que plusieurs luy avoient dit souvent, c'est à sçavoir, que ledit Empereur ne tendoit qu'à l'entretenir le bec en l'eau de toutes choses, ce pendant qu'il se fortifieroit d'amis et d'alliances, et l'en discommoder à son pouvoir; retournerent devers luy, les messagiers d'iceux princes, avecques amples instructions, signées de leurs seings et seellées de leurs seaulx, et luy apporterent un double autantique de leur traitté, afin qu'il vist et cogneust leur intention n'estre pour invasion quelconque, mais seulement pour la tuition de l'Empire, à laquelle il estoit obligé par leur ancienne alliance, sans generalement ny particulierement deroger, par la teneur d'icelle, aux traittez faicts avecques l'Empereur; luy remonstrans, au surplus, comme, s'ils estoient par luy abandonnez, ils seroient contraincts, ou de hazarder leurs Estats en evidents perils, ou d'entierement se soubsmettre au vouloir et intention de l'Empereur, lequel apparemment ne tendoit à autre fin qu'à les assubjettir, et rendre l'Empire hereditaire à sa maison ; et n'estoient aucuns d'iceux sans crainte que ledit seigneur Empereur, soubs umbre et couleur de ceste armée contre le Turc, ne convertist contre eux les forces mesmes qu'ils luy bailloient pour s'ayder contre l'ennemy commun de nostre religion. Finablement, tant luy fut dit et persuadé, qu'il se delibera d'envoyer devers eux homme bien instruict et informé de son vouloir et intention ; et avecques ceste promesse furent les messagers renvoyez. Lesquels, arrivez en Germanie, ne furent negligents de renouveller ceste requeste, et, par plusieurs iteratives lettres, haster le Roy d'executer sa promesse, d'autant plus que desja l'Empereur, averty de leur alliance et traitté, se hastoit de venir à Ratisbonne, tenant propos et usant de menasses à leur desavantage.

Le Roy, qui en toutes choses vouloit user de communication avecques le Roy d'Angleterre, son bon frere et perpetuel allié, dés le commencement des susdites praticques, avoit envoyé devers luy ambassadeurs, pour resider auprés de luy, et luy faire entendre les requestes et offres d'iceux princes de l'Empire, et sur-ce, luy demander conseil et avis, comment ils pourroient eux deux ensemble y entrer sans roupture et infraction des traittez qu'ils avoient avecques ledit Empereur. Le roy d'Angleterre, ayant entendu ceste demande, avoit envoyé l'evesque d'Wincestre trouver le Roy, qui lors estoit à Vatteville en Normandie, pour faire avecques luy quelque nouveau traitté, tendant, par toutes les voyes à luy possibles, à faire entrer le Roy en ligue offensive ou deffensive contre ledit Empereur; ce que ledit seigneur ne voulut accorder, voulant tousjours observer sa foy promise. Bien estoit-il consentant d'entrer en despense pour ayder les princes de l'Empire à la conservation et deffence de leurs biens, franchises et libertez; et au seigneur de Liquerques, ambassadeur de l'Empereur (lequel, ayant eu nouvelles de ceste praticque, luy en estoit venu parler), ledit seigneur Roy avoit dit ouvertement que ses traittez il les garderoit inviolablement avecques l'Empereur: mais de faire, en faveur et pour le particulier bien d'iceluy, chose quelconque outre le traitté, ledit seigneur Empereur luy en donnoit trop peu d'occasion, attendu le trop peu d'amitié qu'il trouvoit en luy, et la peine que ledit seigneur Empereur prenoit au contraire de luy tollir et faire perdre tous ses amis et alliez.

L'evesque d'Wincestre, ce pendant, print congé du Roy, sans faire autre conclusion, dont le Roy d'Angleterre, son maistre, qui avoit le cueur amerement ulceré contre l'Empereur, pour les propos et menaces dont il usoit contre luy, print tel regret et desplaisir, qu'il sembloit, en plusieurs des propos qu'il tinst à l'ambassadeur du Roy estant pres de luy, qu'il se voulust esloigner de l'amitié du Roy, son frere. Pour à quoy remedier, ledit ambassadeur le pria de luy bailler de rechef ce qu'il demandoit par escrit, alleguant qu'il pouvoit estre que ledit evesque ne s'estoit pas bien faict entendre : ce qui meut ledit Roy de luy bailler de nouveau les articles du traitté qu'il entendoit faire, et qu'il appelloit plus estroitte alliance. Lesquels articles, en grande partie, tendoient en ligue offensive; mais, apres avoir entendu les remonstrances de l'ambassadeur, il fut content de les moderer; et iceux, moderez, furent envoyez au Roy par homme expres.

Ce-pendant fut depesché par le Roy, vers les princes d'Allemagne, messire Guillaume du Bellay, seigneur de Langey, gentilhomme de sa chambre, auquel il ordonna premierement de l'excuser envers eux, et declarer les causes du retardement de sa depesche, intervenu, non par negligence dudit seigneur, ou faulte d'affection et bon vouloir à la deffence et conservation des droicts, us et coustumes dudit Empire, mais pour autant qu'il avoit envoyé devers le roy d'Angleterre, son bon frere et perpetuel allié; lequel monstroit affection et desir de leur aider à ceste entreprise, et avoit envoyé devers luy l'evesque d'Wincestre, qui avoit sejourné plus d'un moys avecques luy, et seroit depuis retourné vers sondit maistre, pour luy faire rapport de sa negociation, asseurant à son partement que son maistre fourniroit à son pouvoir quelque bonne somme de deniers, combien qu'il ne fust encores resolu de vouloir contribuer à icelle. Mais que, pour n'apporter la dilation, et donner occasion ausdits princes de s'ennuyer et penser que ledit seigneur fust refroidy en cest affaire, il avoit bien voulu envoyer ledit du Bellay devers eux, tant pour purger ladite demeure, qu'aussi pour les asseurer en parole de prince, que pour l'affection qu'il portoit à la conservation des privileges, us et coustumes dudit sainct Empire, ils le trouveroient prest à leur secours, quand ores il adviendroit qu'il se trouvast seul à leur donner ayde, et que sondit frere (qu'il ne pensoit) ne fust assez à temps resolu de l'ayde qu'il luy voudroit faire.

Secondement, il fut par le Roy ordonné audit du Bellay d'asseurer iceux princes que s'il estoit ainsi, que l'Empereur, envers lequel il desiroit inviolablement observer et garder les alliances et traittez qu'il avoit avec luy, voulsist, à cause de ladite conservation des anciennes observances du sainct Empire, se mettre en armes à l'encontre d'eux (ce qu'il ne pensoit qu'il deust avenir), en ce cas ledit seigneur n'estoit pas pour les abandonner, ains les ayder et secourir, à son pouvoir, sans y riens espargner. Et pour-ce que lesdits princes avoient requis par les ambassadeurs, jusques à quelle portion des frais il contribueroit à la guerre si elle avenoit, et quelle somme il consigneroit preallablement, à ce qu'ils ne fussent si tost surprins et opprimez qu'il n'eust loisir d'y envoyer secours de si loingtaine province, fust baillé tres-ample pouvoir audit du Bellay, d'en traitter et accorder avecques eux; mais avecques tres-expres commandement que ces deniers ne fussent employez à l'offension ou invasion d'aucuns ses confederez, et mesmement de l'Empereur, mais seulement à la deffence et conservation des droicts et privileges du sainct Empire, ou protection et deffence d'iceux ; et qu'à ce faire et tenir, il print bonne et seure obligation d'iceux princes. Et quant au duc d'Wittemberg, ledit seigneur Roy de tres-bon cœur s'emploiroit à luy faire tout le secours et plaisir que, sans contrevenir à ses traittez, il pourroit faire. Au demourant, fut donné charge audit ambassadeur de veoir et entendre quels moyens y pourroit avoir de mettre union en Germanie, touchant le faict de la religion, et de remonstrer ausdits princes et Estats, comment, pour ceste leur division, ils pourroient entrer en guerres intestines, et les maulx et inconveniens qui en pourroient avenir, à eux particulierement, et universellement à toute la chrestienté. Au lieu de Honnefleur fut depesché ledit du Bellay, vers la mi-mars, l'an 1531, et environ la mi-avril ensuivant, arriva devers iceux princes de l'Empire.

Ce-temps pendant, arriverent deux ambassadeurs vers le Roy : l'un par le roy Jean de Hongrie (1), qui fut le seigneur Hierome de Lasco, principal homme de sa cour ; et l'autre par l'Empereur, qui fut le seigneur de Ballançon, second sommelier du corps dudit seigneur. Celuy de Hongrie demandoit alliances de mariages, et secours d'argent pour subvenir aux necessitez de son royaume, qui, par les guerres passées, avoit esté grandement destruict, et les places desmolies. Sur le premier article, fut proposé le mariage de

---

(1) *Le roy Jean de Hongrie* : Louis, de la maison de Jagellon, roi de Hongrie et de Bohême, allié intime de Charles-Quint, avoit péri en 1526, dans une bataille livrée à Soliman, près de Mohacs. Le trône de Hongrie étant électif, une partie de la nation avoit nommé Ferdinand, frère de l'Empereur, et l'autre, Jean de Zapols, vaivode de Transilvanie, dont il est ici question.

madame Isabeau, sœur du roy de Navarre; sur le second, luy fut accordée une somme de deniers, par condition qu'elle ne fust employée à faire guerre ou invasion contre aucun des confederez du Roy. Et fut faicte grande instance audit de Lasco, de remonstrer au Roy son maistre, qu'il se donnast de garde sur toutes choses, et, quelques guerres qu'on luy fist, de n'invader son ennemy avec le secours et ayde du Turc; obstant que, s'il le faisoit, ledit seigneur Roy seroit contrainct de prendre les armes contre luy, sans aucun esgard de leur alliance, pour obvier que le Turc, ennemy de nostre foy, n'enjambast sur la chrestienté. Puis apres, ledit Lasco, portant la somme d'argent promise, afin de la faire distribuer aux usages et non autres qu'elle avoit esté ordonnée, fut envoyé Antoine Macault, secretaire et vallet de chambre du Roy, lequel depuis rapporta ladite somme.

Ballançon de par l'Empereur feit entendre la grosse et puissante armée que le Turc avoit amenée en Hongrie, pour invader le païs d'Autriche, ensemble les grands préparatifs que l'Empereur avoit faicts, autant par mer que par terre, pour resister à ses entreprises; tellement que ledit seigneur Empereur n'avoit, quant à la force, aucune cause de le craindre ne doubter; demandoit toutesfois au Roy qu'il luy voulust secourir de quelque bonne somme de deniers, d'un nombre de ses hommes d'armes, et de ses galleres qu'il avoit en la mer de Levant. A quoy ledit seigneur respondit que, quant aux deniers, l'Empereur avoit puis n'agueres eu de luy deux millions d'or, qui luy devoient suffire; et que, au demeurant, il n'estoit marchand ne banquier, pour seulement fournir deniers, mais prince chrestien, qui en un tel affaire vouloit avoir sa part du danger, ou honneur, ou perte.

Quant à sa gendarmerie, c'estoit la force de son royaume, et que, l'ayant perdue, il demoureroit inutile à jamais faire entreprise honnorable pour la chrestienté, et au demourant en proye et à l'injure de tous ses ennemis; parquoy ne la vouloit hazarder: mais il hazarderoit quand et quand sa personne, et l'accompagnant de tel nombre de gens de pied et d'artillerie à ce requise, qu'il ne la pourroit perdre sans faire grand dommage à son ennemy. Et que nous estions sur la fin de l'esté, et que sa gendarmerie ne pourroit estre avant le fort de l'hyver en Autriche; parquoy elle seroit desconfite et rompue du chemin, du temps et de malaise, avant que veoir l'ennemy, et sans faire service. Joinct qu'ayant l'Empereur assemblé une telle force, comme ledit Ballançon l'avoit magnifiée, il n'estoit mestier d'envoyer secours en Germanie, mais plustost en Italie, où il n'y avoit aucun preparatif pour resister à autre armée du Turc, que l'on disoit y devoir descendre; et, pour en estre le Roy plus voisin que d'Autriche, son armée pourroit y arriver plus à temps, et qu'il offroit de la garder avecques cinquante mille combatans. Et que l'Empereur soustint de sa part ceste premiere impetuosité du Turc en Germanie; et que luy, de la sienne, avecques l'ayde du roy d'Angleterre, son bon frere et perpetuel allié, seroit prest, à l'esté ensuivant, d'aller en personne avecques les forces dessusdites, ou plus grandes, en quelque part qu'il seroit besoing. Et quant à son armée de mer, il avoit grande coste és païs de Provence et Languedoc, subjette aux incursions des pirates, qui lors estoient sur la mer à grosse puissance; parquoy il ne la pouvoit honnestement prester, et abandonner en proye de l'ennemy sesdits païs de Languedoc et Provence, aux despens desquels saditte armée estoit souldoyée. Telle fut la response du Roy, laquelle, rapportée à l'Empereur estant lors à Ratisbonne, la recita en plains estats de l'Empire, tendant par tous moyens à l'imprimer en mauvaise part aux oreilles des princes et potentats de la Germanie, afin que, par ce moyen, il peust mettre ledit seigneur Roy en leur haine, comme ne tenant compte de leurs perils et dangers.

Quoy entendant, ledit du Bellay, ambassadeur du Roy devers les princes de l'Empire, et cognoissant, apres avoir communiqué avec le seigneur de Veilly, aussi ambassadeur du Roy devers l'Empereur, le peu d'esperance qu'il avoit de bien asseurer la paix et amitié entre ledit seigneur et l'Empereur; voyant aussi que, pour la longueur et dissimulation dudit Empereur, les princes commençoient desja de bransler de peur qu'ils avoient d'estre surpris de luy et abandonnez du Roy, accorda les articles qui par les ambassadeurs d'iceux princes luy avoient esté proposez, et entre-eux accordez au lieu de Cebeng, és païs du duc de Saxe : qui fut cause que le duc Jean Federic de Saxe, qui ja estoit acheminé pour venir à Ratisbonne, se retira, et au lieu d'Estingnan, és païs de Bavieres, se trouverent tous lesdits ambassadeurs, où ils accorderent lesdits traittez, et confirmerent amitié entre le Roy et lesdits princes et potentats.

Durant qu'en Germanie se tenoit la dietté imperialle, le Roy, qui avoit receu les articles du roy d'Angleterre, son bon frere, moderez ainsi que dit a esté, apres y avoir ajousté et diminué, les renvoya en Angleterre, avec pouvoir, au seigneur de La Pommeraye, son ambassadeur, pour traitter et capituler selon iceux. Les principaux articles furent que, si l'un ou l'autre roy estoit assailly en son royaume, le roy de France seroit tenu d'ayder au roy d'Angleterre du nombre de cinq cens hommes d'armes françois, souldoyez toutesfois aux despens du roy dudit païs, et pour la deffence de ses mers, depuis les rads Sainct Mahé jusques au destroict de Callaiz, de douze navires equippées et avitaillées à la raison, avecques trois mille hommes de guerre sur iceulx navires; et, reciproquement, seroit tenu et obligé le roy d'Angleterre, fournir de pareil equippage de navires, en cas que le roy de France fust assailly en son royaume, et de luy envoyer six mille Anglois, qui toutesfois seroient souldoyez aux despens du Roy.

Aussi par ledit traitté fut accordé qu'incontinant apres que l'un ou l'autre seroit assailly, seroient tenus reciproquement d'arrester tous marchands subjects du prince agresseur lesquels pour lors se trouveroient en leurs royaumes, sauf toutesfois à semondre par apres ledit prince agresseur, de rendre ceux de celuy desdits deux princes qu'il auroit retenus en commençant la guerre; et, en cas de reffus, seroient baillez tous les marchands ainsi retenus, entre les mains du prince assailly, pour recouvrer les siens et se recompenser de sa perte.

Aussi, que l'un ny l'autre prince ne pourroit par cy apres faire traitté ny alliance avecques aucun autre prince, potentat ou communauté, sans le sceu et associement l'un de l'autre. Lequel traitté conclu de ceste sorte, ledit seigneur de La Pommeraye porta, de par le roy d'Angleterre, au Roy son maistre, lors estant en Bretagne en la maison du sire de Chasteaubriant (¹); ensemble luy porta la depesche de cinquante mille escus, que ledit roy d'Angleterre consentit de fournir et contribuer, à la deffence et conservation des droicts et privileges du Sainct Empire, avecques charge de moyenner, envers le Roy son maistre, une entrevue pour ensemble traitter des moyens de resister au Turc, au cas qu'il perseverast d'envahir la chrestienté; ce que ledit seigneur accorda tresvolontiers. Et estant arrivé sur cest accord, le susdit sieur de Langey, retournant de devers les princes dudit Empire, le Roy incontinant le renvoya devers ledit roy d'Angleterre, pour luy communiquer le traitté faict en Allemagne, et luy compter au long tout le discours de sa negociation.

Estant le Roy en Bretagne, comme dit-est, fut accordé par les Estats (²) d'iceluy païs de Bretagne, que François, fils aisné du Roy, dauphin de Viennois, seroit recogneu pour duc de Bretagne, à la charge que, luy venant à regner, ledit duché seroit reuny à la couronne; et que le fils aisné de France par cy apres porteroit le tiltre de dauphin de Viennois, et duc de Bretagne; et seroient meslées les armes de Bretagne

---

(¹) *Du sire de Chasteaubriant :* madame de Châteaubriand vivoit encore. Les contemporains ne donnent aucun détail sur la réception qu'elle fit au Roi. — (²) *Fut accordé par les Estats :* les Etats furent convoqués à Vannes : Montejean y assista au nom du Roi. Le chancelier Duprat eut l'art de les amener à proposer eux-mêmes la réunion. La charte qui leur fut accordée pour la conservation de leurs priviléges est du mois d'août 1532. Le parlement de Paris fit, sur quelques articles de cette charte, des remontrances qui n'eurent aucune suite.

avecques celles de France et de Dauphiné; et ainsi consecutivement aux autres qui viendroient à regner, au cas que ledit Dauphin mourust sans hoirs. Et par là fut aboly le traitté faict par le mariage du roy Charles huictiesme avecques madame Anne, duchesse de Bretagne; aussi celuy du roy Louis, douziesme de ce nom, avec ladite Anne; et celuy du roy François, premier de ce nom, pour lors régnant, avecques madame Claude, fille dudit roy Louis douziesme et de ladite Anne : et furent les choses emologuées avecques toute seureté pour l'avenir.

Estant arrivé ledit du Bellay en Angleterre avec ledit de La Pommeraye, par-ensemble ils accorderent avecques iceluy roy d'Angleterre, du jour, lieu, moyen, ordre, et ceremonie de ladite entreveuë : dont, pour conclurre des ceremonies qui se devoient faire, le Roy donna la charge au seigneur de Montmorency, grand maistre et mareschal de France, et le roy d'Angleterre, au duc de Norfolc, pour toutes choses accorder, ainsi que par cy devant avoit faict ledit grand maistre avecques le cardinal d'Iorc, quand il vint à Compiegne, et que ledit grand maistre alla en Angleterre, ainsi qu'il est recité au premier livre de ces Memoires.

Les choses bien arrestées, arriva à Boulongne sur la mer le roy d'Angleterre (1), environ le vingtiesme jour d'octobre 1532, auquel lieu il fut receu par le Roy et messieurs ses enfans : où, apres grandes ami-

(1) *Arriva à Boulongne sur la mer le roy d'Angleterre :* Anne de Boulen fut du voyage : François I, qui l'avoit beaucoup connue autrefois, lui donna un diamant précieux. Nous avons placé à la fin de ce livre une description fort curieuse de cette entrevue.

tiez, fraternitez et privautez qui se pouvoient faire entre tels princes à sa reception, furent le Roy et ledit roy d'Angleterre logez tous deux dedans la maison abbatialle dudit Boulongne, dont la moitié fut departie pour le Roy, l'autre moitié pour le roy d'Angleterre, son bon frere. Auquel lieu le Roy donna son ordre de Sainct Michel au duc de Norfolc et au duc de Suffolc, comme aux deux estans plus pres de la personne dudit roy d'Angleterre : aussi ledit roy d'Angleterre donna son ordre de la Jarrettiere à messire Anne, seigneur de Montmorency, grand maistre et mareschal de France, et à messire Philippe Chabot, seigneur de Brion, amiral de France. Et, apres que tous les festins et autres resjouissances furent parachevées audit lieu de Boulongne, où s'estoient trouvez tous les princes, cardinaux, et grande partie des prelats et noblesse de ce royaume, aussi pareillement de Angleterre, allerent les deux rois, de compagnie, à Callaiz ; où se feit pareil recueil au Roy, que celuy qui avoit esté faict à Boulongne au roy d'Angleterre, au grand contentement des princes et de tous leurs subjets. Et audit lieu de Callaiz fut passé, du vingt-huictiesme jour dudit mois et an, un traitté entre eux, contenant en substance ce qui s'ensuit :

Que, combien qu'ils creussent fermement que les propos scandaleux semez à l'encontre d'eux, n'eussent lieu ne foy parmy les gens de bien, et qu'ils fussent tenus à tels qu'ils devoient estre, c'est à sçavoir bons zelateurs du bien et augmentation de la chrestienté, dequoy pouvoient assez faire foy les offres souvent par eux faictes pour resister contre le Turc, toutesfois, eux desirans de plus en plus donner cognoissance parfaicte de ceste leur volonté, et afin que les autres princes se peussent joindre à eux, et regarder, par un mutuel consentement, quel ayde chacun pourroit faire à ce sainct euvre; et pour donner ordre à pourveoir aux parties et confins plus prochains du danger d'iceluy Turc, au cas qu'il poursuivist son entreprise ou en commençast une nouvelle, ils s'estoient assemblez en intention d'en deliberer et conclurre.

Et, nonobstant qu'en ceste leur assemblée leur fussent venues nouvelles de la retraitte du Turc, eux neantmoins, craignans que sa retraitte fust pour aucun nouveau desseing, attendu qu'il laissoit en Hongrie bonne partie de son armée, delibererent de mettre ensemble, le cas avenant, jusques au nombre de quatre vingts mille hommes, dont y en auroit dix mille de cheval, avec l'artillerie requise pour ledit camp, et de ne separer ne desjoindre leurs forces, sans le consentement l'un de l'autre. Ensemble fut accordé, par iceluy traitté, qu'ils envoiroient par devers les potentats où ils auroient à passer, fust en Italie, ou Germanie, selon l'occurrence, leur demander passage et vivres, en payant raisonnablement.

Outre ledit traitté, le roy d'Angleterre feit au Roy son frere grandes plaintes et doleances du tort qu'il maintenoit luy estre faict par le Pape, sur la matiere de son divorce; et mesmement qu'il vouloit le contraindre, ou d'aller en personne à Romme, ou d'y envoyer homme, avecques procuration expresse, pour ester à droict : chose que ledit Roy maintenoit estre contre toute disposition de droict, sans aucun exemple du temps passé; mais, au contraire, que, toutes les fois que pareils cas estoient avenus entre princes souverains, on leur avoit envoyé juges sur les lieux; car, d'un affaire tel et touchant si pres la conscience, et dont il estoit besoing que les parties parlassent par leur bouche, il n'est raisonnable de le commettre à procureur; et d'aller un prince souverain à Romme, laissant l'administration et regime de son païs, il n'estoit raisonnable. Encores se plaignoit il des griefs et exactions de l'Eglise rommaine sur le clergé et peuple d'Angleterre, tendant à fin d'animer le Roy son frere contre le Pape et l'Eglise rommaine. Et le requist tresinstamment qu'eux deux ensemble envoyassent ambassadeurs devers le Pape, pour le sommer et appeller au concile, pour venir veoir les abus et griefs qu'il faisoit aux princes chrestiens et leurs subjets, et iceux estre par ledit concile reparez et reformez. Ce que ledit seigneur Roy ne voulut entierement reffuser; mais, pour autant que ledit sainct Pere luy avoit faict porter parole par le cardinal de Grandmont, de se trouver ensemble à Nice ou en Avignon, apres que l'Empereur seroit de retour en Espagne, il requist le Roy, son bon frere, qu'il fust content de sur-attendre. Et, pour monstrer qu'il avoit bonne envie et volonté aussi de se plaindre, luy racompta ses griefs et doleances, de ce que ledit sainct Pere l'avoit tenu en longue dissimulation de quelques decimes que ja auparavant Sa Saincteté luy avoit accordé lever sur le clergé de France, pour resister aux entreprises du Turc.

Secondement, pour les nouvelles et indeuës exactions, dont s'estoient plaincts à luy ceux de l'Eglise gallicane, que lon faisoit à Romme pour l'expedition des bulles, par lesquelles l'argent de son royaume se vuidoit journellement et se transportoit hors d'iceluy; outre plus, que le clergé s'apauvrissoit, et ne se faisoient les reparations des eglises ne les alimens et nourritures des pauvres, ainsi qu'ils doivent; et, pour plus clairement monstrer ce que dessus, ledit clergé mettoit en avant les annates excessives qu'il convient payer, esquelles n'y a aucune equalité. Et avecques ce, plusieurs officiers nouveaux avoir esté creez, qui sont payez sur l'expedition d'icelles bulles, outre ce que l'on avoit accoustumé d'en payer le temps passé, lesquels offices, quand ils viennent à vacquer, se vendent au prouffit dudit sainct Pere; et se payent propines grosses aux huissiers, chambriers, protenotaires, leurs serviteurs et vallets, les hortolans, et autres ; et, pour la restauration de l'eglise des Apostres, grande somme de deniers, qui estoient toutesfois ordinairement employez à faire la guerre au Roy.

Et, outre cela, qu'il y a grande multiplication de bulles où il ne seroit besoing d'en avoir qu'une; et que plusieurs autres choses frustratoires se payent, où n'y a raison ny apparence; de sorte que c'est, ce disoient-ils, un vray engin et filet à prendre argent. D'autrepart, qu'il ne se souloit prendre qu'une annate du benefice qu'on impetroit, mais, de present, on la faict payer de tous les autres benefices qu'on impetre par dispense. Et, quant aux compositions arbitraires qui se payent des dispenses que lon baille sur les cas prohibez de droict, elles sont excessives et pernicieuses. Et, outre ce que dit est, la prorogation des six mois pour prendre possession à ceux qui ont des benefices par resignation, estoit cause de commettre plusieurs faulcetez, ainsi qu'on avoit veu par experience.

Pour reparation desquels abbus, le Roy avoit esté souvent requis de convoquer un concile de l'Eglise gallicane ; ce que ledit seigneur avoit tousjours delayé de faire, attendant que le Pape mesmes y pourveust. Mais, ayant n'agueres ledit seigneur tenu les estats du païs et duché de Bretaigne, luy avoient esté presentez les griefs et doleances du clergé d'icelluy païs, où il y avoit des choses si tresscandaleuses, et tant contraires et esloignées de l'honnesteté et charité qui doit estre en l'Eglise, qu'il ne seroit possible de plus ; de sorte que ledit seigneur ne pouvoit bonnement croire que cela fust venu à la cognoissance de Sa Saincteté.

D'avantage, avoit ledit seigneur autres grandes causes de se douloir, d'autant qu'ayant esté Sa Saincteté avertie du grand debvoir à quoy s'estoit mis icelluy seigneur pour la protection et deffence de la chrestienté, ledit sainct Pere toutesfois avoit souffert et enduré ledit seigneur estre calomnié, au contraire, sans qu'il ayt faict aucun semblant de faire entendre sa justification ; chose en laquelle ledit seigneur n'auroit esté negligent envers ledit sainct Pere, quand on l'a voulu charger à tort en aucune maniere. Se douloit aussi ledit seigneur, que l'evesque Verulan, envoyé par le sainct Pere au païs des ligues, avoit entierement faict ce qui luy estoit possible, par menées et praticques secrettes et autrement, pour rompre la ligue et confederation que ceux dudit païs ont avecques luy ; ce qui luy sembloit n'avoir merité envers le sainct Siege apostolique, ny mesmement envers Sa Saincteté, depuis son assomption à la dignité papalle, car, en tout et par tout, il s'estoit monstré envers elle tresobeïssant et devot fils de l'Eglise. Toutesfois, il luy sembloit bon, avant qu'envoyer les ambassadeurs (ainsi qu'il avoit accordé au Roy son bon frere, pour sommer le sainct Pere de reparer les faultes que dessus), y proceder par autre plus douce voye, veu que l'occasion et opportunité s'y adonnoient.

En ce temps estant arrivé l'Empereur à Gennes, luy vint nouvelles comme le Turc estoit descendu en Hongrie, et deliberoit de marcher jusques en Autriche; mais cela ne divertit son entreprise d'Italie, et delibera de plustost laisser ses païs et son frere en proye à l'ennemy; ainsi passa outre, pour rencontrer le Pape, pour parler ensemble, ainsi que par cy devant j'ay parlé en autre article et de sa retraitte. Le roy Tres Chrestien, qui sçavoit assez le mauvais vouloir que luy portoit l'Empereur, et que pareillement au roy d'Angleterre son frere, qui pareillement le sçavoit bien, ne luy en portoit moins, à cause du divorse qu'il entendoit faire, pour lequel aussi le sainct Pere estoit animé contre luy, de sorte qu'il pensoit que ces deux Majestez assemblées, facilement pourroient traitter quelque chose à son prejudice, à ceste cause, delibererent que les cardinaux de Tournon et de Grantmont, comme creatures dudit sainct Pere, iroient devers luy, soubs umbre de l'accompagner à ceste veüe; lesquels pourroient aucunement obvier à ce que contre leursdites Majestez ne se feist quelque mauvaise conclusion, à tout le moins, si elle se faisoit, les en advertir, pour y estre par eux pourveu et donné ordre. Et leur donneroit commission de remonstrer audit sainct Pere, comme ses creatures tenues et obligées à luy, les torts, griefs et doleances qu'ils avoient entendues desdits deux roys, et le mal contentement qu'ils avoient de Sa Saincteté ; et comme ils avoient deliberé d'envoyer vers luy ambassadeurs communs, pour le sommer de reparer iceux griefs: sinon, qu'ils y pourvoiroient, de sorte que Sa Saincteté cognoistroit qu'eux deux ensemble n'estoient à mespriser. A ceste cause, remonstreroient et persuaderoient, par tous les moyens dont ils se pourroient aviser, à Sa Saincteté, qu'elle devoit tascher sur toutes choses de contenter lesdits seigneurs, et mesmement le roy d'Angleterre, l'affaire duquel luy estoit en recommandation autant que son propre. Luy remonstreroient pareillement, qu'il vousist bien meurement et prudemment considerer de combien luy pouvoit ayder et servir d'avoir pour amis deux tels roys; et, au contraire, les entretenans mal-contens, quelle deffaveur ce pouvoit estre à luy et au sainct Siege apostolicque, attendu mesmes qu'iceux deux roys avoient pris une telle et si parfaicte amitié ensemble, que lon pouvoit tenir clairement, et reputer pour chose seure, que l'un et l'autre, avecques tous et chacuns, leurs affaires n'estoient qu'une mesme chose: au moins, on ne pouvoit ignorer qu'ils ne fussent, avecques toutes leurs amitiez et alliances publicques et secrettes, pour faire et executer, quand bon leur sembleroit, de grandes choses. A quoy Sa Saincteté devoit bien avoir esgard, afin de ne les irriter, et induire d'eux mettre en chemin d'entreprendre aucune chose contre elle, dont luy en pourroit ensuivre un gros dommage, et regret perpetuel à l'avenir.

Car, où ils entreprendroient de demander un concile

universel (ayans la commodité d'en celebrer un particulier, de leurs royaumes, païs, terres et seigneuries, et d'autres qui voudroient y adherer), et Sa Saincteté ne l'accordoit ou deleyast, ils prenoient son delay pour reffus, et le fissent sans elle. Facilement ils se pourroient justifier de ce que dessus, en recitant leurs griefs aux autres princes chrestiens lesquels se ressentiroient de pareils griefs ou plus grands; et en aviendroit qu'ils deffendroient à leurs subjects d'estre si osez ny hardis que de porter ou envoyer argent à Romme, directement ou indirectement, par lettres de banque, change, ou autrement, sur telles peines, qu'ils se feroient obeïr. Diroient d'avantage iceux cardinaux, avoir entendu du roy Tres Chrestien, qu'au cas que Sa Saincteté voudroit proceder par censures à l'encontre de luy et de son royaume (chose que ses predecesseurs n'ont jamais accoustumé de faire par le passé contre le roy de France), et que ledit seigneur fust contrainct d'aller à Romme querir son absolution, iroit si bien accompagné, que sadite Saincteté seroit tresaise de la luy accorder; adjoustans iceux cardinaux au dessusdites remonstrances, qu'elle eust à considerer l'estat où sont les Allemagnes, le païs des ligues, et autres plusieurs païs de la chrestienté, comme ils se sont disjoincts de l'obeïssance de l'Eglise rommaine : dont il seroit à craindre que, si deux si puissans roys s'en destournoient, à faulte de justice (comme ils pourroient dire et alleguer), ils trouveroient plusieurs qui leur adhereroient; et eux deux ensemble, avec leurs amitiez ouvertes et secrettes, comme dit est, pourroient faire un tel effort, qu'il seroit bien difficile d'y resister; et au lieu de la paix, qui est de present en la chrestienté, se pourroit causer une guerre plus grande que celle qui avoit eu lieu par le passé.

Fut, outre-plus, apposé aux instructions desdits cardinaux, que, là où ils trouveroient nostre sainct Pere en bonne disposition de moderer les choses, et principallement envers le roy d'Angleterre, ils luy missent en avant, comme par avis, qu'il feit une entrevue avecques le roy Tres-Chrestien, à Nice ou en Avignon, suivant le propos cy devant mentionné ; et que ledit seigneur moyenneroit envers le roy son frere, pour s'y trouver pareillement. En laquelle veuë se pourroient toutes choses rabiller par bon et honneste moyen ; laquelle assemblée il seroit bon de faire avant qu'iceux roys eussent envoyé faire ladite sommation, et que les choses fussent plus avant aigries. Telle fut la conclusion entre les roys, et en fut par le roy Tres-Chrestien donné avis à l'evesque d'Auxerre de Tinteville, son ambassadeur, comme lesdits cardinaux se trouveroient à l'entreveue du Pape et de l'Empereur, pour là respondre, en ce que mestier seroit, de l'intention dudit seigneur ; aussi leur fut expressement ordonné de faire ce pendant toute extreme instance envers ledit sainct Pere, de vouloir donner au roy d'Angleterre juges en ses païs. Et ce faict, prindrent les roys congé l'un de l'autre à Sainct Ilvert, entre Callaiz et Boulongne, où se feit la separation des deux seigneuries, jusques auquel lieu le roy d'Angleterre estoit venu avec le roy de France. Et passa la mer, avecques ledit roy d'Angleterre, le seigneur de Montpesat, gentilhomme de la chambre du Roy, afin de servir d'ambassadeur pour le Roy envers ledit roy d'Angleterre.

Estant le Roy de retour, alla passer son hyver à Paris et aux environs, où il feit assembler un bon nombre de prelats de son royaume, ausquels il remonstra les grosses affaires qu'il avoit eues par le passé, l'apparence des affaires avenir, et la provision qui estoit necessaire pour y obvier, leur demandant quelque volontaire subside pour y satisfaire. Ce que lesdits prelats, encores que ledit seigneur n'en eust point de bulle (chose qui est accoustumée d'avoir en pareil cas), luy accorderent liberalement, et jusques à deux ou trois decimes, à son plaisir. Et là eut nouvelles de l'evesque d'Auxerre, son ambassadeur à Romme, comment le Pape, averty de la deliberation des cardinaux de Tournon et de Grantmont, de venir assister à ceste veue, l'avoit trouvée tresbonne, et avoit requis qu'ils apportassent pouvoir du Roy, pour y traitter selon les occurrances qui s'offriroient pour le bien de la chrestienté. Dont ledit seigneur avertit le roy d'Angleterre, son bon frere, pour entendre son vouloir, et s'il luy sembloit bon d'y en envoyer un pareillement de sa part; à quoy il s'accorda; et envoyerent tous deux chacun un de pareille teneur et puissance.

L'an 1533, le quatriesme jour de janvier, arriverent noz cardinaux à Boulogne la Grasse, où ja estoient arrivez nostre sainct Pere et l'Empereur. Lequel Empereur, entre autres choses, principallement tendoit à renouveller, et, en renouvellant, declarer plus à son avantage et au desavantage du Roy, la ligue auparavant faicte entre luy et les potentats d'Italie, voulant y comprendre Gennes, soubs couleur et espece que le Roy, par le traitté de Cambray, avoit quitté toute l'Italie, soubs lesquels termes devoit Gennes estre comprise. Et remonstroit audit sainct Pere et autres potentats, que ledit seigneur Roy ne pretendoit la querelle de Gennes n'estre comprise en sa renonciation, sinon en intention de se reserver une porte ouverte pour y entrer, inquieter et troubler tout le demourant; parquoy il estoit besoing, pour l'en forclorre entierement, faire declaration que ladite seigneurie de Gennes estoit compromise en la susdite ligue, et par icelle receue en la protection dudit seigneur Empereur et de tous les dessusdits potentats, alliez et confederez.

Nostre sainct Pere, qui avoit ja eu quelques nouvelles du malcontentement des deux roys, de France et d'Angleterre, et n'avoit quasi aucun espoir d'estre favorisé ny soustenu du roy de France, et d'autre part se veoit pressé de l'Empereur, une fois par offres et douceur, autre par menasses et rigueur, de consentir à ceste declaration de ligue, avoit presques resolu en sa deliberation, de condescendre à la volonté dudit seigneur Empereur, et de se jetter entierement entre ses bras, pour avecques luy courir une mesme fortune; et alloit tant seulement un peu temporisant et delayant, attendant veoir que luy apporteroit la venue de ses cardinaux.

Iceux cardinaux, quand ils entendirent, à leur arrivée, comment les affaires se portoient, et combien il estoit à craindre que, s'ils alleguoient audit sainct Pere tout le mal contentement des Roys, ils luy augmentassent son desespoir, et que l'Empereur, au moyen de ce, le fist precipiter en sa devotion, et en faire à son apetit contre le roy d'Angleterre, chose qui l'aigrist plus fort, et dont s'ensuivit un trouble de la chrestienté, se delibererent d'entrer à l'execution de leurs instructions, par le dernier article d'icelles; et, au lieu de commencer par la voye de rigueur, et finir par douceur, ainsi qu'il leur estoit ordonné, prindrent le chemin du tout contraire. Et commencerent à luy faire entendre, comme desirans (ainsi que de faict ils desiroient) le bien de luy et du siege apostolicque, combien il devoit tascher à entretenir le roy Tres-Chrestien au bon vouloir qu'il avoit, tant envers Sa Saincteté qu'au bien et repos d'Italie; et que ledit seigneur Roy, outre le bon office qu'il avoit faict pour adoucir l'aigreur où il avoit trouvé le roy d'Angleterre, son bon frere, en quoy il n'avoit peu proffité (comme ils remettoient à luy dire par apres), et qu'incontinant qu'il avoit entendu la deliberation dudit sainct Pere, touchant la pacification et repos d'Italie, et que Sa Saincteté craignoit que ledit seigneur, à cause de la querelle qu'il pretendoit à la seigneurie de Gennes, ne vint quelque-fois à troubler ledit repos, il leur avoit donné charge que, là où il ne tiendroit à autre chose que le faict de ceste pacification ne fust bien et entierement asseuré, ils offrissent à Sa Saincteté de soubmettre au jugement d'icelle tous les differends et querelles qu'il avoit avec les Gennevois; et que toute la reservation qu'il en faisoit, n'estoit que pour seulement chastier aucunes particulieres offences d'iceux Gennevois, que Sa Saincteté n'ignoroit.

A ceste cause, qu'elle se devoit bien garder de comprendre Gennes en aucune ligue en laquelle Sadite Saincteté fust contrahente, pour autant que l'Empereur et le Roy, par le traitté de Cambray, s'estoient soubmis aux censures apostolicques, et avoient consenty que Sa Saincteté peust user d'icelles, à l'encontre de celuy qui premier contreviendroit audit traitté; enquoy gisoit cognoissance de cause, laquelle luy appartenoit. Parquoy Sa Saincteté demoureroit juge entre lesdits seigneurs, s'il avenoit que, le Roy entreprenant quelque chose contre les Gennevois, l'Empereur voulust à ceste cause pretendre que ce fust enfraindre ledit traitté; de laquelle cognoissance, et du moyen de faire ce bien à la chrestienté, jugeant ce differend, de la mettre en paix, Sa Saincteté se priveroit; et se feroit partie, s'esloignant de l'office et devoir de pape et pere commun, si elle entroit en ligue où les Gennevois fussent comprins.

Offroient d'avantage iceux cardinaux audit sainct Pere, que, s'il vouloit, en ensuivant la parole qu'autre fois il avoit faict porter au Roy, de parlamenter avecques luy à Nice, ou Avignon, ou autrepart és environs, ledit seigneur s'y trouveroit, et le feroit juge de tout le differend qu'il avoit avecques lesdits Gennevois, et mettroit peine, autant que luy seroit possible, d'y faire aussi trouver le roy d'Angleterre, son bon frere, ou personnage ayant de luy toute puissance de mettre fin à la difficulté de son divorce; prians, iceux cardinaux, Sa Saincteté de ne riens innover cependant contre ledit roy d'Angleterre. Plus luy offrirent, de par le Roy, qu'à ladite entreveue, si elle se faisoit, on pourroit conclurre et mettre à execution certains propos autrefois mis en avant entre Sa Saincteté d'une part, le duc d'Albanie et le cardinal de Grantmont d'autre, au nom du Roy.

Toutes ces choses pleurent grandement au sainct

Pere, principalement par-ce qu'il pouvoit encores esperer appuy du costé de France; et fut tresaise d'avoir trouvé ceste eschappatoire pour s'excuser envers l'Empereur, qui tant le pressoit et incitoit d'entrer en ceste declaration et ampliation de ligue. Et fault entendre que les propos que ramenturent iceux cardinaux, auparavant mis en avant par ledit sainct Pere avecques les dessusdits duc et cardinal, estoient merveilleusement avantageux et honnorables audit sainct Pere, et à la grande exaltation et appuy de sa maison, laquelle il avoit en recommandation singuliere : et tels estoient les propos que maintenant vous entendrez.

Estant le duc d'Albanie, comme il est dit cy dessus, envoyé vers nostre sainct Pere, pour, avec les ambassadeurs des autres princes et potentats chrestiens, traitter des choses concernans le bien et repos de la chrestienté, et de la resistence contre le Turc et autres ennemis d'icelle, apres que les ambassadeurs de l'Empereur et autres, eurent declaré n'avoir commission ny pouvoir de ce faire, ledit sainct Pere, ayant opportunité de parler et conferer privement des affaires de sa niepce, la duchesse d'Urbin (1), avec ledict duc d'Albanie, proche parent, et qui autresfois avoit espousé la tante maternelle de ladite duchesse, entrerent, entre autres propos, sur ceux qui autresfois avoient esté mis en avant par le pape Leon, et depuis refreschis par Sa Saincteté, du mariage de monseigneur Henry, alors duc d'Orleans, second fils de France, avec ladite duchesse; offrant ledit sainct Pere

(1) *La duchesse d'Urbin :* Catherine de Médicis. Le duc d'Albanie avoit épousé Anne de La Tour, sœur de la mère de cette jeune princesse.

au duc d'Albanie, d'accroistre le bien d'icelle par cestuy mariage, faisant des seigneuries de Rheige, Modene, Rubiere, Pise et Ligorne, et d'avantage de Parme et de Plaisance, sinon à meilleure condition, à tout le moins par eschange et recompense d'autres terres. Outre laquelle donation ainsi par luy accordée, et apres que lesdits d'Albanie et cardinal eurent le consentement du Roy, et charge d'y consentir en son nom, dés le mois d'avril l'an 1531, ledit sainct Pere promist de donner audit futur espoux l'ayde et secours qui entre eux seroit avisé, pour le recouvrement de son Estat de Milan, à luy appartenant, en partie à cause de l'investiture donnée au feu roy Louis douziesme par le feu empereur Maximilian; et pour autre partie luy appartiendroit par le transport et cession que luy en devoient faire le Roy et messeigneurs les Dauphin et duc d'Angoulesme, ses autres enfans; aussi tout ayde et secours à saditte niepce, future espouse, pour le recouvrement de sondit Estat et duché d'Urbin. Et le neufiesme jour de juing ensuivant, Sa Saincteté feit ladite donation, par lettre signées de sa main, et dés lors, comme maintenant, promist de rechef, sur sa foy, delivrer au Roy lesdites villes et terres, aux termes qui seroient entre eux advisez (la consommation du mariage prealable); et que, pour le recouvrement d'Urbin, il fourniroit à la moitié des frais, excepté de ceux de la gendarmerie du Roy, parce qu'elle estoit à sa soulde ordinaire.

Neantmoins ce pourparlé de mariage, si est-ce que le sainct Pere n'osoit tenir pour asseuré, ny se persuader que le Roy luy voulust tant faire d'honneur, que d'entendre à la consommation d'iceluy. Mais ceste confirmation de propos, offerte de nouveau par iceux cardinaux, dont l'un avoit esté à la premiere ouverture qui en avoit esté faicte, le resjouit merveilleusement, et le rasseura, qu'il ne se laissast du tout aller à la devotion et appetit de l'Empereur, ains accorda l'entreveue et parlement avecques le Roy, auquel il en escrivit de sa main, priant toutesfois que la chose fust tenue secrette, jusques apres le partement de l'Empereur, et que desja il peust estre arrivé en Espagne. Et rasseuré qu'il fut, noz cardinaux, au plus dextrement qu'il fut possible, luy exposerent le demeurant de leur creance, et principalement de l'affaire du roy d'Angleterre, pour lequel ils avoient ordinairement recharge du Roy une fois ou deux la sepmaine, avec expresse commission de ne s'employer moins aux affaires de luy qu'aux siens propres et particuliers; et mesmement qu'en ses propres ils ne traittassent ny arrestassent rien de chose qui leur fust mise en avant, sans le sceu, vouloir et consentement des ambassadeurs dudit roy d'Angleterre; ausquels ambassadeurs iceux cardinaux communiquerent tousjours, non seulement ce qu'ils entendoient mettre en avant, mais toutes les lettres qu'ils recevoient dudit seigneur roy Tres-Chrestien. Lesquels ambassadeurs, apres avoir consideré l'estat présent des choses, furent d'avis que pour lors on ne pouvoit moins faire pour le Roy leur maistre, que de ne riens precipiter, et remettre le tout jusques apres le partement de l'Empereur, et, ce-pendant, donner ordre seulement que le sainct Pere ne passast outre, au prejudice et grief de la cause de leurdit maistre.

Quelques jours apres la venue d'iceux cardinaux,

l'Empereur cogneut bien, aux propos et contenances de nostre sainct Pere, qu'il estoit moins inclin à luy qu'au-paravant, et se doubta bien d'où estoit cela procedé ; car autresfois avoit il entendu quelque chose de ces propos de mariage : mesmement ledict sainct Pere les luy avoit faict declarer, et sur iceux demander son avis ; et, estimant toutesfois que la chose jamais ne vint à fin, ledit Empereur l'avoit grandement conforté d'y entendre. A ceste cause, pour en sçavoir la verité, et pour rompre le dessaing du Roy, l'Empereur feit, par les seigneurs de Cauves et Grantbelle, mettre en avant audit sainct Pere le mariage de ladite duchesse d'Urbin avec le duc Francisque Sforce. Laquelle offre nostre sainct Pere monstra bien de la trouver grande et le party bon ; toutesfois il leur declara ouvertement l'autre party dont il estoit en propos : bien disoit-il qu'il le trouvoit si hault et si honnorable pour sa maison, ayant esgard aux dignitez et degrez des maisons, que, sans point de faulte, il n'osoit esperer tant de bien et d'honneur ; mais, puis que les propos en estoient si avant, qu'il ne pouvoit, ce nonobstant, sans offencer le Roy, qui tant d'honneur luy presentoit, entendre ailleurs à quelconque autre party, si la rompture ne venoit premierement du costé dudit seigneur ; joinct que sa niepce avoit du bien en France [1], jusques à cinq ou six cens mille escus vaillant, qu'elle confisqueroit au Roy, en prenant hors de son royaume party de mariage sans son consentement et congé.

[1] *Que sa niepce avoit du bien en France :* c'étoient les biens de la maison de Boulogne et de la maison de La Tour d'Auvergne, que Catherine tenoit de sa mére, Madeleine de Boulogne, qui avoit épousé Laurent de Médicis.

A cela fut repliqué, par les dessusdits Cauves et
Grantbelle, que, quant à la perte et confiscation du
bien, l'Empereur avoit bon moyen de l'en recompenser, car il luy bailleroit, en contrechange de ce
qu'elle avoit en France, autant et plus vaillant au duché de Milan, pour estre propre d'elle et des siens, et
dont il l'investiroit dés lors, du consentement d'iceluy
duc, lequel à ce tenir et observer inviolablement s'y
obligeroit, et ses successeurs apres luy, par toutes
obligations et seuretez que Sa Saincteté demanderoit;
quant au mariage d'Orleans, qu'ils ne vouloient ne
pouvoient nier que ce party ne fust trop plus honnorable et avantageux que l'autre, mais qu'il ne falloit
que Sa Saincteté en fist fondement, ne qu'elle esperast
que le Roy en mist les propos en avant, sinon en intention de l'amuser, pour, ce pendant, faire son prouffit
de luy, puis le quitter quand il auroit faict. Au demourant, ils conseilloient à Sa Saincteté que, pour
s'en esclarcir promptement, il demandast ausdits cardinaux s'ils avoient pouvoir de traitter d'iceluy mariage;
et, au cas qu'ils ne l'eussent, que c'estoit bien suffisant
indice pour evidemment cognoistre l'intention du Roy
estre telle qu'ils alleguoient. Ainsi qu'ils conseillerent
il fut faict : et à ce respondirent les cardinaux, que
pouvoir et mandement avoient ils bien, mais par lettres missives et verbalement, et non point soubs les
seing et seel dudit seigneur; toutesfois ils offroient à
Sa Saincteté de l'envoyer querir, et de l'avoir en peu
de jours signé et seellé.

L'Empereur, neantmoins, continuoit ce-pendant sa
poursuitte, de faire confermer, declarer et amplifier
ceste ligue, y comprenant l'Estat de Gennes; et nostre

sainct Pere tousjours se couvroit de l'excuse devantditte, qu'estant juge accepté par les parties, il ne pouvoit ne devoit se renger de l'un ny de l'autre costé. Le duc d'Urbin, comme ayant interest en l'affaire, print charge d'aller vers la seigneurie de Venise, de la part de l'Empereur, essayer s'il pourroit attirer les Venitiens à cest effect; mais il n'y peut riens obtenir, car les Venitiens declarerent absolument qu'ils n'y vouloient entrer plus avant qu'ils y estoient. Leurs ambassadeurs firent sçavoir à noz cardinaux, que lesdits Venitiens avoient faict ceste response, ne voulans comme en rien offencer ny irriter le Roy: au sainct Pere et à l'Empereur, ils alleguoient autre raison, c'est à sçavoir, qu'ils ne pouvoient le faire sans irriter le Turc, avecques lequel ils avoient trefves ou paix jurée, et contre lequel André Dorie avoit faict rigoureuse guerre, qui de sa nation estoit Gennevois : ainsi en divers lieux ils se servirent de diverses raisons pour une mesme response et à mesmes propos. Le duc de Ferrare y vouloit bien entrer, voire en pressoit bien fort, esperant, au moyen de ceste declaration, s'asseurer des seigneuries de Rheige et Modene: et offroit à nostre sainct Pere, outre et par dessus la sentence donnée par l'Empereur en son conseil, de luy payer cent mille escus comptant; mais le sainct Pere n'y voulut entendre, ny consentir, ny approuver laditte sentence. Or avoit l'Empereur, dés le commencement qu'il mist ceste declaration de ligue en avant, requis aux confederez et alliez, que tous ensemble fissent une taxe entre eux, pour contribuer à la soulde des gens de guerre qu'il remonstroit estre requis d'entretenir en Italie, pour la seureté du repos et tranquillité d'icelle, à ce que surprise n'y fust faicte inopinement; laquelle soulde pouvoit monter à la somme de six vingt mille escus par chacun moys. Et, pour l'entretenement desdits gens de guerre, il demandoit expressement que lon consignast promptement le payement du premier moys entre les mains d'un banquier gennevois, fondant ceste contribution et entretenement de gens de guerre, sur le danger des invasions du Turc: et, quant à sa part, il ne vouloit estre subject à laditte contribution, alleguant les grands frais et despense qu'il luy conviendroit faire au cas que lon vint quelquefois à la guerre, ainsi qu'il estoit assez apparant et croyable: et tellement avoit ja persuadé, que la chose valoit presque autant que conclue. Mais, depuis qu'il eut commencé à faire si grande instance d'y comprendre l'Estat de Gennes, il fut contrainct d'oster le masque, et d'avouer que c'estoit seulement pour crainte du Roy, et proposa contre luy de grandes et griefves plainctes, comme contre un turbateur ordinaire de la paix et tranquillité publique.

Surquoy, les cardinaux françois et l'ambassadeur du Roy ne faillirent de chaffauder et bastir des remonstrances, à un chacun apart, et puis à tous en general, en allegant et deduisant, par bonnes et vives raisons, comme la chose que demandoit l'Empereur estoit pour mettre le trouble et non le repos en Italie; et qu'indubitablement il ne tendoit à ceste poursuitte, sinon pour entretenir son armée en Italie aux despens d'autruy, prest à marcher contre le Roy, à toutes occasions et opportunitez, sans y frayer un escu du sien. Quoy avenant, il ne falloit point doubter que le Roy, ayant ceste occasion de se tenir sur ses gardes, n'entretint une autre armée en la frontiere d'Italie, sur le marquisat de Saluces et sur ses païs de Dauphiné, de peur que l'Empereur à l'improviste luy vint courir sus; en quoy il estoit grandement à craindre que deux armées ne fussent long temps si prochaines, sans que, par la coulpe de l'une ou de l'autre, elles s'attaquassent ensemble, et que d'une petite estincelle s'allumast un grand feu, au dangier evident de toute l'Italie : joinct que les potentats d'icelle auroient, ce pendant, entretenu à leurs despens une armée, laquelle, paraventure, seroit un jour employée contre eux mesmes, pour les opprimer et leur tollir la liberté. Car ils pouvoient assez juger et recueillir, par la praticque oblique qu'il avoit faicte, que les Gennevois entrassent en ceste ligue, non comme republicque et membre d'Italie, mais comme ses subjects particuliers; et, par tant d'autres divers et apparens indices, que son intention aspiroit entierement à reduire et remettre la totalle monarchie en sa main.

Ces remonstrances leur toucherent si avant, et furent prises par eux de telle sorte, qu'à la longue il fut arresté de ne faire point de consignation, mais que seulement chacun des confederez se quottiseroit à ce qu'il devroit fournir, avenant la guerre en Italie, et bailleroit banques respondantes de sa taxe et quottisation, laquelle contribution montoit de cent à six vingt mille escus par chacun mois, en temps de guerre. Aussi fut arresté que l'Empereur osteroit son armée hors de Lombardie, afin de ne donner au Roy occasion d'en dresser une autre sur la frontiere; et que seulement il laisseroit Antoine de Leve, pour capitaine general de la ligue, et avec luy aucuns capitaines, pour estre prests à lever gens quand besoin en seroit ; pour l'estat desquels capitaine general et capitaines particuliers, iceux confederez payeroient vingt cinq mille escus par chacun mois. L'Empereur, apres ces choses ainsi conclues, renvoya en Espagne trois mille hommes de saditte armée, autant, ou environ, à Naples, et au surplus il donna congé. Le duc de Ferrare entra en ceste ligue, moyennant la suspension pour dix-huict mois, que luy accorda nostre sainct Pere, de ne rien entreprendre sur luy à cause des villes de Rheige et de Modene, sans toutesfois approuver la dessusdite sentence de l'Empereur : aussi y entrerent les Gennevois, mais comme contrahans, et non comme subjects de l'Empereur, encores que de rechef ils en fussent tresinstamment recherchez et solicitez. L'ambassadeur des cinq cantons, lequel estoit allé demander au sainct Pere et à l'Empereur ayde et secours, au cas que les autres cantons substraicts de l'obeïssance de l'Eglise rommaine leur feissent guerre, fut pareillement recherché d'entrer en ligue au nom de ses superieurs ; à quoy il feit response de n'en avoir charge ny mandement.

Durant ce temps, et dés environ la mi-fevrier, estoit arrivé le pouvoir du Roy, adressant aux cardinaux et à son ambassadeur, avec clause expresse de traitter et conclurre le mariage du duc d'Orleans avec la duchesse d'Urbin ; dont l'Empereur se trouva moult esbahy, et n'eust jamais pensé, si comme il disoit à nostre sainct Pere, que ledit seigneur Roy le deust envoyer. Parquoy il s'efforçoit de remonstrer et persuader à Sa Saincteté, que le Roy ne l'avoit envoyé, sinon pour mine, et que, s'il pressoit les ambassadeurs de tirer avant et de conclurre le traitté, ils n'y voudroient aucunement entendre : mais les cardinaux et ambassadeurs offrirent de ce faire; dont l'Empereur fut encores plus estonné, par-ce qu'il se voyoit frustré de son intention d'attirer ledit sainct Pere contre le Roy. Requist lors à Sa Saincteté, qu'au moins elle ne traittast point sans y comprendre quatre articles, lesquels il disoit luy avoir esté par ledit sainct Pere accordez et promis d'y comprendre, alors qu'il luy conseilla d'entendre audit mariage; chose toutesfois dont ledit sainct Pere nyoit avoir jamais ouy parler. Le premier article estoit de faire envers le Roy qu'il promist de ne rien innover en Italie; l'autre, de faire qu'il reconfermast les traittez de Madril et de Cambray; le tiers, de prendre dudit seigneur asseurance de consentir au concile; le quart, de faire obliger le Roy, et promettre que par le roy d'Angleterre il ne seroit riens innové plus avant qu'il avoit esté, touchant le faict de son divorce. A ce respondit nostre sainct Pere, que le bien et honneur qui à sa maison estoit accordé par le Roy, en acceptant son alliance, estoient tels et si grands, que c'estoit audit seigneur, et non à luy, d'y apposer et ordonner les conditions : bien offroit-il de s'employer en ce qu'il pourroit, et moyenner, envers ledit seigneur et tous autres, que toutes choses demourassent en bonne paix et repos.

Cette incidente mention du concile maintenant me semond et rappelle à reciter ce qu'au-paravant en avoit esté proposé. L'Empereur, ayant promis aux Allemans de le faire convoquer au dedans d'un an, avoit envoyé vers nostre sainct Pere, le requerir de ce faire; et luy avoit envoyé quelques articles de modifications qu'il jugeoit estre bonnes et raisonnables à tenir en la convocation d'iceluy, principalement pour la reformation des heretiques, secondement, pour resister aux invasions du Turc, et tiercement, pour assopir les divisions d'entre les princes et potentats de la chrestienté. Nostre sainct Pere, apres avoir leu iceux articles, donna charge à un nombre de ses principaux conseilliers et gens de bon sçavoir, que de rechef ils les vissent et examinassent, et luy en rapportassent leur avis, à ce que sur iceux il deliberast et conclust ce qu'il luy sembleroit estre bon d'y respondre. Lesquels gens doctes et sçavants luy en feirent les remonstrances qui s'ensuivent, et lesquelles nostre-dit sainct Pere feit entendre à l'Empereur, premierement, par la bouche de l'archevesque de Cortonne, gouverneur de Boulongne, et depuis, par escrit à luy presenté par le cardinal Campeige, legat, et par le protenotaire de Gambare, son nonce et ambassadeur aupres de Sa Majesté imperialle. Premierement, sur le premier article, qui estoit la reformation des heresies, il leur sembloit estre grandement à considerer que, faisant la congregation et concile universel expressement et particulierement à ceste fin, si on y admettoit les heretiques à disputer les opinions de long temps reprouvées par les saincts conciles, ce seroit chose de tres-mauvais exemple, et apparence de dangier qu'à l'avenir ils estimassent tousjours leur estre licite de revoquer en doubte les choses resolues et determinées, et, par long traict de temps et ancienne observation, approuvées; de maniere que toutes choses, et jusques aux articles de la foy, se pourroient journellement disputer et mettre en controverse, et ne se pourroit faire certain fondement sur aucune doctrine, dont resulteroient nouvelles et infinies occasions de nouveaux erreurs, et innovation des anciens.

Si, au contraire, ils n'estoient admis à disputer leursdites opinions, ils ne se voudroient tenir pour convaincus par la seule authorité du concile, ains allegueroient qu'ils auroient esté condamnez sans estre ouys, et pirement traittez que ne furent les Arriens et autres, lesquels eurent audience és congregations des conciles anciens, pour y disputer ce qu'ils sentoient et entendoient de la foy. Et avec telles et semblables doleances, se departiroient du concile sans attendre la determination et fin d'iceluy, et, par icelles, ils confermeroient en leurs erreurs et intelligences le peuple credule et adherant à eux. Secondement, s'ils se sont opposez aux conciles passez, et ont nié l'authorité d'iceux, comment peult on esperer que du futur ils se doivent contenter? et s'ils veulent y contredire, quel scandale sera-ce en nostre temps, que la convocation demeure infructueuse, si, pour autre empeschement, ou pour les invasions du Turc, ou pour la division d'entre les princes chrestiens, ledit sainct Pere et l'Empereur estoient sans moyen de pouvoir avecques armes executer la determination d'iceluy, contre les rebelles et desobeissans? Tiercement, qu'ayant tousjours esté grande l'obstination et pertinacité de tous les heretiques qui oncques furent, encores est plus celle de ceux de present, lesquels adherent, à ce qu'ils disent, à la lettre de la saincte Escriture, en rejettant l'authorité des saincts conciles et l'interpretation des saincts peres, qui, par inspiration divine, ont esclarcy ce que, par aventure, la pure lettre bailloit douteux et am-

bigu : parquoy seroit à craindre que, si les choses du
sacrement et de l'authorité de l'Eglise venoient à estre
disputées, ils ne se voulussent jamais rendre vaincus;
chose qui, non seulement rendroit la determination
du concile illusoire, mais scandaliseroit grandement
ceux qui auroient attendu plus grands effects d'iceluy.
Quartement, que si, comme lon a peu evidentement
cognoistre par-ce que lesdits heretiques ont proposé
à la diete imperialle, à Ausbourg, ils ont demandé le
concile, à la seule fin de perseverer en leurs mauvaises opinions, jusques à la convocation et determination d'iceluy, lequel (ainsi que bien ils cognoissent)
ne peult, apres qu'il sera indict, estre assemblé en
moindre espace de temps que d'un an ou plus, et
pourra durer la congregation, non seulement quelques mois, mais quelques années, pendant lequel
temps ils esperent que pourra survenir des empeschemens, si que ledit concile se dissouldra ou inter-
rompra sans determination, ou sans execution de ce
qui sera determiné : à ceste occasion ils persevereront
en leur erreur et doctrine, et eviteront le chastiment
de Sa Majesté imperialle. Quintement, faict à considerer que, si lesdits heretiques prennent, ainsi qu'ils
firent à la diete d'Ausbourg, occasions de se departir
du concile, avant qu'il soit determiné (lesquelles occasions, justes ou injustes, ne leur peuvent deffaillir), il
en pourroit avenir pis qu'au concile de Basle; car si,
au temps de lors, estant l'estat de l'Eglise pacifique, et
si, peu de temps auparavant, par le concile de Constance, fust levé le schisme qui avoit si long temps
duré; et la question qui estoit lors entre le pape Eu-
gene et le concile, sçavoir si le Pape estoit par dessus

le concile, ou le concile par dessus le Pape, fut occasion de si grand desordre en l'Eglise, qu'en un mesme temps furent deux conciles, dont, par la creation du pape Fœlix, resulta un schisme, qui dura jusques au temps du pape Nicolas, il ne fault faire doubte qu'au temps present, que la doctrine chrestienne est en si grande confusion, par la coulpe et malignité des heretiques, la mesme difficulté se remettroit en avant. Et si le concile determinoit que le Pape fust par dessus (ainsi qu'à la verité il est), lesdits heretiques, prenans fondement sur la determination contraire du concile tenu à Constances, et n'ayans esgard à ce qu'alors ils estoient trois soy disans papes, et non un seul vicaire de Dieu, ainsi que nous avons à present, alors ils allegueront ce concile n'estre point libre, comme desja ils murmurent, et son authorité n'estre point supreme, à laquelle aucune raison vueille qu'ils se soubsmettent; et chercheront de diviser et dissouldre ledit concile, se separans des autres, et retenans avec eux quelques prelats, ainsi qu'il s'en trouvera de curieux des choses nouvelles, aspirans, et par ce moyen, esperans de parvenir à plus grands biens et authorité; dont à ceste cause ils pourroient tenir un autre concile, et y creer un antipape qui approuvast leurs heresies, et meist la religion chrestienne en plus grande confusion qu'elle n'est encores. Et si, au contraire, le concile terminoit l'authorité sienne estre par dessus celle du Pape, ce seroit une difficulté grande, et un danger non moindre; car si Sa Majesté imperialle vouloit par sa puissance et authorité mettre fin audit concile, ou le transferer en autre lieu, pour interrompre les brigues faictes à l'encontre de l'authorité du Pape (comme en tel cas seroit requis), ledit concile pretendroit ne pouvoir estre conclu ne transferé en autre part sans sa propre authorité mesmes, et se pourroit de soy transferer ailleurs, outre le gré de sadite Majesté, sans qu'elle peust, encores que son pouvoir soit grand, y remedier : comme, par exemple, il advint à l'empereur Sigismond, de bonne memoire, auquel, apres avoir tant labouré pour l'Eglise, et encores que par son industrie et authorité, avecques gros frais et travaulx extremes, il eust levé le schisme tant inveteré, ne fut toutesfois possible d'obvier, en quelque devoir qu'il s'en sceust mettre, aux discordes et divisions du concile de Basle. Dont faict à croire que, si le futur concile venoit à durer quelques années, comme il est à presuposer qu'il durera si la supreme authorité luy demeure, il pourroit succeder occasion que Sa Majesté imperialle ne pourroit si longuement y estre presente.

Quant à la seconde cause de la convocation dudit concile, afin de pourveoir à la repulsion du Turc, iceux deputez mettoient en avant, qu'estans ses appresns si grands et si prochains pour invader la chrestienté, que la convocation du concile seroit, quant à cest effect, par trop tardive; et seroit besoing, en premier lieu, de pourveoir et donner bon ordre à y resister et repousser; ce que trop à tard s'executeroit, au cas que lon attendist jusques à ladite convocation : joinct que ladite convocation de concile serviroit d'excuse et dilation à ceux qui devroient et ne voudroient assister et donner ayde à ladite repulsion du Turc, et se couvriroient de dire que, selon la determination dudit concile, ils donneroient tel ayde que par commun consentement seroit conclu et arresté.

Disoient d'avantage, que, si ores le Turc n'avoit volonté de si tost faire entreprise contre la chrestienté, neantmoins, voyant ladite convocation en termes de traitter à son grand dommage, il se pourroit tant plus haster et amener de tant plus grande force, pour prevenir la determination de l'entreprise qui se dresseroit pour luy resister. Plus, ils remonstroient que si, estant le concile assemblé, il ne se trouvoit moyen de reduire les heretiques à l'union de nostre saincte foy, et qu'ils se departissent sans conclusion dudit concile, il y auroit danger qu'ils s'accordassent avec le Turc, ainsi qu'a faict le vaivode de Transsylvanie, soubs esperance qu'il leur seroit permis et loisible d'occuper les biens de l'Eglise, et de vivre en la liberté qu'ils disent evangelique, mais qui plus tost est semblable à la loy mahometique : chose qui seroit cause de la ruine chrestienne, à tout le moins d'engendrer une perpetuelle guerre entre eux et nous, comme elle fut engendrée et dure encores entre nous et lesdits Mahometans.

Lesdits articles proposez de la part de l'Empereur à nostre sainct Pere, ensemble la response de Sa Saincteté, avoient esté communiquez au Roy, par le seigneur du Prat, chevalier de l'ordre de l'Empereur, afin de sçavoir aussi son intention, tant sur ladite proposition que sur la response faicte à icelle. A ce respondit le Roy que, nonobstant qu'en la response et remonstrance dudit sainct Pere y eust des raisons fort apparentes du danger et inconvenient qui pourroit avenir de la convocation du concile, il y avoit, de l'autre part, autres grandes raisons, qui faisoient moult à considerer, et principallement de la disposition et termes esquels estoient reduites les affaires de la religion, lesquels, si Dieu par sa grace n'y mettoit la main, estoient beaucoup plus en apparence d'avoir pis qu'en esperance de mieux avoir, dont grand inconvenient pourroit advenir en la chrestienté; lequel avenant (que Dieu ne vueille!) il estoit certain que les princes chrestiens qui seront par cy apres, donneront (de quiconque en sera la coulpe) grand blasme et charge audit sainct Pere et ausdits princes chrestiens qui aujourd'huy sont, d'avoir laissé tomber les choses en telle confusion, ou par faulte d'avoir convoqué le concile, ou pour avoir, en le convocquant, adjousté telles modifications et restrinctions, qu'elles puissent servir d'excuse et couleur à qui voudra dire que prou de gens à cause d'icelles n'y auroient voulu entendre.

Parquoy son avis estoit, attendu les deux poincts principaux cy dessus touchez és remonstrances dudit sainct Pere, entendre à l'un sans obmettre l'autre; c'est à sçavoir que tous les potentats chrestiens, quelque particuliere doctrine qu'ils eussent, par lettres et ambassadeurs, communiquassent preallablement ensemble de cest affaire, et lesquels ambassadeurs et chacun d'eux, au plus tost que faire se pourroit, envoyassent à Romme, avecques pouvoirs amples et suffisans pour aviser et arrester ensemble de la commodité du lieu, et du temps où se pourroit, sans le danger d'aucun, celebrer ledit concile, comme pour jetter et mettre par escrit, d'un commun accord et consentement, tous les poincts et articles dont il sera besoing et requis de parler en iceluy; laissant toutesfois à tous et à chacun, plaine et franche liberté (moyennant qu'il ne se parle des particulieres querelles, en quelque façon et maniere que ce soit) d'y proposer et mettre en avant tout ce qui luy viendra en fantasie, pour l'union, bien et repos de la chrestienté, service de Dieu, et repression des vices, extirpation des heresies et confirmation de nostre foy, sans y particulariser autrement, ne faire mention du contenu és remonstrances de nostre sainct Pere, comme d'y articuler specialement qu'il n'y soit point disputé des choses desja traittées par les conciles, ne que cela fust ouvrir la voye pour faire par cy apres le semblable sur ce qui seroit arresté en ce nouveau concile; car, ajoustant une partie en premiere instance, et avant que les ambassadeurs et deputez des uns et des autres eussent communiqué ensemble des dessusdits articles et restrinctions, touchant le faict et ce qui concerne la religion, c'estoit donner à plusieurs occasion ou excuse de ne s'y trouver, ainsi que dit est: mais, envoyant un chacun ses ambassadeurs et deputez avec pouvoirs non limitez, telles occasions et excuses faudroient; et, se trouvans ensemble, n'y auroit celuy auquel il ne semblast tresbon de rediger et mettre par escrit, selon l'avis et consentement commun, les poincts principaux dont lon voudra et devra traitter audit concile, et que les particulieres querelles qui pourroient mettre division entre les assistans, ce-temps pendant demourassent assopies.

Lesquels articles et poincts ainsi redigez, estoit l'avis dudit seigneur Roy que lon intimast alors le concile, et non plustost, et que chacun en apportast un double à ses superieurs, afin que tous, au temps prefix, y retournassent instruicts et bien resolus de ce qu'ils ont de dire la dessus; ou , s'il avenoit que ceux qui aujourd'huy se sont separez de l'obeïssance de l'Eglise rommaine, s'accordassent avec les autres és dessusdits poincts qui se devoient traitter, il seroit à esperer qu'ils prinssent avec les autres le chemin de salut; et là où ils ne s'accorderoient, à tout le moins ne pourroient ils nier qu'ils n'eussent refusé la raison et le concile qu'ils auroient tant demandé. Et quant au demourant, pourroient lesdits ambassadeurs, en ceste leur premiere assemblée, et sans attendre l'indiction du concile, deliberer et arrester entre-eux le moyen et chemin que l'on auroit à tenir pour y pourveoir et donner ordre, et leurs superieurs aussi, chacun en son endroict, mettre peine que les erreurs ne pullulassent en leurs païs et subjection. Ainsi, conduisant les choses à la sincerité cy dessus recitée, estoit bien l'avis dudit seigneur Roy que lon ne pourroit esperer, avec l'ayde de Dieu, sinon bonne et louable issue dudit concile.

Peu avant la fin de fevrier, receut l'Empereur ceste response et avis du Roy, lesquels il interpreta et print tout autrement que n'esperoit et ne s'estoit persuadé ledit seigneur. Premierement, en ce qu'il sembloit au Roy estre convenable à l'effect du futur concile, que les ambassadeurs des princes et potentats chrestiens prealablement projectassent les poincts et articles dont il seroit traitté audit concile, l'Empereur estoit d'avis que cela seroit de plain sault restraindre et diminuer l'authorité dudit concile, lequel, et tout ce qui s'y traittera, doit entierement dependre de l'inspiration du Sainct-Esprit, et non de l'appetit et restrinction des hommes. Secondement, il sembloit à l'Empereur, et de ce grandement se plaignoit, que le Roy, à l'article faisant mention de resister aux invasions du Turc, n'avoit faict aucune offre ne responue, comme s'il eust jugé que le danger particulier des plus voisins du feu ne deust toucher à luy, qui en estoit des plus loingtains. Et furent ces remonstrances, en forme de replique ou doleance, apportées de par l'Empereur au Roy, lequel ne se peut assez esmerveiller, sinon qu'aucun, afin de le calomnier, eust desguisé sa response à l'Empereur; dont procedoit et pouvoit estre la cause que ledit seigneur Empereur se plaignoit, et, sur ce dernier article, prenoit occasion et couleur de sa plaincte.

Car, attendu que, par saditte response, apres avoir amplement declaré son avis touchant le faict de la religion, il avoit sur la fin ajousté que les ambassadeurs et deputez, en vertu de leurs pouvoirs, avisassent et arrestassent entre-eux ce qui seroit de faire pour donner ordre et pourveoir au demourant, il luy sembloit avoir suffisamment faict entendre son bon vouloir, d'autant qu'il estoit assez plus convenable au bien, tuition et deffence de la chrestienté, que, par iceux ambassadeurs et deputez qui promptement se pouvoient envoyer à Romme, il fust traitté dudit affaire, que non pas attendre à en traitter au concile, lequel, ainsi que cy devant a esté dit, ne se pouvoit encores assembler d'un an, pendant lequel temps on donneroit prou de loisir au Turc, ja preparé, comme d'assaillir et endommager la chrestienté. Aussi quant à l'autre poinct, où l'Empereur alleguoit qu'en traittant et promettant par les ambassadeurs des potentats chrestiens, les poincts et articles dont au concile il seroit decidé, cela seroit restraindre l'authorité dudit concile, lequel, à ce qui s'y traittera, ne doit dependre que du Sainct-Esprit, sembloit au Roy que sa response avoit esté sinistrement et malignement interpretée ; car, envoyant ambassadeurs avec plain et ample pouvoir, et d'une pure et sincere affection au bien et union de l'Eglise chrestienne, son opinion et avis estoient que leur assemblée ne pouvoit estre sans le Sainct-Esprit, et que tout ce qu'ils arresteroient devoit estre tenu pour un preambule et commencement de concile.

Pour toutesfois satisfaire entierement à son debvoir, il envoya plus ample et certaine declaration de son vouloir audit seigneur Empereur. Et quant au premier poinct, luy feit entendre, puis que Sa Majesté vouloit que le concile fust intimé sans aucune restrinction, et sans prealable convocation entre ceux, qui devroient y assister, luy, de sa part, en estoit trescontent ; et n'avoit esté le premier qui eust parlé de restrinction ou limitation, ainsi qu'il pouvoit estre evidant à qui liroit les articles que luy avoit ledit du Prat apportez et presentez de la part dudit seigneur Empereur ; et qu'au surplus, ce qu'il avoit mis en avant de ne parler des particulieres querelles, il l'avoit faict en bonne intention, et pour obvier à ce que le concile ne fust empesché à la vuidange d'icelles, au lieu d'y traitter des affaires de la religion ; et, nonobstant qu'il n'y eust prince en toute la chrestienté auquel on detint du sien autant que lon faisoit à luy, toutesfois avoit il bien voulu, pour le bien et prouffit universel, oublier ou delayer la querelle de son interest particulier. Protestant de rechef et ouvertement, qu'à son avis il ne fut oncques temps qui plus requist que celuy de present de convoquer et celebrer un bon concile ; et, puis qu'il avoit pleu à Dieu les constituer és lieux et dignitez où ils estoient, que la meilleure, plus saincte et salutaire euvre que chacun d'eux peust faire, estoit de s'employer à ce qu'il fust celebré le plus tost que faire se pourroit, avecques telle et si pure intention, que les vices et abus qui s'y commettroient ne meissent tous les precedens en dispute, et feissent souspeçonner qu'il y eust esté procedé de mesme sorte, afin qu'il s'intimast en lieu commode et de sur accés, à ce que nul fust refusant d'y aller et qu'il se puisse veritablement dire concile universel, et non pas nationnal ou provincial, ainsi que lon pourroit le baptiser, si toutes les nations chrestiennes n'y assistoient. Et quant à la resistence contre le Turc, encores qu'il eust payé douze cens mille escus, et luy en convint encores payer huict cens mille, pour le parfaict des deux millions, outre les gros frais et pertes qu'il avoit supportez, que toutesfois sa finale et certaine resolution estoit, nonobstant lesdites insupportables charges qu'il a soustenues et luy convenoit encores soustenir, quand il verroit que le Turc seroit pour en personne assaillir la chrestienté, d'y employer, non seulement ses forces et le sang de sa noblesse, mais aussi sa personne et propre vie ; esperant et se tenant asseuré que ledit seigneur Empereur fera le semblable, lequel il prioit de vouloir prendre sesdittes responses en bonne part, comme procedantes d'homme qui sur toutes choses du monde desire n'avoir jamais cause de vivre autrement qu'en bonne et loyale amitié avec luy.

Telles furent les demande, responce, repliques et

remonstrances entre le Pape et ces deux princes, touchant l'intimation et celebration du concile. Mais, nonobstant que, ce pendant, vinssent nouvelles, unes sur autres, qui bien devoient faire haster la conclusion, comment le Turc, apres son retour en Constantinople, qu'il feit en triomphe comme victorieux et comme ayant empesché l'Empereur de conquerir le royaume de Hongrie, ainsi qu'il s'en estoit vanté, avoit faict publier la guerre contre ledit seigneur Empereur, ses païs et subjets, autant par terre que par mer, et des grands preparatifs qu'il faisoit en diligence, de l'armée qu'il dressoit à Zacinthe, pour le recouvrement de Coron, pris par les Imperiaux et ceux de Malthe l'année mesmes, toutesfois, autre chose ne fut executée ny conclue, et ne se peurent le Pape ny les princes entendre l'un l'autre, ou, à mon avis, ne voulurent; car, accordant l'un ce que l'autre demandoit, il y avoit entre-eux si grande deffidence, que l'autre ne le pouvoit trouver assez bon. Ainsi se passa ceste negociation, par dissimulation des uns envers les autres, pour quelque secrette et à nous incogneue volonté de Dieu, qui, par la grandeur de noz pechez, ne veult, paraventure, nous envoyer encores tant de bien.

Revenons maintenant à la ligue que feit l'Empereur à Boulongne. Apres qu'il eut conclu laditte ligue, il delibera de se retirer en Espagne, et, avant son partement, demanda la creation de trois cardinaux à nostre sainct Pere; mais il ne luy en fut accordé qu'un. L'ambassadeur de France aussi demanda un chappeau en faveur du Roy; lequel luy fut accordé pour monseigneur Jean d'Orleans, archevesque de Tholouse, et oncle du duc de Longueville: apres en demanda un en faveur du roy d'Angleterre, pour l'evesque de Wigorne, auditeur de sa chambre; lequel, pour lors, ne fut depesché. Laquelle requeste l'Empereur print merveilleusement en mauvaise part, ou pour la cognoissance qu'il avoit, par ce moyen, que les affaires de ces deux roys alloient tous d'un bransle, et que l'un ne faisoit pour l'autre moins que pour soy, ou qu'il interpretoit ou avoit opinion que l'ambassadeur de France l'eust faict par emulation de luy, à cause du mal-contentement qui estoit entre luy et le roy d'Angleterre : en sorte qu'il declara ouvertement que ceste requeste luy venoit plus à desplaisir et contre-cueur, que si ledit ambassadeur en eust demandé quatre pour son maistre. Il se partit toutesfois de Boulongne, le dernier jour de fevrier, sans faire autrement declaration publique de son vouloir à l'encontre du Roy.

Audit seigneur Roy, pendant que ces choses se demenerent à Boulongne, et que les cardinaux françois, au desceu de l'Empereur et des siens, praticquerent l'entreveue cy dessus mentionnée, l'evesque de Come, depuis cardinal de Carpy, nunce de nostre sainct Pere aupres de Sa Majesté, avoit proposé de moyenner une entreveue, non seulement dudit sainct Pere et de luy, mais de l'Empereur avec eux. Auquel le Roy, dissimulant l'asseurance que desja il avoit dudit sainct Pere, ne s'en voulant descouvrir à luy trop, avant que premierement il n'en sceust l'intention de Sa Saincteté, à cause que ceste praticque jusques alors avoit esté menée sans le sceu d'icelluy nunce, respondit que, quant à l'entreveue dudit sainct Pere et de luy, bien estoit-il content d'y entendre, mais non à celle de l'Empereur avec eux, sinon que le roy d'Angleterre fist le quatriesme : chose que toutesfois il disoit ne luy sembler estre faisable; car luy, de sa part, et le roy d'Angleterre, de la sienne, s'y voudroient trouver, de peur de surprise, chacun aussi fort en son endroict comme s'y trouverroit l'Empereur; et que de là pourroit avenir, qu'estant ensemble trois forces de trois princes assez peu amis, qu'en lieu de confermer une paix, ils entreroient en une guerre. De ceste ouverture à luy faicte par le nunce, et de ce qu'il luy en avoit respondu, il avoit, dés l'unziesme jour dudit mois, averty les cardinaux françois et son ambassadeur à Romme : aussi leur avoit faict response à ce qu'ils luy avoient escrit touchant l'eslection du lieu de ladite veue en la ville de Nice, que ce lieu ne luy sembloit estre propre, obstant que la ville estoit à un prince qui luy avoit usé de si estranges et mauvais tours, qu'il ne le vouldroit aucunement employer, aussi qu'il ne se vouldroit mettre dedans laditte ville, sans avoir la ville et chasteau en sa puissance; qui seroit chose de grande difficulté, et de gros frais et despense sans besoing, veu qu'ils ne pouvoient avoir faulte d'autres lieux aussi commodes, esquels ledit sainct Pere pourroit commander comme chez soy.

Et, pour-ce que, sur le poinct de ceste depesche, le Roy avoit eu lettres du roy d'Angleterre, qui le prioit de luy envoyer homme auquel il peust declarer privement, pour luy dire quelque chose qu'il ne vouloit escrire ne pour l'heure encores communiquer à personne, sinon audit Roy son bon frere et au personnage fidelle qu'il choisiroit pour luy en porter la parole; a ceste cause, tant pour cest effect comme pour faire entendre audit roy d'Angleterre toute la negociation faicte à Romme touchant la ligue d'Italie, le reffus des Venitiens d'y entrer, celuy du Pape d'y comprendre Gennes; la proposition, responses et replicques sur le faict du concile et sur la resistance aux entreprises du Turc; aussi de l'asseurance de l'entreveue du Pape et de luy; les propos du mariage de la duchesse d'Urbin, et de l'autre entreveue du Pape, de l'Empereur et de luy; de sa response sur ce; des nouvelles du Turc et de Coron, venues par la voye de Venise, et generalement tout ce qui avoit esté par luy negocié depuis le congé pris entre eux à Callaiz, ledit seigneur roy Tres-Chrestien depescha vers luy messire Guillaume du Bellay, seigneur de Langey, desja mentionné cy devant, auquel, entre autres choses, il donna charge de luy declarer comme, suivant la conclusion par eux prise en leur parlement secret, non seulement il avoit accordé le mariage de monseigneur le duc d'Orleans, son second fils, avecques la duchesse d'Urbin, mais que, pour mieux asseurer nostre-dit sainct Pere, et le divertir totalement de la devotion de l'Empereur, il luy avoit accordé qu'à ceste entreveue il meneroit mondit seigneur son fils, afin que ledit sainct Pere pareillement y amenast laditte duchesse, et qu'il se mist une fin au faict dudit mariage; remonstrant audit roy d'Angleterre, combien il luy sembloit estre requis que luy aussi se trouvast à laditte veue, pour estre l'homme du monde qui plus à propos, plus efficacement, et avec plus apparentes persuasions, pouvoit faire entendre la justice de sa cause; attendu mesmes la seureté que Sa Majesté pouvoit avoir en ceste ditte veue, et la consequence qui en pouvoit redonder à la pacification et repos de ses affaires; car, quant à la seureté du voyage, il auroit à venir par le royaume de France, où il pouvoit estre en telle seureté qu'en Angleterre : quant à la seureté du lieu, lequel on avoit voulu choisir à Nice (ce que ledit seigneur n'avoit trouvé estre à propos, pour estre ladite ville és mains de celuy qu'il n'avoit cause d'y vouloir employer), il y seroit pourveu, de sorte qu'ils n'auroient occasion, en quelque lieu que fust ladite entreveue, de craindre par terre ne par mer, en aucune maniere leurs ennemis. Et qu'à ceste cause, ledit seigneur s'estoit arresté en la ville de Paris, pour mettre fin à ses ordonnances, tant de gens de cheval que de gens de pied, que pareillement, du faict de sa marine, selon qu'entre-eux deux auroit dernierement esté conclu; remettant la deliberation d'y venir ou non, à l'avis et conseil dudit roy d'Angleterre, et selon que ses affaires le requeroient. Si toutesfois il luy sembloit n'y devoir venir en personne, ledit seigneur luy conseilloit d'y envoyer tel personnage qu'il se peust entierement fier en luy comme à soymesmes. Ceste fut la principalle charge donnée audit Langey, et de communiquer avecques ledit roy d'Angleterre, et prendre son avis des affaires dont de rechef les princes de Germanie le recherchoient tres-instamment.

L'affaire que le roy d'Angleterre vouloit faire entendre au Roy, estoit qu'apres tant de dissimulations et remises que l'evesque de Romme (car ainsi nommoit il le Pape) par si long temps avoit usé envers luy sur la matiere de son divorce, il avoit procuré qu'elle fust vuidée par l'Eglise anglicane, l'archevesque de Cantorbery, primat d'Angleterre, y presidant; et que, par sentence de ladite Eglise, son mariage avoit esté declaré nul, et la dispense nulle, comme donnée sur un cas non dispensable, et qui ne depend de la puissance du Pape ny de l'Eglise; suivant laquelle sentence il se seroit entierement departy de son premier mariage, et avoit espousé madame la marquise Anne de Boulan, à ce presens iceluy archevesque, les pere, mere et freres, et le duc de Norfolc, oncle de laditte dame, sans y appeller autres tesmoings; et qu'il vouloit encores le tenir secret pour quelque temps, en attendant si, à ceste entreveue dudit evesque de Romme et du Roy (laquelle on esperoit devoir estre en may ensuivant), ledit evesque luy voudroit faire justice; et au cas que non, alors seroit il deliberé (voulust ou non toute l'Eglise de Romme) manifester et publier sondit mariage, et se substraire entierement du joug et servitude d'icelle Eglise; de la tyrannie et usurpation de laquelle il avoit composé un traitté bien ample, mais qu'il n'entendoit encores le publier jusques à ce qu'il veist en quel devoir se mettroit ledit evesque de Romme, touchant de luy administrer justice.

Priant sur ce le Roy son bon frere luy vouloir estre aidant, ainsi qu'il avoit en luy parfaicte fiance, en cas que l'Empereur et ledit evesque de Romme luy voulussent, à cause de ce, courir sus et mouvoir la guerre; car il avoit entendu que ledit evesque s'estoit vanté de susciter toute la chrestienté à l'encontre de luy, s'il refusoit de se rendre obeïssant à sa determination de la dessusdite matiere de divorce : aussi que l'Empereur, à deux fois qu'il avoit parlé audit evesque, luy avoit faict un discours long et plain de grande passion, de la cruelle guerre qu'il entendoit faire contre ledit roy d'Angleterre, au cas qu'il ne reprinst et restituast en ses honneurs la royne Catherine, sa tante; et luy avoit declaré les moyens qu'il avoit d'executer vivement icelle guerre, et principallement au moyen de la bonne intelligence qu'il disoit avoir avec le roy d'Escosse. Or est à sçavoir que, de tous ceux qui entendoient parler de ces affaires, n'y avoit homme qui ne creust certainement que ledit seigneur Empereur fust pour executer ceste deliberation, et pource y avoit beaucoup de bons personnages qui s'employoient, en tout ce qui leur estoit possible, à inventer quelque gratieuse voye de rapaiser ce differend, de peur que d'iceluy sourdist une guerre en laquelle entrassent tous les autres princes chrestiens, les uns pour l'une, et autres pour l'autre partie. Desja l'Empereur avoit praticqué le roy d'Escosse, et luy avoit envoyé son ordre.

Le commencement de division et les causes d'icelle entre lesdits roys d'Angleterre et d'Escosse, oncle et nepveu, en ce temps vindrent par le costé d'Escosse. Dont fut le Roy premierement averty par le rapport du seigneur de Langey, lequel estant embarqué sur un gallion de la traverse de Boulongne, et ayant desja faict plus que la moitié du chemin dudit Boulongne à Douvres, apparurent au long de la coste au dessus de Douvres, environ les dix heures du matin, trois nefs equippez pour guerre, et que, nonobstant qu'elles feissent voille, ne faisoient point de chemin, ains se tenoient au dessus du vent, comme si elles fussent là (ce qu'en effaict elles estoient) pour y guetter les navires qui arriveroient audit lieu de Douvres : parquoy ledit Langey, encores que le Roy ne fust en aucune ouverture de guerre, voyant toutesfois leur contenance, et doubtant plus qu'autre chose que ce fussent nefs de coursaires qui en voulussent au premier trouvé, feit, sans attendre, changer la voille et tirer au large de la mer, afin de veoir que feroient icelles nefs. Lesquelles aussi, voyans qu'il avoit changé la voille pour crainte d'elles, incontinant tournerent la proue devers luy, et, jusques aux dix heures de soir, que le vent leur faillit, et que l'obscurité de la nuict leur osta la veue de son gallion, ils luy donnerent la chasse, en le servant continuellement à coups de canon, dont plusieurs tomboient pres de luy; d'un coup, entre autres, tuerent le patron d'une nef de Bretagne venant avecques luy de Conserve, et prindrent ledit navire, qui ne pouvoit si bien diligenter que le gallion, lequel s'aydoit de voille et de ramme. Au lendemain matin, ledit seigneur de Langey, qui avoit gaigné la nuict le port de la Rye, veit iceux navires desja multipliez jusques au nombre de neuf, à cause des autres vaisseaux qu'ils avoient prins, esquels ils avoient mis de leurs gens de guerre et artillerie, dont ils avoient, à ceste intention, apporté plus qu'il ne leur estoit mestier pour iceux trois navires; et par les pescheurs asfuyans au port, il entendit que c'estoient Escossois, lesquels avoient armé lesdites navires en ceste premiere declaration d'hostilité que les choses estoient encores comme entre paix et guerre. Dequoy, arrivant en poste vers le roy d'Angleterre, il luy en donna le premier avis: et peu apres luy en vindrent autres avertissemens de plusieurs endroits, lesquels ne pleurent gueres à Sa Majesté, non qu'il fust meu, tant pour les forces et puissances de cest ennemy, comme pour doubte de la suitte de l'Empereur et de ses alliez. Mais, avant bien peu de mois, fust ceste guerre appaisée, au moyen et par l'intervention du roy de France. Et à tant laissant cestuy, je retourne au propos de l'Empereur, que j'ay entrelaissé.

Party qu'il fut de Boulongne, il continua son chemin jusques à Gennes, où il s'embarqua le huictiesme jour d'avril, prenant sa routte droict en Espagne; et le seigneur de Veilly, ambassadeur de France, le suivit, et les cardinaux françois accompagnerent le Pape depuis Boulongne jusques à Romme. Auquel lieu estant arrivé nostre sainct Pere, lesdits cardinaux françois persevererent tousjours à moyenner que ce trouble d'Angleterre se peust appaiser, sans qu'il en avint quelque tempeste en l'Eglise : et continuellement en estoient semonds par lettres et messagers du Roy, lequel desiroit merveilleusement que ceste chose se terminast avant que nostre dit sainct Pere eust nouvelles de ce qu'avoit faict ledit roy d'Angleterre; et, à ceste cause, insistoit plus chaudement à ce que lon avançast ceste entreveue, en esperance que, parlant à Sa Saincteté, il y trouveroit quelque expediant. Et, outre plusieurs autres depesches auparavant envoyées en faveur dudit roy d'Angleterre, estant, dés le quatriesme jour d'avril, arrivé devers luy le milor de Rochefort, frere de la nouvelle royne, il en escrivit à nostre sainct Pere unes lettres fort affectionnées, dont le roy d'Angleterre mesmes luy avoit envoyé la minute, tendant à fin que Sa Saincteté acceptast l'exoyne (1) dudit Roy, et luy envoyast des juges au pays d'Angleterre, qui deci-

(1) *Exoyne* : excuse qu'on présente en justice.

dassent la matiere sans la tirer en la cour de Romme. Au contraire de ce, l'ambassadeur de l'Empereur, et plusieurs cardinaux, ou adherans à luy, ou poursuivans que l'authorité de l'Eglise rommaine fust maintenue et gardée, ne faisoient moindre instance envers nostre-dit sainct Pere, à ce qu'il procedast contre ledit roy d'Angleterre, et mesmement par-ce qu'ils avoient eu nouvelles (combien que non encores certaines), non pas que ledit Roy eust consommé ledit mariage avec madame Anne de Boulan, ainsi qu'il avoit en effect, mais seulement qu'il faisoit proceder à la declaration de nullité de la dispense du premier : ce qu'ils estimoient et maintenoient estre entrepris au prejudice de la puissance et authorité du sainct Siege apostolique.

Nostre sainct Pere, qui volontiers eust temporisé, pour essayer d'y mettre une gratieuse fin, d'autre part leur remonstroit que de proceder à la condemnation, et puis ne faire executer la sentence reallement et de faict, seroit une entreprise frustratoire, qui tourneroit au grand mespris et villipendement dudit sainct Siege : et de la faire executer il ne pouvoit, ainsi qu'il disoit, entreprendre, sinon que l'Empereur, ensemblement avecques luy, l'entreprint ; et quand ores ils entreprendroient ensemble, si luy sembloit il à craindre que le roy Tres-Chrestien, lequel avoit avecques ledit roy d'Angleterre telle et si estroicte alliance, joingnist ses forces avecques luy, dont il avint une combustion et trouble en la chrestienté, plus grande que au paravant. Ainsi s'alloit excusant nostre-dit sainct Pere, qui peu apres eut nouvelles certaines, non que le roy d'Angleterre eust encores effectuellement procedé au faict de son nouveau mariage, mais que, pour tout vray, l'archevesque de Cantorbery avoit prins cognoissance de la matiere, chose qui tournoit au grand ravallement dudit sainct Siege, attendu mesmement la litispendence qui en estoit devant les juges à ce deputez par Sa Saincteté, dont ledit sainct Pere se plaignoit fort ausdits cardinaux françois, à cause que, durant le temps qu'on le prioit de superseder, et de ne riens innover jusques à ceste entrevue, ledit Roy tousjours innovoit et passoit outre.

Entre ces poursuittes d'une part et d'autre, et apres les nouvelles certaines venues à Romme, de l'embarquement de l'Empereur à Gennes, le Pape, environ la fin du mois d'avril, non en consistoire public, mais en congregation d'un bon nombre de cardinaux, avoit proposé la requeste à luy faicte par le Roy, de s'approcher en quelque part où ledit seigneur se peust aboucher avec luy, et deviser ensemble des choses concernans la religion chrestienne et repulsion du Turc, ennemy de nostre foy, et pour autres si sainctes occasions portées amplement par lettres dudit seigneur, qu'aucuns des cardinaux ausquels ne plaisoit ceste entrevue, ne trouverent chose que honnestement ils sceussent alleguer au contraire. L'ambassadeur de l'Empereur feit entierement tout ce qui luy fut possible, et allegua toutes les raisons qu'il sceut imaginer afin de rompre ceste entreprise, à tout le moins de differer la conclusion jusques à ce que lon eust nouvelles de l'avis dudit Empereur son maistre ; mais il ne peut obtenir sa requeste, et les cardinaux qui luy adheroient et desiroient faire entendre ceste nouvelle audit seigneur Empereur, oncques ne peurent se resouldre en chose qui honnestement se peust faire ou demander pour l'interrompre, sinon que nostre-dit sainct Pere, avant qu'en conclure, en escrivit un brief au Roy : ce qui fut faict, et, le brief envoyé, ne tarda gueres que nostre sainct Pere n'eust la response du Roy.

Ceste response vers la fin de may fut presentée à nostre sainct Pere, en congregation à laquelle assisterent les cardinaux françois ; et, pour-ce que aucuns autres cardinaux qui eussent bien voulu rompre ce coup, et par l'Empereur en avoient esté requis, n'osans parler si librement devant eux, demanderent jour à une autre congregation, ce qui leur fut accordé : à laquelle ne se voulurent trouver les cardinaux françois, non ignorans pour quelle intention les autres avoient demandé terme de respondre, avouans premierement que les causes proposées par le Roy estoient telles et si sainctes, que nul pourroit les condamner. Remonstroient neantmoins, que peu de causes ne leur sembloient estre suffisantes pour remuer un pape de son siege, et qu'il seroit bon envoyer devant quelque prelat, pour entendre plus particulierement l'intention du Roy ; ce que nostre-dit sainct Pere leur accorda. Et fut depesché l'evesque de Savance, lequel desja, au-paravant, nostre sainct Pere avoit mandé au Roy de l'envoyer vers luy, pour aviser du lieu plus commode à executer ceste entreveue ; car, quant au temps, desja estoit il arresté que nostre sainct Pere, pour le danger et inconvenient de sa personne, à cause des extremes chaleurs de Provence, ne partiroit que jusques apres les premieres pluyes ; et mesmes luy avoit le Roy donné ce conseil, lequel, ce temps pendant, alla visiter ses païs de Languedoc et d'Auvergne.

Et quant au lieu, nostre sainct Pere, ainsi que nous avons dit cy dessus, avoit designé que ce fust à Nice; et, pour-ce que le Roy ne vouloit employer le duc de Savoye en son nom, Sa Saincteté l'avoit faict au sien propre, et avoit pour ceste cause envoyé devers luy un de ses plus privez chambriers, auquel, pour quelque temps, le duc avoit librement offert de faire le vouloir de Sa Saincteté, se reputant, à ce qu'il disoit, heureux qu'une si saincte chose se traittast en ses païs. Et, à vray dire, ce luy eust, paraventure, esté un grand heur, qui eust peu obvier aux infortunes qui depuis luy sont avenues; car, en effect, la grande instance que faisoit nostre sainct Pere, de s'aboucher és païs d'iceluy duc, estoit pour l'y faire venir quand il verroit le moyen de pouvoir le reconcilier au Roy. Toutesfois, l'Empereur, auquel ne pouvoit plaire ceste entrevue, et ne vouloit riens laisser intenté, moyennant qu'il la peust rompre, luy envoya faire telles remonstrances, que peu apres il commença de varier et alleguer des difficultez. Parquoy fut, entre l'evesque de Savance et monseigneur Anne, sire de Montmorency, alors grand maistre et mareschal, et à present connestable de France, apres avoir devisé de Villefrance, Antibe, Frejus, Tholon et Marceille, et faict visitation de tous lesdits lieux, arresté, pour la conclusion, qu'elle se feroit à Marceille.

L'Empereur, cherchant encores les voyes et moyens de la rompre, ou de la faire si longuement differer que l'hyver vint, envoya un gentil-homme expres, environ la fin de juing, soliciter nostre sainct Pere de faire et administrer justice à la royne Catherine, sa tante, avecques grandes protestations, au cas que Sa Saincteté la luy deniast ou delayast. Et pour ayder à ceste poursuite, nouvelles vindrent à Romme, ainsi que telle chose ne se peult longuement celer, comme l'archevesque de Cantorbery, soy intitulant legat né en Angleterre, avoit donné sentence contre la premiere dispence du roy d'Angleterre, et qu'espousé ledit Roy avoit la marquise Anne de Boulan ; aussi qu'il avoit faict le livre cy dessus mentionné, contre les preéminences et authoritez de l'Eglise. Lesquelles nouvelles esmeurent tellement tout le college des cardinaux, que tous en une voix vindrent demander justice à nostre sainct Pere, contre les attentats et entreprinses du roy d'Angleterre. Ausquels obtemperant, ledict sainct Pere prononça les censures (1) à

(1) *Prononça les censures* : la situation embarrassante où se trouvoit le Pape, est très-bien peinte dans la lettre suivante.

Extrait d'une lettre escripte au Roy par le cardinal de Tournon, du 17 aoust 1533.

Sire, quant au faict du roy d'Angleterre, vostre bon frere, j'ai faict entendre à Sa Saincteté ce que m'en avez escript, et lui ai declaré comme vous ne pouvez non vous ressentir de ce qu'on avoit fait contre ledit roy d'Angleterre. A quoi Sa Saincteté a respondu qu'il est tres marri qu'il ne vous a pleu satisfaire de ce que tant de fois vous lui avez faict requerir, mais que ledit sieur roi d'Angleterre l'a contrainct et presque forcé de faire ce qu'il a faict : mesmement, depuis qu'il a vu que ledit seigneur Roy ne s'est seulement contenté de faire le mariage contre les brefs et inhibitions sur ce faictes, mais outre cela a faict publier ses loix au grand détriment de l'autorité de Sa Saincteté et de tout le saint siége apostolique, et davantage fait proceder jusqu'à sentence l'archevêque de Cantorbery, lequel se dict en sa mesme sentence, dont nous avons vu le double en plein consistoire, legat né en Angleterre du sainct siége apostolique ; et il a procédé contre et par dessus l'autorité dudit siége. Et de vrai, sire, comme je vous ai escrit assez soul'encontre dudict roy d'Angleterre, au cas que dedans certain temps il ne reparast lesdicts attentats. Ce nonobstant, il ne desista de ses propos touchant l'entreveuë de luy et du Roy, ains proposa en plain consistoire, sa deliberation et arrest pour ladicte veuë, ordonnant à ceux qui auroient à faire le voyage, que chacun se tint prest et en ordre. Les Imperiaux, apres avoir entendu ceste deliberation, et advertis que le Pape avoit à faire le voyage sur les galleres de Rhoddes, les demanderent pour ayder à secourir Coron, à l'encontre des entreprises du Turc, esperans, ou de rompre, par ce moyen, ceste entreveuë, ou de prendre occasion et couleur de dire que, par sa faulte, et pour avoir Sa Saincteté diverty lesdictes galleres ailleurs, l'Empereur avoit esté contrainct d'abandonner Coron, ville si propice et de telle consequence à la chrestienté, advenant opportunité de faire entre-

vent, et comme celui qui l'a vu à l'œil, la plus grande partie des cardinaux se desesperoient contre le Pape, s'il n'eut fait ce qu'il a faict; et croi que monsieur de Gramont, qui l'a vu comme moi, vous en dira autant. Quoi qu'il y ait, sire, il me semble que vous ne ferez pas peu pour le roi d'Angleterre, si vous pouvez arrester le duc de Nortfolck à ceste vuë; car, comme je vous ai deja touché quelque mot par les lettres que je vous escrivois dernierement, pour peu de semblant que le roy d'Angleterre fasse, de reparer les attentats et de obeïr au Pape, et que Sa Saincteté puisse avoir couleur avecque son honneur, de faire pour ledit roi d'Angleterre, je vous asseure, sire, que pour l'amour de vous et de lui, il le fera d'aussi bon cœur qu'il lui est possible; et peut-être que, quand vous serez ensemble, il se y trouvera des expediens qui seront malaisés à trouver, si ledit duc de Nortfolck n'y est. Ce que j'en dis, sire, n'est que pour le desir que j'ai au service du roi d'Angleterre, ainsi que tant de fois vous m'avez escrit et commandé. Je crois, sire, que vous avez bien sçu comme ledit roi d'Angleterre a revoqué tous ses ambassadeurs par deça, et a demandé au docteur Benoit qu'il print congé du Pape, pour s'en retourner.

prinse contre ledit Turc, et pour delivrer de servitude les Grecs, noz freres chrestiens, et tout l'empire de Constantinople. Quoy prevoyant, Sa Saincteté ne voulut acquerir ceste reputation d'estre cause d'un si grand mal, et non seulement accorda que lesdites galleres feissent le voyage de Coron, mais d'avantage y ajousta les siennes, et delibera de faire son passage sur celles de France. D'autre costé, les ambassadeurs de l'Empereur, et du roy Ferdinand, son frere, des ducs de Savoye et de Milan et autres, craignans qu'en ceste entreveue il se brassast quelque chose à leur desavantage, faisoient, d'un commun accord et consentement, tout ce qu'ils pouvoient imaginer qui servist à divertir et aliener messieurs des ligues, de la confederation et amitié du Roy, et principalement les cantons obeïssans à l'Eglise rommaine, leur donnant à entendre que ledit seigneur Roy favorisoit les Protestans contre eux. Et à mener ceste praticque leur adheroit l'evesque Verulan, nunce du sainct Pere aupres desdits seigneurs des ligues, lequel estoit chargé d'y faire mauvais office à l'endroict du Roy. Et tellement furent mesdits-seigneurs des ligues persuadez par tels rapports, qu'ils furent en grand bransle d'entrer en la ligue d'Italie contre le Roy. Mais ledit seigneur, averty de ceste praticque, y obvia sans en faire semblant, en leur envoyant argent comptant, et promettant contribuer en leur deffence six mille escus par chacun mois, au cas que les autres cantons leur fissent la guerre pour le faict de la religion; et, par plusieurs siennes depesches à Romme, se plaignit audit sainct Pere du mauvais office que faisoit ledit Verulan, lequel, à cause de ceste plaincte, fut finablement revocqué par ledit sainct Pere, qui dudit mauvais office s'excusa envers le Roy, et audit Verulan ordonna se trouver à laditte entreveue, pour se justifier dudit faict.

Environ la mi-juillet estoit le duc de Norfolc arrivé devers le Roy, pour se trouver à ladite entreveue au nom et de la part du roy d'Angleterre, son maistre; mais, arrivé qu'il fut, il entendit qu'à Romme avoit esté innové quelque chose, mais ne sçavoit quoy, à l'encontre de son maistre; parquoy il voulut prendre congé et s'en retourner. Le Roy, toutesfois, le retint, et luy dissimula, tant qu'il luy fut possible, la verité du faict, esperant trouver encores voye de gratieuse conclusion; car il avoit incontinant envoyé devers nostre sainct Pere luy remonstrer le lieu que tenoit ledit roy d'Angleterre, combien de temps on l'avoit tenu suspens, et que la longueur de son affaire, l'affection qu'avoit sa conscience d'estre hors de scrupule, et le desir qu'il avoit d'avoir en son royaume heritier de sa chair, l'avoient contrainct de passer outre, sans attendre la resolution de Sa Saincteté; laquelle devoit considerer et avoir esgard qu'il valoit trop mieux le retenir en l'obeissance et devot fils de l'Eglise, comme il avoit esté au-paravant, que de l'avoir rebelle, desobeïssant et ennemy : dont ensuivit inconvenient et pernicieux exemple, et tresdangereuse consequence; ajoustant ledit seigneur aux autres remonstrances, qu'entre luy et ledit roy d'Angleterre estoit telle fraternité, que tous les outrages qui se feroient audit roy d'Angleterre, il les estimeroit faicts à soy-mesmes, et ne s'en ressentiroit moins, en quelconque maniere, que de son propre et particulier outrage. Toutesfois le duc de Norfolc, environ la mi-aoust, entendit au vray le contenu de la sentence prononcée contre le Roy son maistre; et, à ceste cause, il envoya vers son-dit maistre le milor de Rochefort, sur chevaux de poste. Lequel seigneur Roy manda incontinant audit de Norfolc prendre congé du roy de France, et se retirer; aussi revoqua le duc de Richemont, son fils naturel, estant lors à la cour dudit seigneur roy de France, et ses ambassadeurs estans rier nostre sainct Pere. Ledit seigneur Roy, ne pouvant retenir iceluy de Norfolc par remontrances ny prieres qu'il luy sceust faire, s'accorda de luy donner congé, en le priant de moyenner que le Roy, son bon frere, y envoyast autre bon et sçavant personnage, pour voir et estre tes-moing du bon office qu'il entendoit faire pour luy en-vers ledit sainct Pere; ce que ledit de Norfolc pro-cura: et y furent envoyez l'evesque de Wincestre, par devant appellé le docteur Stephné, et maistre Briant, gentil-homme de la chambre dudit roy d'Angleterre, et cousin germain de la royne Anne Boulan.

Environ ce temps, estant le Roy à Thoulouse, arriva vers luy messire Bonacurse Gryne, secretaire des ducs Guillaume et Louis de Baviere, par eux envoyé, tant en leurs propres et privez noms, comme des autres princes et alliez avec Sa Majesté, suivant l'alliance n'agueres faicte entre-eux: et fut sa charge de faire entendre au Roy comme, sur la consignation des cent mille escus qu'il avoit par le traitté promis, eux tous estoient condescendus et demourez de bon accord ensemble, qu'elle se fist entre les mains desdits de Baviere, sur-ce, toutesfois, le requerans, attendue l'impossibilité de bailler par eulx les cautions promises, sans eventer trop avant et divulguer l'occasion de la susdite consignation qu'ils desiroient (et la raison de leurs affaires vouloit) estre secrette, qu'il fut content de s'en fier en eux, et sur l'obligation qu'ils en feroient, telle que son conseil adviseroit. Auquel Bonacurse le Roy feit telle et si gratieuse responce, qu'il s'en contenta, luy promettant que, ceste entrevue partie, il envoiroit homme avec pouvoir de traitter à eux ou leurs commis et deputés à ceste fin.

Ce-temps pendant, se dresserent tous les preparatifs pour ceste entreveue, et partit monseigneur le duc d'Albanie avecques les galleres de France, pour aller querir nostre sainct Pere; ausquelles fut adjousté un nombre d'autres vaisseaux, pour apporter les trains et bagages des cardinaux et autres estans à la suitte de Sa Saincteté. Le seigneur Laurens Cibo et le comte de Masse vindrent, de par nostre-dict sainct Pere, visiter monseigneur le duc d'Orleans, et luy apporterent quelque present. Monseigneur le comte de Tonnerre fut pareillement depesché du lieu de Carcassonne, pour aller visiter la duchesse d'Urbin, à laquelle aussi il porta quelque present de par le Roy. En ce mesme temps, vindrent nouvelles au Roy de la mort de l'escuyer Merveilles, son ambassadeur aupres du duc de Milan, gentilhomme milanois, nourry de toute ancienneté en la maison de France, et escuyer d'escuyerie du Roy. Et estoit venu au service du roy Louis douziesme avecques le seigneur Galeas de Sainct Severin, qui depuis fut grand escuyer de France; et persevera ledit Merveilles jusques à la mort dudit roy Louis, et depuis estoit demouré au mesme estat et service du roy François, premier de ce nom. Auquel escuyer Merveilles le duc de Milan feit trancher la teste pour les causes et en la maniere qui s'ensuit.

L'an 1531, ledit Merveilles avoit demandé congé au Roy, pour aller en Lombardie visiter ses parens, et, pour avoir esté bien traitté en France, de maniere qu'il s'y estoit faict riche, il y alla en gros equipage, tint maison, et festia les principaux et plus prochains serviteurs du duc, ausquels, et au duc mesmes, feit des presens ; et par apparance s'insinua fort en la grace d'iceluy duc, et du comte Maximilian Stampe, qui lors avoit le principal maniement de la maison et affaires du duc. Quelque temps apres, estant ledit Merveilles retourné en France, au temps que l'Empereur dressoit en Allemagne son armée contre le Turc, messire Francisque Taverne, nepveu dudit Merveilles, et chancelier du duc, allant de par luy en Allemagne, passa par France, et, au nom de son maistre, visita le Roy, lors sejournant à Fontainebleau; auquel il dit, en devisant de plusieurs choses, que, s'il plaisoit à Sa Majesté envoyer quelque ambassadeur aupres d'iceluy duc son maistre, ce luy seroit chose fort aggreable, et que par ce moyen se pourroit guider beaucoup de bonnes choses; et qu'y envoyant quelqu'un, ledit Merveilles seroit fort à propos et bien au gré dudit duc son maistre: mais, pour autant que le duc son maistre avoit tant à faire de s'entretenir en grace de l'Empereur, lequel pourroit, si à son sceu il y avoit un ambassadeur de France devers le duc, luy en tenir quelques rigoureux termes, il vouloit bien supplier le Roy que ce tiltre d'ambassadeur fust et demourast secret entre lesdits seigneurs Roy et duc; et que, pour la justification de sondit maistre, au cas que l'Empereur en entrast en souspeçon à l'encontre de luy, le plaisir fust du Roy, de donner audit Merveilles unes lettres à part, adressantes au duc en faveur d'iceluy Merveilles, et en recommandation de ses particuliers affaires, afin que par icelles sondit maistre peust, en un besoing, faire foy que ledit Merveilles estoit pres de luy, non comme ambassadeur, mais comme sollicitant ses propres affaires. Ce que le Roy facilement luy accorda, et, outre les lettres de creance et instructions qu'il feit depescher audit Merveilles, il luy feit aussi bailler lesdites lettres ne faisans mention que des propres et particuliers affaires de luy; et, pour son estat et moyen de vivre aupres de la personne d'iceluy duc, il luy ordonna certaine somme par mois, outre les autres estats et bienfaicts qu'avoit ledit Merveilles de luy.

A Boulongne la Grasse estoit le duc avecques l'Empereur, alors que ledit Merveilles arriva en Lombardie; et, pour ne mettre le duc en souspeçon de l'Empereur, ne voulut passer outre, ains, s'arrestant à Milan, feit sçavoir sa venue au duc, et comme il avoit lettres à luy presenter de la part du Roy, et aucunes choses à luy exposer, concernantes le bien et utilité de la chrestienté; et que, pour eviter le souspeçon qui par son chancellier avoit esté remonstré au Roy, il ne vouloit passer outre, sans son ordonnance et mandement, comme celuy qui avoit du Roy expresse charge de luy obeïr en tout ce qu'il luy plairoit. A quoy luy respondit par lettre en datte du dixseptiesme de decembre 1532, laquelle j'ay bien voulu transferer icy de mot en mot en telle maniere.

« De par le duc de Milan. Nostre trescher et specta-
« ble, nous avons entendu tout ce que par vostre lettre

« du douze du present mois vous nous avez escrit de
« vostre arrivée, et de l'ordre qu'avez tenu de par le
« roy Tres-Chrestien ; chose qui nous a esté de souve-
« raine satisfaction, estant l'humble serviteur que nous
« sommes de Sa Majesté, et si comme nous entendons
« d'estre par cy apres, ayant cher que vous nous teniez
« en sa bonne grace. Quant à vostre sejour en celle
« nostre cité et Estat, vous disons que bien nous plaist
« que vous y soyez, tant que bon vous semblera, et
« que, pour plusieurs respects, nous vous y verrons
« tousjours volontiers, et mesmes pour les dessusdits
« que vous estes de par Sa Majesté Tres-Chrestienne ;
« et là où nous pourrons faire chose qui vous soit à
« gré, nous le ferons tousjours de bonne volonté. Dieu
« vous conserve. »

Telle fut en substance la responce du duc : auquel, estant depuis de retour à Milan, ledit Merveilles, s'addressant premierement audit chancellier Taverne, qui ja estoit retourné de son voyage d'Allemagne, vint presenter ses lettres qu'il avoit du Roy, et luy exposer sa creance de poinct en poinct ; laquelle fut agreable au duc, aupres duquel il demoura long temps, l'accompagnant en tous lieux, et hantant avec luy fort privement et domesticquement. Il peult estre qu'il ne sceut assez bien celer qu'il fust ambassadeur du Roy, ainsi que chacun desire estre estimé et honnoré, principalement quand il retourne de service estrange au païs de sa nativité. Et tant avint, comment qu'il soit, que l'Empereur en eut nouvelles, et en print grande jalousie contre le duc, en sorte que les paroles qui estoient mises en avant de son mariage avecques la niepce dudit Empereur, en furent presque en totale roupture. Parquoy le duc envoya s'excuser, et monstrer à l'Empereur (afin de luy faire foy que ledit Merveilles estoit pres de luy pour ses particulieres affaires) les dessusdites lettres de recommandation, qui avoient esté dressées par le conseil dudit chancellier Taverne, pour, avenant (ce qui avint), servir au duc à ceste fin. Non pourtant estoit ledit Empereur encores satisfaict, ayant opinion que ledit Merveilles eust pris ceste umbre et couleur en intention de manier plus secrettement autres choses de plus grand poix avecques le duc; et s'en pleignit tellement, que le duc luy envoya de rechef faire nouvelles excuses, l'asseurant qu'avant peu de jours il feroit telle demonstration, que ledit seigneur Empereur auroit cause de se mettre hors de tout souspeçon que ledit Merveilles n'autres le sceussent jamais attirer à la devotion du roy de France. Or luy avint l'occasion de ce faire en ceste maniere.

Le premier jour de juillet audit an, allant ledit Merveilles, avec ses serviteurs, accompagner le duc parmy la ville, un gentilhomme de la maison Castillon s'addressa, de fortune ou de propos deliberé, à l'un des serviteurs dudit Merveilles, nommé Baptiste, homme idiot et sot, auquel demandant qui estoit son maistre, ledit Baptiste, monstrant son maistre, respondit qu'il estoit au seigneur Merveilles de France. « mais à Merveilles de la fourche, » repliqua ledit Castillon. Quoy entendant un autre des serviteurs de Merveilles, qui toutesfois n'en sonna mot pour l'heure, attendit que le duc fust monté et entré au chasteau, et ceux qui l'avoient accompagné sortis dehors; et luy sortant alors à la queue dudit Castillon, auquel il

s'addressa : « Seigneur, dit-il, vous avez tantost dit que
« monsieur de Merveilles, mon maistre, allast à la
« fourche; qui n'a esté bien dit à vous, et ne sont pa-
« roles à dire ne proferer contre un tel personnage. »
A quoy respondit ledit gentilhomme qu'il n'en avoit
jamais parlé. Le serviteur alors repliqua qu'il ne falloit
point qu'il le niast, car luy l'avoit ouy et entendu. Le
gentilhomme dit de rechef qu'il n'en avoit parlé, et
que tous ceux qui le disoient en avoient menty. Et
adoncques le serviteur dit que c'estoit luy mesmes,
comme un belistre, et, ce disant, mist la main à l'espée. Le gentilhomme, estimant paravanture que l'autre ne fust de qualité pour s'attaquer à luy, se retira,
et deux siens serviteurs desgueinerent contre celuy de
Merveilles; mais ils furent par les assistans separez.
Ce faict, et ledit de Merveilles estant retiré en son logis, son serviteur luy compta ce que dessus, et comment le tout estoit allé. Et pour ceste cause, ledit de
Merveilles appella un gentilhomme, sien amy, et parent
dudit Castillon, et l'envoya vers luy, sçavoir s'il avoit
usé de telles parolles : lequel Castillon luy asseura et
jura que non. Au moyen dequoy, ledit Merveilles envoya de rechef, en luy faisant sçavoir qu'il luy desplaisoit doncques de ce que son serviteur luy avoit dit et
faict, le priant, sur-ce, le tenir pour excusé. Le duc,
averty de ce debat, envoya deffendre à tous deux qu'ils
ne passassent plus outre, ains qu'ils eussent à s'en cesser et deporter : à quoy respondit Merveilles qu'à
ceux qui avoient le debat se devoient telles inhibitions
addresser, et non point à luy, qui n'avoit querelle ny
debat à personne du monde. Pour cela ne laissa ledit Castillon de s'accompagner tousjours de dix ou

douze personnes ayans pertuysanes et hacquebuttes;
et avecques ceste compagnée passa et repassa souvent
au long du logis de Merveilles, tellement qu'un soir
il trouva cinq ou six de ses serviteurs, lesquels il s'ef-
força d'outrager (ce qu'il eust faict s'ils ne se fussent
retirez). Merveilles, voyant ceste continuation, et craignant que plus grand inconvenient n'avint, envoya
devers le capitaine de la justice, le prier qu'il y vousist pourveoir; car, de sa part, il ne vouloit point que
ses serviteurs se vengeassent aucunement de l'outrage
que lon avoit essayé de leur faire, mais aussi ne vouloit qu'on continuast à les outrager. Le capitaine de
justice n'en tint compte, ains endura que ledit Castillon continuast de passer et repasser en ceste maniere par devant le logis dudit de Merveilles; de maniere qu'un autre soir il aborda ses serviteurs ainsi
que la premiere fois il avoit faict; mais il trouva qu'ils
se tenoient sur leurs gardes, et qu'ils se mirent si bien
en deffence, que luy fut tué, et les autres mis en
fuitte. Au lendemain matin, qui fut le quatriesme
jour de juillet, le capitaine de justice vint au logis de
Merveilles, et feit inventaire de tous ses biens, et le
constitua prisonnier, ensemble tout ce qu'il trouva
de ses serviteurs; et à l'un d'eux, aagé pres de quatre
vingts ans, et qui par vieillesse estoit devenu sourd,
ledit capitaine feit bailler l'estrapade, pour essayer de
tirer de luy quelque confession contre son maistre.
Auquel Merveilles, ce-pendant qu'il fut prisonnier,
ne permist que homme de ses amis parlast, ou le vi-
sitast : aucuns d'entre-eux (ainsi qu'à Milan est la
coustume en pareil cas) coucherent ses justifications
par escrit, et les presenterent audit capitaine, qui les

print et rompit en pieces, sans les daigner lire ne regarder. Et le dimenche ensuivant, apres la minuict, ledit capitaine, ayant premierement sceu la volonté du duc, luy feit trancher la teste; et au lundy, avant le jour, le corps, sans teste, fut trouvé devant la place des Marchans, audit Milan.

Un nepveu dudit Merveilles se sauva, et vint en diligence, sur chevaux de poste, apporter nouvelles au Roy, et se plaindre de l'outrage et injustice qu'il alleguoit estre apparente, premierement, par la requeste qu'avoit faict ledit Merveilles au capitaine de justice; secondement, pour le refus d'accepter ses justifications; tiercement, par la precipitation de son procés, condemnation et execution, à quoy il fut procedé à jour de feste, executé de nuict, sans forme ny figure de justice, et le tout en trois jours, encores que par les status et coustumes de Milan, à tout homme condamné à mort, de quelque estat et qualité qu'il soit, on doit donner trois jours apres sa condemnation, pour alleguer et mettre en avant ses justifications, et, à plus forte raison, qu'ils se devoient donner à un tel personnage, ancien serviteur et ambassadeur d'un tel prince qu'est un roy de France. La plaincte dudit nepveu et la façon de ceste mort fut tresmal prise du Roy et de son conseil, et n'y avoit homme, de ceux qui avoient accoustumé de voyager et aller en ambassade pour le Roy, qui n'estimast luy en pendre autant à l'œil. Et à ceste cause, faisoient tous instance, avec solicitation extreme, envers ledit seigneur et son conseil, qu'ils eussent à s'en ressentir, et en faire telle demonstration, que ce fust exemple à tous autres de ne violer le droict des gens, et que les ambassadeurs

(desquels le nom entre les armes des ennemis doit estre sacrossainct et inviolable) fussent en seureté, au moins à l'endroict de ceux devers lesquels ils sont envoyez.

Le Roy, pour ne precipiter la vengeance autant qu'avoit esté le faict, delibera, premierement, de demander au duc mesmes reparation de cest outrage; secondement, d'en escrire à tous les princes et potentats de la chrestienté, comme de chose touchant et appartenant à tous universellement. Au duc il escrivit en ceste maniere.

« Mon cousin, j'ay entendu comme, ces jours passez,
« contre tous droicts anciens et louables coustumes de
« tout temps gardées et observées entre les princes,
« vous avez faict trancher la teste à l'escuyer Mer-
« veilles, mon ambassadeur resident à l'entour de
« vostre personne; chose qui m'a tant et si grievement
« despleu et desplaist, pour le gros outrage et injure
« qu'en ce faisant m'a esté faict, qu'il n'est possible de
« plus, et dont je suis deliberé perpetuellement me
« ressentir, jusques à ce que reparation m'en soit faicte
« telle qu'il appartient. Je l'avoy envoyé pres de vous,
« comme celuy que jusques icy j'avoy trouvé et cogneu
« en tous actes si honnestement se porter et conduire,
« qu'il m'est difficile à persuader qu'il eust voulu faire
« chose meritant un tel supplice. Encores qu'ainsi
« fust qu'il eust faict un cas pour le meriter, si fault-
« il que vous entendiez que vous ne deviez de tant
« vous oublier que de proceder à faire une telle exe-
« cution, sans prealablement m'en advertir et m'en-
« voyer son proces, attendant sur ce ma responce, qui
« eust esté si juste et raisonnable, qu'eussiez en

« cause de vous en contenter : qui estoit la vraye
« voye qui de tout temps et ancienneté a esté ensuivie
« en telles matieres. Et, pour-ce que de la mort qu'il
« a soufferte, l'injure principale s'en addresse et est
« faicte à moy, laquelle pour rien du monde je ne
« suis deliberé souffrir, je vous advise qu'il fault que
« vous mettiez en debvoir de la reparer, tant et si
« avant que j'en sois satisfaict, comme la raison le re-
« quiert ; sinon, et en deffault de ce, je vous signifie
« que, par tous les moyens dont je me pourray adviser,
« je procederay à l'encontre de vous, et vous feray
« cognoistre que tresindiscretement, et sans vous en
« avoir donné cause, vous m'avez faict injure par trop
« grande. De laquelle je me plaincts, et en escry à
« tous les princes chrestiens mes amis, alliez et con-
« federez, comme à ceux ausquels semblablement c'est
« affaire touche, comme pour estre commun entre
« nous, afin qu'ils cognoissent et entendent que, si je
« me ressen d'une telle injure et outrage, et que je m'en
« attache à vous pour le vous faire sentir et cognoistre,
« j'en ay tresbonne et raisonnable cause. »

A nostre sainct Pere, comme à pere commun, en escrivit semblablement, afin qu'il cogneust, si, pour ne luy estre cest outrage reparé, il en poursuivoit la reparation par la voye des armes, qu'il ne le faisoit sans grande occasion et bien justifiée.

A l'Empereur (à ce que, si la chose procedoit jusques aux armes, il n'eust cause de penser que ce fust pour autre occasion) il en escrivit en la forme et teneur qu'il s'ensuit.

« Tres-hault, tres-excellant et trespuissant prince,
« nostre trescher frere, cousin et allié. Combien que

« par tous droits ne soit permis ne loisible offenser
« les ambassadeurs, lesquels de tout temps ont jus-
« ques icy jouy des prerogatives et privileges que par
« louable et ancienne coustume leur ont esté octroyez,
« et que de faire le contraire, tous roys, princes et
« potentats y ont grand interest, d'autant qu'au moyen
« de ce, la communication et entretenement de la
« paix et amitié entre eux se pourroit perdre, par
« succession de temps, au grand detriment et danger
« de leurs royaumes, païs et Estats ; toutesfois, tres-
« hault, tres-excellant et tres-puissant prince, nostre
« tres-cher, tres-aimé frere, cousin et allié, le duc
« François Sforce, comme nous avons esté avertis, a,
« ces jours, faict trancher la teste à l'escuyer Mer-
« veilles, nostre ambassadeur residant à l'entour de
« sa personne, lequel jusques icy avons cogneu en tous
« actes s'estre si honnestement conduit et porté, que
« c'est chose difficile à nous persuader qu'il eust faict
« ny voulu faire chose pour meriter un tel supplice et
« punition. Et, encores que cest inconvenient luy fust
« avenu, de commettre cas pour lequel il eust merité
« ladite punition, neantmoins ledit duc ne pouvoit ne
« devoit faire proceder à laditte execution, sans prea-
« lablement nous envoyer son procés, et sur ce atten-
« dre nostre response, laquelle luy eussions faict telle
« et si raisonnable, qu'il eust eu bonne cause de s'en
« contenter. Et ce que trouvons encores grande-
« ment estrange, c'est qu'il a esté procedé si sommai-
« rement en cest affaire, qu'en deux jours, la prise, le
« procés, la condamnation et execution de mort s'en
« sont ensuivies : qui nous est une telle et si grande
« injure, et qui nous revient à si grand ennuy, qu'il

« n'est possible que la puissions comporter. Et à ceste
« cause, luy avons escrit nous en faire la reparation
« telle qu'il appartient. Ce que vous avons bien voulu
« faire entendre, et semblablement aux autres princes
« chrestiens noz bons amis, alliez et confederez,
« comme à ceux qui y ont interest, et ausquels cest
« affaire touche, pour estre commun entre nous, afin
« qu'il soit clairement cogneu que la poursuitte que
« pourrons faire en cest endroit, ne procede pour autre
« cause que pour ceste seulement, ne que, soubs cou-
« leur d'icelle, ayons vouloir d'entendre au recouvre-
« ment du duché de Milan ; à quoy, comme Dieu
« sçait, ne taschons aucunement par ceste voye, ains
« nous suffira d'avoir reparation de laditte injure, à
« laquelle, quand ledit duc voudra entendre et se
« mettre en devoir de la nous faire telle que la raison
« et l'offence à nous faicte le requierent, ne procede-
« rons plus avant à l'encontre de luy; mais aussi, au
« deffault, voulons bien vous avertir que chercherons,
« par tous moyens à nous possibles, de lui donner à
« cognoistre que ne sommes pour souffrir un tel ou-
« trage. Et quand un chacun pensera à part luy, si le
« semblable luy estoit faict, comme il le prendroit,
« et la demonstration qu'il en feroit, il trouvera que
« nous avons bonne cause et raisonnable de nous
« ressentir de faire poursuitte de laditte reparation.
« Tres-haut, tres-excellant et trespuissant prince,
« nostre trescher et tres-aimé frere, cousin et allié,
« nous suplions le Createur vous avoir en sa tres-
« saincte et digne garde. »

Au roy Ferdinand, au roy d'Angleterre et autres princes et potentats en escrivit en pareille substance, et aux seigneurs des ligues. A Romme se preparoit nostre sainct Pere pour executer ceste entreveue, quand il receut la lettre du Roy touchant la mort dudit Merveilles.

A l'Empereur furent presentées les lettres par le seigneur de Veily, ambassadeur du Roy, lequel aussi en parla de bouche, selon qu'il en avoit charge dudit seigneur son maistre. Sa response fut que ledit Merveilles avoit tresbien merité la mort, et qu'il n'estoit aucunement ambassadeur, ains gentil-homme privé, subject du duc, et poursuivant au pres de luy ses particulieres et propres affaires, comme il apparoissoit par lettres du Roy mesmes recommandant ledit Merveilles au duc, en sesdits propres et particulieres affaires. L'ambassadeur luy monstra sur le champ autres lettres du duc mesme au Roy, par lesquelles il apparoissoit que ledit Merveilles estoit ambassadeur du Roy vers iceluy duc. Mais l'Empereur n'en feit autre demonstration; ains, se voyant de tant plus asseuré du duc, et que jamais ne seroit pour s'addonner à la devotion du Roy, depescha peu de jours apres le seigneur du Prat, ja plusieurs fois devant nommé, pour aller querir en Flandres la seconde fille du roy Cristierne de Dannemarc, niepce dudit seigneur Empereur, et la donner à femme au duc, ainsi qu'il luy avoit promis auparavant. Et presque en un mesme temps furent faictes les nopces dudit duc, et du duc d'Orleans avec la duchesse d'Urbin; car le huictieme jour de septembre, audit an 1533, partit nostre sainct Pere de Romme, y laissant le cardinal de Monté, oncle du pape Julles dernier decedé, legat en son absence, lequel toutesfois mourut bientost apres. Le

Roy avoit ordonné plusieurs brigantins et fregattes armez, pour descouvrir en la haulte mer et au long de toutes les costes, à ce que d'aucune part il n'avint surprise ny inconvenient à nostredit sainct Pere. Et, attendant Sa Saincteté, le Roy se pourmenoit à l'entour de Marceille, visitant le païs : auquel lieu il feit ce-pendant un court voyage, pour veoir quel ordre avoit esté mis à la recevoir honorablement.

Audit lieu de Marceille, vint devers le Roy, de la part du duc Francisque Sforce, pour l'excuser de la mort de Merveilles, messire Francisque Taverne, devant nommé, chancellier d'iceluy duc, lequel, par ordonnance du Roy, fut ouy au conseil estroict. L'excuse et remonstrance qu'il proposa, fut que le duc son maistre ne pensa jamais que ledit seigneur Roy deust prendre ceste mort en la sorte qu'il la prenoit, par les lettres pleines d'expostulation que Sa Majesté luy en avoit escrites, d'autant que ledit Merveilles n'estoit ambassadeur, et n'en avoit ordre ne lieu, ny estoit estimé ne tenu tel en la cour du duc sondit maistre; mais qu'il y estoit comme son subject et vassal, et pour ses propres affaires et negoces, ainsi que les autres vassaux et subjects de sondit maistre; lequel jamais n'avoit sceu ne pensé qu'iceluy Merveilles fust domestique ou serviteur, non qu'ambassadeur ou messager du Roy; et que, quand il l'eust sceu, il luy eust porté le respect qu'il convient porter aux serviteurs de si grand prince et de la personne du monde à laquelle il avoit autant d'obligation, et à laquelle il vouloit porter autant d'honneur et de reverence; et qu'il n'eust souffert estre touché à la personne dudit Merveilles, sans prealablement en avertir ledit seigneur Roy; mais, ignorant qu'il fust autre que son subject et vassal, il avoit permis et souffert que la procedure et justice fust faicte contre luy, comme contre tel, et comme contre homme meritant telle punition, pour le conflict et homicide commis à l'encontre d'un gentilhomme de la maison de Castillon, l'un des gentilshommes ordinaires de la maison d'iceluy duc; aussi que ledit Merveilles estoit homme vitieux, seditieux, scandaleux, receptateur ordinaire d'homicidaires et autres gens mal vivans, et mesmement d'aucuns lesquels avoient conspiré en la mort d'iceluy duc son maistre et d'aucuns autres, ses prochains et privez serviteurs; et tellement que ledit duc par plusieurs fois luy avoit faict dire qu'il n'avoit sa demeure agreable à Milan. Ajoustant, ledit chancellier, avoir luy mesmes dit souvent audit Merveilles, que le duc vouloit et besoing estoit qu'il se retirast; à quoy il n'avoit obtemperé : pendant lequel temps estoit avenue la mort dudit de Castillon, laquelle iceluy chancellier recita lors, ensemble la prise et execution dudit Merveilles, presque de mot à mot ainsi qu'elle est cy devant couchée; seulement obmist et ne voulut mentionner la requeste dont nous avons parlé, faicte par ledit Merveilles au capitaine de justice, et les justifications presentées par les amis de luy estant prisonnier.

Ceste legation et remonstrance fut trouvée par le conseil incrediblement estrange et mal à propos, d'autant que ledit chancellier estoit propre nepveu, et fils de la sœur dudit Merveilles, et que luy plus que nul autre estoit informé du contraire de ce qu'il mettoit en avant. Ce que luy fut alors remonstré de poinct en poinct, et, premierement, que le duc sondit maistre ne pouvoit ignorer que ledit Merveilles ne fust serviteur, voire ambassadeur du Roy aupres et devers luy, et qu'il en apparoissoit assez, tant par les propres lettres dudit Merveilles, escrites estant à Boulongne, desquelles le Roy avoit le double, et par la response que luy feit le duc, dont ledit seigneur avoit l'original en sa puissance : joinct que ledit Merveilles avoit demouré premierement au service du feu Roy, et depuis à celuy du Roy present, l'espace au moins de vingt-cinq ans : parquoy il estoit impossible que le duc n'en fust averty; lequel n'avoit esté si negligent que de ne sçavoir les noms et les biens de tous les gentilshommes du duché de Milan qui en estoient hors. Aussi qu'il n'estoit vray semblable que ledit chancellier, qui bien sçavoit les causes de sa depesche, et qui l'avoit presenté au duc, et avoit ordinairement hanté avec luy, n'en eust adverty ledit seigneur duc, afin de ne luy laisser commettre un tel erreur à l'encontre d'un tel et si puissant prince que le Roy. Sur ce poinct, confessa bien ledit chancellier que voirement s'estoit Merveilles adressé à luy pour le faire parler au duc son maistre, mais ne luy avoit aucune chose declaré plus avant; et qu'il n'avoit jamais pensé qu'il s'adressast à luy, que comme oncle à nepveu en ses affaires, ne qu'il eust à parler d'autres negoces au duc, sinon, paravanture, en intention de tirer quelque chose de luy, pour en escrire au Roy, et pour s'entre-mettre, s'il estoit possible, d'estre mediateur de bonne et seure amitié entre eux. Si la premiere remonstrance de ce chancellier avoit semblé à tous moult estrange, encores plus qu'impertinente sembla ceste replique;

et luy fut remonstré combien à luy seoit mal d'user de ce langage, attendu qu'il sçavoit bien que ledit Merveilles avoit lettres de creance au duc, et sa creance portée par instruction signée du Roy : aussi que luy-mesmes, au lieu de Fontainebeleau, avoit procuré sa depesche, et mis en avant ce moyen de luy donner autres lettres de recommandation particuliere, pour servir d'umbre et couverture aux fins et intention qu'il a esté dit cy devant. Et quand tout ce ne seroit, si n'estoit-il excusable ny soustenable en droict et justice, veue la precipitation de la procedure faicte contre luy, lequel fut, seulement par souspeçon et comme presumptivement consentant de l'homicide faict par ses gens, emprisonné le vendredy, et le dimenche jugé et executé clandestinement et de nuict : chose pour monstrer evidemment que le duc eust peur et crainte qu'en le faisant executer publiquement, la pluspart du peuple y mist empeschement et fist tumulte, pour crainte que le Roy, s'en ressentant contre le duc, ils se sentissent aussi sans coulpe de la vengence qu'il en voudroit et pourroit faire ; et que à Milan mesmes en estoit le bruict commun. C'est grande force que de conscience, et qui merveilleusement faict perdre sens et propos à ceux qu'elle condamne.

Il me souvient avoir veu en mes jeunes ans ledit chancellier estre estimé l'un des plus subtils et prompts advocats, et plus argut en ses responses, qui fust pour lors en Lombardie ; mais, à ceste objection, le sens luy faillit au besoing, ou le sang, qui ne peult mentir, le feit respondre si mal à propos et contredisant à tout ce qu'il avoit dit au-paravant, que, pour excuser ceste execution nocturne et clandestine, il allegua que le duc son maistre l'avoit ainsi voulu, non pour la peur et craincte dessusdittes; mais, pour autant que ledit Merveilles estoit au service d'un si grand roy, il luy avoit porté ce respect, de ne luy faire ceste honte que de l'executer publicquement. A ceste cause on luy rompit alors la broche, en luy remonstrant, puis que, par son dire, il confessoit le duc avoir bien sceu que ledit Merveilles estoit serviteur du Roy (ce qu'auparavant il avoit nié), la raison vouloit qu'à l'homme niant chose si manifeste, il n'en fust disputé plus amplement; et que le Roy avoit tresbien entendu ses excuses fondées en paroles, sans justification aucune; et qu'au contraire le Roy luy avoit monstré par lettres et autrement, deuement et clairement, que le duc son maistre ne pouvoit soustenir qu'il ignorast ledit Merveilles estre son serviteur et ambassadeur. Et partant, il vouloit que reparation de ceste injure luy fust faicte, selon que premierement il luy en avoit escrit; autrement il la se feroit faire en temps et lieu.

Telle fut la response et depesche baillée audit chancellier; et n'y avoit homme du conseil du Roy qui ne jugeast cest outrage si grand et infame, que, non seulement il avoit juste cause d'en entreprendre la vengeance contre le duc, mais qu'à grand peine s'en pouvoit il passer à son honneur: et pensoit bien un chacun que, si à ceste entreveue ne s'y en moyennoit quelque reparation, le printemps ensuivant ne se passeroit sans qu'il y eust de la meslée.

Le mois d'octobre, fut, de la tour d'If et de Nostre Dame de la Garde, descouvert l'armée de mer, laquelle apportoit nostre sainct Pere: desquels lieux fut faict le signal; lequel veu de Marceilles, partirent du port un bon nombre de brigantins et fregattes, pour aller au devant de Sa Saincteté, dedans lesquels y avoit bonne compagnie de noblesse, avecques force trompettes, clairons et haulxbois. Arrivé qu'il fut à l'entrée du port, fut salué de la Majour de Nostre Dame de la Garde, de la tour Sainct Jean, de l'abbaye de Sainct Victor, et de plusieurs autres lieux eminents, de plus de trois cens grosses pieces d'artillerie, ausquelles les galleres rendirent leur salut, de sorte que tout le port et les environs se monstroient estre en feu. Ce faict, saditte Saincteté descendit en terre du costé de Sainct Victor, à l'opposite de la ville, le port entre-deux, en un palaiz estant au seigneur de Montmorency, grand maistre et mareschal de France; lequel il avoit faict preparer pour la reception de saditte Saincteté, attendant qu'il feroit son entrée. Pareillement ledit sire de Montmorency, sur lequel le Roy s'estoit reposé de toutes choses pour la reception de Sa Saincteté, avoit faict preparer dedans la ville deux palaiz, l'un pour le Pape, l'autre pour le Roy : et y avoit entre les deux une rue sur laquelle il avoit faict edifier, de charpenterie, une grande salle par laquelle on alloit d'un logis en l'autre; et estoit laditte salle grande, et fort à propos pour tenir le consistoire du Pape et des cardinaux, et aussi pour faire les assemblées de Sa Saincteté et du Roy : et le tout tendu de fort riches tapisseries.

La saincteté du Pape apres avoir esté conduitte jusques au palaiz que j'ay dit luy avoir esté preparé de là le port, chacun se retira en son quartier, jusques au lendemain, que saditte Saincteté se prepara pour

faire son entrée. Laquelle fut faicte en fort grande
sumptuosité et magnificence, luy estant assis sur une
chaire portée sur les espaulles de deux hommes, et
en ses habits pontificaux, hors mis la tyare, marchant
devant luy une hacquenée blanche, sur laquelle re-
posoit le sacrement de l'Autel ; et estoit laditte hacquenée conduitte par deux hommes à pied en fort bon
equippage, avecques deux resnes de soye blanche. Puis
apres, marchoient tous les cardinaux en leurs habits,
montez sur leurs mulles pontificales, et madame la duchesse d'Urbin, separement, en grande magnificence,
accompagnée d'un grand nombre de dames et de gentilshommes, tant de France que d'Italie. En ceste compagnie estant le Pere sainct au lieu preparé pour son
logis, chacun se retira : et tout ce fut ordonné et conduit sans nul desordre ny tumulte. Or, ce-pendant
que le Pape faisoit son entrée, le Roy passa l'eaue
dans une fregatte, et alla loger au lieu dont le Pape
estoit party, pour, de ce lieu, le lendemain venir faire
l'obeïssance au Pere sainct, comme roy Tres-Chrestien. Or avoit il esté ordonné de long temps, que
maistre Guillaume Poyet, president en la cour de
parlement de Paris, et depuis chancellier, feroit l'oraison au Pape, quand le Roy luy feroit la reverance.
Et estoit ledit Poyet le plus eloquent advocat de son
temps, et mieux parlant la langue françoise ; mais je
pense bien que la latine ne luy estoit si commune, et,
pour ceste raison, avoit faict forger son oraison, de longue main, par les plus doctes hommes de ce royaume ;
et l'avoit bien estudiée. Mais il avint autrement qu'il
ne pensoit ; car, le matin, au lever du Roy, le maistre
des ceremonies vint devers Sa Majesté, luy faire en-

tendre la substance sur laquelle Sa Saincteté prioit ledit seigneur qu'on fist laditte oraison, afin de n'offencer les autres princes et potentats, laquelle instruction estoit toute contraire à ce qu'avoit projecté ledit Poyet. Parquoy, se voyant surpris, suplia le Roy de donner ceste charge à un autre, remonstrant que c'estoit le faict de un prelat, attendu que c'estoit pour l'union et bien de l'Eglise ; mais, à bien dire, c'estoit qu'il n'avoit le temps de pouvoir changer le languaige ne la substance de saditte oraison : parquoy en fut baillée la charge à Jean du Bellay, evesque de Paris, lequel, encores qu'il fust prins à l'improviste, s'en deschargea au contentement tant des estrangers que de ceux de sa nation.

Estant le Roy preparé, partit pour venir au palaiz où estoit le Pape, accompagné des princes de son sang, comme monseigneur le duc de Vendosmois, le comte de Sainct Pol, messieurs de Montpensier et de La Rochesuryon, le duc de Nemours, frere du duc de Savoye, lequel mourut audit lieu, le duc d'Albanie, et plusieurs autres, tant comtes, barons, que seigneurs, estant tousjours pres de luy le seigneur de Montmorency, son grand maistre. Estant le Roy arrivé au palaiz, fut receu, par le Pape et tout le college des cardinaux assemblez en consistoire, fort humainement. Ce faict, chacun se retira au lieu à luy ordonné, et le Roy mena avecques luy plusieurs cardinaux, pour les festoyer, et, entre autres, le cardinal de Medicis, nepveu du Pape, homme fort magnifique et bien accompagné. Au lendemain, ceux ordonnez par Sa Saincteté et par le Roy commencerent à s'assembler, pour traitter des choses pour lesquelles l'entreveue se faisoit. Premierement, fut traitté du faict de la foy, et, pour-autant que les choses n'estoient preparées pour le concile, ainsi qu'avez peu veoir par ce qui en a esté dit cy devant, fut depeschée une bulle pour (en attendant ledit concile) reprimer les heresies en ce royaume, et empescher que les choses ne vinssent en plus grande combustion qu'elles n'estoient. Puis, fut conclu le mariage du duc d'Orleans, second fils du Roy, avecques Catherine de Medicis, duchesse d'Urbin, niepce de Sa Saincteté, avec les conditions telles ou semblables que celles qui autresfois avoient esté proposées au duc d'Albanie, ainsi que pouvez avoir entendu par cy devant. Ledit mariage fut consommé en grande magnificence, et les espousa nostre sainct Pere. Ce mariage ainsi consommé, le sainct Pere tint un consistoire, auquel se crea quatre cardinaux à la devotion du Roy, sçavoir est : le cardinal Le Veneur, par devant evesque de Lizieux et grand aumosnier du Roy ; le cardinal de Boulongne, de la maison de la Chambre, et frere maternel du duc d'Albanie ; le cardinal de Chastillon (1), de la maison de Colligny, nepveu du sire de Montmorency, fils de sa sœur et du mareschal de Chastillon ; le cardinal de Givry, oncle paternel de madame l'amirale de Brion. Ce faict, fut celebrée une messe papale, à la fin de laquelle nostre sainct Pere donna sa benediction et absolution generale par toute la chrestienté, comme au jeudy de la sepmaine saincte. Les choses ainsi parachevées (2), le Pape

---

(1) *Le cardinal de Chastillon* : Odet de Châtillon, frère du célèbre amiral de Coligny et de d'Andelot. Il abjura, ainsi que ses frères, la religion catholique, et se maria. — (2) *Les choses ainsi parachevées* : cette entrevue avoit duré depuis le 4 octobre jusqu'au 20 novembre.

s'embarqua, pour retourner à Romme, environ le vingtiesme jour de novembre, et le Roy print son chemin pour se retirer vers Avignon. Aussi fut parlé de l'affaire du Roy d'Angleterre, pour lequel le Roy feit grande instance; mais, estans les choses si avant, que d'avoir esté jetter la fulmination contre ledit Roy, les cardinaux contesterent de sorte que la chose fut remise à Romme, où tout le college seroit assemblé; cependant le Roy pourroit envoyer devers ledit roy d'Angleterre, pour luy persuader de se remettre en l'obeïssance de l'Eglise rommaine.

Depuis le partement de Marceille, ne sejourna le Roy, jusques à ce qu'il fust à la coste Sainct André, sinon deux jours, en passant en Avignon; auquel lieu il assembla son estroict conseil, et delibera sur une requeste à luy faicte, tant de la part du jeune duc Chrestofle de Wittemberg (1), au nom de luy et de son pere, comme des ducs Guillaume et Louis de Baviere, ses oncles. Nous avons dit par-cy devant la gratieuse response que feit ledit seigneur à messire Bonacurse Gryne, secretaire desdits ducs de Baviere, et com-

---

(1) *Du jeune duc Chrestofle de Wittemberg*: Ulrich, duc de Wirtemberg, avoit opprimé ses sujets, et s'étoit très-mal conduit avec Sabine de Bavière, sa femme. Les ducs de Bavière, Guillaume et Louis, en firent des plaintes, et Ulrich fut mis au ban de l'Empire. Sabine obtint la révocation de ce décret, et ne fut pas mieux traitée. Un des officiers d'Ulrich ayant été tué par les habitans de Ruttinghen, il saccagea cette ville, et arma contre lui la ligue de Souabe, dévouée à la maison d'Autriche. Guillaume de Bavière, à la tête de cette ligue, le chassa de ses Etats, qui furent donnés à Ferdinand, frère de Charles-Quint. Les ducs de Bavière, pressés ensuite par les sollicitations de Sabine, leur sœur, s'intéressèrent au sort de Christophe, fils d'Ulrich, qui n'étoit âgé que de quatre ans lorsque son père avoit été dépouillé.

ment il leur avoit promis d'envoyer homme avecques pouvoir de traitter et conclurre avecques eux, selon leur intention et requeste : de laquelle response il avertit ses princes et maistres, et luy demoura en ceste Cour, attendant la depesche dudit personnage, jusques apres le partement de ceste assemblée. Ledit jeune duc Chrestofle de Wittemberg avoit eu, dés le mois d'aoust, response des alliez et confederez en la ligue de Sueve, à une sienne longue lettre du dernier jour de juillet, par laquelle il leur avoit faict entendre ses justes causes de doleance sur le traittement rigoureux dont, sans sa coulpe, on avoit usé à l'encontre de luy; et par laditte response luy avoient les commis et deputez d'icelle ligue signifié que, pour estre son affaire fort intrinqué, tellement qu'il estoit presque impossible de la decider et y faire fin, par lettres et response, entre absens, ils luy avoient semonds à se trouver en personne, au commencement de septembre prochain, à une diete, pour entendre à la decision de sondit affaire, qu'ils offroient de tenir en la ville d'Ausbourg, où ils estoient lors assemblez à la deliberation d'autres affaires. Et à ceste fin, luy avoient envoyé saufconduit en ample forme, soubs les seings et seaux secrets des triumvires, ou trois capitaines, lesquels estoient alors messire Guillaume de Keringen, Leonard de Bappahein, mareschal du Sainct Empire, et Ulricq Naytarei, bourgmestre de la ville de Ulme. Or est la coustume en Germanie qu'en toutes les assemblées qui se font à la requeste d'aucun personnage, et pour ouir et decider ses propres et particulieres affaires, ledit personnage y mene le plus grand nombre qu'il peult assembler de ses familiers amis et adherans, ou leurs commis et deputez, pour assister à l'audience et decision de sa matiere.

Lequel nom et tiltre d'assistance est de telle condition, que quiconques assiste à autruy, faict la cause et matiere sienne, et tacitement s'oblige à luy donner ayde et faveur, et jusques à prendre les armes pour luy en un besoing, en cas de denegation et maligne dissimulation de justice. Suivant laquelle coustume, ledit duc Chrestofle avoit envoyé devers plusieurs roys, ducs, et princes, les requerir et suplier de luy vouloir assister en cestuy sien affaire : sçachant doncques la promesse qui aux ducs de Baviere ses oncles avoit esté faicte par le Roy nostre maistre, d'envoyer un personnage avec pouvoir de traitter, ainsi comme j'ay dit, avec eux, il luy escrivit de fort gratieuses et humbles lettres, la substance desquelles il m'a semblé estre bien à propos d'inserer en cest endroict, ensemble la response du Roy, et recharge faicte par luy, accompagnée de la priere et grande instance de sesdits oncles les ducs de Baviere, qui par ledit Gryne, leur secretaire, fut faicte de bouche, et baillée par escrit audit seigneur roy de France.

La salutation accoustumée premise, il luy exposoit comment, en la grande et longue affliction et calamité de son pere et de luy, qui estoient (ja dix-sept ans avoit) expulsez et chassez hors de leur païs et biens, la premiere esperance qu'ils avoient eue de se resouldre, avoit esté par la nouvelle qu'il eut de la consommation du mariage de Sa Majesté avec la royne madame Aleonor, son espouse, et sœur des empereur et roy des Rommains, ausquels estoient leurs biens appliquez et parvenus; se confians, iceux ducs, pere et fils, qu'estant la mere d'iceluy duc Chrestofle, fille d'une sœur de l'empereur Maximilian, pere du roy Philippe de Castille, pere dudit empereur Charles et du roy Ferdinand et de laditte royne Aleonor, il ne pouvoit estre que luy, comme un allié des parties, interposant son credit et authorité sur cest affaire, lesdits seigneurs Empereur et Roy n'y eussent esgar, et les jettassent hors de ceste grande leur misere et calamité; laquelle interposition de son credit et authorité ils ne pouvoient non esperer, pour son accoustumée bonté, compassion et promptitude de secours envers tous affligez et opprimez de necessité. A ceste cause, luy estant accordé saufconduit de venir à une assemblée des alliez et confederez en la ligue de Suave, spoliateurs et expulseurs de sondit pere, par eux à luy octroyé pour ouir et entendre ses doleances, il suplioit Sa Majesté vouloir escrire aux dessusdits Empereur et Roy, et envoyer autre ambassadeur ausdits alliez et confederez de Suave, leur recommandant affectueusement et prenant en sa protection les affaires de luy et de son pere; lesquels affaires il ne doutoit que, par sa protection et assistance, ils ne se portassent favorablement et bien, et qu'ils n'en demourassent perpetuellement et infiniement obligez à saditte Majesté, à laquelle, pour fin de lettre, ils se recommandoient de rechef et tres-humblement.

Ceste fut la requeste dudit jeune duc Chrestofle, sur laquelle, apres avoir meurement pensé, le Roy luy feit response, qu'estant de sa nature et coustume, enclin et prompt à secourir quiconque en avoit besoing, non seulement ses alliez de sang, il luy desplaisoit merveilleusement que, sans le sceu et consentement desdits seigneurs empereur et roy des Rommains, ausquels touchoit l'affaire d'iceux ducs et pere et fils, qui estoient jouissans et saisis des biens et Estats d'iceux, il ne pouvoit, sans offension de ses traittez, entreprendre la protection de leur dit affaire, ne pour ceste fin escrire ou envoyer ambassadeur ausdits alliez et confederez de Suave; car ce seroit tacitement les blasmer et reprendre d'iniquité, s'il requeroit ou poursuivoit que les biens et Estats d'iceux pere et fils leur fussent, par jugement de la ligue, rendus comme injustement et à tort, occupez et detenus par les susdits Empereur et Roy. Ausquels vouloit il bien de bon cœur et affectueusement escrire, qu'ayant esgard à la prochaine alliance d'iceux ducs avec Leur Majestez, ils eussent esgard à leur donner moyen de vivre et s'entretenir en tel estat qu'il appartenoit à gens de telle estoffe et de si noble alliance comme ils estoient; offrant, au demourant, audit duc Chrestofle, l'ayder et secourir de son propre, duquel il pouvoit disposer à son plaisir et sans offension ou juste malcontentement de personne, et faire pour eux, et en tout et par tout, ce que, sans contrevenir à ses traittez, il pourroit et seroit loisible de faire.

La verité estoit en effect que le Roy desiroit moult de veoir les ducs susdits remis en leur Estat, et que volontiers il eust trouvé moyen de les y ayder, y despendant du sien, tant pour affoiblir d'autant les forces de l'Empereur et de son frere, comme pour acquerir en Allemagne nouvelles amitiez, et par bien faicts y confermer celles que desja y avoit acquises, et rendre à l'Empereur la pareille, qui en toutes parts s'essayoit à luy substraire ses alliances, et les unir et joindre à luy; mais il le vouloit faire avec occasion si coulourée, qu'il peust deffendre et maintenir n'avoir, en ce faisant, contrevenu audit traitté, lequel il se contentoit assez garder au pied de la lettre, sans en riens l'estendre en faveur et avantage de qui ne luy en donnoit la cause. Parquoy de ceste sienne volonté n'estoit ignorant ledit Bonacurse, secretaire des ducs de Baviere, et par lettres en chiffres la feit entendre à ses princes et maistres, qui pareillement en advertirent le duc Chrestofle, leur nepveu, auquel ils portoient affection toute autre qu'ils ne faisoient au pere : et s'il eust esté en leur puissance de le remettre au duché sans y remettre le pere, ils s'y fussent employez tres-volontiers; et s'en estoient assez ouvertement laissez entendre, ne pensans toutesfois en pouvoir venir à bout, à cause que la plus part de ceux qui tendoient au recouvrement de ce duché, favorisoient au pere principalement, et ne leur sembloit estre raisonnable d'y mettre le fils et abandonner le pere. Donc, voyans qu'ils ne pouvoient ce qu'ils vouloient, voulurent à la fin ce qu'ils pouvoient ou jugeoient estre plus facile. Et de rechef en escrivirent amplement audit Bonacurse, leur ambassadeur et secretaire, lequel, apres avoir declaré leur intention au Roy, la luy bailla par articles escrits, contenans en substance ce qui s'ensuit.

Premierement, qu'ils le remercioient de la bonne et gratieuse response qu'il avoit faict audit leur ambassadeur, en promettant et asseurant audit seigneur Roy qu'à tousjours-mais ils iroient et tiendroient le droict chemin avecques luy. Secondement, ils l'advertissoient du saufconduit octroyé audit duc Chrestofle, leur nepveu, par le moyen d'eux et de leurs secrettes praticques et menées; et qu'en ceste diete ne se traitteroit chose en laquelle Sa Majesté ne puisse, par quelque sien ambassadeur, assister audit jeune duc Chrestofle, avecques les ambassadeurs et commis d'autres plusieurs roys et princes chrestiens, lesquels aussi leur presteroient assistance et adherance pour le pacifier et accorder avecques le roy Ferdinand; et laquelle pacification ne se traitteroit, sinon amiablement, et suivant les droicts, us, status, immunitez et privileges du sainct Empire et de la nation germanique : ausquels statuts et privileges ledit roy Ferdinand n'oseroit ne pourroit contrevenir, autrement il s'acquerroit ennemis, et susciteroit à l'encontre de soy tous les Estats du sainct Empire. Si que le Roy, favorisant à ceste entreprise, ne failliroit à faire de deux choses l'une, ou d'obtenir du roy Ferdinand la restitution de ces ducs, lesquels et leurs adherans en seroient ses obligez à jamais, et ledit roy Ferdinand, affoibly d'autant de païs et d'autant d'amis et adherans; ou de le contraindre à refuser justice, enquoy il acquerroit toute l'inimitié de la Germanie, qui le pourroit par force destituer, non seulement de ce duché, mais du tiltre et nom de roy des Rommains; et ce, sans que le roy de France s'en empeschast si ouvertement, qu'on le peust accuser d'avoir le premier enfrainct les traittez et capitulations avec l'Empereur.

Et à ceste cause, le prioient, attendu que desja il avoit deliberé d'envoyer le seigneur de Langey en Allemagne pour avec eux traitter et conclurre de la forme et maniere de la consignation par luy promise pour la conservation d'une ligue defensive non offensive, et que les deputez et commis de tous les princes contrahans au traitté de Smalcade se trouveroient ensemble à ceste diete, pour y assister et adherer à la poursuitte de ceste restitution, ce consideré, son bon plaisir fust d'escrire et recommander cest affaire aux alliez et confederez de Suave, et ordonner audit Langey d'y assister ainsi et en la maniere que feroient les autres, à tout le moins selon que par ledit Langey, son ambassadeur, seroit convenu et accordé avecques les dessusdits ducs de Baviere; aussi que son plaisir fust d'escrire à monseigneur le duc de Lorraine, et à monseigneur le duc de Guise, son frere, à ce que, s'il avenoit audit duc Chrestofle, ou aucun de ses gens et serviteurs, aller ou venir, ou sejourner parmy leurs païs, il fussent contens de le luy souffrir et permettre, luy usant, au demourant, de toute raisonnable et honneste faveur et humanité, selon qu'ils esperoient dudit seigneur roy de France que volontiers il accorderoit et obtiendroit d'eux sans aucune difficulté.

Ces remonstrances, ainsi faictes et baillées au Roy par escrit, furent accompagnées d'unes lettres de recharge par le duc Chrestofle, par laquelle, entre autres choses, il remonstroit que ceste diete, non seulement se faisoit du seul consentement de l'Empereur, et de Ferdinand son frere, mais qu'ils y auroient eux-mesmes leurs commissaires et deputez; ensemble, que ledit roy Ferdinand avoit consenty et accordé que ceste matiere fust mise en dispute de droict, et decidée par l'assemblée d'iceux confederez. Et qu'il fust vray, envoya au Roy, pour en faire foy, le double d'un saufconduit dudit roy Ferdinand à luy accordé, en dacte du vingt-cinquiesme jour du mois de may lors dernier passé, et d'unes lettres, en dacte du lendemain, addressantes au capitaine de laditte ligue, touchant l'affaire dudit duc Chrestofle, par lesquelles il s'offroit à faire, non seulement justice, mais traittement gratieux, et encores, envers l'Empereur, tout l'avancement qu'il pourroit de sa parole, faveur et recommandation. Si que ledit seigneur Roy nostre maistre ne devoit plus craindre ne doubter qu'en assistant et adherant à ceste poursuitte de justice, il offençast ny l'Empereur ny le Roy son frere, ny fist chose que les propres vassaux et subjects de l'Empire ne fissent en cas pareil, et sans commettre, en ce faisant, aucune cause de reprehension.

Le Roy, ainsi que j'ay dit, apres avoir entendu toutes ces remonstrances, et veu les doubles des lettres et saufconduit, encores que, par la teneur et substance d'iceux, il fust assez aisé à cognoistre que ledit seigneur roy Ferdinand n'avoit aucune volonté de rendre ce duché, se contentoit toutesfois d'avoir la couverture desdites lettres et saufconduit, lesquels il interpretoit au meilleur sens, et qui faisoit selon son intention, c'est à dire, selon que chantoit la lettre, ne se voulant persuader que ledit roy Ferdinand voulust escrire autrement qu'il pensoit. Et pource, delibera et arresta en son conseil d'obtemperer à la requeste d'iceux ducs de Baviere et Wittemberg; et envoya ledit seigneur de Langey, avecques charge de traitter et conclurre de la consignation dessusdite, avecques ceste clause, toutesfois, que ses deniers ne pourroient estre employez à l'invasion d'aucun, ains seulement à la deffence desdits anciens us, observances et privileges de l'Empire, et autres certaines clauses, limitations et restrinctions contenues au traitté qu'il en passa;

luy donna pareillement charge de faire, pour la restitution de ces ducs, entierement tout ce qu'il pourroit faire avec suffisamment coulourée couverture, et sans ouvertement contrevenir au texte de ses traittez et convenances : aussi luy enjoignit, sur toutes choses, d'essayer tous moyens possibles à faire que ceste ligue de Suave ne se renovast, mais que de tous poincts elle se dissolust. Et sur ce, luy donna lettres de creance aux commissaires de l'Empereur, au roy Ferdinand, s'il se trouvoit à ceste assemblée, et, en son absence, à ses commis et deputez, et à tous les autres confederez de ladite ligue universellement.

Le seigneur de Langey, à son arrivée, adverty que le roy Ferdinand ne se trouvcroit à ladite assemblée, voulut bien faire entendre à ses ambassadeurs son arrivée et l'occasion pour laquelle le Roy l'avoit depesché; et, pour cest effect, leur envoya une lettre qu'il leur escrivit, avecques celles du Roy addressantes au roy Ferdinand, ou à eux, en son absence : laquelle j'ay ici inserée, avec deux oraisons qu'il feist en ladite assemblée pour induire les deputez à reintegrer les ducs de Wittemberg en leurs seigneuries.

« Messieurs, quand le Tres-Chrestien roy de France,
« mon maistre, fut prié par les ambassadeurs du duc
« Chrestofle de Wittemberg, qu'il luy pleust deffendre
« sa cause et celle de Ulrich, son pere, envers le roy
« Ferdinand, combien qu'il leur deust octroyer cela,
« d'autant plustost que plus il avoit deu apprendre
« par ses afflictions propres à secourir les affligez, tou-
« tesfois, la parenté du roy Ferdinand l'en destour-
« noit, voyant qu'à luy touchoit principalement cest
« affaire. Mais, apres qu'il a generalement et particu-

« lierement entendu comme tout l'affaire s'est porté
« au commencement, et en quel estat il est mainte-
« nant, et qu'à la requeste du roy Ferdinand mesmes,
« on avoit donné une journée pour les remettre en
« leurs biens, de sorte qu'il sembloit y avoir plus de
« besoing d'amiable confirmation que de deffence,
« alors il a cogneu appartenir à son devoir (estant
« commun amy) de faire une recommandation de ses
« alliez, et principalement de cestuy pauvre inno-
« cent, envers le roy Ferdinand, aussi son allié et
« amy, ayant grande occasion de congratuler à tous
« deux : aux uns, pour avoir trouvé un port en la
« tourmente de leurs biens; et au roy Ferdinand,
« pour raison du bon advis et conseil qu'il a pris,
« d'user de misericorde. Je ne suis donc pas venu
« pour excuser la faulte de Ulrich, combien qu'il en
« ait quelque cause, sinon juste, à tout le moins con-
« joincte avec une juste douleur, mais pour congra-
« tuler du pardon faict et de la vengeance moderée,
« ou (si les choses s'y adonnoient) pour les obtenir
« de vous par prieres. Si suffisamment il a enduré et
« souffert, estant chassé hors de sa maison et tiré d'a-
« vec ses enfans, lesquels il n'a peu veoir depuis, il
« est temps qu'on rende maintenant ce seul et unique
« fils au pere, et le pere au fils, et à tous deux leurs
« Estats. La restitution desquels, quant à l'un, depend
« entierement de la misericorde du roy Ferdinand;
« mais, quant à l'autre, il y va du devoir. Il a des-
« maintenant beaucoup (et peult à l'avenir avoir d'a-
« vantage) de moyens pour s'enrichir plus dignes de
« sa grandeur, que de vouloir accroistre le sien (quand
« il luy seroit permis) par la ruine et destruction de

« ceux cy, ses parents, desquels, s'il n'a pitié (ce qu'il
« a deliberé d'avoir), il ne leur demeure rien entiere-
« ment que la vie et une perpetuelle calamité. Tou-
« tes lesquelles choses et semblables, combien que
« par le Tres-Chrestien roy de France, mon maistre,
« fussent fort bien entendues, toutesfois il l'a voulu
« admonnester amiablement, afin qu'il ne se laissast
« divertir d'une si bonne et si saincte entreprise, qui
« est la plus excellente chose et la plus honnorable
« qu'il sçauroit laisser à sa posterité; et, si ses prieres
« y peuvent ayder, il l'en suplie tres-affectueuse-
« ment; ou si l'authorité d'un commun amy peult
« donner quelque moyen à vuider tels differends, il
« y offre tout son pouvoir, m'ayant commandé pro-
« poser icy, en son nom, quelques avis qui se trouve-
« ront honnestes et prouffitables pour parvenir à un
« bon accord. Mais puisque j'enten que le roy Fer-
« dinand n'assistera point à ceste assemblée, qui est
« contre ce que l'on avoit faict entendre au Tres-
« Chrestien roy; et qu'il vous a donné, tresreverends
« et tresmagnifiques seigneurs, plein et entier pouvoir
« de composer et appoincter tous differends, je vous
« envoye les lettres de mondit seigneur Roy, qui ap-
« partenoient au Roy vostre maistre, et, en son ab-
« sence, à vous, afin que vous sçachiez par icelles que
« tout ce que je vous declare est en son nom, et pro-
« cede de son vouloir et intention. »

Dés le vingt-cinquiesme jour de novembre, audit an
1533, arriva le duc Chrestofle à Ausbourg, et avecques
luy se trouverent, pour y assister et adherer au nom
du duc Jean Federic, electeur de Saxongne, messire Chrestofle de Tambanhain, chevalier; messire

Theodore Spieger, docteur és droicts; au nom du duc
Henry de Brunsvic et Lembourg, un homme de loy;
au nom du duc Ernest, aussi de Brunsvic et Lembourg, messire Chrestofle de Sainct Ampergh et Bal-
tazar Clavier; au nom du duc Albert de Prusse, messire André Rip, docteur; au nom du duc Albert de
Mechelpurg, messire Sebastien, chancellier de Schwe-
nispurgh; au nom du duc Jean de Cleves et Julliers,
messire Charles Harst, docteur; au nom de lansgrave
Philippe de Hesse, messire Herman de Malspeirg, son
mareschal, et messire Jean de Finsy de Lieuchamp,
son chancellier; au nom du comte Georges de Wittemberg, messire Jaques Truch, chevalier, et messire
Jean Cuoder, docteur, son chancellier; et de princes
ecclesiastiques, au nom du duc François, evesque de
Munstre, messire Thomas de Hordo, son mareschal,
et Josse Rullant, docteur, son chancellier.

Le seigneur de Langey, dessus nommé, ambassadeur
du Roy nostre sire, fut instamment requis de se vouloir inscrire au nom des assistans; mais, adverty de
l'importance de ce nom, et que quiconques assiste à
une cause la faict sienne, comme a esté dit cy dessus,
ne voulut y entrer comme ambassadeur de prince assistant, mais comme mediateur de paix et d'amitié entre
les parties; aussi veoit il que les ambassadeurs mesmes
des ducs de Baviere, qui avoient procuré sa depesche,
n'y entrerent point comme assistans, mais seulement
comme du nombre des alliez et confederez de la ligue:
parquoy il s'en excusa au mieux que possible luy fut.
Le roy d'Angleterre y avoit aussi envoyé un sien ambassadeur; mais il partit d'heure qu'il y arriva tard
et apres que l'assemblée fut departie. Le roy Jean de

Hongrie, pour la difficulté des chemins, n'y envoya point d'ambassadeur, mais bien y escrivit lettres fort affectionnées en faveur des ducs dessus nommez.

Le huictiesme jour de decembre, fut faict à sçavoir au duc Chrestofle, qu'au dixiesme jour, à sept heures, il auroit audiance à l'assemblée; et autant en fut faict à sçavoir audit seigneur de Langey, qui estoit seulement arrivé au mesme jour huictiesme de decembre. Lequel tout le lendemain feit diligence, ainsi qu'il luy avoit esté ordonné, d'entendre au long et à la verité le faict et les merites de cest affaire de Wittemberg, outre ce que par les chemins il en avoit appris de l'un des gens du duc Chrestofle, qu'il rencontra passant à Souleurre, et qui, pour instruction, luy avoit baillé une longue lettre imprimée du duc son maistre, du trente-uniesme jour de juillet precedant (car il n'en avoit autrement esté instruict à son partement) : et comme si le Roy en eust esté informé du commencement jusques à la fin, ceux qui le prierent et soliciterent d'y envoyer, ne furent si advisez que de lui en envoyer information ou par escrit ou de bouche.

Au jour et heure assignez, se presenta le duc, accompagné de tous ses assistans, qui furent tous assis de rang à un costé des sieges; et, ce-pendant, aucuns commissaires de la ligue, envoyez à ceste fin, entretindrent un espace de temps ledit seigneur de Langey, ambassadeur du Roy, dedans une autre salle, ce-pendant qu'il se disputa du rang et lieu qu'il devoit tenir, car il ne vouloit se scoir au dessoubs des ambassadeurs et commis du roy Ferdinand, et luy sembloit suffire qu'il cedast le premier lieu aux deputez et commissaires de l'Empereur, mais le second appartenir au Roy son maistre. Pour eviter ce differend, et ne prejudicier au droict de l'un ny de l'autre roy, fut advisé que, pour ce jour et autres, si l'ambassadeur de l'un se trouvoit à la diete, l'ambassadeur de l'autre ne s'y trouveroit. Et fut ledit seigneur de Langey, ambassadeur, conduit et mené par messire Guillaume Keringen, l'un des capitaines de la ligue, et par messire Leonard Eloq, docteur, ambassadeur du duc Guillaume de Baviere, capitaine general de ladite ligue; et fut assis aupres des commissaires de l'Empereur, lesquels estoient monseigneur Chrestofle de Stayn, evesque d'Ausbourg, et le comte de Montfort. Si presenta ses lettres de creance aux dessusdits commissaires et deputez des confederez de laditte ligue, dont je insereray icy le commencement de laditte lettre de creance, afin que la longueur d'icelle n'importune le lisant.

« François, par la grace de Dieu, roy de France,
« à tresreverends, tresillustres, magnifiques et spec-
« tables electeurs, princes et autres estats de l'Em-
« pire, assemblez à tenir la diete en la ligue de Suave,
« noz treschers amis, cousins et confederez, salut. En
« ces grands et urgens affaires de la chose publique
« chrestienne qui sont et regnent de nostre temps, etc. »

Apres la lecture de laditte lettre, le seigneur de Langey declara à l'assistance ce qu'il avoit de charge du Roy son maistre; puis, par le duc Chrestofle de Wittemberg, fut mis en avant ce qui sembloit luy servir pour son faict. Ses remonstrances furent bien prises, horsmis des deputez du roy Ferdinand de Hongrie, lequel estoit jouissant dudit duché, et ceux qui luy estoient adherens; de sorte qu'il n'y eut ordre qu'il se feist aucune conclusion pour ce jour, encores qu'ils en fussent fort persuadez par une oraison qui leur fut faicte sur le champ par ledit seigneur de Langey, laquelle vous verrez icy traduitte de latin en françois.

La premiere oraison du seigneur de Langey, faicte à messieurs des estats d'Allemagne, pour et en la faveur du duc de Wittemberg, traduicte de latin en françois.

« Si le Tres-Chrestien roy de France, mon maistre, eust voulu jusques aujourd'huy seulement avoir esgard à son devoir et à ce que l'humanité requeroit, long temps a qu'envers ces estats, c'est à dire envers ses amis et confederez anciens, il eust entrepris de deffendre et favoriser la cause des illustres et miserables ducs de Wittemberg: a quoy faire, l'exemple de sa recente calamité l'admonnestoit, comme celuy qui se devoit efforcer de relever les miseres d'autruy, par la memoire et souvenance des siennes propres, attendu mesmement que beaucoup d'autres raisons le mouvoient : c'est à sçavoir, l'authorité et faveur de plusieurs grands et tres-vertueux princes qui prioient pour eux, leurs alliances et affinitez, la grande apparence et esperance que la vertu de l'un devoit croistre avec les ans, sa grande et indubitable innocence, et de tous deux la fortune telle, qu'elle peult esmouvoir leurs ennemis mesmes à pitié et compassion ; car certainement, l'un, pour l'exigeance du crime, a suffisamment souffert, et l'autre, pour son innocence, a esté trop miserablement traitté. Mais, à dire la verité, au-

tant que toutes ces considerations enflammoient le roy
Tres-Chrestien de les secourir, autant l'en refroidissoit le bruit commun d'aucuns, qui n'entendoient les
desseings de voz affaires, ainsi que maintenant il se
peult juger, et avoient faict courir jusques à ses
oreilles, que, par edict perpetuel, aviez transporté au
roy Ferdinand tous leurs biens et Estats; tellement
qu'il luy estoit à craindre que, prenant en main la tuition et deffence de ceste cause, il offensast ceux avec
lesquels il est lié de tresestroitte alliance et confederation. D'avantage, il sçavoit fort bien que, pour le respect et honneur du roy Ferdinand, et mesmes pour le
regard de vostre estimation, il ne devoit penser qu'un
prince non ambitieux voulust usurper les biens de
ses voisins et alliez, sans estre jugez par les lois et coustumes, ny que vous, tant estimez prudents et vertueux, deussiez, sans occasion, imposer et estendre la
peine du forfaict du pere sur le fils innocent; car, si
cela n'estoit couvert de quelque execrable indignité
de crime, ce vous seroit à jamais une tache d'inhumanité et de cruauté, et à luy pareillement d'impieté et
d'avarice. Mais, ayant depuis entendu, et en general et
en particulier, par les lettres du duc Chrestofle, en
quelle sorte a esté cest affaire entrepris et commencé,
et en quel estat il est de present, apres y avoir songneusement pensé, il n'a voulu refuser secours à ses
alliez, princes dignes de commiseration, en l'endroict
mesmement où il est question de tous leurs biens et
fortunes : ou, pour mieux dire, les voyant favorisez de
tant de seigneurs qui se joignent à leur cause, il n'a
voulu faillir de les congratuler de ce que le recouvrement de leurs Estats n'est point fondé et assis sur

une opinion incertaine et doubteuse, mais despend de vous et de vostre clemence, et de la benignité du roy Ferdinand. Et pour vous faire bien entendre la charge qui m'a esté commise de ceste congratulation, j'espere vous monstrer clairement qu'ils ne doivent seulement estre remis en leurs biens, et principalement cestuy pauvre innocent, mais qu'ils le doivent estre par vous, et tellement par vous, que si plus long temps ils en demeurent privez, toute la coulpe d'oresnavant en tombera sur vous, et nullement sur le roy Ferdinand.

« Et si je vous monstre cela evidemment, et aussi que le Roy, mon maistre, vous estimant tels que ne pouvez avoir oublié l'equité, la misericorde, la prudence et autres vertus qu'il a cogneues en vous, à tresbon droict il a peu et deu congratuler à ceux cy et à vous : à ceux cy, de ce qu'ils ont trouvé un port gratieux pour s'asseurer apres une tant impetueuse tourmente et tempeste ; et à vous aussi est à bon droict deue ceste congratulation, d'autant qu'avez pris ce bon avis et tressainct conseil, de vouloir user de clemence et misericorde, par laquelle il me semble que les hommes s'approchent de Dieu. Je vien donc au fait, auquel je ne voy point avoir besoing de beaucoup de paroles ; car il vous peult souvenir à tous qu'apres la mort du pere de cestuy-cy, alors que ce duché par vous fut transporté à l'Empereur, et par luy, peu apres, au roy Ferdinand son frere, vous adjoustastes par mots expres ceste condition, qu'il en appoinctast avec Ulrich ; et au regard de cest innocent, qui, en l'aage de quatre ans où il estoit, n'a peu commettre crime ne faire acte deshonneste, vous luy reservastes la poursuitte de tous ses droicts, et nommément des chasteaux de Tubinge et de Neyſſen. Non long temps apres, qu'il vint à demander d'estre remis en la possession d'iceux, lesquels estoient entre les mains du roy Ferdinand, et voulant poursuivre ce qui luy appartenoit, iceluy Roy declara ouvertement qu'il luy permettoit tout ce qui seroit de droict et d'honnesteté ; et n'a pas consenty seulement que ceste journée soit assignée pour vuider ce differend, mais il en a voulu estre le principal autheur.

« Cest acte, certes, du roy Ferdinand, tant plus je le considere, tant plus je cognoy qu'il n'a peu faire plus prudemment ; car, s'il eust deliberé de leur rendre et restituer leurs biens et Estats, lesquels il tient par vostre moyen, sans vous en communiquer, je dy à vous, qui estes aucunement cause de la fortune à laquelle ces ducs sont maintenant reduits, il eust peu sembler qu'il n'eust tenu compte de vostre bienfaict, ou qu'il se fust voulu separément acquerir leur bonne grace, et les rendre obligez à luy seul, les laissant cependant irritez contre vous, comme s'il eust desiré et pourchassé que ce qu'ils avoient perdu par vous, ils pensassent, sans vous, et peult estre malgré vous, l'avoir recouvert de la main de celuy auquel estoit commode et proffitable le retenir. Mais, puisque les choses sont encores en leur entier, et qu'il remet en vostre vouloir de restituer en leurs Estats les ducs de Wittemberg, les deux ensemble ou l'un seul, je vous laisse à juger en quelles de leurs seigneuries vous semble qu'ils doivent estre restablis, aymant mieux que lon estime qu'ils y soient rentrez par vostre jugement que par son bienfaict. Puis aussi qu'il a voulu avoir tel esgard qu'il doit, tant au bien qu'il a receu de vous, qu'à vostre repos et à vostre reconciliation avec eux, et estant content de ceste seule louange, que, n'ayant esté trop arrogant ny presumptueux en recevant un bien-faict de vous, il a voulu apparoistre n'estre point tant inique detenteur de l'autruy, que liberal du sien, il se peult facilement juger qu'il ne vous a point ce-pendant osté par envie ne la bonne grace ny l'honneur : la bonne grace, que l'un tienne de vous les ornemens de sa jeunesse et l'esperance de son plus fort aage, et que l'autre vous doive l'aise et la tranquilité de sa vieillesse; mais l'honneur, sans doubte, sera entierement vostre, et non comme aux faicts de guerre, où les gensd'armes s'attribuent une grande partie de la gloire, car en cecy vous n'aurez point de compagnon, d'autant que chacun peult veoir et cognoistre que vous avez aydé et secouru le fils innocent de vostre ennemy, et tendu la main pour relever vostre ennemy abatu et vaincu. Et certes, le roy Ferdinand ce faisant, combien qu'il ne le vous ayt expressement declairé, si est ce qu'il monstre assez par effect qu'il vous a voulu tellement laisser toute la gloire et la bien-vueillance qui se peult attendre d'un tel acte, qu'il n'en puisse cy apres en aucune maniere encourir blasme ou reproche, en quelque part que puisse tourner vostre jugement. Car il est necessaire que celuy là se condamne de soy mesmes, qui n'ose remettre sa cause à l'opinion de personne; et celuy qui se veult submettre aux loix et coustumes, monstre qu'il espere de deux choses l'une : ou qu'il n'a volonté de retenir le bien d'autruy contre raison, ou que ceux ausquels il s'est submis luy feront injustement gaigner sa cause ; dont l'un je croy facilement, et l'autre est trop eslongné et indigne de sa reputation et de la vostre. Et de faict, quant à ce qui luy touche, je n'auray jamais opinion qu'il voulsist, encore qu'il en eust la puissance, entreprendre chose illicite et desraisonnable, ains aymeroit beaucoup mieux monstrer son authorité et employer ses forces au secours de ses alliez qu'à leur ruine; il m'est certainement advis qu'il ne pretend aucune chose en leurs biens, mais plustost veult entendre s'il les peult justement retenir, ou si, de vostre consentement, il les leur doit laisser. Et, quoy qu'il en soit, je ne penseroy jamais que vous puissiez trouver bon ny raisonnable de despouiller ceux desquels ne se dit point que l'un ayt commis faulte excessive, et l'autre n'a rien faict : plustost je penseroy, veu qu'il fault distinguer les crimes, et que les peines sont diverses, que l'on ne sçauroit mieux faire que vous eslire pour juger si Ulrich le pere (car du fils qui en peult doubter?) n'a pas assez souffert en dixsept ans, et s'il n'a pas faict suffisante penitence pour la qualité du crime qu'il a commis. Car, nonobstant qu'il ayt faict faulte envers vous, il est certain neantmoins que ce n'a esté en haine de vostre ligue, ains contre son gré et sans y penser, par un desir ardant de se venger, et par une juste je ne sçay quelle douleur. Et peult estre (je diray ce mot avec vostre congé et permission) qu'il a tellement failly, qu'il n'y a personne d'entre vous estant en sa place, qui n'en eust autant faict : car vous sçavez, messieurs, que les habitans de Reuthling, chasteau en Suave, lequel est maintenant de ceste ligue, ont porté longues et grosses inimitiez aux predecesseurs d'Ulrich, et les ont continuez en son endroict; tellement qu'aucuns d'eux ont malheureusement tué et massacré les habitans coustumiers de ses forests, dont il a tresinstamment requis luy estre faict raison par les gouverneurs du chasteau : mais tant s'en fault qu'ils ayent faict demonstration exemplaire des meurtriers, que plustost les ont retirez dedans leur ville, et les ont nourris et soustenus; au moyen de quoy, se voyant indignement offensé, il ne se fault esmerveiller s'il s'est enflammé de cholere, et si promptement enflammé, que vous avez plustost entendu le chasteau avoir esté pris et assailly. En cecy, messieurs, je ne dy rien de la vengeance qu'avez faicte de luy; car j'ay deliberé de deduire seulement les raisons pour lesquelles j'estime qu'il est raisonnable qu'elle soit moderée, vous priant, devant toutes choses, vouloir representer à voz yeux les corps morts de ceux qui estoient en sa protection, estans cruellement hachez en pieces et jettez devant ses pieds.

« Considerez aussi, s'il vous plaist, les pleurs et plainctes de leurs parens, femmes et enfans, se jettans à genoux devant luy, et reduisez en vostre memoire quel dueil il pouvoit avoir d'estre ainsi contemné, et quels propos tenoient ses subjets, qui le persuadoient de se venger, autrement on luy feroit encores pis. Je me rapporte à vous, et vous laisse à penser quel courage là dessus il pouvoit avoir. Quant à moy je suis d'advis que, s'il y a quelque temps d'obeïr à une juste douleur, et de se venger (comme je croy que vous me confesserez en estre quelque-fois temps entre les hommes), cestuy-là, certes, est aucunement necessaire, quand, apres avoir demandé justice d'un forfaict, en lieu d'en faire la raison, on voit les malfaicteurs, non seulement mis en sauve-garde dedans les murailles de la ville, mais estre appellez aux honneurs publics,

Certainement il faict grand mal à toutes personnes, et singulierement aux grands seigneurs, de veoir leur authorité contemnée et mesprisée; et cognoissons que nature nous a apprins de nous esmouvoir à la deffendre par armes, si autrement il n'est commode d'en avoir satisfaction. Lisez les histoires des anciens, et il se trouvera que peu de guerres ont esté entreprinses par noz predecesseurs, sinon pour ceste occasion. Et, afin que par vostre congé il me soit permis vous dire de rechef ce que j'en ay sur le cueur, j'estime que si vous eussiez esté au lieu de Ulrich, les mesmes causes qui l'ont meu eussent eu pareille puissance sur vous que sur luy : il a esté esmeu de juste douleur, estant outrageusement offencé et injurié, de sorte qu'il ne s'est peu commander qu'il n'ait vengé la mort des siens. Ce que je vous supply ne penser estre dit par moy, pour vous rendre reprochable ce qui vous doit estre honorable, ayant faict la vengeance de celuy qui a destruict voz confederez : je ne vouldroy aussi l'avoir dit pour faire comparaison de la faulte de Ulrich avec vostre acte tant vertueux, et encores moins pour nier qu'il n'ayt failly, veu que luy mesmes le confesse ; car il devoit faire plaincte du tort qu'il avoit receu, en ceste assemblée, soubs l'authorité de laquelle il s'en fust beaucoup plus commodement ressenty. Parquoy il a failly et temerairement faict: il le confesse et s'en repent ; il en porte la peine dure et longue ; son recours est à vostre bonté ; il demande pardon, et promet que d'oresnavant il sera paisible ; et si autresfois il a esté bouillant et trop outrageux, l'aage maintenant, le long exil, et ses adversitez l'ont refroidy et moderé.

« Pardonnez donc, s'il vous plaist, messieurs, à

celuy qui deteste son delict; pardonnez à celuy qui le confesse; pardonnez luy à ceste heure que l'envie est moindre sur luy, puisqu'en la chaleur de son meffaict luy avez laissé quelque esperance de misericorde. Vous avez faict vostre devoir, et n'ayant peu à temps secourir et sauver voz confederez, vous avez pris la vengeance de l'outrage qu'ils ont enduré; et cela est le prochain remede de la deffence et tuition qui leur estoit deue. Vous avez tiré voz alliez hors de servitude, et avez chassé hors de sa maison et de son païs celuy qui leur avoit osté leur liberté : vous avez fait jusques icy tous actes de magnanimité et de vertu; vous avez faict cognoistre que vous n'estes ceux desquels on doive outrager les amis et confederez. Je vous prie, messieurs, ne prendre garde aux paroles de ceux que j'ay entendu à mon arrivée en ce lieu, lesquels, toutesfois, ne veulent qu'on pense qu'ils en soient autheurs, et vous font soufler aux oreilles que, pour conserver la reputation de vostre constance, vous ne devez aucunement recevoir en vostre bonne grace ceux desquels vous ayez quelque fois voulu prendre vengeance; mais avisez plustost que ce qu'ils veulent maintenir pour constance, ne soit droictement une opiniastre cuauté et cruelle opiniastreté. Les constans, sans doute, ont accoustumé de pardonner, ainsi qu'avez faict; et à mesure que celuy qui a merité vengeance se retire de ses mauvaises entreprises, aussi se fault-il retirer de toute severité et rigueur : et a l'on cogneu par experience, que plusieurs grands et illustres personnages, de la memoire de noz antecesseurs et de la nostre, ont au commencement esté fort vicieux, et à la fin se sont changez et rengez au bon chemin ; de maniere qu'apres leur feu de jeunesse passé, ils ont recompensé leurs follies de plusieurs vertueux actes, et de grands merites envers la republique. Je les pourroy icy nommer, si je ne pensoy estre odieux de reduire en souvenance les faultes des gens de bien, ja par le temps abolies et oubliées.

« Vous avez aussi leu que voz majeurs, apres s'estre vengez de leurs ennemis, et apres les avoir vaincus, leur ont assez souvent pardonné, et, qui plus est, aux estrangiers ont quelquefois restitué leurs biens, et en ont rapporté, tant en la guerre qu'en la paix, non seulement grande gloire, mais grand prouffit : combien devez vous plus esperer et attendre de cestuy-cy, et ne doubter qu'il ne doive et qu'il ne puisse par cy apres estre paisible à ses voisins et proffitable à la republique; veu qu'au moyen d'une juste douleur, et pour l'affection qu'il porte aux siens, faisant une faulte commune, il a troublé une fois seulement le repos public, et a plustost pensé faire chose digne de luy, qu'il n'a crainct qu'on luy en sceust mauvais gré, et qu'on le prist en mauvaise part. Et, encores que son crime fust si grand, qu'il ne deust estre aboli par le temps, ny adoucy par la peine, ny remis pour les prieres de ceux qui solicitent pour luy, si est-ce qu'il appartient à vostre constance d'entretenir la condition promise à ces ducs, estant le crime recent et nouvellement perpetré, alors que, leur ostant leur duché, vous le donnastes à un autre; car, comme il vous a esté honnorable de prendre les armes contre celuy qui a destruit vos alliez et confederez, il est plus honnorable, au mesme cours de la victoire, d'avoir donné lieu de repentance et espoir de misericorde, suivant l'exception apposée dedans l'apoinctement par vous faict. Je diray d'avantage, comme il vous a esté tres-honnorable d'avoir secouru le fils innocent de vostre ennemy, ainsi sera-il maintenant deshonneste qu'il ne jouisse, par vostre moyen, du bien de ceste exception, et que l'envie se renouvelle, laquelle par le temps se devoit envieillir et oublier; et sera plus deshonneste d'adjouster à la premiere peine ceste calamité, c'est à sçavoir que, pour son erreur ou crime, il voye son fils unique, innocent, estre à jamais participant de ses adversitez, en lieu d'estre l'appuy et le repos de sa vieillesse. Je puis dire d'avantage, qu'il sera tres-deshonneste que cest innocent en temps de paix soit despouillé des reliques des biens de ses ayeux, que vous luy avez laissé durant la guerre; et que la peine de la faulte d'autruy soit transmise sur celuy qui n'en fut jamais souspeçonné, tant s'en fault qu'il l'ait perpetrée. Voz majeurs, en se vengeant des offences à eux faictes, souvent ont remis les faultes des peres à la misericorde des enfans, et les faultes des jeunes gens ont esté par eux plustost attribuées à l'aage qu'à malice: et voudriez vous ordonner que cestuy tresinnocent, de la bouche duquel il ne sortit oncques parole qui peust offencer personne, demourast en misere perpetuelle pour le delict d'un autre, lequel, toutesfois, n'est si grief ne si meschant, que la peine ne deust estre diminuée par le temps, et la haine assopie? tournerez vous la vengeance du crime du pere sur l'enfant qui est au berseau?

« Considerez, messieurs, je vous supply, de l'un la vieillesse calamiteuse, et de l'autre la miserable jeunesse, sans qu'il l'ait merité, afin qu'en l'innocence de l'un, vous ayez esgard à vostre bonté et justice, et en l'amendement de l'autre, vous usiez de vostre clemence. Considerez qu'ils sont venuz et extraicts de hault lieu, et qu'ils n'auront faulte ny de parents ny d'amis pour les secourir; et, encores qu'ils permettent qu'ils soient punis, ils ne veulent neantmoins que du tout ils soient destruicts et ruinez : car, pour ne parler de ceux qui sont aux escoutes, attendans de sçavoir comment chacun de vous se comportera en cest affaire, vous voyez quelle assemblée de gens il y a qui soustiennent leur party, non pas d'Allemagne seulement, mais des royaumes loingtains. Tous ceux cy estimeront avoir receu faveur de vous, si vous favorisez ces pauvres miserables; et, au contraire, ils penseront estre offensez, si vous leur tenez la rigueur, et leur faictes quelque tort; Et, pour le faire brief, je pense que vous devez considerer que vostre trop rigoureux jugement laissera à vous et à voz enfans une semence de la guerre, avec quelque deshonneur d'avoir usé de cruelle vengeance contre l'un, et n'avoir gardé la foy à l'autre; et au contraire, vostre douce sentence sera cause du repos public, et vous engendrera grand honneur. Mais quand je dy cecy, je ne le dy pas pour-ce que je pense qu'ils veulent chercher le moyen de recouvrer leurs biens par voye de faict et par armes, car de gens vaincuz n'est le courage tel ny l'audace si grande; mais, d'autant que j'enten qu'il y a, non des hommes, mais des pestes entre les hommes qui sement en derriere un venin pour vous faire croire que s'ils sont remis en leur entier, à la premiere occasion qui se pourra offrir, il est à craindre qu'ils ne se vengent de tous en general, au moyen des torts et griefs qu'on leur aura faict en particulier, sans adviser au trouble de la paix publique, je le dy afin que vous entendiez que vous devez plus avoir craincte que les bannis entreprennent quelque nouvelleté, que ceux qui, par vostre bien-faict, auront esté remis en leurs Estats : car, comme la perte de tous biens est un poignant esguillon pour essayer tous moyens possibles et impossibles de les recouvrer, ainsi tousjours se trouvent quelques personnes qui ont pitié de ceux qui sont foullez et opprimez. Donc, messieurs, pour oster de voz esprits tout souspeçon de guerre, aydez à ce pauvre innocent ; retirez à vous ce penitent, afin que, luy advenant ce nouveau bien, tous les vieils maux soient oubliez, et que desormais les esprits des deux travaillent plus à vous rendre la pareille, qu'ils ne font maintenant pour estre restablis et reintegrez en leur pristine et ancienne dignité.

« Ainsi faisant, vous aurez une plus certaine et plus asseurée paix du seigneur Dieu des armées, lequel reçoit à grace les repentans, et est deffenseur des innocens ; car c'est le seul qui peult mettre la paix en voz terres, et, s'il ne conserve la cité, pour neant veille celuy qui la veult garder. Faictes donc que ceux qui sement tant de mauvaises nouvelles, puissent cognoistre que le bon Dieu est appaisé par sa pitié et misericorde, moyennant laquelle la guerre est destournée et la paix asseurée, non par meschantes assemblées et seditieuses pratiques d'aucuns qui vouloient chasser le penitent et ruiner celuy qui n'est coulpable. Mais il me semble que j'ay assez dit pour l'equité de ceste cause, et trop pour vostre misericorde et prudence; car vous pouvez avoir suffisamment entendu que, comme tous deux doivent jouïr de la clause de l'exception cy devant touchée, ainsi l'innocent doit estre totalement restitué en son premier estat. Et cela se doit faire par vous, au jugement desquels le roy Ferdinand s'est submis, en intention que toute l'envie de ce jugement, ou la bonne grace, l'honneur ou l'infamie, tombe sur vous : et si vous suivez sa volonté, et que vous jugiez selon l'honnesteté et equité, necessairement tous deux seront par vous restablis; et, au pis aller, quand vous userez de toute rigueur, il ne peult à tout le moins que cestuy cy ne soit restitué en ses biens et honneurs.

« Et si n'avez changé d'opinion, je puis hardiment, sortant par où je suis entré, leur congratuler de ce qu'ils ont trouvé en la perte de tous leurs Estats un dernier refuge en vous. Je vous doy semblablement congratuler de ce que, par la bonté du roy Ferdinand, l'occasion vous est offerte d'acquerir leur bonne grace; car, apres que par ce bien faict les aurez liez et obligez à vous, jamais ne pourront estre sinon tresaffectionnez envers vous et voz enfans; et auront d'autant plus grande occasion de conserver l'union et paix commune, que plus ils se sentiront estre tenuz à vous. Cela vous promet ce suppliant, tant en son nom qu'au nom de son pere ; cela vous promettent tous ces ambassadeurs, au nom de leurs princes : et, outre leurs prieres et promesses, si celles du Tres-Chrestien roy, mon maistre, sont de quelque efficace (comme certes elles doivent estre), il vous en promet autant, et vous prie tresaffectueusement croire, s'il y a chose (comme en tels differents souvent advient) dont on ne puisse demourer d'accord, que vous le vueillez employer. Et si l'authorité d'un amy commun y peult ayder, vous pouvez faire estat qu'il n'y espargnera la peine, le soing et la diligence qu'on doit attendre d'un prince qui grandement desire la reconciliation d'entre les alliez, et, sur toutes choses, a la paix publique en recommandation tressinguliere. »

Toutes les remonstrances et persuasions dudit Langey, au nom du Roy son maistre, ny celles des assistans de messieurs les ducs de Wittemberg, ne peurent amollir les cueurs des commissaires et capitaines de la ligue de Suave, ausquels touchoit de donner jugement : et, encores que le duc Guillaume de Baviere, qui estoit capitaine general de laditte ligue, meist peine de favoriser lesdits ducs de Wittemberg, pere et fils, pour estre ses proches parens, si n'eut il moyen d'y remedier, pour les grandes brigues qui se faisoient, tant de la part de l'Empereur, soubs main, que du roy Ferdinand, son frere. Parquoy, à la requeste des assistans desdits ducs, le seigneur de Langey delibera à la premiere assemblée leur user d'autre persuasion, au nom du roy Tres-Chrestien, son maistre, pour tenter si les remonstrances faictes au nom d'un si grand roy que ledit roy Tres-Chrestien, les pourroit induire à quelque raison. Parquoy, à la premiere assemblée, usa de l'oraison qui s'ensuit, traduitte de latin en nostre vulgaire françois.

Seconde oraison de monsieur de Langey pour les ducs de Wittemberg.

« Messeigneurs, vous avez, par mon oraison, en ce mesme lieu, entendu les causes pour lesquelles le tresinvincible et Tres-Chrestien roy de France, mon maistre, a, du commencement, differé, et depuis s'est condescendu à vous recommander la cause du duc Chrestofle de Wittemberg, icy present et supliant envers vous, tant pour soy-mesme que pour le duc Ulrich, son pere. Vous avez entendu pareillement qu'elle estoit son intention et deliberation en cesteditte matiere, et comme à l'heure de ma depesche on luy avoit faict entendre; et telle estoit son esperance, que, par vostre moyen et bien-faict, et par la clemence et benignité du serenissime roy Ferdinand, ceste assemblée leur seroit port seur et prompt refuge de leur miserable et longuement agitée fortune. Et à ceste cause, il ne m'envoyoit point tant pour leur donner aucun reconfort ou faveur en leur affliction, comme pour congratuler et à eux, et à vous, et audit serenissime roy Ferdinand : à eux, pour ceste porte qu'ils pensoient leur estre ouverte à rentrer en leurs premiers tiltres et dignitez; à vous, messieurs, et audit serenissime roy Ferdinand, de ceste vostre bonne et saincte deliberation, d'user en leur endroict, d'equité ou misericorde. Leur estant ce-pendant si mal advenu, qu'ils sont, non seulement deceus de leur attente (qui desja ne pend plus qu'à un extreme et debile espoir), mais que, pour le comble de leur malheur, leurs adversaires (qui, pour vous faire approuver et trouver bonne leur entreprise, ne se fondent tant en la justice de leur cause, qu'en faulx et calomnieux raports) tendent à vous amener en haine et mauvaise reputation cestuy vostre supliant innocent.

« Je suis certes contrainct par ses importunes, mais justes prieres, puis qu'en ceste calamité je le voy encores avoir esperance que ma parole et recommendation au nom du Tres-Chrestien roy mon maistre, pourra grandement luy servir, tant à se purger envers vous, qu'à vous mouvoir de reprendre ceste voye, soit d'equité ou de misericorde, dont faulse calomnie vous destournoit; je suis, dy-je, contrainct changer mon instituée oraison gratulatoire en recommendatoire et paroles excusatoires, en laquelle l'occasion de porter paroles en ce lieu m'est offerte telle et si abondante, que langage à moy n'à autre, en la deduisant, ne peult faillir, comme à celuy qui n'ay sinon à faire requeste à ceste vostre noble assemblée de gens esleus, c'est à dire tresbons et tresjustes, et vous persuader que contre justice et verité vous ne veillez en vostre protection recevoir mensonge et injustice.

« Une chose principalement m'a troublé et diverty de si promptement et volontairement entreprendre ceste charge; c'est que les adversaires de ce duc, ou en effect ont aigry à l'encontre de luy, ou faulsement, et (ce qui plus me plairoit et que je croy) vous mettent en avant qu'il soit ainsi. Ledit serenissime roy Ferdinand, que j'attendoy luy devoir estre bien veillant et benin, avecques lequel l'alliance est telle et si estroicte du Roy, mon maistre, tant par affinité que par traitté, que maintenant il trouve ceste charge, de vous porter parole, trop plus dure et difficile que de prime face je ne la pensoy, et ne m'a esté peu malaisé d'arrester en ceste controverse, ce que en faveur de luy je pourroy dire sans offenser l'autre, contre lequel je ne voudroy ne doy vouloir proferer ou dire une seule mauvaise parole, ne qui touchast à son honneur, et sçay bien, quand je le feroy, que ce ne seroit sans encourir l'indignation du roy Tres-Chrestien, mon maistre. Toutesfois, quand je considere qu'à l'un, en se departant de ceste querelle, tous ses Estats, qui sont tresgrands, demeurent saufs et entiers, et que sa reputation en accroist; et que l'autre est reduit en ceste extremité, que de vostre jugement aujourd'huy depend entierement tout son bien, estat, et moyen de vivre, ce peu que luy reste des miserables et affligées reliques des anciens tiltres et dignitez de ses ancestres; ensemble que sa reputation et bonne opinion demeureroit blessée, si vous l'estimiez tel que ceux cy le vous peignent.

« Quand je considere aussi que je suis appellé de par luy, et qu'en sa faveur je suis depesché vers vous, je trouve, messieurs, que je ne suis plus en mon entier, et que je n'ay aucune apparente excuse de luy refuser ma parole en cest endroict, sans trop grandement blesser l'honneur, tant dudit roy Tres-Chrestien, mon maistre, que dudit serenissime roy Ferdinand : du Roy mon maistre, en le faisant apparoistre seul inhumain, impitoyable et inexorable, si, en la si grande affliction de son allié innocent (pour lequel je voy de toutes parts accourir estrangers, et qui en rien ne luy attouchent, pour assister à sa cause et la prendre comme la leur), il ne vouloit aumoins prester la parole d'un sien serviteur pour vous recommander son affaire en justice; du roy Ferdinand, d'autre-part, en l'estimant de telle sorte, qu'à son escient il voulust soustenir une mauvaise querelle, et que mesmes il voulust contre justice usurper le total bien de son proche parent, pauvre et innocent; qu'il deust prendre en mauvaise part qu'avec reverence et honneur on luy face entendre la verité, qui luy est faulcement deguisée par ceux qui, soubs son nom, comme je monstreray, et au grand prejudice de sa reputation, veulent executer leur particuliere et privée malveillance contre cest innocent et toute sa maison. Toutesfois, je mettray peine (et cognoy bien que la raison le veult) d'user en ceste partie de telle raison et moderation de dire, que tous amis et ennemis entendront bien que ma parole ne s'addressera point contre l'intention ou propre volonté dudit serenissime Roy (lequel je pense estre prince juste, equitable et modeste), mais seulement contre l'effect et jugement que gens malings et pervers ont captieusement extorqué à l'encontre de cestuy pauvre innocent, son parent.

« Et, pour-ce qu'en ceste assemblée je ne voy point ses deputez, ou, pour mieux dire, les adversaires et parties de cestuy vostre supliant, je vous suplie tous, messieurs, me vouloir estre tesmoings et arbitres de ce que je diray; et, à mon esperance, vous direz au departir que je n'auray oubliée que, en parlant de la tresmiserable misere d'un amy et allié dudit seigneur Roy mon maistre, en chose toutesfois qui aucunement se pourroit estendre jusques à la personne aussi de son amy et confederé, il me fault sobrement et modestement parler, et que je ne me seray ny abandonné à la recommendation de l'un, ny à mon escient foullé l'honneur de l'autre, ny mis en arriere la consideration de la commune alliance avecques les deux. Et si vous, messieurs (en excusant prealablement la longueur de mon exorde, qui a esté necessaire pour esclarcir et faire entendre l'intention dudit seigneur Roy mon maistre), voulez en ceste action m'escouter aussi attentivement et avecques telle benevolence qu'en la precedente vous m'escoutastes, j'espere vous faire cognoistre et toucher au doigt l'innocence de ce duc et la justice de sa cause; les faulses et impudentes calomnies de ses adversaires; ensemble que sa protection et deffence est unie et conjoincte inseparablement, au prouffit de vostre empire, à la reputation de ceste compagnie, à vostre devoir envers la patrie et ses habitans, envers vous mesmes et voz enfans à jamais, en sorte que, sans dommage, forfaict et reproche, vous ne pouvez l'abandonner. J'espere esclaircir cela, non seulement sans offense, mais avecques bonne grace dudit serenissime roy Ferdinand, du nom duquel ces imposteurs veulent couvrir leurs calomnies et meschancetez.

Et, afin que, pour entrer en ma narration, je parte de mesme lieu dont part et procede la source de ceste matiere, il vous souvient bien, messieurs, alors que vous despouillastes le duc Ulrich de son duché et ornemens, et en revestites vostre tresauguste Empereur, alors roy des Romains, sous quelques restrictions et conditions, dont en ma precedente oraison a esté faict mention, vous ne voulustes que du forfaict du pere la perpetuelle vengence s'estendist sur ce jeune duc Chrestofle, son fils, alors enfant de quatre ans; et à ceste cause vous luy reservastes l'action de ses droicts generalement sur son duché, et particulierement le meistes en possession des places de Tubinge et de Neyff, que par le traitté de reddition d'icelles vous luy aviez expressement reservées, lesquelles estans par luy possedées, et, quelques temps apres, aucuns, soy disans estre commis et procureurs de vostredit auguste Empereur, et de treshault et puissant prince le duc Guillaume de Baviere (lesquels ils disoient estre les tuteurs dudit jeune prince), par frauldes et machinations, le debouterent de sa possession; et fut ledit prince, enfant et non entendant ses droicts, avecques ses places hereditaires, baillé en garde, pour estre nourry et institué, audit serenissime roy Ferdinand, auquel l'Empereur avoit baillé le surplus de laditte duché, non tant à tiltre n'à droict de proprieté, que de garde et possession precaire.

« Estant depuis ce jeune prince venu en aage de cognoistre ses affaires, et reputant à bien faict receu de vous, ce que ne luy avez faict du pis que vous luy eussiez peu faire, s'est resolu d'user de vostre bien-faict, et a requis estre restitué et remis en ses droicts. Mais, alors qu'il a pensé la chose estre en ces termes qu'il fust à tout le moins restitué en ses places, il s'est soudainement trouvé dejetté de son attente. Et luy ayant ledit serenissime roy Ferdinand accordé ceste diete, et qu'en icelle raison luy seroit faicte selon la loy, lesdits ennemis et adversaires, ayans une haine extreme et enracinée à l'encontre de luy et de toute sa maison, à cause d'aucuns leurs amis et le pere de l'un, autresfois attainct, convaincu et condamné, et, par loy et coustume du païs, executé par officiers du duc Ulrich, pour crime de leze majesté, jamais n'ont laissé à toutes opportunitez de importuner; tant qu'à la requeste et continuelle interpellation de plusieurs, ledit serenissime Roy s'est laissé vaincre et gaigner, et vous a envoyez icy pour agents et ambassadeurs à debattre sa raison, les dessusdits aperts et capitaux ennemis de ceste maison de Wittemberg;

lesquels se voyans en si belle occasion et opportunité de
la ruiner et totallement destruire, vous pouvez croire
qu'ils n'auront failly à estendre leur charge et creance
envers vous, selon qu'il leur a semblé d'estre le plus
avantageux et à propos, pour achever et mettre à
execution leur entreprise.

Et, de prime face, quand le duc a parlé de ses
droicts en general, luy en ont couppé la broche, disans que de ce ils n'avoient charge : parlant de sa restitution et reintegration, particulierement en sesdites
places, ils luy respondent de recompence, et luy pro-
posent des conditions, Dieu sçait quelles et combien
approchantes de raison. Et, pour-ce qu'il ne luy semble les devoir accepter, à cause que par icelles se veoit
à jamais deboutté, non seulement de son duché, mais
du nom et tiltre de sa maison, qui est ancienne, ils
vous le paignent homme contumax, rebarbatif, recu-
lant à toute raison, et font de belles protestations en
ceste assemblée, devant vous et devant le peuple icy
assemblez publicquement, que pour autre intention il
ne refuse les plus que raisonnables offres qu'on luy faict,
sinon pour avoir occasion de commencer la guerre,
pour dissiper et abolir la paix et union publique, et
alumer un feu qui pourroit embraser toute la Germanie ; pretendans vous induire, soubs ceste couleur, à
faire ou renouveller une ligue, de laquelle, en la faisant telle et en la forme qu'ils la demandent, je vous
feray cognoistre qu'entierement la consequence est
pernicieuse, et mettra vous et voz enfans à jamais en
infinité de perils et dangers. Et à ceste cause, vous
avez mestier aujourd'huy, si oncques vous l'eustes,
d'user en voz deliberations, de gravité de jugement, de

constance, d'humanité, et de vertu, et de foy, et de providence : de gravité de jugement, en n'adjoustant legierement foy à gens qui vous mettent en avant choses par eux controuvées et non apparentes; de constance, en ne privant celuy qui se tient obligé à vous de vostre bien-faict, sans sa coulpe ; d'humanité, en ayant compassion de l'innocent affligé ; de vertu, en declarant librement et ouvertement que vous n'estes tels personnages soubs la facile connivence et dissimulation desquels aucun doive prendre occasion d'opprimer et destruire un innocent; de foy, entant que vous, par ancienne observance estans tenuz à garder les Estats et honneurs reciproquement les uns des autres, par plus forte et meilleure raison estes tenus d'y conserver cestuy-cy, duquel le bien, sa maison deffaillant, revient à l'Empire, auquel vous avez la foy et serment; de providence, en ouvrant les yeux de voz esprits, et prevoyant combien de cest exemple il pend à chacun de vous de mal et de danger.

« Mais afin que, par la cognoissance des principes, vous puissiez mieux entendre l'issue et consequence d'iceux, et plus certainement ordonner ce que finablement vous avez à faire, entendez un peu la justice de ceste cause, le plus que devoir où cestuy s'est submis, ensemble les impostures et faulx-donnez à entendre de ses ennemis. Et premierement, je vous ameneray et mettray en avant ce droict commun, que jamais, par les loix de ce sainct Empire, n'a esté veu que l'homme fust contrainct d'accepter, avant que d'estre restitué, aucun traitté ou condition de recompense, encores moins de la prendre au choix et appetit de ses adversaires, et renonçant par luy à tous les anciens droicts, tiltres, dignitez et remembrances de la maison dont il est issu. Ils me diront qu'à prendre ceste recompense ce duc Chrestofle est tenu et obligé par un contract, sur lequel ils se fondent, qu'ils disent estre faict par ses tuteurs : de ce traitté il vous fault veoir s'il est supposé ou veritable, si subsistant ou invalide; quant à moy, il ne peult cheoir en mon entendement qu'il puisse estre appellé contract, s'il ne convient à la deffinition et description de contract. Et, puis que sur iceluy ils veulent faire fondement, qu'ils monstrent premierement que cedit duc Chrestofle eust oncques mestier de tuteurs ; qu'ils monstrent que ceux de luy ayent esté ou peu estre baillez, lesquels ils mettent en jeu; monstrent que lesdits supposez tuteurs ayent entre eux faict ce traitté, ou que ceux qui en leur nom le feirent en eussent oncques d'eux mandement ne pouvoir ; monstrent que lesdits supposez tuteurs ayent ce traitté approuvé apres le faict, ou qu'il leur ayt esté loisible, ou de le faire, ou de l'approuver. Cela monstré, il fault qu'ils convainquent que Ferdinand en son endroict l'ayt gardé : alors on leur advouera qu'ils le puissent appeller contract; alors on leur advouera qu'ils y puissent faire fondement, et qu'ils puissent cestuy-cy contraindre à le garder. Mais, puis qu'il est certain qu'il ne luy a point fallu de tuteurs, et qu'il estoit en puissance de pere ; puis qu'il est certain que ces pretendus tuteurs ne luy furent oncques baillez, et ne pouvoient à tels estre baillez, admis et receus, dont l'un estoit saisy du bien du mineur, l'autre avoit esté chef d'armée pour le spolier; et, puis qu'il est certain qu'ils n'ont faict ce contract, et que par iceluy il appert qu'à ceux qui le feirent ils n'en donnerent oncques mandement ne pouvoir ; qu'il n'appert point qu'ils ayent ratifié; qu'il est certain assez qu'ils n'eussent peu s'ils eussent voulu, et qu'il ne leur eust esté loisible d'aliener à leur apetit les biens stables et immeubles du mineur; et posé ores, et non admis, le cas que toutes solemnitez y eussent esté gardées: puis, toutesfois, qu'il appert que ledit contract a esté limité de temps et de conditions ; puis qu'il appert le temps estre expiré, et les conditions n'avoir esté gardées par Ferdinand; puis qu'il appert de sa volonté contraire, et que l'eschange que par ledit pretendu contract il devoit bailler, n'est plus en sa puissance, et que ceux de vous icy assistans qui l'avez de luy acheptée, d'autant que vous sçavez bien que vous n'avez aucune volonté de la luy rendre, sçavez consequemment qu'il n'est en luy de purger sa demeure. Qui a-il plus qui puisse le jugement d'aucun tenir en suspend, et ne doubte que leur contract qu'ils appellent ne soit invalide et nul? Maintenant doncques, ils disent que, lors de la reddition de ses places, et que, par la mesme composition qu'elles luy furent reservées et demie baillées, en vertu d'icelle il fut accordé qu'en luy baillant recompense, il seroit tenu de les restituer, et que ceste-dite condition et article fut redigé par escrit. Pourquoy ne les produisent ils doncques? Ils disent qu'ils ont perdu les lettres : ô belle invention! pour ce qu'ils n'osent produire de faulces lettres, de peur d'estre convaincus faulsaires, ils aiment mieux dire les avoir perdues. Qu'ils s'en taisent doncques, et seuffrent que la perte de leursdites lettres soit le gaing de cestuy-cy, et qu'il la puisse compter à son advantage. Il est bon à sçavoir, messieurs, que ceux que vous voyez estre si songneux, et se mettre par force és biens d'autruy, si curieux à donner couleur de droict à leurs usurpations, eussent esté si peu diligens à garder la piece sur quoy ils fondent leur principale couleur.

« Or soit ainsi (ce que non) qu'en la composition desdites places, cest article fust couché, de quelques-fois les pouvoir recompencer; certes, Ferdinand n'y estoit lors entrevenant, ne veu, n'ouy : et si ce droict de permutation fut à quelqu'un reservé, ce fut au prouffit de ceste vostre ligue, auquel, s'il vous eust ores esté reservé, vous avez depuis renoncé en n'en usant, quand, librement et franchement, et sans condition aucune ne modification, vous avez remis le duc Chrestofle en possession d'icelles, comme de ses choses hereditaires, et, comme telles, l'avez faict advouer et obeïr et servir par les subjects et vassaulx d'icelles. Et n'est besoing de m'arrester à la preuve de ceste pure et libre possession, et qu'elle fust sans aucune charge ou recusation, puis que je parle devant ceux qui estoient au faict, ausquels il en souvient, et qui peuvent cestuy-cy dedire, s'il ment. Lesquelles choses, comme elles soient entierement, ainsi que je dy, et que ce mineur a esté dejetté de sa possession, non violente, non clandestine, non precaire, en laquelle il a par temps legitime et prefix de droict perseveré ; si tous les droicts de toutes gens et nations chantent le spolié devoir estre avant tout euvre restitué ; si ce duc, en requerant qu'envers luy on use de ce droict, demande chose que par les loix civiles on ne luy peult nier, voyez, toutesfois, à quelle raison il s'est voulu soubmettre.

« Mais quelle desraison ! Il a esté content de souffrir,

pour à ceste vostre compagnie donner à entendre qu'il n'est si mal aisé à contenter qu'on le vous faict : c'est que, pour donner temps à ses adversaires de meurir leur aigreur, et de luy faire raison d'eux-mesmes, il a consenty de laisser endormir et reposer sa demande, moyennant que les fruicts seulement du passé de sesdites places luy feussent restablis jusques à present, et pour l'avenir, asseurance baillée jusques à dix mille florins, pour son moyen de vivre en attendant. Est-ce point cecy, messieurs, que sesdits adversaires appellent refuser la raison ? est-ce pour cecy que, par leurs calomnieuses protestations publiques, ils veulent contre cestuy assembler ciel, terre et mer? et que, pour le vous amener en haine, ils le vous preschent homme contumax, intraittable; estrangé de toute raison, de toute equité, de toute voye d'amitié; ennemy, infracteur de paix et repos public? Ordonnez leur, messieurs, qu'ils ne posent en faict ce qui n'y est : Ordonnez leur qu'ils ne baillent nom de contract à ce que leurs ancestres n'appellerent oncques ainsi, et n'estimerent devoir oncques estre observé; autrement vous estes indoctes, non docteurs en droict: ordonnez leur qu'ils ne vous alleguent plus ce tel quel supposé contract avoir esté par le maistre observé : autrement ils se convainqueront d'evidente mensonge envers vous, qui sçavez le contraire.

« Ordonnez leur, quand on leur met en avant les droicts evidentement expres, qu'ils se taisent, s'ils ne sçavent y respondre; et qu'ils ne mettent en jeu des traictés imaginaires, qui ne sont ne furent oncques, et desquels, s'ils faisoient ores apparoistre, ils ne seroient de rien mieux appuyez : autrement ils appresteront à rire à ceste compagnie. Ordonnez leur qu'ils ne vous protestent plus de belles et plus que raisonnables conditions, par eux offertes et par cedit duc refusées : autrement, que vous, qui cognoissez assez la condition d'icelles, et quelle trenchante cognée ce duc, en leur obtemperant, eust esbranlée contre la racine et fondement de sa petition, les ferez mettre hors de ceste compagnie, comme resveurs, et qui tels vous estiment. J'oublioy quasi, messieurs, à vous alleguer un autre bien ferial et solemnel argument, dont impudemment ils usent parmy les banquets et assemblées de peuple ; c'est qu'il touche à vostre reputation, et à vostre devoir envers ces deux princes que vous avez eslevez, l'un Empereur, et l'autre roy des Rommains, leur asseurer ce duché, lequel est tant en leur bien seance que plus ne peult, pour s'en venir des autres païs qu'ils tiennent en Germanie, jusques en leur Pais Bas, passant sur le leur. N'est-ce pas, messieurs, un singulier fondement, et digne que par eux et devant vous, et pour fonder une telle cause, soit allegué ? comme s'ils vous pensoient si estourdis, si aveuglez, si hors de sens, que vous ne sentissiez, vous ne veissiez, vous n'entendissiez quelle puissance et liberté, en accordant ceste raison, vous bailleriez d'icy en avant à tous voz futurs empereurs, d'estimer leur estre loisible user de mesme loy, et d'entreprendre sur les biens de vous et voz successeurs, non ce que la loy veult, non ce que la raison, non ce que la foy naturelle entre le seigneur et le vassal, mais ce qui leur viendroit à plaisir, à bien seance et à volonté.

« Mais je voudroy bien, messieurs, laissant ce-pendant cestuy et tous autres argumens, car je sçay bien que ces menées ils ne font, et que ces propos ils ne tiennent au sceu desdits seigneurs Empereur et Roy ; je voudroy bien, disje, qu'on leur demandast de quel visage, de quelle contenance, de quelle asseurance ils oseroient entreprendre de mettre ce conseil en avant à leur maistre, à vous, à leur auguste et invicte Empereur : à leur maistre, que, contre la religion du serment, qui l'oblige à garder les droicts de ce sainct Empire, il usurpast et appropriast à soy ce duché, qui, de son institution premiere (la ligue de ces ducs deffaillant), est affecté et incorporé, dés maintenant comme pour lors, à la chambre et recepte imperiale : à vous, qui estes membres de l'Empire, de faire ligue et alliance pour maintenir ladite usurpation : à leur Empereur, de l'approuver, ratiffier, et l'en investir. Ce seroit certes chose trop indigne en cest Empire (qui se regist par loy et religion) du serment qu'on luy doit, que, pour gaigner un tel duché, celuy se departist de la loy, celuy faillist de son serment à l'Empire, qui, estant par vous esleu à roy des Romains, est obligé à faire obeïr les autres à la loy, et à garder le serment qu'ils ont à l'Empire : autant seroit-ce chose indigne à celuy qui de tous les autres prent le serment, contre son serment apliquer et aproprier à sa maison les indubitables droicts dudit Empire. Mais je veux, messieurs, en cest endroict que vous me croyez. Il n'est rien plus esloigné de tels conseils, que sont ces deux serenissimes freres; et jamais aux machinateurs d'iceux ils n'adjousteront foy, sinon qu'on les leur desguise en toutes autres couleurs, comme maintenant les susdits conseillers de Ferdinand (qui est un vice commun et regnant sur beaucoup de personnes), soubs umbre de se monstrer diligens, assidus et industrieux, distrayent, tant à tort ou droict, les seigneurs de leurs maistres; veulent (comme je disoy n'agueres, et vous trouverez estre veritable) executer leurs propres et particulieres affections; et ont, pour ce faire, embrassé ceste cause plus aigrement et opiniastrement que par le Roy leur maistre il ne leur est ordonné, au moins qu'il n'est convenable à l'integrité de son nom : et tellement sont audacieux en leur calomnie, que, pour estranger, d'une part, et divertir le Roy leur maistre de sa premiere et bonne deliberation qu'il avoit conceuë envers cestuy vostre supliant, luy donnent à entendre que, de vous mesmes et volontairement, vous ne desiriez autre chose, sinon de renouveller ceste ligue, et, par icelle, à tout jamais luy asseurer ce duché; mais que, pour la reputation seulement, vous en voulez bien estre requis.

« A vous, d'autrepart, ils doivent aussi donner à entendre l'affection et volonté de leur maistre, ce qui leur plaist, et qui mieux leur semble à propos pour vous esmouvoir à ce faire. Et pensent bien vostre affection envers luy estre telle, qu'à sa requeste vous le faciez sans contredit : aussi pensent ils qu'en ce faisant, si bien vous ne condamnez ouvertement et par mots expres ce pauvre innocent, en effect toutesfois, et par consequence, vous le condamnerez, et entierement destournerez ledit seigneur roy Ferdinand de luy faire la raison, laquelle, à ce que j'enten, il luy eust, long temps a, faicte, si, par le faux rapport qui luy a esté faict de voz opinions, il n'eust esté deconseillé. Or, considerez, messieurs, autant qu'il vous a esté honnorable, estans armez et victorieux, attremper et moderer au cours de victoire la vengence contre le pere, et à cest innocent reserver le moyen de vivre et esperance de retourner à ses Estats, si maintenant il ne vous seroit pas autant deshonnorable de non seulement clorre les yeux au devant de la ruine et oppression du mesme innocent, mais l'opprimer et ruiner vous mesmes. Vous mesmes, certes, le ruinerez entierement par ceste ligue, donnans au monde occasion de penser que vous ayez approuvé ce que par-cy devant a esté faict contre luy, et que vous aprouviez ce que par cy apres se fera : car on ne pensera point qu'une telle assemblée de gens choisis de tous Estats, sans le trouver expressement et grandement coulpable, eust faict une ligue au prejudice de tout son bien, de laquelle, au temps advenir, la consequence et le danger de l'exemple redonde sur eux. Ou si on pensoit que sans grande et meure deliberation, et sans prendre garde à tort ou droict, vous l'eussiez faicte, ou qu'à vostre escient (ce que Dieu ne vueille) vous eussiez voulu opprimer un innocent, vous associrez une tache sur vostre reputation, que toute l'eaue de la mer ne seroit suffisante à effacer, ne toutes les tenebres du monde pour la cacher : car vous pouvez assez entendre que luy, estant ainsi denué de tous biens, jamais ne pourra porter, s'il est de cueur aussi haultain comme de lieu illustre, qu'on le voye en ce païs, miserable vivre, auquel il a de sa naissance nom et tiltre de prince. Estant doncques necessairement contrainct de se bannir hors du païs, que pourroit-il emporter avecques luy, sinon la honte et reproche de l'Empereur, du Roy son frere, de vous tous, en quelques parts du monde qu'il se puisse trouver? et don-

ner à un chacun matiere de dire en le monstrant :
« C'est cestuy là qui autresfois, qui maintenant, qui sans
« sa coulpe, qui, hors d'Allemagne... » Vous entendez le
surplus des sentences, et je me deporte volontiers de
les achever ; car je voy voz cueurs desja se mouvoir,
et que tacitement, et par signes et visages, vous advouez et recognoissez ce que je dy estre verité : mais
ne pensez point que ce-pendant ces bons forgeurs de
calomnies (pourveu que ce que par eux mesmes ne
peuvent, ils le puissent faire par vous, soubs l'authorité ou de leur maistre ou de l'Empereur) facent
grand compte, ne de ce que le monde en dit presentement, ne de ce qu'à mille ans on en dira. Je pourroy en cest endroict (et les propos s'y offrent) vous
reciter combien et quelles parolles, à cause de tels
conseils, se disent publiquement en toute la Germanie, à l'encontre des seigneurs dessus nommez, et à
grand tort, selon mon advis, par gens qui descrient
maintenant leur miserable ambition et avarice immoderée. Maintenant leur puissance, trop peu feable et
trop suspecte, vous advise de prendre garde à eux,
et qu'ils n'abbayent à autre chose qu'à occuper et à
soy assubjettir toute la Germanie ; et qu'en opprimant
maintenant l'un et maintenant l'autre, et y occupant
leurs biens, il semble qu'ils veulent asseoir leurs garnisons en plusieurs et diverses parties d'icelle, pour
apres, à leur apoinct, et quand ils la voirront affoiblie
de ses principaux membres, l'assaillir alors universellement, plus hardiment et à moins de danger.

« Je vous pourroy aussi reciter infinité d'exemples
que l'on amene, tant d'estrangers que de vostre nation,
tant de modernes comme d'anciens, de ceux qui en

voyant opprimer leurs voisins, n'en ont tenu compte ny faict semblant, et n'ont jamais cogneu qu'en l'oppression d'autruy on machinoit la leur, jusques à ce qu'ils se sont veuz eux-mesmes trebucher en pareille servitude. Lesdits exemples ainsi mis en avant, tendans à ce que vous pensiez à nostre faict et à la conservation de vostre liberté, et qu'en remettant devant voz yeux le danger de voz voisins, vous pensiez à ce que vous mesmes devez ou esperer ou craindre. Mais je m'en deporte legierement, de peur qu'aucuns, qui paraventure pensent quoy que ce soit, qui voudroient bien qu'entre le Roy mon maistre et lesdits seigneurs, les choses ne soient point entierement accordées, ne feissent du cueur d'autruy jugement selon le leur, et meissent en avant, ou que ledit seigneur Roy mon maistre expressement m'eust atiltré, ou que de moy-mesmes, en esperant de luy complaire, j'eusse affecté ceste occasion de vous reciter et descouvrir chose à quoy paravanture aucuns de vous ne pensent encores.

« Quoy toutesfois que lon vous en puisse dire, ne croyez point, si par inadvertance il m'eschappe quelque mot qui puisse desplaire ausdits seigneurs, si d'avanture ils estoient tendres des oreilles, que je le face, ou par ordonnance, ou au sceu, ou au nom dudit seigneur Roy mon maistre. Voz bons visages en grande partie m'ont invité à dire franchement ce que j'avoy auparavant deliberé de taire, et en grande partie m'y a contrainct l'outrecuidance de ses gens icy, lesquels sont cause qu'à l'encontre desdits seigneurs telles paroles sont dittes et semées. Et, afin qu'en ceste partie je porte tesmoignage de moy-mesmes, il ne fut oncques homme plus malaisé à persuader en choses dittes à l'encontre des princes, que je suis et tousjours ay esté, tant de ma nature que de mon instituée forme de vivre. Et quant ausdits serenissimes seigneurs qui sont tant tenus et obligez à vous, qui tant sont creuz et augmentez en biens, en forces, en dignitez, au hazard de voz personnes, de voz biens, de voz puissances, je ne penseray jamais que d'eulx vous deviez riens craindre : bien suis d'avis seulement qu'avec telle et si grande reverance qu'il appartient à leurs Majestez, on leur ramentoive aucunesfois ce qui est de leur devoir, et qu'ils ne se laissent seduire par faulx conseil. Ils sont exorables et benins, ils ont sur tout en singuliere recommandation leur bon renom, et la bonne conscience que Dieu nous baille pour en toute nostre vie estre tesmoings d'honnestes entreprises et vertueux faicts : qui est la cause pour laquelle ce duc a plus grand regret se veoir privé de son bien ; car il entend et cognoist, comme j'enten aussi et cognoy, que si seulement quelqu'un advertissoit le roy Ferdinand de son devoir, ou qu'il ne fust destourné par autre de sa naturelle clemence, il luy feroit la raison bien tost et volontiers.

« En ceste mesme opinion estoit le roy Tres-Chrestien, mon maistre, quand il me depescha de sa cour, non tant pour autre chose faire, que pour venir congratuler, comme j'ay dit. Combien que prevoyant en soy, et cognoissant qu'aux controverses qui sont de grandes choses, encores que les parties au principal demeurent d'accord, il est neantmoins bien malaisé que les dependances en brief temps soient appaisées ; et qu'à ceste cause, pensant que si quelque chose y avoit, ainsi que je le trouve en effect, qui fust encores à demesler, son authorité fust de quelque credit (ainsi que par raison elle doit estre, et croy qu'elle soit envers le roy Ferdinand, lequel il pensoit que je trouvasse icy), il me bailla lettres de creance à luy porter, et, en son absence, à ses ambassadeurs estans de pardeça; et n'eut oncques plus grand desir de faire chose, que d'interposer son authorité, comme amy et allié commun des deux parties, et s'employer à les mettre d'accord. Et m'avoit donné charge de leur proposer un moyen de paix infallible, et aux deux parties expedient et prouffitable, lequel alors il avoit en sa main: et s'il eust pleu à Dieu, ou que ledit serenissime roy Ferdinand eust icy envoyé autres personnages qui eussent esté ambassadeurs et non parties, ou que, sans m'arrester à eux, je fusse droict allé devers luy, je suis bien asseuré que non seulement il ne se feust laissé destourner de la voye de clemence et d'equité où il estoit ja entré; mais quand il n'y eust encores entré, il l'eust faict alors, la creance ouye que j'avoy à luy dire; et ne seriez maintenant, ô illustre seigneur duc Chrestofle, en ceste perplexité d'attendre jugement aujourd'huy, duquel entierement depend tout vostre bien!

« Mais, puis que, de mauvaise fortune, je ne l'ay trouvé, et que, m'estant adressé à ses gens et deputez, il leur semble non seulement ne devoir employer en cest affaire l'authorité du Roy nostre maistre, mais ont rejetté insolentement et refusé d'accepter ses lettres, et faict en sorte que je ne suis en mon entier de maintenant pouvoir aller vers ledit serenissime Roy, sans commission et ordonnance nouvelle, vous ne prendrez en mal si quant à ce point je n'obtempere à vostre requeste; car il m'a semblé de pouvoir et devoir faire honnestement et sans offence de recommander un affaire en ceste compagnie, de la part du Roy monditseigneur et maistre; ce que j'ay songneusement accomply et accompliray de bon cueur; et ne fairay chose pour vous qui soit au prejudice, ou puisse estre justement trouvée mauvaise dudit serenissime roy Ferdinand. Le Tres-Chrestien roy, mondit-seigneur et maistre, s'il le vouloit, il ne pourroit par les traittez qu'ils ont ensemble; et si par les traittez il le pouvoit, il ne le voudroit, pour l'alliance du sang qui est entre-eux; mais en toutes autres choses que, sans blesser sa foy, son honneur et le devoir du sang, il pourra faire en vostre faveur, vous le trouverez à jamais vostre allié et bon amy, et ne sera son bien espargné en vostre necessité. Tousjours a esté la cour de France la plus liberale de toutes autres, sans contredict; tousjours a esté ouverte et abandonnée, et oncques si liberale ne fut que soubs ce Roy, au refuge et repos de tous princes exilez et souffreteux. Par plus forte raison, devez vous esperer qu'elle ne sera close à vous qui en estes allié; à vous qui, pour la justice de vostre cause, pour l'innocence de vostre personne, semblez à voz ennemis mesmes estre tresdigne de misericorde et compassion.

« J'ay toutesfois opinion et ose vous augurer que du serenissime roy Ferdinand vous devez encores esperer meilleure chose que l'apparence jusques icy ne monstre; et quand je seroy en ceste noble assemblée interrogué par serment, j'oseroy affermer qu'il n'a commandé ne sceu, et que jamais il ne trouvera bon que ses agens dessusdits ayent refusé les lettres du Roy mon maistre. Et me laisseray jamais persuader que luy, qui franchement n'avoit faict refus d'accepter lettres assez injurieuses du turc Soliman, ennemy commun de nostre foy, leur eut souffert de refuser lettres gratieuses et de recommandation d'un roy Tres-Chrestien, son amy, son confederé, son allié si proche : aussi peu me laisseroy persuader que luy, qui au different d'un riche royaume s'est volontairement soubmis au jugement arbitraire dudit Soliman, son ennemy, refusast maintenant d'ouïr les moyens qui, de la part d'un Roy (comme je dy, son amy, confederé, allié si proche) fussent mis en avant pour la pacification d'un duché, lequel, eu esgard à ses autres Estats, ne luy peult estre de fort grande consequence. Mais, afin que vous entendiez dont cela procede, ces bons ambassadeurs ont crainct (ce que fust advenu en effect) que pour l'ouverture d'icelles lettres et le recit de ma creance, le moyen leur fust clos d'assouvir leur haine et volonté particuliere, en laquelle ils sont si animez, que, tout ainsi que Dido de Vergile, ils seroient contens de se perdre et ruiner, moyennant qu'ils ruinassent, qu'ils destruisissent et pere et fils, et toute la race et la memoire de la maison.

« Mais estant son intention bonne, et ne tendant sa volonté à faire tort à autruy, estant seulement dissuadé par les dessusdits, qui ne sont ne de grand nombre ne de grande authorité, lesquels pour ceste heure luy desguisent les matieres, vous pourrez esperer que ceste couverture et deguisement ne puisse longuement durer, et que le temps, qui tout descouvre, luy fera cognoistre et descouvrira leurs calomnies, impostures et faulx-donnez à entendre. Alors pourront de luy impetrer vostre susditte innocence et si estroitte parenté, non seulement ce que vous demandez, mais plus grande chose, y entretenant le jugement bon et juste, qui aujourd'huy procedera sur vostre faict de ceste solemnelle et saincte assemblée, entre les bras de laquelle vous devez vous rendre et abandonner. Et comme desja ils soient par moy suffisamment informez que vostre matiere est conjoincte et unie avec le prouffit de leur Empire, avecques leur devoir envers la patrie qui les a engendrez et nourris, envers leurs patriotes, envers eux-mesmes et leurs enfans, en eux, apres Dieu, vous devez mettre vostre esperance, et y fonder vostre appuy et support, les requerant humblement qu'ils veullent (comme il est en leur puissance) aujourd'huy exterminer la consequence de mauvais conseil, qu'elle n'opprime la justice de vostre cause, le prouffit de leur Empire, la dignité de leur patrie, l'esperance de tous autres, d'eux-mesmes et des leurs à jamais. De vous, messeigneurs, il me semble, la chose bien entendue, qu'il peult et doit esperer ce que dessus; et si voz ancestres, pour soustenir les causes des innocens qui en rien ne leur attouchoient, ont entrepris plusieurs loingtaines et difficiles guerres, de combien devez vous embrasser et prendre en la protection, à tout le moins par vostre jugement, la cause de cestuy qui vous attouche, et qui est inseparablement conjoincte avec le prouffit ou dommage de vostre Empire, avecques la bonne ou mauvaise reputation vostre; et entendu mesmes que cestuy vostre supliant estimera que vous ayez assez grandement faict pour luy, si tant seulement vous prenez resolution, ou de rompre entierement ceste vostre ligue, ou en la renouvellant excepter et forclore ceste sienne querelle, laquelle n'y comprenant et exceptant, vous confermerez les mensonges qu'eux en ont portées au roy Ferdinand, ou vous assiegerez à cest innocent le pas de rentrer à ses biens : vous obligerez vous à le priver de vostre bien faict sans sa coulpe, et à contrevenir à vostre propre faict ?

« Au contraire, l'y comprenant, et sans autre chose faire pour luy, vous le remetrez sus faisant cognoistre au roy Ferdinand ce qu'on luy a tousjours deguisé, quelle opinion est la vostre en ceste cause, et ce que vous desirez que de sa part il y face. Finablement, il y a un poinct lequel, à mon advis, me reste seul à vous esclaircir pour m'acquitter envers vous de ma promesse : je vous ose bien asseurer qu'en ce faisant, vous vous acquitterez envers ledit serenissime roy Ferdinand de la foy que vous luy pouvez devoir, et que non seulement ne ferez chose qui luy doive tourner à desplaisir, mais luy ferez chose agreable, et dont il vous devra sçavoir gré, en luy donnant ceste occasion de recognoistre ce qui est de son devoir, et luy descouvrant les impostures et deguisemens de ceux qui, sans avoir esgard à sa reputation, donnent matiere au monde de mal parler de luy, de son ambition et cupidité insatiable ; tous lesquels propos, pour la cause que je vous ay ditte, je ne vueil icy reciter plus amplement. Faictes vous donc aucune doute encores, messieurs, que vous ne devez estendre vostre misericorde sur cestuy vostre supliant, qui oncques à nul de vous, qui oncques à autre, quel qu'il soit, feist mal ne desplaisir ; qui oncques ne dist ne fist chose qui deust desplaire, ny aux yeux, ny aux oreilles d'hommes du monde ; qui a ja si long temps porté si griefve penitence du faict d'autruy ; en la misericorde duquel, ainsi que je vous ay faict aparoistre, la gloire de vostre nom, la foy à celuy que voulez regner sur vous à vostre Empire, à vostre patrie, aux habitans d'icelle, à vous et au vostre, evidemment se conserve : la gloire de vostre nom, soit que vous delivrez l'innocent d'oppression, soit que luy maintenez vostre bien faict ; la foy, à celuy que voulez regner, auquel vous devez bon conseil ; à vostre Empire, à cause de la protection de ses droicts ; à vostre patrie, à cause de la conservation des Estats les uns des autres ; à voz patriotes et à voz enfans, à qui vous devez la diversion, non seulement du danger, mais de la craincte de tels exemples, de telle sorte que s'entreprenant sur un, mais aussi touchant à tous. Si toutes ces causes ne vous sont suffisantes (ce qu'elles sont) pour vous esmouvoir à ce faire, adjoustez y la requeste que vous en font tant de roys, prelats, ducs, comtes, barons, et de tous autres Estats ; lesquels, pour vous monstrer l'affection qu'ils portent à ceste matiere, ont envoyé avecques luy par devers vous, leurs ambassadeurs, pour luy aider et favoriser son party ; sans parler de ceux là ce-pendant, qui, pour la briefveté du temps et distance des lieux, n'ont peu y envoyer, lesquels estimez y estre d'esprit, combien qu'ils n'y soient de corps. Tous ceux cy, messieurs, ensemble avec cestuy, recevront bien et ayde de vous ; tous ceux cy, dy-je, ne rendrez point seulement vos debteurs, ny obligerez à vous, mais, comme je puis apercevoir de voz visages et contenance, les avez desja pour jamais à vous et à voz enfans obligez. »

Ceste oraison parachevée donna grande vigueur à l'affaire du duc Chrestofle de Wittemberg, avec l'affection que desja plusieurs princes y avoient, tant pour la tyrannie dont l'Empereur et le roy Ferdinand son frere usoient envers luy innocent, que pour la parenté dont il attouchoit aux plus grands princes de l'assemblée ; de sorte qu'en premier lieu, la ligue de Suave, laquelle avoit duré soixante et dix ans à l'avantage de la maison d'Autriche, fut dissolvée et annullée. Puis apres, les ducs de Baviere, lansgrave de Hesse, et leurs alliez et confederez, eurent plusieurs parlemens pour la redintegration du duc de Wittemberg dedans ses païs, detenu et possedez par force par Ferdinand, roy de Hongrie, frere de l'Empereur. Mais en fin, tout consideré et debatu, ne virent autre moyen, sinon d'y aller par armes, puis que justice n'avoit lieu ; chose qui ne se pouvoit faire sans argent. Parquoy, ayant recherché le seigneur de Langey pour cest effect, et pour trouver la seureté de la consignation de cent mille escus, dont par cy devant a esté parlé, et ledit seigneur de Langey trouvant qu'il n'y pouvoit entrer sans directement aller contre le traicté de Cambray (car ce seroit bailler deniers pour faire la guerre à l'Empereur), trouva un expediant qui fut tel, que le duc de Wittemberg estoit seigneur de la comté de Montbelliar, assise aux confins du duché de Bourgongne, de la Franche Comté et de la comté de Ferrette ; laquelle comté de Montbelliar ledit duc de Wittemberg vendroit au Roy pour le pris et somme de six cens mille escus, à condition toutesfois de rachapt : puis ledit duc de Wittemberg, ayant les deniers siens, en pourroit disposer à son vouloir, ou en guerre ou en paix, sans que le Roy contrevint en aucune chose audit traitté de Cambray. Les choses ainsi proposées furent executées, et furent les deniers livrez és mains dudit duc de Wittemberg ou de ses deputez, et le Roy mis en possession de la comté de Montbelliar; auquel lieu fut mis pour baillif et gouverneur le seigneur de Cermes.

Des deniers de laditte vendition fut promptement, et devant que l'Empereur et le roy de Hongrie y peussent pourvoir, dressée une armée par les ducs de Baviere, lansgrave de Hesse, et le duc de Wittemberg, et autres leurs alliez, tellement qu'en peu de temps ledit duché fut levé (1) hors de la main dudit roy de Hongrie, et le duc de Wittemberg et son fils remis en possession; et fut chef de ladite entreprise Philippe, lansgrave de Hesse. Et peu de temps apres, furent lesdits deniers restituez au Roy, à trente ou quarante mille escus pres, dont lesdits ducs de Baviere furent respondans, et par ce moyen laditte comté de Montbelliar remise entre leurs mains.

Je me suis assez longuement tenu sur ce propos; il fault revenir au Roy, qui estoit party d'Avignon, lequel estoit arrivé à la coste Sainct André, environ le premier jour de decembre, prevoyant l'inconvenient qui pourroit advenir de la sentence donnée par le Pape; mais le Roy avoit obtenu de Sa Saincteté partant de Marceille, qu'il seroit delayé à la fulmination,

---

(1) *En peu de temps ledit duché fut levé :* cette guerre finit par un traité entre Ferdinand et le duc de Virtemberg, du mois de juillet 1534, ratifié par l'Empereur le premier septembre suivant. Christophe rentra en possession de son duché, et le Pape se plaignit de ce qu'on favorisoit ainsi les Protestans.

jusques à ce qu'on eust nouvelles de la volonté du roy d'Angleterre, sçavoir s'il se pourroit trouver moyen de le faire revenir à l'obeïssance de l'Eglise romaine ; et pour cest effect, depescha Jean du Bellay, evesque de Paris, pour aller en poste devers iceluy roy d'Angleterre, afin de l'induire d'envoyer ses ambassadeurs à Romme, pour le faict de ladite sentence. Ledit evesque de Paris, arrivé qu'il fut, trouva le roy d'Angleterre en grande colere contre le Pape et tout le sainct siege apostolique, se plaignant des injustices qui luy avoient esté faictes, d'autant qu'ils luy avoient refusé d'envoyer commissaires pour cognoistre de sa cause, le voulans contraindre d'abandonner son royaume pour aller à Romme en personne, ester à droict. Mais, apres plusieurs remonstrances qui luy furent faictes par ledit evesque de Paris, se condescendit que là où ledit sainct Pere voudroit superseder en ladite sentence, jusques à ce qu'il eust envoyé juges deputez pour estre ouy, il supersederoit aussi l'execution qu'il avoit deliberé de faire, qui estoit de se separer du tout de l'obeïssance romaine ; et, par ce que ledit evesque de Paris se presenta luy-mesmes pour faire ledit voyage de Romme, luy asseura que là où il luy feroit entendre qu'il auroit obtenu sa demande, incontinant luy envoiroit pouvoir suffisant pour confermer ce qu'il auroit accordé, se confiant en luy, attendu la grande amitié laquelle de long temps il luy avoit portée, pour avoir esté deux ans ambassadeur du Roy pres de luy.

L'evesque de Paris, ayant obtenu ce que dessus du roy d'Angleterre, encores qu'il fust Noel et que l'hyver fust autant extreme que jamais, n'estima sa peine à rien, veu le bien qu'il cognoissoit pouvoir advenir de sa legation : parquoy partit en telle diligence, qu'il arriva à Romme, devant que chose eust esté executée contre ledit roy d'Angleterre plus avant que ce qui avoit esté faict au precedant; et, ayant eu audience au consistoire, remonstra ce qu'il avoit obtenu pour le bien de l'Eglise, envers ledit roy d'Angleterre. Les choses furent trouvées raisonnables, et luy fut prefix temps pendant lequel il devoit avoir response du roy d'Angleterre. A ceste cause, il depescha un courrier devers ledit Roy, luy donnant charge de faire toute diligence pour estre de retour au temps limité. Estant le temps venu, et le courrier non de retour, fut procedé au consistoire à la fulmination de la sentence. L'evesque de Paris remonstra au Pape particulierement, et en general à tous les cardinaux, leur suppliant luy donner encores temps de six jours, alleguant qu'il pouvoit estre qu'il estoit survenu inconvenient au courrier, ou que la mer avoit esté tempestative (comme souvent il advenoit); que le vent estoit contraire, ou pour l'aller, ou pour revenir; que la diligence dudit courrier auroit esté empeschée; leur remonstrant aussi que si le roy d'Angleterre avoit eu patience six ans, ils luy pouvoient donner six jours de delay.

Telles furent les remonstrances qu'il leur feit en plain consistoire. Ausquelles plusieurs des plus voyans condescendirent; mais la pluralité des autres l'emporta contre le moindre nombre de ceux là qui avoient bien consideré l'inconvenient qui en adviendroit à l'Eglise: et fut la chose si precipitée, que ce qui ne se pouvoit faire en trois consitoires se feit en un seul;

et fut la sentence fulminée. Ne passerent deux jours apres, que le courrier arriva, lequel apporta tous les pouvoirs et declarations du roy d'Angleterre dont ledit evesque de Paris s'estoit faict fort; chose qui estonna merveilleusement ceux qui avoient esté d'opinion de precipiter les choses. Et par plusieurs fois s'assemblerent, pour trouver moyen de rabiller ce qu'ils avoient gasté; mais ils ne trouverent moyen d'y remedier. Le roy d'Angleterre, voyant l'indignité dont on avoit usé en son endroict, et le peu de respect qu'ils avoient en Sa Majesté, ayant faict aussi peu de cas de luy que du moindre de la chrestienté, separa, luy et son royaume, de l'obeïssance de l'Eglise romaine, se faisant, immediatement apres Dieu, chef de l'Eglise anglicane. Voila en somme ce qui en advint, et à-tant mettray fin à ce propos.

Le Roy, voyant l'indignité dont avoit usé envers luy le duc de Milan, par la mort de son ambassadeur Merveilles, et cognoissant que par justice il n'en pouvoit avoir raison, et mesmes que l'Empereur n'en avoit faict grand cas, quand il leur en avoit faict sa plaincte, delibera par armes en avoir reparation; et, par-ce qu'il estimoit bien que l'Empereur voudroit estre de la partie, voulut pourveoir à ce qu'il fust suffisant et preparé pour soustenir l'effort de ceux qui le voudroient empescher d'avoir saditte reparation; et, cognoissant qu'il pouvoit tirer des estrangers, se voulut toutesfois fortifier de sa nation. Et, afin que soudain il eust les hommes à son premier mandement, ordonna avec ceux de son conseil, de dresser à l'exemple des Romains, en chacune province de son royaume, une legion de six mille hommes de pied, dont il bailleroit la charge à six gentilshommes, lesquels auroient pour chaque mille hommes deux lieutenans, et soubs chacune enseigne cinq cens hommes; et donna grands privileges ausdits legionnaires, tant aux cappitaines que soldats, lesquels devoient une fois l'an, en temps de paix, faire une monstre generale. Et, afin que les capitaines peussent respondre de leurs soldats, ils devoient sçavoir le nom et surnom de chacun, et le lieu de sa demeure, tant pour les avoir soudainement prests à tous mandemens, que pour les chastier s'ils faisoient faulte; et pour cest effect depescha les commissaires à ce necessaires.

Environ le mois de may 1534, estant ledit seigneur adverty que les legions estoient prestes, voulut bien aller visiter les prochaines de luy. Et, pour cest effect, se trouva en sa ville de Rouen, capitale de Normandie, auquel lieu les monstres de la legion d'icelle province furent faictes en sa presence : dont estoient capitaines six gentilshommes, sçavoir est, le seigneur de Bacquevile, le seigneur de La Salle, le seigneur de Sainct Aubin l'hermite, le seigneur de Sainct Aubin gobellet, le seigneur de Cantelou aux deux Amants, et le seigneur de Sannevelles. Ayant veu ladite legion de Normandie, de laquelle il se contenta fort, print le chemin d'Amiens, pour là faire le semblable de la legion de Picardie; et, environ le vingtiesme jour de juing, se trouva ladite legion en armes, en la plaine tirant d'Amiens à Sainct Fuscien : de laquelle estoient capitaines le seigneur de Sercu, Jean de Mailly, seigneur d'Auchy; Jean de Brebançon, seigneur de Cany; le seigneur de Saisseval, le seigneur de Heilly, surnommé de Pisseleu. A ladite monstre se trouverent toutes les dames, en la presence desquelles se dresserent plusieurs escarmouches fainctes, tant à cheval qu'à pied, tant de la gendarmerie que de la noblesse de la Cour. En ce temps là estoit l'Empereur à son voyage de Thunis.

Ayant le Roy faict la monstre de Picardie, print son chemin par la Champagne, pour veoir faire la monstre de la legion de laditte province, laquelle fut faicte pres de la ville de Reims. Apres laquelle monstre, il dressa son chemin par Mesieres, pour visiter la frontiere, tant de Champagne que de Bourgongne. Mais, estant arrivé à Mesieres, fut adverty qu'un gentilhomme de la maison d'Aspremont, seigneur de Buzancy, avoit fortifié une sienne maison nommée Lumes, à demie lieue pres au dessus de Mesieres, sur la riviere de Meuze, tirant à Sedan; et apres l'avoir fortifiée, se descognoissant, ne la voulut relever du Roy ne du comte de Retheil, dont elle estoit mouvante à cause de la seigneurie de Mesieres et comté de Retheil. Le moyen pour lequel on luy avoit souffert de la fortifier, fut que son pere estoit gouverneur de Mesieres et de Rethelois, estant en tel credit pres du seigneur d'Orval, que toutes choses luy estoient permises, pour l'asseurance qu'il avoit de sa fidelité. A ceste occasion, les officiers dudit Mesieres avoient tolleré laditte fortification; au surplus ledit gouverneur, pere dudit seigneur de Buzancy, ayant les tiltres du comté de Retheil, avoit desrobé ceux qui concernoient la fidelité qu'il devoit de laditte maison de Lumes.

Le Roy, de ce adverty, et qu'il avoit refusé l'ouverture de la porte à ses officiers qui estoient allez devant pour habiller son disner, trouva ce refus de mauvaise digestion ; parquoy feist equiper six canons, et manda faire marcher la legion de Champagne, deliberé de se faire obeyr à son subject rebelle. De laquelle chose adverty ledit seigneur de Buzancy, et voyant les forces du Roy tourner sur luy, craignant y perdre la vie, se ramodera, et par le moyen et à la requeste de messire Robert de La Marche, seigneur de Sedan, obtint grace du Roy, moyennant qu'il remist sa place entre les mains du seigneur de Sainct André, chevalier de l'ordre du Roy, au nom de Sa Majesté. En laquelle place, depuis, le Roy, en la faveur dudit seigneur de Sedan, le restablit, luy donnant estat pour la garde d'icelle, faisant le serment de la garder au nom de Sa Majesté, envers et contre tous. Mais depuis, estant la guerre survenue, diverty de l'affection du service du Roy par la persuasion de sa femme, laquelle estoit natifve des païs de l'Empereur, se revolta, faisant le serment à l'Empereur. Pour punition de laditte rebellion, le roy Henry, à present regnant, a prins depuis laditte place, et faict raser et confisquer ladite terre.

Vous avez entendu comment le Roy se preparoit pour avoir raison de l'injure qui luy avoit esté faicte en la personne de son ambassadeur. Et pour cest effect, depescha le comte Guillaume de Fustemberg en Allemagne, pour faire levée de vingt enseignes de lansquenets. Puis envoya ambassadeurs devers le duc de Savoye, pour luy demander passage par ses païs, pour avoir raison de l'offence à luy faicte par le duc de Milan : ce que le duc de Savoye luy reffusa (¹), à

(¹) *Ce que le duc de Savoye luy reffusa :* Charles III, dit le Bon, duc de Savoie, étoit oncle maternel de François I. Jusqu'en 1516, il fut sinla persuasion, à ce que lon dit, de la duchesse son espouse; chose que le Roy trouva fort estrange, veu l'ancienne alliance et prochaineté de parentage qui estoit entre-eux, et aussi la grande patience qu'il avoit eue, depuis le trespas de madame Louise de Savoye, sa mere, de demander le partage de laditte dame, dont il estoit heritier par la succession du duc Philippe, pere de laditte Louise et du duc de Savoye. Or est il que ledit duc Philippe en premieres nopces espousa une fille de Bourbon, de laquelle il eut le duc Philebert de Savoye et laditte Louise, mere du Roy; puis en secondes nopces espousa une fille de Pontievre, dont il eut le duc Charles de Savoye, dont à present est faicte mention, et le comte de Geneve, depuis duc de Nemours : parquoy le Roy maintenoit qu'à luy appartenoit une grande portion de laditte succession de Savoye, attendu que sa mere estoit du premier lict et seule heritiere du duc Philebert, qui estoit mort sans enfans. Pour ceste occasion, le Roy envoya devers ledit duc de Savoye maistre Guillaume Poyet, quart president de la cour de parlement de Paris, avec autres gens de loy, pour luy demander raison et luy faire apparoir des droicts du Roy : à laquelle chose le duc de Savoye, en façon du monde ne voulut entendre; et revindrent les deputez du Roy sans rien faire. D'autre part, le Roy fut adverty com-

cèrement attaché à la France : on le vit se refroidir, lorsque François I crut devoir s'opposer à l'établissement des évêchés de Chambéry et de Bourg-en-Bresse, qui étoient des démembremens des diocèses de Lyon, de Grenoble et de Mâcon. Il épousa depuis Béatrix, fille d'Emmanuel, roi de Portugal, belle-sœur de Charles-Quint, laquelle prit beaucoup d'empire sur lui, et le détacha entièrement du parti du roi de France.

ment par tous moyens il taschoit de divertir les Suisses de l'alliance de France : aussi sçavoit comment, avant le partement de l'Empereur pour le voyage de Thunis, il avoit obtenu de l'Empereur en achapt le comté d'Ast, qui est l'ancien partage de la maison d'Orleans.

Le Roy, voyant toutes ces choses precedentes, cogneut bien par les effects la mauvaise volonté que luy portoit ledit duc de Savoye, son oncle; parquoy, luy manda, pour la derniere fois, qu'il eust à luy faire raison, autrement qu'il la chercheroit par armes. A laquelle sommation le Roy n'eut responce où il peut faire fondement; et, sçachant aussi que ledit duc de Savoye avoit assiegé Geneve, souffrit que le seigneur de Verez, gentilhomme de sa chambre, et natif de Savoye, avecques une partie de la compagnie du seigneur Rence de Cere, entrast dedans Geneve pour donner secours aux assiegez : aussi messieurs de Berne, qui avoient pris la ville de Geneve en leur protection, manderent par leurs ambassadeurs au duc de Savoye, qu'il eust à laisser en patience ceux de Geneve leurs alliez. Mais, n'ayans eu dudit duc responce suffisante, se mirent aux champs avec dix ou douze mille hommes, pour secourir les assiegez ; mais ledit duc de Savoye n'osant attendre leur puissance, se retira : ce que ne feirent messieurs de Berne, car ils entrerent dedans les païs du duc, et le spolierent d'une bonne part du meilleur païs qui fust en son obeïssance, et l'ont attribué à eux : puis, passans à Lozanne, en chasserent l'evesque, et l'ont attribuée à leur jurisdiction, en faisant quelque part à leurs alliez, et de present en jouïssent.

Estant le Roy en Bourgongne, il eut nouvelles de la victoire de l'Empereur à Thunis, dont il s'en congratula avec le sieur de Liquerques, ambassadeur dudit Empereur pres luy ; mais il n'eut advertissement du chemin qu'il prenoit, sinon peu apres qu'il fut adverty de son arrivée à Palerme, du retour de son voyage, et de la grande ruine de son armée, pour les grands travaux et chaleurs qu'ils avoient enduré, et comme il avoit faict une assemblée pour faire demande d'une somme de deniers au païs. A sa requeste luy furent accordez deux cens cinquante mille escus, outre dix mille hommes que ledit païs luy avoit souldoyé l'esté precedant pour trois mois. Estant encores le Roy à Dijon, depescha de rechef devers monseigneur de Savoye, pour entendre de luy sa derniere resolution ; mais ledit duc de Savoye, se confiant à l'heureuse victoire de l'Empereur, ne luy feit response sur quoy on eust peu faire fondement.

L'Empereur, estant arrivé à Palerme environ la my octobre 1534, feit grande demonstration au seigneur de Velly, ambassadeur pour le Roy, du contentement qu'il avoit de l'apparence de la joye et plaisir que le Roy avoit eu de sa victoire de Thunis, et aussi de l'entreveue de la royne Aleonor, sa sœur, et de la royne de Hongrie, son autre sœur ; puis luy compta la perte qu'il avoit receue à Minorque par Barberousse, et le desir qu'il avoit d'en nettoyer la mer ; et que, pour cest effect, il desiroit faire avecques le Roy son maistre de plus estroictes alliances, à ce que eux deux participassent à l'honneur et au prouffit qui pourroient advenir des conquestes qu'eux deux ensemble pourroient faire sur la Grece : et puis le laissa sans conclusion, le remettant à ce que le seigneur de Granvelle luy en diroit.

Or je pense bien que c'estoit le fondement que l'Empereur vouloit prendre pour abuser le Roy et l'amuser, craignant que, ce temps pendant que ses forces estoient debiles et l'armée du Roy preparée, le vint assaillir au duché de Milan, detenu, contre raison, par ledit Empereur, de l'heritage de messeigneurs les enfans de France : car ledit seigneur de Velly parlant à Granvelle, ledit Granvelle luy renouvella les offres que par cy devant l'Empereur avoit faict au Roy, d'une pension de cent mille escus sur ledit duché de Milan, au nom de mesdits seigneurs les Enfans, ou de celluy d'eux que le Roy voudroit nommer; puis luy parla du mariage de madame Marie, fille d'Angleterre, sans autrement (quelque instance ou poursuitte que feit ledit seigneur de Velly) luy declarer l'intention de l'Empereur. Au moyen dequoy vous pouvez conjecturer ce que j'ay dit cy dessus, que l'Empereur avoit souspeçon, pendant qu'il n'avoit le moyen de secourir le duché de Milan, que le Roy le vint assaillir.

Au mois de novembre ensuivant, l'Empereur faisant doubte que le Roy ne cogneust les abus et dissimulations dont il usoit en son endroict, et que cela invitast le Roy à se haster; attendu mesmement qu'il se preparoit pour demander par armes au duc de Savoye, ce qu'il n'avoit sceu obtenir par doulce et amiable composition; et pour encores tousjours l'abuser, iceluy Granvelle s'eslargit envers ledit seigneur de Velly, ambassadeur, de luy declarer la volonté qu'il disoit qu'avoit l'Empereur de faire le mariage de la fille de Portugal, fille de la royne Aleonor, avecques monseigneur le Dauphin, disant que la princesse d'Espagne estoit trop jeune pour mondit-seigneur. Et, par-ce qu'il vouloit estraindre les alliances plus fermes, d'autant que la fille d'Angleterre, madame Marie, estoit trop aagée pour monseigneur d'Angoulesme, l'Empereur presenteroit autre party, dont le Roy se contenteroit : et sembloit à ces propos qu'il voulust parler de la princesse d'Espagne.

Peu de temps apres, survint la mort de Francisque Sforce, duc de Milan; et l'Empereur, ayant nouvelles que le Roy se preparoit de plus en plus pour avoir la raison du duc de Savoye, et craignant qu'il marchast jusques à Milan (comme il estoit aisé), ledit seigneur de Granvelle, parlant au nom de l'Empereur, proposa au seigneur de Velly, ambassadeur du Roy, comme, estant mort le duc de Milan, et ayans tous les capitaines dudit duché relevé les places de l'Empereur, alors se pouvoit faire une ferme et estroicte alliance entre l'Empereur et le Roy ; par-ce qu'estant mort ledit duc de Milan, l'Empereur n'estoit plus obligé, et pouvoit disposer à son plaisir dudit duché. Parquoy furent mis en avant les mariages que par cy apres vous entendrez; et par là cognoistrez amplement que tout le faict de l'Empereur ne tendoit qu'à toute dissimulation, pour faire temporiser le Roy, ainsi qu'il feit, et faire entendre à tout le monde qu'il avoit cherché la paix, et remettre sur le Roy l'infraction d'icelle : aussi vous apparoistra comme les choses se passerent, et quelle fut l'issue.

Finablement, vous pouvez avoir entendu comme j'ay procedé à reduire par memoires ce qui est advenu depuis l'an 1513, esperant continuer jusques au trespas du roy François, de bonne memoire, pour supplier et amender aucunement la perte irreparable de ce qu'avoit escrit mon frere avant son trespas, non si au long ny du stile dont mondit frere avoit usé, ainsi que par evidence le demonstrent ses euvres; mais ce que j'ay veu et peu entendre, je l'ay discouru au mieux et plus pres de la verité qu'il m'a esté possible, pour laisser memoire aux autres qui le pourront mieux faire que moy, mais malaisément plus fidellement ny plus pres de la verité. Vous verrez par cy apres trois livres que j'ay recueillis des fragments de ceux qu'avoit composé feu messire Guillaume du Bellay, mon frere; puis apres, je suivray au mieux qu'il me sera possible, et au plus pres de la verité, ce qui est advenu jusques au trespas du feu roy François, de bonne memoire, premier de ce nom.

Extrait d'une lettre écrite sur l'ordre et cérémonies observées à l'entrevue des rois de France et d'Angleterre.

La présente sera pour vous advertir de la grand chere, triomphe et festins qui se sont faits depuis trois jours en çà en cette ville de Boulongne, en laquelle dés samedi dernier, dix-neuviesme jour d'octobre, le Roi arriva, et le jour d'aprés s'en alla à Marquise, qui est une petite ville moitié chemin de Boulongne et de Calais. Auquel lieu de Marquise ledit sieur, adverti de la venue du roi d'Angleterre, sejourna tout le jour jusqu'au lundi; et environ dix heures du matin, qu'il partit pour aller au devant dudit roi d'Angleterre, accompagné de messieurs de Vendosme, de Guise, Saint-Pol, grand-maistre et admiral, avec la bande des deux cens gentilshommes, et autres gros seigneurs de France, rencontra ledit roi d'Angleterre, aprés avoir chevauché environ une lieue, tirant vers Calais. Et de si loin que lesdits deux rois se virent, si sortirent hors de leurs troupes, et piquerent droit l'un à l'autre; et eux arrivés prés, se prindrent à se embrasser; aprés lequel embrassement, se laisserent et piquerent outre, et vinrent embrasser, c'est à sçavoir, le Roi les princes d'Angleterre, et le roi d'Angleterre les princes de France. Et iceux faicts, se reprindrent l'un l'autre, et chevaucherent ensemble; et bailla la main droite le Roi au roi d'Angleterre, à toute force, car il la refusa souvent : et en cet ordre chevaucherent environ deux lieues, tirant à Boulongne, et par les chemins prinrent leur vin sur un petit taillis, sur une fontaine qui est à l'entrée des terres de France. De laquelle ville, environ une heure aprés midi, sortirent messieurs les enfans de France, accompagnés de messieurs les légat, cardinaux et prélats de France, en moult bel ordre et richement accoustrés; et allerent une lieue au devant desdits deux rois. Lesquels se rencontrerent à une lieue prés dudit Boulongne, et, sitôt que mesdits sieurs les apperçurent, piquerent vers eux, et, l'un aprés l'autre, feirent la révérence au roi d'Angleterre; et lui feirent chacun une harangue, et les embrassa ledit roi d'Angleterre, et leur feit merveilleusement bon accueil, et à tous messieurs dessusdits prélats.

Cela fait, toute la dessusdite compagnie tira à Boulongne, lesdits deux rois toujours par ensemble, lesquels furent salués de plus de mille coups de canon. Et à la descente de cheval, le Roi mena le roi d'Angleterre jusqu'à sa chambre; lequel soupa tout seul, et le Roi d'un autre costé. Et aprés le soupé, le Roi vint en la salle commune, qui étoit ordonnée pour faire les festins; et se retirerent eux deux ensemble à un cabinet qui est prés de ladite salle, où ils furent longtemps. Et faut entendre que le logis desdits deux rois est dans l'abbaye de cette ville, où il y a une grande cour environnée de deux grands corps de maisons, dont en l'un, sur la porte, est logé le roi d'Angleterre, et en l'autre, le Roi. Et y a, quasi au milieu desdits corps de maison, une salle, qui est le refectoire des moines, qui est tendue, le plancher qui est de taffetas incarnat, en cornette de taffetas de couleurs du roi, et tapissée de quatre pieces de tapisseries principales, qui sont des victoires de Scipion l'Afriquain, fait de haute-lice, tout de fil d'or et de fil de soye, ces personnages les mieux faits et au naturel qu'on pourroit faire, et n'est possible à paintre du monde les faire mieux sur tableaux de bois; et dit-on que l'aune en couste cinquante ecus. A un bout de la salle est un buffet de six dégrés, chargé de vaisselle d'or et d'argent doré, avec de grandes coupes d'or, enrichies de pierres précieuses, et en grande quantité; qui fait merveilleusement bon voir: et dessus ledit buffet est pendu un ciel de satin cramoisi, semé de lyons et autres bestiaux faits de perles. A l'autre bout est la table pour manger, sur laquelle est tendu un autre ciel, auquel est dame Charité, faite au naturel, et tout de fil d'or et de soye. En cettedite salle, mardi au soir, souperent lesdits deux rois, et au-dessus le roi d'Angleterre, servi par ses gens, à tête nue et à genoux, et le Roi pareillement des siens, à sa mode accoustumée. Et quant aux habillemens desdits deux princes, le Roi, ledit jour de mardi, envoya au matin, au roi d'Angleterre, pourpoint, saye et robe, et le reste des habillemens, bonnet et autres choses, en tout pareil à ceux qu'il porta ledit jour; qui étoit un pourpoint et saye de satin cramoisi, découpés et faits en triangles, lesquels étoient tenus et lassés de perles jointes ensemble; et y avoit merveilleusement grande quantité desdites perles: dessus avoient une robe de velours blanc, brochée de fil d'or, doublée de crepines d'or, faites quasi à filets à prendre poisson. Et en ces habillemens, ledit jour, le roi d'Angleterre vint le premier à la messe, accompagné de ses gens, tous de l'aage de trente à soixante ans, dont il a bon nombre habillés richement, et mesmement de grosses chaînes; et sont en sa compagnie, entre autres, le comte de Richemont, le duc de Suffort et le duc de Norffort.

Or y avoit prés du grand autel de Notre-Dame de Boulongne, deux oratoires, dont, au cousté dextre, etoit celui dudit roi d'Angleterre, tendu de drap d'or et d'argent frizé, avec le ciel de même; et en l'autre cousté, celui du Roi, tendu de velours parsemé de fleurs de lys d'or. Audit oratoire, du cousté droit, se mist le roi d'Angleterre, et ouyt une messe basse; et en fit recommencer une autre en attendant le Roi, lequel vint à l'eglise vers le commencement de l'Evangile de la seconde messe dudit roi d'Angleterre, accompagné de tous les princes de France, cardinaux et gentilshommes, ayans robbes la pluspart brodées de fin or. Ainsi que le Roi estoit au milieu du chœur, devant ledit grand autel, ledit roi d'Angleterre sort de son oratoire, et vient embrasser le Roi, en lui donnant le bon jour et à messieurs les Enfans et princes; et s'en retourna avec monsieur le cardinal de Lorraine en son oratoire, pour achever d'ouyr sa messe, et le Roi au sien, pour ouyr la sienne, pendant laquelle les chantres chantoient des motetz. A la fin desdites deux messes, lesdits deux rois se reviennent prendre, et s'en retournent à ladite abbaye, où ils disnerent à part; et durant le disner, les trompettes, haut-boys, cornets et chantres ne cesserent de jouer et chanter. Le service est merveilleusement beau, car tous les maistres d'hostel du Roi sur robbes de velours ont grosses chaînes d'or, la moindre de mil ou douze cens escus. Mercredi, le Roi donna à disner aux princes d'Angleterre, et le roi d'Angleterre aux princes de France : et cejourd'hui le roi d'Angleterre avoit un pourpoint tout cousu de diamans et de rubis, lequel on estime cent mille escus; et a donné à disner à messieurs les légat, cardinaux de Tournon et de Gramont, avec messieurs Loys de Nevers, mareschal de Florenges, Barbezieux et Humieres, tous assis à sa table. Et aprés disner est allé jouer à la paume avec les princes de France, ce qu'il fist aussi mardi. Et vous avise qu'il n'est possible de montrer plus grand signe d'amitié que lesdits deux princes se montrent l'un à l'autre. Ils s'en vont demain à Calais, et n'y va du train du Roi que six cens chevaux; lequel y doit séjourner jusqu'à mardi, et, icelui jour, reviendra en ceste ville, et d'ici reprendra son chemin à Paris. Ce matin le Roi a fait présent au roy d'Angleterre de six pieces de chevaux qui sont fort beaux. Mesdits sieurs les Enfans estoient à ce matin à son lever, et les veoit tres volontiers : c'est un beau et gracieux prince. Le jour du jeudi, le roy d'Angleterre donna à messieurs les Enfans, qui vindrent lui donner le bon jour, trois cent mille escus, que le Roi luy devoit encore de sa rançon : et fut donné l'ordre de France, cedit jour avant que partir, à messieurs les ducs de Suffort et Nortfort.

Depuis ces présentes escrites, vendredi passé, aprés disner lesdits deux rois partirent de ceste ville pour aller à Calais : et avoit ledit roi d'Angleterre une robbe à chevaucher, de drap d'or frizé, à grandes déchiquetures qui estoient tenues de gros diamans et rubis. Lesdits sieurs rois, accompagnés des gros seigneurs et gentilshommes de France et d'Angleterre, et audevant d'eux messieurs les Enfans, sortirent de la ville; et les envoyerent, mesdits sieurs les Enfans et mesdits sieurs les legat et cardinaux, jusques à une lieue loin de la ville, où ils retournerent. Lesdits deux rois, celui jour arrivés audit Calais, fut loger le Roi en une maison de marchand, qui est toute quarrée, quatre corps de maisons, la cour au milieu; et le roi d'Angleterre assez loin de ladite maison. Et estoit au logis dudit roy d'Angleterre madame la marquise de Boulan, accompagnée de dix ou douze damoiselles, à laquelle le Roi envoya un présent, par le prevost de Paris, d'un diamant qui est estimé quinze ou seize mille escus. Hier, qui fut dimanche, le Roi s'habilla merveilleusement triumphamment, et avoit un pourpoint de broderie, enrichi des plus beaux diamans que l'on veist oncques, et estoit estimé ledit pourpoint plus de cent mille escus : le roi d'Angleterre portoit une robbe de drap d'or damassée, de couleur violette, et dessus un collier qui estoit fait de quatorze rubis, dont le moindre estoi? gros comme un œuf, et de quatorze diamans qui n'estoient si gros : et entre lesdites pierres, environ deux doigts de large, y avoit deux rangs de grosses perles ; et au droit de l'estomac, y avoit une escarboucle grosse quasi comme un œuf d'oye : et estimoit-on ledit collier à plus de quatre cent mille escus.

Ledit roi d'Angleterre vient voir souvent le Roi, et se met en grand peine de faire bonne chere à toute la compagnie, et y a merveilleusement bonne grace à ce faire. Hier, aprés disner, il donna passetems au Roi d'un combat d'ours avec des dogues, et d'un taureau, dedans la cour de la maison du Roi. Le Roi séjournera jusqu'à demain, et s'en reviendra coucher en ceste ville, et fera sa feste à Estapes. Demain, le roi d'Angleterre donnera son ordre de la Jarretiere à messieurs les grand-maistre et admiral. Le Roy a desfrayé tous les Anglois, et ensemble le train en ce lieu de Boulongue, où ils ont esté par trois jours ; et le roy d'Angleterre pareillement a desfrayé à Calais tous les François et leur suite, combien qu'ils fussent beaucoup plus de François à Calais qu'ils n'ont esté d'Anglois en ce lieu de Boulongue. Le roy d'Angleterre donna hier au Roy le comte de Richemond, son bastard, qui est un jeune enfant de quinze ou seize ans ; et cedit jour, lui fit présent de fins chevaux de son haraz, dont il y a quelques coursiers et autres moyens chevaux.

Lesdits princes prindrent congé l'un de l'autre, et se séparerent mardi dernier, 29 d'octobre 1532.

CINQUIESME LIVRE

DES MEMOIRES

DE (MESSIRE GUILLAUME) DU BELLAY.

SOMMAIRE DU LIVRE CINQUIESME.

La mort du duc Francisque, dernier de la race des Sforces, donna juste occasion au Roy de demander le duché de Milan à l'Empereur : ce-pendant, pour s'y apprester le chemin, se saisit de Savoye et Piemont, prenant occasion sur le droit qu'il y avoit à cause de sa mere. L'Empereur, retournant du voyage de Tunis, entretient les ambassadeurs du Roy en esperance qu'il luy restitueroit le duché de Milan, afin d'avoir loisir d'apprester ses forces pour oster le Piemont au Roy, et venir en Provence ; mais, premier que s'y acheminer, il fait plusieurs harangues et protestations publiques contre le Roy, en presence du Pape et des cardinaux, à Rome, ausquelles le Roy envoye sa response par escrit.

CINQUIESME LIVRE.

[1535] Toutes les actions, negociations et praticques de ces deux grands princes, en tout le cours de ces precedentes années (esquelles, encores qu'ils ne fussent en guerre, il ne se pouvoit dire toutesfois qu'ils fussent en paix), donnoient assez grande apparence de ce que à la fin en adviendroit; et desja, combien que les propos de la confirmation de ceste paix et multiplication d'estroittes alliances entre-eux se continuassent tousjours, toutes choses, neantmoins, tendoient apparemment à ouverture de guerre : et bien jugeoient tous personnages de bon esprit, qu'à l'un ne à l'autre ne restoit plus, sinon le moyen et couleur de se deffendre et couvrir envers le monde du blasme et charge de la premiere invasion. Le Roy avoit les causes de regret et desplaisir que vous avez peu entendre par les precedens livres de ces Memoires; et l'Empereur, cognoissant bien ceste juste cause de regret (ainsi que le feu se pouvoit plustost conserver et nourrir en cœur de prince magnanime, pour s'enflamber en temps et lieu, que s'amortir et estaindre en le couvrant), cherchoit, à ceste cause, tous les moyens possibles de se fortifier à l'encontre des futures invasions, et de tant debiliter le Roy de ses forces, alliances et bons voisins, que si ores volonté luy venoit, moyen et puissance de s'en ressentir luy deffaillissent. Mais fortune, ou, pour mieux dire, Dieu courroucé contre noz pe-

chez, et ne nous voulant encores faire dignes de seure
et ferme paix en noz jours, permist et voulut que les
mesmes occasions que chercha l'Empereur, et par lesquelles estoit son intention de divertir le Roy, ou, par
nouvelles difficultez opposées à ses desseings, le mettre
en craincte de faire entreprise, eschaufferent et hasterent d'avantage ledit seigneur. Les bagues que le
duc de Savoye avoit engagées pour faire prest au duc
de Bourbon, rebelle et faisant guerre contre le Roy;
les lettres qu'il avoit escrites, gratulatoires de sa prise;
les praticques qu'il avoit faictes pour aliener les Suisses
de l'aliance de ceste couronne; l'achapt du comté d'Ast;
le refus de prester Nice pour l'entreveue du pape Clement et de luy, et le passage par ses païs, qu'il luy
avoit freschement refusé de bailler, pour aller faire
la vengence de l'outrage que luy avoit faict le duc
Sforce en la mort de l'escuyer Merveilles, son ambassadeur, avoient assez donné à cognoistre audit seigneur combien luy portoit le duc de bonne volonté.
Le Roy avoit aussi pour ceste cause esté content de
donner au duc quelque empeschement à son entreprise de Geneve, et combien que non ouvertement,
de maniere, toutesfois, qu'il se vouloit bien laisser entendre et luy faire cognoistre que peu de prouffit luy
adviendroit de ne l'avoir amy. Et bien estoit à penser
que le duc ne pouvoit ignorer aucunement que le
seigneur de Verets, nay son subject, mais domestique
et de la chambre du Roy, ne se fust ingeré si avant,
et aussi peu la compagnie du seigneur Rence, que de
favoriser, sans le sceu et consentement, ou, par avanture, sans secret commandement du Roy, les habitans
de la ville de Geneve contre luy. Ceste cognoissance,

avec la consideration de la puissance et prochaineté
d'un roy de France, qui peult tousjours en un moment, ou nuire ou ayder grandement à un duc de
Savoye; la consideration aussi que ceste grande et
voisine puissance, pour estre successive de pere en
fils, se peult estimer perpetuelle, au prix d'une puissance imperiale elective, devoit par raison mouvoir
le duc à se retourner et rallier au Roy, et ne point
abandonner du tout une ancienne, voisine et perpetuelle alliance, pour en accepter une nouvelle,
loingtaine et temporaire : mais sa conscience desja
le jugeoit avoir si grandement offensé le Roy, que sa
reconciliation luy sembloit estre comme impossible;
et en ceste persuasion, la duchesse son espouse, qui
l'avoit faict entrer en ceste dance, l'entretenoit et
nourrissoit en tant qu'il luy estoit possible. Desja les
Suisses, à la requeste de messieurs de Geneve, leurs
alliez, avoient faict entendre au duc que s'il continuoit à les grever et molester, force leur seroit de s'en
entremettre : et n'avoit satisfaict la response du duc à
messieurs des ligues; parquoy il s'attendoit bien qu'il
ne fauldroit d'avoir la guerre sur les bras, laquelle,
à son advis, ne se desmelleroit sans que le Roy en fust
de la partie; et, pour-ce, avoit il envoyé vers l'Empereur, alors arrivé nouvellement à Palerme en Sicile,
du retour de son voyage de Thunis, luy demander secours et ayde pour ceste guerre. Tant secretement ne
feit le duc ceste depesche, que tost apres le Roy n'en
eut nouvelle : et luy fut d'avantage rapporté que le duc
avoit faict porter parole de bailler à l'Empereur en
contrechange d'autres terres en Italie, tout ce qu'il
tenoit de païs deça les Monts, en commençant depuis

Nice jusques à l'entrée du païs des ligues, y comprenant aussi la ville de Geneve. Si cest eschange se fut faict, il n'y avoit point de doubte que l'Empereur n'eust bordé ce royaume de tous costez, en maniere qu'il fust venu au dessus de son intention, de mettre au devant des desseings du Roy tant de nouvelles difficultez, qu'il eust eu beaucoup à penser et à craindre devant qu'entreprendre à se ressentir, et faire demonstration de desplaisir et regret qu'il avoit en son esprit. Sur ceste nouvelle, vouloient toutes humaines et divines raisons que le Roy en toute diligence pourveust et obviast à un tel et si grand inconvenient, et ne souffrit dresser une telle eschelle pour envahir par cy apres et transgresser les bornes et ceinture de son royaume : voulut bien, toutesfois, encores un peu temporiser et delayer, tant pour raison de la depesche qu'il faisoit lors au seigneur de Velly, son ambassadeur vers l'Empereur, comme pour pouvoir envoyer encores une fois tenter la derniere resolution du duc, auquel il se delibera de demander, non seulement passage par sesdits païs, mais delivrance de la pluspart de ses places, et comme siennes, et qu'il pretendoit à luy appartenir à cause de feue madame Louise de Savoye, sa mere, sans plus les laisser és mains de personnage si mal feable, et en qui fust de les bailler aux ennemis de ceste couronne. Pour ce delay et temporisement n'avoit il toutesfois laissé de faire sçavoir au comte de Fustemberg, encores que, depuis la mort du duc Sforce, il luy eust ordonné de seulement payer ses capitaines, sans faire levée de lansquenets, dont il avoit eu intention de se servir en la poursuitte de la reparation de la mort dudit Merveilles, que, nonobstant ceste sienne precedante ordonnance, il les levast et feist passer en France, en intention que, si par amiable composition il ne pouvoit recouvrer du duc de Savoye ce qui estoit sien, il eust de tant plustost son armée preste pour y proceder par autre voye.

La cause de la depesche que faisoit lors ledit seigneur au seigneur de Velly, son ambassadeur, estoit en substance telle que s'ensuit. Le seigneur de Granvelle avoit sur chemin tenu propos audit sieur de Velly, chevauchant en la suitte de l'Empereur, que l'intention dudit seigneur estoit de ne disposer aucunement de l'Estat et duché de Milan, jusques à ce qu'il eust des nouvelles du Roy; et plusieurs fois estoit rentré avecques luy sur ces propos, conseillant, toutesfois, de n'en parler audit seigneur sans en avoir premierement charge du Roy, combien que là dessus ledit seigneur de Velly luy repliquast que, si on avoit bonne volonté, le Roy avoit par cy devant faict assez à sçavoir son intention, et en avoit baillé articles par escrit, selon ce qu'il en avoit esté pourparlé avec le seigneur de Noircarmes. En ces entre-faictes, ayant ledit seigneur de Velly occasion de parler à l'Empereur, et de luy faire à sçavoir la restitution et passage, à sa requeste, des chevaux du viroy de Sicile, et de la delivrance d'un Ragusien, s'estoit ingeré d'entrer en matiere plus avant, et de dire audit seigneur, entre autres choses, comment le Roy, s'il pensoit que l'Empereur vousist maintenant luy complaire de l'heritage de messeigneurs ses enfans, reprendroit et restraindroit volontiers la praticque de plus estroitte conjonction avec luy; qui seroit cause de confermer entre leurs deux maisons une parfaite et inseparable amitié et intelligence, moyennant laquelle ne seroit à douter que chacun d'eux ne fust, de là en avant, pour avoir les affaires de l'autre, envers qui que ce fust, en pareille recommendation que les siens propres ; joinct qu'ils feroient un bien universel à la chrestienté, en s'unissant ensemble pour resister aux entreprises que le Turc, ennemy de nostre foy, menassoit alors de faire. Sur ceste remonstrance, luy avoit respondu l'Empereur qu'il avoit tousjours volontiers escouté (et maintenant n'en vouloit moins faire) toutes les choses que le Roy avoit mises en avant : ausquelles s'il n'avoit satisfaict, ce auroit esté par-ce qu'il ne l'auroit peu faire ; car on sçavoit bien qu'il avoit laissé le duc Sforce en l'Estat de Milan, du bon consentement du Roy, et pour mettre l'Italie en repos : à ceste cause, que le Roy regardast et declarast comment il entendoit de faire, tant en cela qu'és choses concernantes la foy et la paix universelle de la chrestienté ; declarant toutesfois, ledit seigneur Empereur, qu'en ce faisant, il voudroit avoir toutes les plus grandes seuretez qu'il pourroit prendre pour l'observation des choses qui se traitteroient, selon lesquelles il feroit aussi de sa part tant, que le Roy se devroit contenter. Ceste fut la response, le remettant à en deviser plus amplement avec le seigneur de Granvelle, lequel en effect s'estoit un peu plus ouvertement laissé entendre, si ces propos estoient selon que la pensée : c'est à sçavoir que les trois poincts sur lesquels demandoit l'Empereur que le Roy dist franchement son intention, l'un estoit de la guerre contre le Turc, en laquelle il offroit de partir avecques le Roy tout le bien et le mal qui en procederoit ;

l'autre, quant à la foy et reünion de l'Eglise, en laquelle il s'attendoit bien que le Roy conviendroit à toutes choses raisonnables, et mesmement quant à la reduction d'Angleterre, touchant laquelle promettoit bien ledit Granvelle que l'Empereur ne requerroit le Roy de chose qu'il ne peust faire fort raisonnablement et à son grand honneur; le tiers poinct de la paix universelle en chrestienté, il le reduisoit au repos d'Italie, lequel il ne pensoit point pouvoir estre conservé sans que le Roy se desistast du faict de Gennes, et sans forclorre monseigneur d'Orleans du duché de Milan, et que plus volontiers on orroit parler de monseigneur le duc d'Angoulesme, donnans assez à entendre qu'ils vouloient, en tant que possible seroit, esloigner le duché de Milan de toute apparence de retomber à la couronne de France. Et au demourant, et sur toutes choses, pria ledit de Granvelle ledit seigneur de Velly, que toute ceste praticque se demenast secrettement et sans passer par trop de mains, mettant en avant que, pour traitter la chose plus couverte, il seroit bon que monseigneur le cardinal de Tournon, monstrant d'aller, pour le debvoir du degré qu'il tenoit, faire un temps de residence aupres de nostre sainct Pere (1), se trouvast à l'arrivée de l'Empereur à Rome; envers lequel, indubitablement, s'il y venoit bien resolu du Roy, il trouveroit telle correspondance, qu'estant la matiere desja si souvent discutée, il seroit incontinant aisé à veoir quelle yssue lon devroit esperer de toute la ne-

---

(1) *De nostre sainct Pere :* Clément VII étoit mort le 24 septembre 1534, et avoit désigné pour son successeur Alexandre Farnèse, doyen du sacré collége. Ce prélat fut élu à l'unanimité, le jour même de l'ouverture du conclave : il prit le nom de Paul III.

gociation. Tous ces propos avoit ledit seigneur de Velly, par le seigneur d'Espercieu, faict à sçavoir au Roy, et depuis avoit trouvé les choses en si bon train, à son advis, qu'il avoit eu opinion, et l'avoit ainsi mandé au Roy, qu'il eust esté bon d'envoyer vers l'Empereur monseigneur l'amiral de France, pour traitter et conclurre de toutes choses : et ceste estoit la cause pour laquelle se faisoit la depesche cy dessus mentionnée, vers ledit seigneur de Velly ; car, nonobstant que les nouvelles qu'il mandoit ne semblassent tendre sinon à bien, le Roy, toutefois, avoit nouvelles certaines qu'és Païs Bas de l'Empereur on se preparoit à la guerre, et mesmes que le comte de Nansau avoit envoyé faire une grosse levée en Allemagne ; que l'Empereur faisoit repasser en Italie Dom Ferrand de Gonzague et ses Espagnols qui estoient demourez en Sicile. Parquoy, ne se voulant tant amuser que mal luy en prist, sur ces propos, mis en avant en termes generaux par l'Empereur et par les gens qui avoient le maniement de ses affaires, il depescha ledit Espercieu, avec response de ce qu'il avoit apporté, mandant par luy au seigneur de Velly, son ambassadeur, qu'il eust, au plus promptement que faire se pourroit, et quoy que fust avant la fin du mois de janvier, qui ja estoit entré, à luy faire entendre la finale et claire resolution de l'Empereur : et fut telle que s'ensuit la charge qui audit Espercieu en fut donnée. Premierement, quant aux estroittes alliances entre l'Empereur et le Roy, c'estoit chose que le Roy non seulement desiroit, mais qu'il vouloit estre bastie de si bonne façon, que la grandeur de l'un jamais n'engendrast jalousie ne souspeçon à l'autre. Quant à bailler au duc d'Angoulesme

son fils, l'Estat et duché de Milan, en excluant le duc
d'Orleans son autre fils, c'estoit chose où il ne vouloit
aucunement entendre ; car ce seroit occasion de haine
et de picque, et à l'advenir de guerre, entre lesdits
freres, qu'il avoit nourris et vouloit entretenir en paix
et amitié. Quant à offrir à l'Empereur, voulant entreprendre la conqueste d'Arger, de luy envoyer ledit
duc d'Orleans son fils, aussi peu le trouvoit il raisonnable; car, en ce faisant, il y seroit plustost en espece
et lieu d'hostage, qu'il ne feroit demonstration de
bonne affection et confidence entre les deux princes ;
qu'il ne vouloit pourtant laisser de secourir et assister
à l'Empereur en la susditte entreprise, ains luy offroit
à l'entrée du printemps ses galeres, avecques deux
mille hommes payez, et sur icelles un bon chef, personnage d'experience et d'authorité ; adjoustant que
si l'année ensuivante ledit seigneur entreprenoit le
voyage de Constantinople, luy de bon cueur y assisteroit en personne, et l'y accompagneroit avecques
toutes ses forces. Et quant à la reformation et reünion de l'Eglise, il avoit esté, estoit et seroit tousjours prompt et affectionné, autant en Allemagne qu'en
Angleterre et par tout ailleurs : bien estoit d'advis,
quant au faict d'Angleterre, afin qu'il eust plus de
couleur de presser le roy dudit païs à se condescendre à l'opinion universelle des Chrestiens, que l'Empereur fist que nostre sainct Pere sommast de ce faire
tous les princes et potentats chrestiens, et à luy assister et donner main forte, pour faire obeïr ledit Roy
à la sentence et determination de l'Eglise. Quant à la
paix et repos d'Italie, que luy, au cas qu'au duc d'Orleans son fils, l'Empereur donnast et delivrast le du-

ché de Milan, renonceroit à jamais à sa querelle du royaume de Naples, et feroit renoncer ledit d'Orleans, son fils, à celles de Florence et d'Urbin, avec telles et si grandes seuretez, que l'Empereur mesmes adviseroit; comme de faire une ligue universelle, laquelle, d'un accord et consentement commun, fust obligée à conserver et maintenir ceste renonciation, et courir sus au premier qui au temps advenir y contreviendroit; declarant toutesfois qu'il n'entendoit point accepter l'investiture de Milan pour ledit duc d'Orleans, son fils, autrement qu'en la mesme forme et maniere que l'avoient eue ses predecesseurs : en quoy faisant, il donneroit tresvolontiers à l'Empereur jusques à la somme de trois à quatre cens mille escus, pour s'en ayder à la premiere entreprise qu'il feroit. Et au demourant, s'employeroit en faveur dudit seigneur Empereur, esperant bien d'en venir à bout, envers les princes et estats de l'Empire, qu'ils advoueroient et receveroient unanimement le roy Ferdinand, son frere, à vray et legitime roy des Romains; luy ayderoit à reduire en son obeïssance toutes choses de droict appartenantes à la maison d'Autriche; et generalement s'employeroit à toutes autres choses où justement employer se pourroit, et sans aucune chose y espargner, pour la grandeur et accroissement desdits seigneurs Empereur, et roy des Romains son frere; renonçant à toutes autres praticques et alliances prejudiciables à leurdit accroissement; reservant seulement de ne riens entreprendre par voye de faict, injustement, à l'encontre de ses anciens amis et alliez, et comprenant au nombre d'iceux le duc de Gueldres, auquel il avoit sa foy promise : bien offroit-il toutesfois, au cas que l'Empereur voulust entrer en ceste grande confidence, de renoncer au droict à luy acquis par la donation que luy avoit faicte iceluy duc de Gueldres, et le remettre en puissance et liberté d'en disposer de rechef à son plaisir, et signamment au prouffit dudit seigneur Empereur et de sa posterité. Et, pour-ce que ledit seigneur de Granvelle avoit tenu quelque propos des lansquenets qui se levoient en Allemagne au nom du Roy, bien vouloit advouer qu'il en faisoit lever six mille, mais non pour envoyer ailleurs qu'à recouvrer du duc de Savoye (au cas qu'il fust delayant de luy faire raison) les païs et terres à luy appartenantes par succession de feue madame sa mere, pour le recouvrement desquelles choses il envoyoit ses ambassadeurs en faire demande et offrir amiable composition au duc; au refus duquel il entendoit poursuivre son droict par la voye des armes, se tenant seur et certain que l'Empereur, ayant transigé et appoincté de toutes autres choses, ne vouldroit, au prejudice de luy, favoriser ledit duc de Savoye contre raison. Telle fut la response du Roy, avec promesse qu'incontinant la declaration de l'Empereur sur ce venue, il envoyeroit par mer, afin de faire meilleure diligence, mondit-seigneur l'amiral qu'il demandoit, ou à Naples ou à Rome, selon ce qu'il luy seroit faict à sçavoir, pour de toutes choses traitter et conclurre, en sorte que chacun d'eux en demourast content.

Ceste depesche faicte, le Roy, perseverant en sa deliberation, apres avoir en son conseil estroict deduit les droicts et querelles qu'il avoit contre le duc de Savoye, et, par l'advis de sondit conseil, ordonné comment il procederoit en ceste affaire, depescha monsieur le president Poyet devers mondit-seigneur de Savoye, lequel y prouffita autant qu'on avoit faict aux precedentes legations; car la duchesse de Savoye entretenoit ledit duc en ceste opinion, l'asseurant du secours de l'Empereur.

Espercieu, ce-pendant, arrivé à Naples, le seigneur de Velly se retira vers l'Empereur, auquel, de l'instruction qui avoit esté baillée audit Espercieu, il declara ce que luy sembla, selon les occurrences et occasions, estre requis de declarer; mais il n'en retira de luy aucune plus ouverte demonstration de vouloir venir à conclusion et fin des propos mis en avant. Il trouva toutesfois grande multiplication de bonnes paroles, sans venir aux particularitez, avecques iteratives protestations que les choses fussent tenues secrettes, et mesmement à nostre sainct Pere (lequel avoit le moyen, et ne faudroit de le mettre à execution, de donner de grandes traverses, ou à l'Empereur, ou à la praticque, s'il entendoit qu'elle se menast sans luy); et que, à ceste cause, estant le cardinal du Bellay aupres de Sa Saincteté, de laquelle il dependoit entierement, il estoit requis et necessaire de luy dissimuler et cacher ceste negociation, de peur qu'il luy advint de la declarer, et que de la declaration il advint roupture. Toutesfois il fist en advertir ledit sainct Pere, et mesmement par le seigneur André Dorie, qui vint vers Sa Saincteté à Rome, en partie pour ses propres affaires, et pour obtenir une dispense qu'il impetra pour le fils de sa femme, de pouvoir espouser la seconde fille d'Antoine de Leve, nonobstant qu'il eust auparavant espousé l'aisnée qui depuis estoit decedée; aussi en partie envoyé par ledit seigneur Empereur, tant pour luy rendre compte du voyage de Thunis, comme pour luy declarer ceste praticque, laquelle il luy declara bien au long, et luy donnant asseurance que Sa Majesté, encores qu'elle prestast l'oreille aux gens du Roy qui luy en portoient parole, estoit toutesfois resolue de n'en traitter ne conclurre aucune chose, sinon apres en avoir communiqué avecques icelle, et par son consentement, advis et bon conseil.

Or ne tarda gueres que le Roy fut adverty, et de la grande instance que l'Empereur faisoit, de tenir ceste praticque secrette à nostre sainct Pere, et de la declaration que ce neantmoins il luy en avoit faict faire : laquelle chose avecques la longue dissimulation et les remises dont il usoit sans venir au poinct, luy donnerent grande occasion que l'Empereur en cest affaire taschast mettre ledit sainct Pere en souspeçon et deffiance de luy. Et pource feit, dés le cinquieme jour de fevrier, une depesche au seigneur de Velly, en l'advertissant de rechef qu'il eust à presser l'Empereur et ceux de son conseil de se laisser plus clerement et ouvertement entendre, et qu'autrement ils luy donneroient cause penser, par les frivoles excuses qu'ils mettoient en avant pour ne bailler le duché de Milan au duc d'Orleans, que l'Empereur ne tendist sinon à l'amuser et mener de paroles, ce-pendant que luy s'armeroit et fortifieroit. Car quant à dire que le duc d'Orleans estoit trop prochain de la succession à la couronne, on pouvoit bien considerer que son frere le Dauphin estoit en aage et de complexion d'avoir enfans plustost que de n'en avoir point. Secondement, qu'il n'estoit raisonnable qu'en forcluant le plus aagé, luy, qui estoit pere de tous deux, baillast ou pourchassast de bailler un tel Estat au plus jeune : qui seroit mettre une division, picque et occasion de pis entre lesdits freres, et seroit retomber à mettre l'Italie en guerre, non pas, comme l'Empereur le desiroit, en paix, repos et tranquilité : car il falloit penser de deux choses l'une, ou que son fils le duc d'Orleans, irrité de ceste sienne exclusion, entreprendroit la guerre contre son propre frere pour recouvrer ce qu'il penseroit luy appartenir; ou, pour le mieux, qu'eux deux ensemble s'accorderoient, et, laissant le duc d'Orleans le duché de Milan paisible au duc d'Angoulesme son plus jeune frere, le duc d'Angoulesme luy bailleroit le passage, gens, vivres, et tout ce qui seroit en sa puissance, jusques à l'assistance de sa propre personne, pour luy ayder à recouvrer lesdits duchez de Florence et d'Urbin, pour doubte desquelles l'Empereur differeroit de bailler Milan audit d'Orleans. Parquoy sembloit au Roy que le plus prompt expedient pour assopir les querelles de Florence et Urbin, et tenir Italie en repos, estoit de contenter le duc d'Orleans par le duché de Milan, et, au moyen de ce, faire renoncer et luy et sa femme aux autres querelles, et faire une ligue (comme il est dit cy devant) conservatrice de ceste renonciation ; adjoustant d'avantage qu'il vouloit absoluement que l'Empereur declarast quand il bailleroit investiture dudit duché, à quel tiltre, en quelle forme et soubs quelles conditions il le vouldroit faire; car, quant à luy, son intention estoit qu'elle fust ample, et s'estendist à tous les descendans du premier duc Louis d'Orleans : se contentant toutesfois, quant à sa personne, pour satisfaire à la volonté de l'Empereur qui ne vouloit mettre ledit duché de Milan entre les mains d'un roy de France, de n'en estre investy, sinon comme usufructuaire, et comme ayant le bail et jouissant des fruicts au nom de ses enfans, ducs titulaires.

Telle fut en substance la depesche que feit le Roy au seigneur de Velly, sur la response qu'il luy avoit faicte à ce que Espercieu avoit par instructions respondu audit de Velly sur les premiers propos mis en avant depuis la mort du duc Sforce. Et au seigneur de Liquerques, ambassadeur de l'Empereur, lequel en avoit autant declaré de bouche au Roy, comme luy avoit le seigneur de Velly mandé par lettre, ledit seigneur feit pareille response, adjoustant que, là où il voudroit retenir en son cueur aucune mauvaise volonté contre l'Empereur, il accepteroit ledit duché à quelques conditions que ce fust, et puis en feroit comme il entendroit; mais qu'il le vouloit avoir à tel party, qu'il demourast content et amy de l'Empereur, et qu'entr'eux deux ny eust jamais jalousie de la grandeur ou de l'un ou de l'autre, laquelle y estant, jamais ne seroit possible qu'il y eust amitié durable. Quant à luy, qu'il ne vouloit estendre sa grandeur plus avant que Milan; celle de l'Empereur, il la desiroit autant avant qu'il plairoit audit Empereur, et à l'accroistre luy assisteroit par tout de son ayde et faveur, en gardant toutesfois chacun ses amis, tant d'une part que d'autre; car il ne vouloit des siens en abandonner aucun. Et quant au faict de Gennes, dont l'Empereur avoit faict mention, que luy estoit content de superseder sa querelle en faveur de luy, jusques à ce qu'elle se puisse vuider par quelque bon et honneste moyen. Sur-ce, concluant (et priant le seigneur de Leidequerques (1) d'ainsi le remonstrer à l'Empereur) que plus grande seureté ne pouvoit ledit seigneur avoir de luy qu'avoir ceste cognoissance; qu'il aymoit mieux entrer en roupture que de faire un traitté à regret, que par apres il ne voulust ou sceust tenir.

Pendant ces allées et venues, l'Empereur eut nouvelles de Venise, comment le seigneur de Beauvois y estoit allé pour faire mettre en avant quelques partis nouveaux avecques la Seigneurie : et de son ambassadeur estant riere le Roy, que l'evesque de Wincestre y estoit aussi arrivé, de la part du roy d'Angleterre, aussi pour la conclusion de quelque nouveau traitté : pareillement d'Allemagne, touchant la negociation qu'y avoit faicte le seigneur de Langey de par le Roy. Et, comme est la coustume de qui se deffie penser du mal d'avantage, et du bien moins qu'il n'y a, en feit faire de grandes plainctes au seigneur de Velly, par les seigneurs du Prat, de Cannes et de Granvelle, et principalement du faict d'Allemagne; dont il feit aussi faire ses plainctes à nostre sainct Pere, lequel toutesfois avoit desja esté adverty de toute ladite negociation par le cardinal du Bellay et par l'evesque de Mascon, ambassadeurs du Roy auprès de Sa Saincteté; laquelle, à ceste cause, s'en esmeut moins qu'elle n'eust faict. Ausdittes plainctes respondit ledit seigneur de Velly, que ce n'estoit chose inconveniente ne desraisonnable, que le Roy son maistre, en traittant avecques ledit seigneur, entretint ses autres amis et confederez: et quant au faict d'Allemagne, que ledit seigneur de Langey avoit parlé

(1) *Leidequerques* ou *Liquerques;* voyez page 124.

publicquement, et non d'autre chose que de la reduction de l'Eglise en bonne occurrence et union de doctrine. Ce nonobstant, il l'advertiroit tresvolontiers de l'ombre que ledit seigneur en prenoit, et se tenoit bien asseuré qu'il en auroit response à son contentement et satisfaction. Si est-ce que l'Empereur print là dessus ou occasion ou couleur de refroidir, pour un temps, les propos qui se demenoient avecques luy de ceste investiture et delivrance de Milan : et depeschea le sieur du Prat en Allemagne, soubs umbre de l'envoyer entendre la vérité des praticques et menées qu'y faisoit le Roy, mais en effect pour y en faire d'autres contre luy, et pour y faire nouvelle levée de lansquenets, ainsi que depuis il a esté sceu et cogneu. Aussi envoya le seigneur André Dorie à Gennes, equipper son armée de mer, pour faire (ainsi qu'il feit) courir le bruict de son entreprise d'Arger, mais, à la verité, pour un faulx alarme qui luy fut donné, ou pour souspeçon que deffiance luy avoit engendré que le Roy praticquast à faire revolter ledit Estat de Gennes: ne voulut toutesfois qu'il en fust aucune chose communiqué à l'ambassadeur de France. Et fut le partement dudit Dorie sans bruit; chose qui donna, depuis estre venue à la cognoissance du monde, grande matiere et occasion d'en estimer et craindre ouverture prochaine de guerre, plutost qu'en esperer confirmation de paix et d'amitié.

Le Roy ce-pendant fut adverty, par lettres de monsieur le president Poyet, de la responce du duc de Savoye, laquelle n'estoit selon son intention : bien vint devers le Roy le comte de Chalan, de par le duc de Savoye, pour penser reparer la deffaicte qui avoit esté faicte par les gens du duc, de la compagnie du seigneur Rence, comme j'ay dit cy dessus; la response doncques de monseigneur de Savoye n'estoit que dissimulations. Le Roy, s'estant mis envers luy en toutes les raisons qu'il estoit possible, et voyant qu'il falloit que les armes en fissent le jugement, depescha le comte de sainct Pol pour entrer en Savoye; ce qu'il feit en telle diligence, qu'avant que monseigneur de Savoye eust loisir de pourveoir à son faict, il conquist toute la Savoye, sans trouver resistence, hors mis à Montmelian, où y avoit un capitaine napolitain, nommé Francisque de Chiaramont; lequel, en fin, se voyant sans vivres et esperance aucune de secours, rendit la place, ses bagues sauves, et, depuis, mesprisé par ledit duc de Savoye, vint au service du Roy, où il luy a faict plusieurs bons services en plusieurs lieux.

Le Roy ne laissoit, ce temps pendant, à poursuivre son entreprise envers l'Empereur, et n'estoit chose qu'il eust peu faire à son honneur, encores que c'eust esté à son dommage, à laquelle il se fust tresvolontiers condescendu, pour, avecques paix et amitié de l'Empereur, avoir le duché de Milan, pour le duc d'Orleans son fils. Et, à ceste cause, pour satisfaire audit seigneur Empereur, il trouva moyen de contenter le roy d'Angleterre, et, de son consentement, differer pour quelque temps la conclusion du traitté avec l'evesque de Wincestre. Aussi revoqua le seigneur de Beauvois, qu'il avoit envoyé à Venise, et de la negociation du seigneur de Langey en Allemagne, escrivit en sorte que l'Empereur s'en contenta, ou, pour le moins, monstra de s'en contenter; et tellement que, le dixneufieme jour de fevrier, estant le seigneur de

Velly prest à depescher un courrier vers le Roy, les seigneurs de Cannes et de Granvelle luy firent instance de differer pour ce jour là, et que luy de sa part, aussi eux de la leur, pensassent plus avant sur ceste difficulté du duc d'Orleans au duc d'Angoulesme.

Au lendemain matin ils l'envoyerent querir, et, apres longue disputation, voyans qu'ils ne pouvoient tirer de luy autre chose, luy accorderent le duché de Milan pour monseigneur le duc d'Orleans, moyennant toutesfois que le Roy trouvast party pour la vefve duchesse, niepce de l'Empereur, et, sans se declarer ouvertement, donnerent occasion de penser qu'ils entendissent qu'elle fust donnée au roy d'Escosse. Ce qui feit audit seigneur de Velly plus adjouster de foy à leur dire, et qu'ils parloient comme de chose conclue et arrestée, ce fut ce qu'ils luy remonstrerent et prierent de remonstrer au Roy, qu'ils n'avoient si peu travaillé en cest affaire, qu'ils ne pensassent bien avoir merité que le Roy leur laissast ce que le duc Sforce leur avoit donné audit duché : parquoy il s'enhardit, et jugea d'entrer plus avant aux particularitez, et mesmement des seuretez qu'ils demanderoient ; à quoy ils respondirent qu'ils ne les demandoient sinon honnestes et raisonnables, et telles qu'eux mesmes les bailleroient de leur costé. Aussi parla des conditions de l'investiture ; surquoy ils interrompirent sa parole, disans qu'il suffisoit, pour ceste fois, d'avoir consenty et accordé le principal, et que monsieur l'amiral, à sa venue, acheveroit le demourant ; auquel on feroit tort, estant tel personnage qu'il estoit, et attendu le lieu qu'il tenoit aupres de son maistre, si on le faisoit venir pour seulement ratifier ce qui avoit esté faict par autruy; mais que bien pouvoit on asseurer le Roy qu'à la venue dudit seigneur amiral, tout le surplus se concluroit, et sans aucune difficulté; priant toutesfois, sur toutes choses, que ceste conclusion fust secrette entre-eux, et qu'ils se gardassent bien de faire ne dire chose au moyen dequoy il vint à la cognoissance du cardinal du Bellay que ceste difficulté fust vuidée; et qu'eux aussi donneroient garde que le comte de Sifuentes, leur ambassadeur aupres de nostre sainct Pere, n'en sçauroit riens.

A tout ce parlement assisterent, outre lesdits seigneurs de Cannes et Granvelle, autres deux secretaires de l'Empereur; et au lendemain l'un deux apporta monstrer audit seigneur de Velly, unes lettres de pareille substance qu'avoient esté les propos du jour precedant, laquelle escrivoit l'Empereur au seigneur de Leidequerques, son ambassadeur, avec charge expresse qu'il la monstrast et leust de mot à mot au Roy. Bien luy dit celuy qui luy apporta monstrer les lettres, que, depuis ceste difficulté vuidée, l'Empereur avoit eu telles nouvelles du traittement que le Roy faisoit au duc de Savoye, que si plustost il les eust entendues, jamais ne fust condescendu à dire le mot; mais puis qu'il estoit dit, c'estoit assez, et que l'Empereur, esperant que par un mesme moyen s'appoincteroient les choses de Savoye, ne s'en desdiroit jamais.

En un mesme temps eut le Roy ceste nouvelle et autres, qui diminuoient beaucoup de la foy qu'autrement il y eust adjoustée. Premierement, que nostre sainct Pere avoit esté par les gens de l'Empereur adverty par le menu de toute ceste conclusion, ou, pour mieux dire (et comme par les effects il a depuis esté cogneu), simulation : dont ledit sainct Pere entra en tresgrande deffiance et souspeçon contre le Roy. Secondement, qu'incontinant apres la revocation de Beauvois, l'Empereur avoit tant pressé les Venitiens, qu'ils estoient entrez en ligue defensive pour le duché de Milan, en faveur de tel personnage qu'à Sa Majesté plairoit en investir, et qu'il faisoit tresgrande instance d'y faire aussi entrer nostredit sainct Pere. Tiercement, qu'il avoit envoyé offrir de grands partis au roy d'Angleterre, pour le tirer à sa devotion. Quartement, de l'allée du seigneur du Prat en Allemagne, et qu'en passant à Milan, il avoit porté paroles entierement contraires à ce que demandoit et esperoit le Roy de l'Empereur ; passant aussi par Flandres, il avoit, avecques les deputez du païs et des autres Païs Bas de l'Empereur, à ceste fin convoquez et assemblez, conclut et arresté de grands preparatifs de guerre. Pour la cinquiesme, estoient les preparatifs que faisoit le seigneur André Dorie; lesquelles choses de tant plus luy estoient suspectes, que l'Empereur luy faisoit dire soubs main que tous ces preparatifs se faisoient, les uns pour l'entreprise d'Arger, et les autres pour mieux couvrir et celer à nostre sainct Pere que la susditte difficulté du duc d'Orleans au duc d'Angoulesme fust vuidée : et le Roy, toutesfois, estoit adverty de plusieurs bons lieux, que nostre-dit sainct Pere estoit informé de tout par le menu. Et à ceste cause, il se resolut de pousser outre en Savoye et plus avant, sans interrompre toutesfois sa negociation avec l'Empereur, à quelque fin qu'elle se deust reduire.

Ceste année fut un grand et merveilleux cours de propheties et prononstications, qui toutes promettoient à l'Empereur heureux et grands succes, et accroissement de fortune ; et quand plus il y adjoustoit de foy, de tant plus en faisoit l'on semer et publier de nouvelles : et proprement sembloit, à lire tout ce qui espandoit ça et là, que ledit seigneur Empereur fut en ce monde nay pour imperer et commander à fortune. Ce nonobstant, et combien que le Roy ne fust en aucune doubte que, mouvant guerre au duc de Savoye, il s'attireroit sur les bras toutes les forces de l'Empereur ; encores aussi qu'il sçeust tresbien quelle estoit l'inclination des aucuns (en conferant telles prononstications avecques l'heur et felicité qui avoient ja par si long temps accompagné toutes les entreprises dudit seigneur Empereur) à esperer et attendre, et des autres, à craindre qu'il en advint tout ainsi que les prognostications promettoient, comme si elles fussent procedées du propre oracle du Sainct Esprit, et de maniere que jusques en ce royaume aucuns superstitieux en fussent espourez et effrayez, luy, toutefois, ne s'en estonna, ne changea jamais sa deliberation, pour chose dont il en fut menassé par telles inventées prononstications, ains demoura tel que tousjours il avoit esté, c'est à dire, magnanime, et constant à mespriser et contemner ceste maniere de supersticieuses et abusives propheties, comme celuy qui ne varia oncques de la cognoissance et foy qu'il a et tousjours a eue en Dieu seul cognoissant et dirigeant le cours des choses futures, et qui en sa puissance a retenu et reservé la disposition des temps et des momens, et lequel il esperoit certainement luy devoir estre en ayde, attendu le grand devoir où il s'estoit mis, de chercher, par amiable composition, non tant à recouvrer le sien, qu'à faire au moins que l'occupateur l'en servist, non pas en feit, comme j'ay dit, eschelle à ses ennemis, pour envahir et transgresser les bornes et limittes de son royaume.

A ceste cause, il ordonna que l'equippage fust prest, duquel il avoit faict estat pour l'entreprise et conqueste des choses que luy occupoit le duc de Savoye; en laquelle entreprise il avoit estably et ordonné son lieutenant general messire Philippe Chabot, comte de Busances, amiral de France, et avec luy les chefs et capitaines particuliers qui ensuivent. Et premierement, hommes d'armes, le nombre de huict cens et dix lances, à sçavoir est, la bande dudit seigneur lieutenant general; celle de messire Jaques Galiot, grand escuyer et maistre de l'artillerie de France; celle de messire Robert Stuard, mareschal de France et capitaine de cent Escossois de la garde du Roy; celle de messire René, sire de Montejan; chacune de cent hommes d'armes: celles de monseigneur François, marquis de Salluces; de messire Claude d'Annebault; de messire Antoine, seigneur de Montpesat; de messire Jean de Touteville, seigneur de Villebon, prevost de Paris; de messire Gabriel d'Alegre; de messire Charles Tiercelin, seigneur de La Roche du Maine; chacune de cinquante; et celle du seigneur Jean Paule de Cere, de soixante hommes d'armes. Chevaux legers, mille, c'est à sçavoir: soubs la charge du seigneur d'Esse, cent; du seigneur de Termes, cent; du seigneur d'Aussun, cent; du seigneur de Verets, savoisien, cent: la charge generale desquels fut donnée audit seigneur d'Annebault, chevalier de l'Ordre, et depuis mareschal de France. Gens de pied françois, douze mille du nombre des legionnaires, sçavoir est : deux mille Picards, soubs la charge de messire Michel de Brabançon, seigneur de Canny, et messire Antoine de Mailly, seigneur d'Auchy; deux mille Normans, soubs la charge du capitaine La Salle et du capitaine Sainct Aubin l'hermite; deux mille Champenois, soubs la charge de messire Jean d'Anglure, seigneur de Jour, et du seigneur de Quinsi; mille de Languedoc, soubs la charge du chevalier d'Ambres; quatre mille de Dauphiné soubs la charge du seigneur de Bresieux et autres; et mille, soubs la charge du seigneur de Forges, l'un des eschansons ordinaires du Roy : de toutes lesquelles bandes de gens de pied la charge generale fut donnée audit sire de Montejan, aussi chevalier de l'Ordre, et depuis mareschal de France. Lansquenets, six mille, soubs la charge du comte Guillaume de Fustemberg. Soldats françois non legionnaires, le capitaine Lartique Dieu, cinq cens; le capitaine Blanche, cinq cens; le capitaine Auguar, cinq cens; le capitaine Vartis, navarrois, cinq cens. Italiens, soubs la charge du seigneur Marc Antoine de Cusan, gentilhomme milanois, l'un des escuyers d'escuirie du Roy, deux mille; et soubs la charge du seigneur Chrestofle Guast, mille, avec bon nombre d'artillerie; pour le faict de laquelle furent ordonnez trois commissaires, deux contreroolleurs, quarante canonniers, onze conducteurs de charroy, deschargeurs, charpentiers, charrons et forgeurs; et pour les cas inopinez, soixante personnes extraordinaires : pionniers, huict cens; chevaux, six cens octante; et la principale charge de laditte artillerie à messire Charles de Coucis, seigneur de Burie, l'un des gentilshommes ordinaires de la chambre du Roy.

De Cremieu en Dauphiné, partirent, le sixiesme jour de mars, le nombre de trois mille legionnaires dudit païs, et les mille estans soubs la charge du seigneur de Forges: avec lesquels partit le seigneur d'Annebault, auquel se vint joindre la bande du seigneur Jean Paule de Cere, au lieu de Briançon; et quelques jours apres, le seigneur de Montejean les acconsuivit en poste, et à deux journées pres les suivoient les lansquenets. Là vindrent nouvelles ausdits seigneurs d'Annebault et de Montejan, comment le comte Philippe Torniel, et Jean Jacques de Medicis, marquis de Marignan, marchoient au devant d'eux, avec quatre mille hommes de pied, pour gaigner et leur clorre le passage de Suse; parquoy ils se hasterent de marcher à l'encontre d'eux, craignans que, si l'ennemy gaignoit le passage avec les gens qu'il avoit aguerris, eux, qui avoient presque tous gens nouveaux et de nombre aussi peu qu'en avoit l'ennemy, fut difficile, voire impossible d'y faire ouverture. Leur diligence fut telle, qu'ils eurent passé jusques en la pleine au dessoubs de Suse, avant que les ennemis y arrivassent, lesquels ne les oserent attendre, mais se retirerent en arriere, et furent par noz gens suivis, de logis en logis, jusques à Thurin, ville capitale de Piemont, en laquelle ils ne s'oserent mettre : parquoy les habitans, ainsi destituez et abandonnez, se rendirent à la sommation desdits seigneurs d'Annebault et de Montejan, qui entrerent dedans, et la mirent és mains du Roy. Les ennemis se logerent à Chivas, et là fut envoyé un trompette les sommer; parquoy ils en deslogerent, et se rendit Chivas à l'obeïssance du Roy. Ce-pendant, arriverent les lansquenets à Thurin, et peu apres monsieur l'amiral lieutenant general du Roy, qui là ferma son camp, et depuis au lieu de Chivas, en attendant le surplus de son armée qui estoit encores par les chemins, et qui arrivoit journellement à la file: dont plusieurs le blasmerent, dequoy il ne poursuivit sa fortune contre gens estonnez.

Le douziesme jour d'avril, arriva l'artillerie que conduisoient lesdits deux mille legionaires des seigneurs d'Auchy et de Canny. Le quinziesme jour, au matin, il deslogea de Chivas, en intention d'aller campaier sur la Grande Doaire : ceste Doaire s'appelle Grande, à la difference de l'autre Doaire qui sort du mont Geneve. Desja estoit le camp dudit seigneur amiral, depuis son arrivée, renforcé de quatre à cinq mille hommes de pied françois, et environ de quinze cens italiens; et pouvoit avoir en tout le nombre de quinze à seize mille hommes de pied, y comprenant les lansquenets; de gens de cheval, il n'en pouvoit encores avoir plus hault de deux cens cinquante, en hommes d'armes, archers et chevaux legers. De l'autre bort de la riviere estoient les seigneurs dom Laurens Emanuel, ambassadeur de l'Empereur; Jean Jacques de Medicis et Jean Baptiste Castalde, avec le nombre de quatre à cinq mille hommes de pied, et gens de cheval, le nombre de quatre à cinq cens, qui monstrerent contenance de vouloir faire teste et de garder le passage de la riviere. La deliberation dudit seigneur amiral n'estoit point de passer ce jour la riviere; mais, incontinant que noz gens veirent l'ennemy en teste, ils furent surpris de telle ardeur et impetuosité de combatre, que commandement, ne remonstrance du pont qui n'estoit encores faict, n'eurent lieu envers eux, qu'ils ne le pressassent et importunassent de leur donner congé de passer outre ; tellement que, vaincu de leur importunité, il fut contraint de leur donner congé ; ce qu'il ne feit si tost, qu'avecques le mot ils ne se gettassent en la riviere, jusques à l'estomach ; et, bien que l'eaue fust forte et roide, toutesfois jamais, ne lansquenets ne François, ne perdirent leur ordre en la traversant; et commencerent à s'approcher de l'ennemy par telle furie, qu'il n'osa faire contenance de les attendre, ains print le chemin pour se retirer, aux grandes alleures, à Vercel. Et si tous noz gens de cheval ordonnez à ceste entreprise, ou quelque meilleur nombre d'eux eussent alors esté arrivez, en sorte que noz gens eussent esté les plus forts de cheval, aussi bien qu'au contraire l'estoient les ennemis, pour les escarmoucher souvent et contraindre de marcher en bataille tant que noz gens de pied les eussent acconsuivis, il n'y a point de doubte qu'ils n'eussent esté defaicts par les nostres, avant que jamais ils fussent arrivez audit Vercel. Un legionnaire passa la riviere à nage, pour aller querir un batteau de l'autre costé, lequel il amena en despit des ennemis, encores qu'ils luy tirassent des coups d'arquebuse sans nombre ; mais jamais il ne fut touché. Monseigneur l'amiral, pour donner cueur aux autres, luy fist donner, en presence de tous, un anneau d'or, ensuivant l'ordonnance du Roy. Et ce jour alla nostre camp loger au lieu de Savillan, où il sejourna tout le lendemain, attendant les vivres, qui n'estoient arrivez, à cause que le pont, ainsi que j'ay dit, n'estoit encores faict quand ledit camp passa la riviere.

Ce temps pendant, ne se discontinuoient à Naples les praticques de confirmation de paix et de plus estroittes alliances d'entre l'Empereur et le Roy; et d'autant plus les entretenoit l'Empereur (à ce que depuis il a esté cogneu), pourcequ'il esperoit, soubs couleur de ceste praticque, moyenner que l'entreprise du Roy contre le duc de Savoye procederoit plus lentement, et qu'il auroit tant plus de loisir et de commodité de se preparer à la guerre, au cas que la paix ne se peust conclurre à son intention : car il se tenoit à offense du Roy, et souvent s'en plaignoit au seigneur de Velly, ambassadeur de France. Lesdits seigneurs de Cannes et de Granvelle, principaux entremetteurs des affaires de l'Empereur, allegoient en somme, que le Roy, sur et pendant les praticques de paix, n'avoit deu entrer en guerre; le seigneur de Velly, au contraire, leur remonstroit que ceste guerre ne pouvoit aucunement toucher à l'Empereur, et que la praticque mise en avant estoit seulement sur les querelles qui estoient ou avoient esté entre-eux, et non point sur celles de Savoye, pour lesquelles ceste armée du Roy estoit dressée, mais avecques expres commandement de ne toucher aucune chose que l'Empereur tinst ou possedast, à quelque tiltre et couleur que ce fust; que l'on pourroit, toutesfois, si ledit seigneur Empereur le trouvoit bon, en vuidant les autres querelles, vuider aussi celle de Savoye par un mesme moyen. L'Empereur monstroit de n'estre du tout hors de volonté de conclurre les praticques, et tousjours les entretenoit, meslant entre deux vertes une meure, au jourd'huy doubte, demain esperance, jusques au jour de son partement de Naples, qu'il dist au seigneur de Velly qu'estant sur son deslogement, il ne luy pouvoit donner response resolue, mais qu'à Gaiette les seigneurs de Cannes et Granvelle la luy donneroient.

Ceste remise ne sçavoit le seigneur de Velly s'il devoit interpreter à cerimonie de vouloir faire les choses meurement, ou dissimulation, attendant nouvelles de la levée de ses lansquenets. Et ce-pendant l'Empereur ne perdoit temps à presser en toutes manieres nostre sainct Pere de se vouloir declarer partisan envers luy. Au lieu de Gaiette, le seigneur de Velly pressa d'avoir response; mais il n'en peut tirer autre, sinon que, s'il n'avoit nouvelle du Roy, qu'il attendist avoir la response à Rome, pendant quel temps il pourroit avoir nouvelles du Roy; aussi, que l'Empereur alors pourroit parler du faict de Savoye, lequel il ne pouvoit à son honneur dissimuler. Respondit le seigneur de Velly, que le delayer jusques à ce que lon eust nouvelles du Roy, n'estoit sinon perdre temps, et que le Roy n'escriroit riens, qu'il n'eust prealablement response sur les articles dont on l'avoit remis de respondre à Gaiette. Replicqua le seigneur de Granvelle, qu'il craignoit fort que le traittement que lon faisoit au duc de Savoye, nuisist beaucoup à la conclusion de ceste praticque; *item,* que la demande de l'usufruict, et pour le propos que mettoit en avant le Roy, de ne vouloir abandonner aucun de ses confederez, desquels propos n'avoit esté parlé au paravant, sembloit à l'Empereur que le Roy, pour la facilité qu'il auroit trouvée en luy, en hausast d'autant plus ses demandes. Et quant aux confederez, il n'estoit besoing d'en parler, tant que lon fust d'accord du principal, combien que sur cest article l'Empereur n'estoit pour demander choses que raisonnables. Et quant à Gueldres, particulierement on le laisseroit jouir sa vie durant, accomplissant par luy les choses qu'il avoit traittées, et à l'observation desquelles le Roy par le traitté de Madril estoit obligé : des autres alliances d'Allemagne, que l'Empereur les permettoit au Roy, pourveu qu'il n'en abusast point. Quelques jours apres, fut declaré au seigneur de Velly que l'Empereur vouloit, au cas qu'il traittast aucune chose, que tous les confederez du Roy signassent les traittez, et que luy en feroit autant faire aux siens, d'autant aussi que, pour l'investiture de Milan, il vouloit exclurre quiconques viendroit à estre roy de France : à ceste cause il vouloit que les estats et de France et de Milan le jurassent, et que cela fust publié par edict incommutable, lequel le roy de France et les ducs de Milan jurassent, à leur advenement, d'observer et entretenir comme les choses d'ancienne observance. Puis demandoit l'Empereur estre asseuré que le duc de Lorraine jamais ne feroit querelle touchant le duché de Gueldres : aussi vouloit que le Roy rompist le mariage de la fille de Vendosme au roy d'Escosse ; car il vouloit luy bailler sa niepce, la duchesse de Milan, et que la fille de Vendosme fust baillée au prince d'Orenge, et que le Roy print en soy la charge de bien colloquer la fille du duc de Lorraine, de laquelle avoit esté mention pour ledit prince d'Orenge.

En ceste maniere se comporta l'Empereur, depuis Naples jusques à Marine, place appartenante au seigneur Vespasien Colonne, en terre de Rome, tenant les praticques en assez bon train, et avec esperance de paix, un jour plus et un jour moins, et mettant aujourd'huy une condition en avant, au lendemain une autre, ainsi qu'un homme qui ne se vouloit laisser entendre : et donnoit occasion de penser qu'en effect son intention fust bonne, mais qu'il craignist que le Roy entretinst ceste praticque, seulement pour sentir et cognoistre de luy, par ce moyen, à quoy lon le pourroit finalement tirer ; en se tenant tousjours luy en son entier, de dire apres, ou si, ou non, selon que l'occurence et evenement des choses et du temps luy donneroient jugement et cognoissance de ce qui luy seroit meilleur de faire : comment que ce fust, il vouloit bien qu'on le pensast ainsi, et, à ceste fin, mettoit et faisoit mettre toutes ces conditions en avant, pour donner à penser qu'il ne le feroit, si son intention n'estoit de conclurre. Et, nonobstant qu'au lieu de Fundi le seigneur de Velly trouvast quelque plus grande difficulté qu'au-paravant, au lieu de Marine, toutesfois, il sembla que toutes choses fussent bien rabillées, et qu'il n'y eust plus de difficulté, sinon sur ce que le Roy vouloit estre investy luy-mesme de l'usufruict ; de maniere qu'il fut dict audit seigneur de Velly, qu'il pouvoit bien escrire au Roy d'envoyer mondit-seigneur l'amiral, pour conclurre et passer le traitté, comme de chose totalement accordée : bien fut adjoustée ceste condition, que le Roy, prealablement, fist retirer son armée qui estoit en Piemont. Et sur ceste asseurance, le seigneur de Velly envoya le seigneur d'Espercieu, son cousin, vers le Roy, pour l'advertir au long et par le menu, de toutes les plainctes qu'on luy avoit faictes, de toutes les difficultez et conditions qu'on luy avoit mises en avant, et de la finale et, à son jugement, bonne resolution qu'il avoit eue.

Si l'Empereur, de son costé, monstroit de craindre que le Roy tendist, par ceste praticque, seulement sçavoir à quoy il se voudroit laisser mener, autant et plus craignoit le Roy, ce que par tant d'apparences il devoit craindre, que l'Empereur (ainsi que les effects depuis ont faict cognoistre la verité) ne l'amusast si-non pour l'entretenir en despense, ce-pendant que luy à son plaisir se prepareroit à la guerre : et grande occasion luy en donnoient, non seulement les choses dessus deduittes, comme la grande instance que ledit Empereur faisoit de tenir secretes les choses à ceux mesmes ausquels luy apres les descouvroit, et taschoit à en faire son prouffit, mais autres certains advertissemens qu'il avoit de lettres escriptes par l'Empereur au duc de Savoye, par lesquelles il luy mandoit ne se soucier de chose qui luy fust advenue, car avant peu de jours il luy feroit tout rendre : chose que, paravanture, l'on eust peu interpreter comme si l'Empereur eust esté seur de le pouvoir faire amiablement en rendant le duché de Milan. Mais qui rompoit et faisoit impertinente ceste interpretation, estoit que l'Empereur hastoit ce pendant sa creue de lansquenets en toute diligence, luy qui n'estoit et n'est coustumier d'entrer en despense és choses que sans cela il pense pouvoir faire ; aussi qu'il avoit ordonné au seigneur dom Ferrand de Gonzague aller mettre ensemble ses chevaux legers, qui pareillement ne se pouvoit faire sans autre despense ; plus, qu'il prenoit des villes imperiales en Allemagne, artillerie et munitions, qu'il faisoit conduire à la volte d'Italie : et qui faisoit conjecturer qu'il le fist afin de traitter les armes en la main, aussi bien que le Roy, et plustost comme superieur que comme inferieur de forces, estoit que l'Empereur avoit declaré aux legats de nostre sainct Pere, et par le moyen d'un cardinal (lequel, pour cause, je ne vueil à present nommer) estoit venu à la cognoissance du Roy, que ledit seigneur Empereur jamais ne bailleroit Milan au Roy, ne permettroit que il eust un seul pied de terre en Italie : et mesmement faisoit secretement praticquer nostre sainct Pere, la seigneurie de Venise et les autres potentats d'Italie, à ce qu'ils s'opposassent à l'investiture dudit duché en faveur de personne estrangere quelconques. Et pour mieux coulourer son affaire et se couvrir qu'il ne le fist pour le Roy, au cas qu'aucuns d'iceux potentats revelassent qu'il praticquoit ceste opposition envers eux, il avoit faict soubs main tenir propos que le roy de Portugal luy fist demander ledit Estat pour son frere, en fournissant quelque bonne somme de deniers. Et tout ce que dessus un des legats, estroittement adjuré par nostre sainct Pere de luy dire à la verité tout ce qu'il avoit trouvé aux propos dudit seigneur Empereur, avoit declaré à Sa Saincteté, luy asseurant certainement que l'Empereur n'avoit amy ne frere qu'il aymast tant, qu'il luy voulust bailler ledit duché : ains que son intention ferme et resolue estoit de le retenir pour soy, quoy qu'il advint.

Le Roy, qui jusques alors avoit esté content que son armée procedast lentement, se delibera de la faire plus vivement pousser outre, et, à ceste fin, envoya messire Louis de Rabodanges, l'un de ses eschansons ordinaires, faire entendre sa deliberation à monseigneur l'amiral, et luy dire expressement que, s'il trouvoit ses ennemis en lieu avantageux, voire seulement en lieu esgal et sans avantage, il se hazardast de les combatre; et mesmement qu'il marchast droict à Vercel, afin d'attirer les ennemis à venir secourir la ville, et par ce moyen à la bataille. A Savillan trouva ledit seigneur de Rabodanges nostre camp prest à marcher, et monsieur l'amiral en deliberation d'aller essayer de forcer laditte ville de Vercel, en laquelle y avoit, pour le duc de Savoye, le nombre de trois mille hommes de guerre, dont les mille estoient lansquenets : et à quatre mille au dessus estoit le seigneur Antoine de Leve, avec environ six cens chevaux et douze mille hommes de pied, et là se portoit ledit de Leve, non pour lieutenant de l'Empereur, mais pour capitaine general de la ligue d'Italie; faisoit toutesfois contenance, et se vantoit de courir sus à nostre camp, s'il s'efforçoit de passer outre. Or, dés ledit temps que mondit-seigneur l'amiral partit d'avec le Roy pour son entreprise, avoit esté depesché Gaucher de Tinteville, vers les seigneurs Caguin de Gonzague, comte Guy de Rangon, Hannibal de Gonzague, comte de La Nugolares, tous pensionnaires du Roy; lesquels avoient faict une levée de six mille hommes de pied avecques cinq cens chevaux legers, la pluspart tous gens d'eslitte et nourris és guerres passées d'Italie, et ne pouvoient, sans estre rencontrez par le seigneur Antoine de Leve, se venir joindre avec ledit seigneur amiral : et à ceste cause, avoit il desja, quelques jours auparavant, envoyé demander passage pour eux audit seigneur de Leve, et sçavoir de luy s'il avoit à s'en asseurer comme d'amy, ou s'en garder comme d'ennemy. A quoy avoit ledit de Leve respondu qu'il leur bailleroit asseurance, moyennant qu'ils vinssent pour la ligue d'Italie, dont il se disoit capitaine de par l'Empereur.

Partant doncques de Savillan, avoit bien voulu ledit seigneur amiral, à cause de l'expres commandement qu'il avoit du Roy, de ne riens attenter en chose qui fust tenue ou possedée au nom de l'Empereur, envoyer de rechef audit de Leve ; et par un trompette luy envoya lettres, pour entendre son intention : ausquelles lettres respondit assez bravement, toutesfois avecques dissimulation, de sorte qu'on n'eust sceu y faire fondement. Et sur-ce, marcha ledit sieur amiral en avant, tirant droict à Vercel. Ce jour là y eut quelque mutinerie entre les gens de pied françois et lansquenets, en laquelle moururent des gens beaucoup, et d'une part et d'autre ; et plus grand inconvenient fust advenu sans ce que le comte Guillaume de Fustemberg y arriva, qui feit retirer les siens en telle obeïssance, qu'oncques, depuis qu'il y eut parlé, ne s'en trouva un qui marchast un pas en avant, encores que du commencement ils eussent eu du pire, et alors se veissent renforcez de gens, avecques moyen de se venger de leur dommage. Ce que j'ay bien voulu reciter en cest endroit, à ce que ce soit exemple combien est requise la discipline militaire, et de combien sert un chef en telle multitude, qui sçache tirer obeïssance de ses gens. Au deuxiesme logis arriverent noz gens à deux mille pres de Vercel, et furent les François et lansquenets logez separément, pour eviter noise et division ; mais je laisse à tant ceste matiere, et retourne à la negociation des choses qui ce pendant se traittoient avecques l'Empereur.

En ces entrefaictes estoit ledit seigneur Empereur arrivé à Romme, où avoient esté faicts, long temps auparavant, les preparatifs à le recevoir bien solemnellement. Et, pour-ce qu'entre plusieurs edifices qui, pour luy faire la voye plus large et droicte, avoient esté abbatus et demolis, fut aussi abbatu le temple de Paix, anciennement et de long temps gardé pour la memoire des anciennes structures, ainsi que sont autres plusieurs edifices et ruines à Romme, gens curieux et susperstitieux, dont audit lieu a ordinairement grand nombre, interpreterent la chose à mauvais augure; et commencerent à en faire des prejudices et discours, en disant que c'estoit signe que l'Empereur y estoit entré, non à heure d'y establir et confermer la paix, ainsi qu'il se vantoit, mais pour en oster au contraire toute memoire et souvenance. Et peu apres feit l'Empereur des actes assez, qui confermerent beaucoup le monde en ceste opinion.

Il avoit, ledit sixiesme jour d'avril, esté de six à sept heures avec nostre sainct Pere. Au lendemain l'evesque de Mascon, ambassadeur du Roy vers nostre-dit sainct Pere, et le seigneur de Velly, aussi ambassadeur du Roy vers l'Empereur, eurent audience de Sa Saincteté; à laquelle ils exposerent que jusques alors avoit esté la pratique de paix entretenue par le Roy leur maistre, en esperance que le tout se concluroit par le moyen et intervention de Sa Saincteté, lequel moyen et intervention y estoient fort necessaires, pour oster et purger les suspicions et deffiance qu'ils avoient l'un de l'autre, et les rendre bien confidens et unis ensemble; prians sa Saincteté vouloir y mettre peine, et mesmement à faire condescendre l'Empereur à l'investiture de Milan, en la personne du duc d'Orleans : à quoy ledit Velly, comme ayant long temps negocié avec l'Empereur, asseuroit Sa Saincteté qu'elle trouveroit ledit seigneur assez enclin et disposé, ne passant toutesfois plus outre sur-ce propos, car encores pensoit-il que l'Empereur eust tenu secret à nostre-dit sainct Pere, ainsi qu'il avoit voulu estre tenu par le Roy, ce que desja il en avoit esté accordé. Et au surplus, premierement prierent Sa Saincteté leur faire part des choses qui, en si long parlement, avoient esté, le jour precedent, agitées entre-eux pour le bien et repos de la chrestienté, service de Dieu, exaltation et gloire du sainct Siege.

Respondit nostre sainct Pere qu'il avoit trouvé l'Empereur assez desirant la paix, et que luy, par advis dudit seigneur, au lendemain feroit congreger (ce qu'il feit) les cardinaux du sainct Siege, ses freres, en consistoire, pour avecques eux deliberer de ce qui seroit requis, tant pour l'intimation du concile (auquel il ne faisoit doubte que le Roy ne luy assistast) comme pour ceste intelligence entre iceux deux princes, et paix universelle de la chrestienté. Et qu'en cest affaire, luy estoit resolu, ainsi que le debvoir vouloit, de s'entretenir en neutralité ; et là dessus s'estendit à dire combien il estoit tenu de maintenir justice, et d'obvier à l'obstination de celuy qui se monstreroit desraisonnable : bien vouloit il les advertir avant la main, qu'à ce qu'il en pouvoit entendre, jamais l'Empereur ne se condescendroit de bailler Milan au duc d'Orleans. A ce n'oserent repliquer les dessusdits de Mascon et de Velly, craignans d'offenser l'Empereur, au cas que sans son congé ils parlassent plus avant de la chose qu'il avoit pressé de tenir secrete. Mais, puis apres, en parla ledit de Velly au seigneur de Granvelle, le priant de ne vouloir envers nostre sainct Pere traverser le Roy, pour la volonté qu'il avoit usé de tenir secret ce que ledit seigneur Empereur avoit ainsi voulu. Et pensoient en effect que ceste difficulté que faisoit nostre sainct Pere, ne procedast d'autre occasion, sinon que l'Empereur à son escient luy en eust faict le difficile, pour luy donner ce contentement qu'il pensast d'avoir esté le mediateur et compositeur d'icelle et autres difficultez. Le seigneur de Granvelle alors, apres avoir faict quelque expostulation de ce qui se faisoit contre le duc de Savoye, asseura ledit de Velly, que l'Empereur, ce nonobstant, persistoit en sa promesse, combien que, s'il eust sceu ledit traittement qu'on luy faisoit, il n'eust jamais promis ce qu'il avoit faict; mais que toute la difficulté procedoit de nostre sainct Pere, lequel vouloit peu de bien à la maison de Medicis, et à ceste cause ne voudroit veoir une fille de laditte maison estre duchesse de Milan. Et, à ce que mieux on adjoustast foy à son dire, permist audit seigneur de Velly de dire franchement à nostre sainct Pere, et l'asseurer que s'il vouloit bien à bon escient s'employer envers l'Empereur à ce qu'il investist le duc d'Orleans de l'Estat et duché de Milan, ledit seigneur Empereur infailliblement le luy accorderoit.

Je ne puis dire quelle intelligence secrette il y avoit entre ledit sainct Pere et l'Empereur; bien sçay-je dire qu'au lendemain, les dessusdits evesque de Mascon et seigneur de Velly allerent vers nostre sainct Pere, et luy dit ledit seigneur de Velly ouvertement, que dés Naples il avoit peu, s'il eust voulu, conclurre l'investiture du duc d'Orleans; mais que le Roy avoit tant voulu deferer à Sa Saincteté que de n'en vouloir rien conclurre sans elle, encores que ce fust chose qui luy touchast de si pres, comme d'eviter le trouble entre ses enfans, et consequemment de tout son royaume. Ledit sainct Pere, soit qu'il eust ainsi conclu avecques l'Empereur, ou qu'il fust vray ce que le seigneur de Granvelle avoit dit de luy, repliqua lors aux dessus-dits de Mascon et de Velly, que de parler du duc d'Orleans il n'y avoit aucune raison; et quant à luy, qu'il estoit pere universel, et devoit penser à la tranquilité d'Italie aussi bien qu'à celle du royaume de France. A tant luy remonstra ledit seigneur de Velly que toutes fois qu'entre lesdits freres enfans du Roy y auroit trouble à cause du duché de Milan, le mesme trouble redonderoit sur Italie, et tant insista, que ledit sainct Pere luy accorda d'en faire requeste à l'Empereur, auquel alla le seigneur de Velly gaigner le devant, et le prier de ne s'y vouloir rendre difficile; mais il ne tira de luy sinon expostulations et plainctes, fors qu'à la fin il luy promist, en termes generaux, de ne faire chose qui prejudiciast à la bonne volonté qu'il avoit de se bien entendre avecques le Roy. Vray est que, partant ledit Velly d'avecques Sa Majesté, les seigneurs de Cannes et de Granvelle luy donnerent meilleure esperance, voire asseurance que là où nostre sainct Pere ne feroit difficulté sur ceste investiture pour le duc d'Orleans, aussi n'en feroit point l'Empereur leur maistre. Et, sur ceste asseurance, l'evesque de Mascon au lendemain retourna dire ce que dessus à nostre sainct Pere, en luy remonstrant que si l'Empereur, estant arrivé à Romme, et apres avoir communiqué avec Sa Saincteté, se trouvoit estre variant de ce qu'il avoit promis estant à Naples, et tant de fois reiteré depuis, on auroit apparente cause de soupçonner que d'elle et par son moyen procedast ceste variation, attendu mesmement que Saditte Saincteté avoit tousjours, dés le commencement, allegué ces mesmes difficultez.

Nostre sainct Pere, se voyant ainsi pressé de pres, respondit alors que les seigneurs de Cannes et Granvelle, incontinant qu'ils eurent le jour precedant communiqué avecques lesdits de Mascon et de Velly, estoient venuz luy reciter tout ce que les uns et les autres avoient dit, respondu et repliqué; et que, parlant franchement, luy se doubtoit fort que l'Empereur et eux entretinssent expressement ceste praticque pour les amuser, et à ce que, sur ceste esperance, ils amusassent le Roy pendant le temps que ledit seigneur Empereur se preparoit à la guerre; que toutesfois, pour leur complaire, il s'employeroit encores à obtenir ce qu'ils demandoient pour le duc d'Orleans, combien qu'il fust certain que ce seroit peine perdue. A quoy repliqua l'evesque de Mascon que le Roy, sans cela, jamais ne viendroit à conclusion. « Je pense « doncques, dit nostre sainct Pere, que les choses ne « peuvent sinon estre en roupture; car l'Empereur « ne veult, et, quand il le voudroit, ne peult bailler « Milan sans le consentement d'aucuns, lesquels, à « mon advis, jamais n'y consentiront. » Il vouloit dire des Venitiens, devers lesquels avoit l'Empereur envoyé, pour, ainsi qu'il disoit, qu'ils y consentissent, mais, comme couroit le bruit, qu'ils y contredissent.

En ce mesme temps arriva le seigneur d'Espercieu, lequel j'ay dit par cy devant avoir esté depesché sur les plainctes que l'Empereur avoit faictes au seigneur de Velly. Sur ceste occasion envoya ledit de Velly demander audience, et, apres avoir salüé ledit seigneur Empereur de par le Roy, luy feit les responses et remonstrances sur chacun article, ainsi qu'il luy estoit ordonné de faire. Premierement, quant à ce que l'Empereur alleguoit que le Roy donnoit assez à cognoistre qu'il ne vouloit conclurre ledit traitté, puis qu'au lieu d'envoyer monseigneur l'amiral à ceste fin, il l'avoit envoyé ailleurs, et pour effect contraire, c'est à dire pour faire la guerre, le Roy respondoit qu'attendant response de la difficulté qu'on luy faisoit sur l'usufruict qu'il demandoit luy estre reservé, aussi voyant la remise de Naples à Gaiette, et de Gaiette à Romme, et que l'armée qu'il avoit preparée pour avoir la raison de ce que le duc de Savoye luy occupoit, luy demouroit ce-pendant inutile, il avoit envoyé ledit amiral poursuivre sadicte raison, en attendant que ledit seigneur Empereur le mandast, lequel encores ne l'avoit mandé; mais que, nonobstant qu'ayant le Roy, à la requeste de l'Empereur et à son instance, revoqué un gentilhomme de sa chambre qu'il avoit à Venise, luy eut ce pendant traitté avecques les Venitiens, qui se pouvoit dire innovation, toutesfois la premiere et principale charge qu'il avoit donnée audit amiral, estoit de ne toucher aucune chose qui, à quelconque tiltre, appartint à l'Empereur, ou dont il fust jouïssant et possesseur : joinct qu'il n'avoit esté demandé prefixement que ledit amiral y allast, mais luy ou autre personnage d'authorité : mesmement, qu'il avoit esté parlé d'un cardinal, et qu'à ceste cause le Roy avoit ja faict la depesche de monseigneur Jean, cardinal de Lorraine; lequel, faignant d'y aller afin d'assister à nostre sainct Pere, pour le debvoir du lieu que tiennent les cardinaux, pourroit plus ouvertement manier ceste praticque, laquelle vouloit l'Empereur estre tenue si secrete, et auquel, pour estre prince et si prochain du Roy que nul autre pourroit l'estre d'avantage, ledit seigneur Empereur adjousteroit foy; puis apres, quand on auroit mis les choses en bon train, le mander alors audit amiral, qui s'y trouveroit avecques ample et suffisant pouvoir, dont il estoit desja garny.

La verité estoit en effect que l'Empereur ne ses ministres n'avoient du commencement demandé ledit seigneur amiral precisement; et, sur-ce que depuis ils en firent instance, fut advisé qu'il n'estoit raisonnable de l'y envoyer, et laisser son armée sans chef, estant le seigneur Antoine de Leve si pres, et assez donnant à cognoistre que, si le moyen et opportunité s'offroient, il eust bien voulu jouer d'une surprise à laditte armée: mais, pour oster toute occasion de dire ou penser que le Roy ne voulust entendre à ceste confirmation de paix, laquelle certainement il desiroit, sur toutes choses fut advisé d'y envoyer mondit-seigneur le cardinal; et (ce que beaucoup de gens rusez trouverent faict plus bonnement que cautement) fut ledit seigneur amiral, par homme expres, adverty de ceste conclusion, avec mandement de ne marcher outre avant qu'il eust parlé à luy; et que, ce pendant, retirant son camp en quelque lieu de seureté, il donnast advis de ceste depesche au seigneur Antoine de Leve, à ce qu'il ne donnast empeschement au courrier qui portoit ceste nouvelle au seigneur de Velly, ainsi qu'il avoit faict à Espercieu venant au Roy.

L'Empereur, ouye ceste premiere response et remonstrance à sa premiere plaincte, sans attendre quelle seroit la response aux autres, interrompit les paroles du seigneur de Velly, luy replicquant que par sondit traitté avecques les Venitiens, il n'avoit rien innové, mais seulement confermé ce qui avoit esté faict à Boulongne, et n'avoit faict chose qui l'empeschast de traitter avec le Roy; *item*, que son traitté n'estoit que paroles; ce que faisoit le Roy contre le duc de Savoye estoit autre chose que paroles, qui deussent preceder les effects; et quant au pouvoir qu'avoit l'amiral, il n'estoit à propos, car luy n'avoit accoustumé de traitter en ceste sorte; que bien s'estoit il veu plus au dessoubs du Roy qu'il n'estoit, mais qu'il n'avoit jamais rien faict pour la force d'iceluy; et que jamais ne fut, et encores estoit moins pour se laisser conduire à traitter par force; adjoustant qu'estant le duc de Savoye son vassal, et son allié de si pres, raison ne vouloit qu'il luy faillist. Quant à l'usufrict, puis que le Roy en attendoit response, que ledit Velly la pourroit veoir sur les articles que luy avoit baillez à nostre sainct Pere. Sur ce, luy respondant ledit Velly que desja il les avoit veuz, et qu'il y trouvoit novation sur la personne du duc d'Orleans à celle du duc d'Angoulesme, dit l'Empereur alors que ce qu'il avoit accordé, il l'avoit faict soubs condition que les seurctez se trouvassent telles que luy eust cause de s'en contenter : ce qu'il voioit estre impossible, joinct qu'il n'estoit tenu d'observer son offre, que le Roy n'avoit acceptée. Repliqua le seigneur de Velly, quant à l'acceptation, que le Roy l'avoit faicte par ses lettres de l'huictiesme, et quant aux seuretez, que ledit seigneur Empereur avoit tousjours dit qu'il ne les demanderoit sinon raisonnables; aussi que les demandant autres, il sembleroit qu'il eust voulu decevoir le Roy, luy accordant une chose dont il esperast invalider la promesse par impossibilité d'une autre. Dit l'Empereur avoir promis, et voirement promettoit encores, de ne demander chose desraisonnable, et qu'il en useroit du conseil de nostre sainct Pere et de ses autres confederez. Le seigneur de Velly persevera, insistant qu'il ne retractast sa promesse, et allegant les autres promesses faictes ailleurs pendant ceste praticque, lesquelles pouvoient mettre le Roy en doubte de la volonté dudit seigneur Empereur, comme : la praticque qu'il menoit en Angleterre, les lettres par luy escrites au roy de Portugal, en luy offrant l'Estat de Milan pour son frere, aussi le bruit commun qui estoit en la ville de Rome, en toute Italie et Allemagne, que lon donnoit paroles au Roy pour l'amuser et faire surseoir son armée; et, apres tout cela, ceste retractation de la promesse faicte pour le duc d'Orleans : lesquelles choses assemblées et mises en consideration, ne pouvoient sinon jetter le Roy en desespoir, et le conduire à faire ou promettre ailleurs chose que puis apres il ne pourroit honnestement ne retracter ne dissimuler.

En ceste maniere faisoit le seigneur de Velly ses remonstrances, comme celuy auquel il grevoit jusques au cueur, avoir si avant asseuré son maistre de chose qu'il voyoit lors aller à rebours, et ce, pour s'estre fié sur la parole d'un si grand prince qu'un empereur.

D'autre costé se sentoit l'Empereur picqué un peu plus avant qu'il n'eust voulu; et pour ce, demanda en colere audit de Velly, s'il avoit pouvoir et mandement de traitter au nom du Roy son maistre. A quoy il respondit que non, voulant au demourant alleguer les raisons, et parachever de dire les responses et remonstrances du Roy sur le surplus des expostulations et plainctes qu'on luy avoit faictes. Mais l'Empereur ne le souffrit parler plus avant, et, se tournant à luy : « Doncques, dit-il, puis que vous n'avez pouvoir, ne « pouvez vous dire que je vous donne paroles, mais « plustost vous à moy : et tant y a que de ce que je « vous ay dit je ne passeray plus outre, que je ne voye « vostre pouvoir. »

Ceste response estoit telle, que si ledit Velly et autres manians à Rome les affaires du Roy, n'eussent bien sceu l'intention dudit seigneur estre entierement encline à la paix, en la recouvrant avec honnestes conditions, ils avoient assez occasion de se desister entierement de la praticque, jusques à ce qu'ils eussent autres nouvelles et mandement du Roy. Toutesfois l'evesque de Mascon, ayant sceu, par nostre sainct Pere, que l'Empereur, entre plusieurs propos et parlemens qu'ils avoient euz ensemble, avoit faict mention de luy, comme trouvant estrange que, depuis son arrivée à Rome, ledit evesque n'avoit encores esté vers luy, delibera, sur ceste occasion, d'y aller, et taster de luy, en devisant, s'il pourroit faire qu'il retombast sur ces propos. Au lendemain, qui fut le troisiesme jour depuis l'arrivée de l'Empereur à Rome, apres toutes les ceremonies faictes en l'eglise Sainct Pierre, ausquelles assista l'Empereur en ses habits impériaux, portant la couronne sur sa teste, le seigneur Pierre Louis de Farnese tenant devant luy la pomme ronde, et le marquis de Brandebourg portant le sceptre, et messire Jacques de Longueval, seigneur de Bossu, grand escuyer, portant l'espée, ledit evesque de Mascon envoya vers Sa Majesté, luy demander l'heure qu'il luy plairoit luy donner acces pour luy aller faire la reverence ; laquelle heure luy fut assignée au lendemain matin.

A l'heure assignée, vindrent ensemble ledit de Mascon et le seigneur de Velly, lesquels trouverent les ambassadeurs de Venise desja entrez en la chambre dudit seigneur Empereur, qui tost apres en sortit pour aller à la messe ; et, s'approchant de luy lesdits ambassadeurs de France, l'evesque de Mascon prist la parole, et luy dist qu'estant ambassadeur du roy Tres-Chrestien, son bon frere, devers la saincteté de nostre sainct Pere, il n'avoit voulu faillir de luy faire la reverence et luy presenter son treshumble service. L'Empereur respondit qu'il estoit tresaise de le cognoistre, et avoir entendu de nostre sainct Pere que ledit evesque avoit tousjours faict tresbon office, et qu'il desiroit à ceste cause luy faire plaisir. Puis s'addressant au seigneur de Velly : « Il me semble, dit-il, par
« les derniers propos que vous me tinstes, quand je
« vous declaray le contenu és articles par moy com-
« muniquez à nostre sainct Pere, que le Roy mon
« frere n'est point pour les accepter, d'autant que je
« me suis retiré de ce qui avoit esté parlé pour le duc
« d'Orleans son fils ; et pour-ce, je desireroye merveil-
« leusement sçavoir si vous avez rien d'avantage de
« son intention. »

Sur cela respondit ledit seigneur de Velly qu'attendue la brieveté du temps qu'il y avoit que lon estoit entré en ceste difficulté touchant ledit seigneur duc d'Orleans, Sa Majesté pouvoit bien entendre et cognoistre qu'il estoit impossible qu'il en fust encores autrement adverty, pour ce qu'à peine pouvoit estre arrivé en la cour du Roy son maistre, le messager qui en portoit les nouvelles. Desquelles iceluy seigneur de Velly dist ne doubter point qu'elles ne semblassent bien estranges audit seigneur, attendu les propos qui luy en avoient esté tenuz par cy devant, et les honnestes responses qu'il en avoit faictes, ensemble les bonnes œuvres qu'il avoit offert executer, et en estoit prest, faisant Sa Majesté imperiale ce qui avoit esté traitté pour ledit seigneur duc d'Orleans. « Je ne vueil
« pas, dit l'Empereur, blasmer ses œuvres, aussi ne vueil-
« je pas justifier les miennes en secret; et pour ce, suis-
« je bien aise que vous, monseigneur de Mascon, soyez
« present: vous m'accompagnerez tous deux, s'il vous
« plaist, devers le Pape, et là je vous declareray mon
« intention. » Et ce disant, appella aussi les ambassadeurs de Venise pour le suivre.

En ceste sorte entrerent tous ensemble en la chambre du consistoire, où le Pape est de coustume se vestir de ses habits pontificaux; et là trouverent messieurs les cardinaux, attendans nostre sainct Pere, avec lesquels s'amusa ledit seigneur Empereur, en devisant sur pieds l'espace d'un gros quart d'heure. Ce pendant on advertit nostre sainct Pere, qui encores ne sçavoit riens de sa venue. Sa Saincteté luy envoya demander s'il luy plaisoit monter en sa chambre; et il respondit vouloir attendre saditte Saincteté. Nostre sainct Pere descendit tost apres; et s'allerent eux deux ensemble appuyer au bout d'un lit qui estoit dressé en ladite chambre. Et là declara ledit seigneur Empereur à Sa Saincteté qu'il luy desiroit parler d'aucunes choses d'importance, en la presence du sainct et sacré college des cardinaux. Surquoy, ordonnant Sa Saincteté que tous autres vuidassent la chambre, ledit seigneur le pria tresaffectueusement que tous demourassent, et qu'il vouloit bien parler publicquement. Et alors messieurs les reverendissimes cardinaux s'assemblerent à l'entour d'eux, comme en demy cercle, auquel estoient les ambassadeurs de France, et derriere eux ceux de Venise; apres, grand nombre d'autres ambassadeurs et de prelats, ducs, comtes, barons et autres personnes notables.

Adoncques l'Empereur, le bonnet au poing, commença dire comment il estoit venu pour deux raisons principales: la premiere, pour baiser les pieds de Sa Saincteté, luy offrir sa personne et son pouvoir, et le supplier de vouloir convocquer le concile universel; enquoy ayant trouvé Sa Saincteté, non seulement bien disposée, mais si tresaffectionnée et prompte, il la remercioit grandement du bon commencement qu'il y avoit desja donné, et de la deliberation qui en auroit esté arrestée au dernier consistoire ou congregation generale; le supliant vouloir continuer et parachever cest euvre si necessaire à toute la chrestienté, offrant tout ce qui seroit en sa puissance pour les conduitte et heureux progres d'iceluy. La seconde principale raison de sa venue, estoit pour luy faire entendre combien de tout temps il avoit, pour le bien de la chrestienté, desiré avoir bonne intelligence et amitié avecques le roy de France, et qu'il n'eust point esté marry que maintenant les choses se fussent peu dresser entre-eux à quelque meilleure conclusion ; mais qu'il avoit trouvé ledit roy de France si desraisonnable, qu'il estoit contrainct, de toute sa vie et des choses qui ont passé entre-eux deux, rendre compte et raison, en presence dudit sainct college, des ambassadeurs, des princes et potentats, et des autres seigneurs et notables personnages y assistans, afin que lon sçache lequel a plus juste cause de se douloir de l'autre; priant Sa Saincteté, s'il se trouvoit long en ce recit, le vouloir en excuser, tant pour la diversité des choses, que pour la debilité de sa memoire, et la non trop bonne disposition de sa personne.

Ceste excuse premise, l'entrée de sa narration fut du traitté de mariage, autresfois accordé par les defuncts de bonne memoire, empereur Maximilian et roy Louis de France, d'entre luy, nepveu dudit Maximilian, et madame Claude, fille aisnée dudit roy Louis, laquelle depuis auroit esté royne de France ; lequel mariage n'ayant esté accomply, par la coulpe et faulte dudit roy Louis, l'empereur Maximilian, irrité de cest outrage, entreprint la guerre contre ledit roy Louis, et le chassa du duché de Milan. Quelque temps apres, estant luy en l'aage de quinze ans, le roy François seroit venu à la couronne de France, auquel il desira grandement avoir alliance et amitié; et, nonobstant qu'il fust encores en si bas aage, si avoit-il deslors bonne cognoissance de la prochaineté du lignage qui estoit entre eux par le moyen de madame Marie de Bourgongne, son ayeule; et qu'à ceste cause, il auroit envoyé devers ledit roy de France grosse et notable ambassade (en laquelle estoit le comte de Nansau, son cousin), renouveller et restraindre ses alliances avec ledit roy de France, et fut traitté du mariage de luy et de la belle sœur dudit Roy. Que peu apres seroit survenue l'entreprise de Milan par le Roy, lequel auroit obtenu victoire; dont luy auroit esté aussi aise que de chose qui luy eust peu advenir, et auroit laissé d'obeïr à l'empereur Maximilian, son ayeul, qui luy avoit commandé de l'empescher le plus qu'il pourroit. Que, tout ce nonobstant, le Roy auroit depuis voulu entrer en nouvelles capitulations avecques luy, en luy voulant bailler madame Louise, sa fille aisnée, à femme, et, au deffault d'elle, madame Charlotte, sa seconde fille, et le requist alors d'entrer avecques luy en guerre contre le roy d'Angleterre, pour le recouvrement de la ville de Tournay; chose dont luy le desconseilla, et tant persista, qu'il l'en feit desister à sa requeste. Que peu apres, seroit intervenue la mort du roy Ferdinand d'Arragon, son ayeul maternel; et que, luy estant à ceste cause besoing de passer en Espagne, force luy fut pour s'asseurer du Roy, et pour n'entrer avecques luy en roupture, traitter avecques luy tout de nouveau; à quoy luy ne voulut estre refusant, jusques à consentir et accorder au Roy cent mille escus de pension par chacun an, sur le revenu de ses royaumes de Naples et de Sicile.

Depuis, seroit ensuivie la mort de l'empereur Maximilian, et que, vacant l'Empire, tous deux auroient aspiré et cherché de parvenir à ce degré. Sur lequel propos usa ledit seigneur Empereur d'une fort longue demonstration des bonnes et raisonnables causes qu'il

avoit eues d'y pretendre plus tost que nul autre, veu
que si grand nombre de ses predecesseurs y seroient
parvenus, et que c'eust esté à luy faillir grandement
à son honneur, au cas qu'il n'eust employé tous ses
esprits à recouvrer une telle dignité, qui estoit desja
comme hereditaire et acquise à sa maison. Que, ce nonobstant, il n'auroit jamais eu à mal que le roy de
France luy fist concurrence, lequel aussi de sa part
auroit par plusieurs fois dit à l'ambassadeur que luy
Empereur tenoit en France, que ceste poursuitte devoit entre-eux estre comme de deux amans cherchans
tous deux l'amour d'une mesme dame; et quand l'un
y seroit parvenu, que l'autre ne luy en devroit porter
aucun maltalent, ains qu'il devroient (et que telle
estoit sa volonté) perseverer neantmoins en leur premiere bien-vueillance et amitié. Mais que, nonobstant
ces bons propos, le Roy, apres que luy fut declaré
empereur, seroit entré en jalousie de sa grandeur, et
l'auroit faict presser de renouveller leurs alliances
soubs autre forme et conditions, en le faisant obliger
à espouser madame Renée, sa belle sœur, qui à present est duchesse de Ferrare; et, ne se contentant de
cela, l'auroit aussi faict presser d'asseurer lesdittes
alliances par ostages, ce que luy auroit refusé de faire,
non y estant obligé; et que l'ambassadeur du roy de
France estant lors en Allemagne, y auroit faict de
tresmauvaises praticques. Ne dit point ledit seigneur
et ne sçait pas si ce fut par le commandement du Roy
son maistre; bien dit que ledit ambassadeur se seroit
eslargy jusques à dire à luy Empereur dessusdit, que,
s'il ne confermoit et asseuroit icelles alliances en la
maniere que le Roy son maistre le demandoit, il ne

pourroit penser qu'il les voulust entretenir, comment que ce fust. Deslors, dit ledit seigneur, commença le roy de France à faire demonstration de sa mauvaise volonté contre luy, et à pretendre aux choses de Naples; mais quoy ne comment ne dist plus outre.

Puis adjousta que le Roy auroit d'une part suscité messire Robert de La Marche à faire la guerre audit seigneur, à cause de quelque sienne querelle, trouvant ledit messire Robert de La Marche homme propre et tel instrument qu'il le demandoit pour executer ses mauvaises intentions, ainsi qu'estoit le duc de Gueldres en cas pareil, et que sont les deux personnages dont ledit roy de France et ses predecesseurs auroient accoustumé de s'ayder à faire ennuy à luy Empereur et aux siens predecesseurs. De l'autre part, et en un mesme temps, auroit ledit roy de France suscité le sire d'Albret à poursuivre le recouvrement du royaume de Navarre, pretendant luy estre loisible d'ayder audit d'Albret, en tant qu'il estoit dit par ledit traitté d'entre-eux Empereur et Roy, que luy Empereur en cheviroit avecques ledit d'Albret; ce que jamais il n'auroit refusé de faire, ains auroit offert de bailler recompense audit d'Albret, d'autant que vault ledit royaume de Navarre; et que de ceste sorte se seroit allumée la guerre entre eux deux; qui fut au mesme temps que l'heresie lutherienne commença de pulluler en Allemagne, et qu'en Espagne, en son absence, se soubsleverent les païsans à l'encontre de luy : et laquelle guerre auroit entre eux duré jusques à la bataille de Pavie, en laquelle ledit roy de France fut faict son prisonnier; et depuis fut par luy delivré, avecques certaines conditions apposées et contenues au traitté de sa delivrance, passé à Madril entre les deputez d'iceux seigneurs Empereur et Roy; lequel traitté non seulement les deputez du Roy auroient promis de faire garder et observer inviolablement, mais le Roy mesme, en passant avecques luy devant un crucifix que sur le chemin ils rencontrerent, le luy auroit ainsi promis et juré: qui fut la cause que luy entra en quelque esperance qu'ainsi seroit, combien qu'il eust bien au-paravant esté adverty que ledit roy de France avoit dit à quelque personnage que jamais il n'en tiendroit riens; comme à la verité il n'auroit faict, sinon autant qu'il en avoit accomply prealablement avant sa delivrance, s'excusant qu'il n'estoit en sa puissance d'accomplir les dessusdittes conditions: et que quand il auroit esté recherché, au cas qu'il ne fust en sa puissance de les accomplir, que doncques il s'en retournast en Espagne prisonnier, ainsi qu'il estoit au-paravant, il auroit respondu n'avoir promis ne donné sa foy de ce faire. Et qu'alors fut par ledit Roy traittée la ligue qui se nomma Saincte, de par laquelle auroit luy Empereur esté admonnesté de rendre et delivrer au Roy ses enfans, ainsi que s'il les y eust euz par mauvais art et enchantement, et non baillez ostages pour la seureté et observation du traitté. A faulte de laquelle delivrance, et pour ce que luy n'auroit obey à la sommation de ceste Saincte Ligue, seroit ensuivie la guerre, pendant laquelle, ainsi que ledit Roy avant sa prison auroit envoyé le duc d'Albanie avecques armée au royaume de Naples, ainsi envoya il le seigneur de Lautrec à la mesme entreprinse, en laquelle il mourut. Depuis, auroit envoyé le comte de Sainct Pol à l'entreprinse de Lombardie, lequel y auroit esté pris environ le temps que luy Empereur passa d'Espagne en Italie ; et que ledit roy de France, qui tousjours auroit voulu laisser passer quelque chosette avant que prester l'oreille aux propos de paix, alors se laissa conduire à en ouïr parler, et fut faict ledit traitté de Cambray, que ledit Roy n'auroit depuis gueres bien observé.

Mesmement, qu'estans peu apres venues nouvelles des preparatifs que faisoit le Turc, et de son entreprise de descendre encores en Germanie, et luy Empereur se preparant à y resister, ledit roy de France auroit tenu plusieurs propos à son desavantage, soubs umbre qu'il n'y avoit esté appellé, disant meriter bien que ledit seigneur Empereur tint compte de luy, et qu'il ne faisoit ceste entreprise seul, sinon pour desdaigner les autres princes chrestiens, et par ambition et affection qu'il avoit de parvenir à la monarchie : dont luy Empereur se vouloit bien justifier en la presence d'iceux assistans. Et proposa que, quand à l'ayde ou secours du roy de France, il n'en avoit voulu user, obstant qu'au seigneur de Balançon, qu'il avoit envoyé vers ledit Roy, il auroit faict response que pour le secourir il viendroit en Italie avecques cinquante mille hommes de pied, accompagnez de trois ou quatre mille chevaux ; ce que luy auroit jugé n'estre à propos, ne pour le particulier interest de Sa Majesté, ne pour le bien et repos de l'Italie : et quant à la monarchie, que s'il y eust aspiré, jamais n'en eust esté contredit par ledit roy de France, ains luy avoit ledit Roy offert son ayde à l'y faire parvenir envers et contre tous, moyennant qu'on luy eust voulu accorder seulement le duché de Milan.

Dit d'avantage que, depuis son retour de Germanie, ayant Sa Majesté faict une ligue à Boulongne pour la deffension d'Italie, ledit Roy s'en seroit plainct, et ce sans aucune occasion qu'il eust de justement s'en plaindre; car icelle ligue n'auroit esté faicte qu'à bonne fin et avecques princes chrestiens: disant ces mots avecques une contenance par laquelle et autres propos qu'il avoit souvent tenus, il vouloit donner à entendre que le Roy en eust faict une avecques princes non chrestiens.

Apres, allegua comment le Roy se seroit plainct de la mort de Merveilles, que le duc de Milan avoit faict executer, et en laquelle mort iceluy duc avoit eu tresbonne et tresjuste occasion, pour les meschantes praticques dont estoit ledit Merveilles autheur et entreteneur. Lesquelles plainctes disoit ledit seigneur estre procedées de la seule envie qu'avoit ledit roy de France de trouver occasion ou couleur de rompre les traittez dernierement faicts entre eux, desquels lon pouvoit juger comment ils auroient esté observez et accomplis de bonne foy par ledit Roy; lequel, ayant promis, entre autres choses, de ne faire aucunes praticques en Allemagne, y en auroit faict infinies, et, entre les autres, suscité le lansgrave de Hesse à faire l'entreprise de Wittemberg; chose que ledit Roy ne pourroit nier, attendu qu'icelle entreprise auroit esté faicte de ses deniers; et qu'en Italie aussi peu se seroit-il abstenu de faire menées et praticques au prejudice des traittez, et mesmement, depuis peu de jours en ça, par le seigneur de Tinteville, et au-paravant, alors que luy Empereur se preparoit pour aller en Afrique. Durant lequel preparatif ledit

Roy, pour le mettre en jalousie et le tenir en crainte, auroit aussi faict de son costé gros appareil de guerre, combien que depuis il s'en seroit desisté facilement, non en faveur de luy, mais estimant qu'il seroit plus à son propos de le laisser aller au hazard de ceste entreprise, et y despendre ses deniers, afin que, si pis ne luy advenoit, à tout le moins il en eust faulte par apres.

Dit d'avantage, en se plaignant, comment ledit roy de France luy avoit, contre ledit traitté, retenu long temps aucuns ses subjects en ses galleres par force, et ce soubs umbre seulement que luy n'en pouvoit rendre autres du Roy, qui se perdirent avecques Portunde sur ses galleres; lesquels subjets du Roy il auroit depuis rendus, incontinant qu'il les auroit peu avoir en sa puissance, c'est à sçavoir apres la victoire de Thunis, de laquelle seroit au moins redondé ce bien particulier audit roy de France; bien disoit il estre vray, et ne vouloit desavouer, que ledit seigneur Roy ne luy eust aussi rendu les siens apres avoir eu les prisonniers de Thunis; mais que, cherchant tousjours nouvelle occasion de se douloir, luy auroit apres faict faire instance, par le seigneur de Velly, son ambassadeur, de luy rendre certains autres prisonniers que tenoient les seigneurs André et Antoine Dorie en leurs galleres, lesquels toutesfois estoient prisonniers pour autre occasion que pour la guerre, et pour la delivrance desquels y avoit de grandes disputations à demesler.

Item, que, depuis la mort du duc Francisque Sforce, le Roy luy auroit faict demander le duché de Milan, ou pour luy, ou pour l'un de ses enfans; à quoy il auroit faict telle response, que tous ceux qui l'entendront tesmoigneront par icelle combien il est affectionément desireux de la paix ; car, nonobstant que le roy de France y eust renoncé, et que luy eust grande occasion et juste tiltre de le retenir à soy, il ne luy avoit toutesfois voulu refuser ; bien avoit il avant la main, voulu sçavoir l'intention du Roy sur ce qui appartient au general de la chrestienté, comme du concile et de la reduction des Luteriens ; aussi d'establir une bonne et seure paix en Italie, et de quelles forces ledit roy de France luy voudroit ayder à l'encontre du Turc ; et que, soubs ces conditions, il luy auroit accordé donner ledit duché de Milan au duc d'Angoulesme : chose de laquelle il pensoit que ledit Roy se devoit raisonnablement contenter, par-ce que la royne de France, sa sœur, luy en avoit escrit au paravant, en luy donnant à entendre par ses lettres, que ledit Roy desiroit grandement avoir avecques luy bonne intelligence et seure amitié, laquelle amitié se pouvoit asseurer, en baillant à l'un de ses enfans iceluy duché. Bien advoua il estre vray que par sesdittes lettres elle donnoit à cognoistre que le Roy aymeroit mieux ledit duché pour le duc d'Orleans ; toutesfois que non, pourtant il se contenteroit de l'avoir pour l'un, s'il ne le pouvoit obtenir pour l'autre : et que luy, à ceste cause, encores qu'il eust peu d'occasion de faire plaisir au roy de France, attendu qu'en faisant porter parole de paix à Sa Majesté, venue seulement pour visiter ses royaumes de Naples et de Sicile, faisoit si grands preparatifs de guerre, voire avoit assailly desja le duc de Savoye, sans avoir aucun esgard, et qu'il estoit son oncle, et que, par les capitulations, il ne pouvoit riens pretendre en Italie, ne faire entreprise contre les alliez de son imperiale Majesté.

Toutesfois, afin de monstrer sa bonne intention et combien il desiroit la paix de la chrestienté, aussi pour estre par cy apres excusé devant Dieu et devant les hommes, il offrit de nouveau trois partis au Roy, en la presence de Sa Saincteté, du sainct colege et de tous les autres assistans : dont le premier fut de bailler le duché de Milan à l'un des enfans du Roy, moyennant que par là il se trouvast moyen d'asseurer une bonne et durable paix, sans laquelle voye il ne le voudroit aucunement faire ; et neantmoins ne veoit point, tandis que le Roy persisteroit (ainsi qu'il en monstroit avoir la volonté) à demander ce duché pour le duc d'Orleans son fils, et non pour l'autre, que la dessusditte voye se puisse trouver, à cause que l'experience des choses passées donnoit assez à cognoistre que le Roy ne demandoit ce duché pour s'arrester à tant, mais pour luy servir de degré à passer plus outre ; d'autant que ledit duc d'Orleans pourroit pretendre aux Estats de Florence et Urbin, comme mary de la niepce des papes Leon et Clement ; et que si bien on luy mettoit en avant que ledit duc d'Orleans renonceroit à ses querelles, ainsi qu'offroit le roy de France, luy Empereur ne veoit point que lesdites renonciations fussent plus fortes que celle qu'avoit faict le Roy du duché de Bourgongne : et qu'à ceste raison, ce qu'il feroit pour le duc d'Angoulesme avec autant de seureté (monstrant son doigt), il ne le feroit pour le duc d'Orleans avecques tant (et monstroit alors son bras) : pour autant que faisant nouveau traitté de paix

avecques le Roy, il vouloit que ce fust vraye paix et
non moyen de nouvelle guerre. Aussi vouloit que le
Roy, en ce faisant, declarast en quoy et avec quelles
forces il luy assisteroit à la celebration du concile, et
à toutes choses qui tendroient à la reformation de la
republique chrestienne, à l'extirpation des heresies et
à l'entreprise contre les infidelles : lesquelles choses
ne se pouvans accorder sans prealablement oster
toutes offenses, il demandoit que le Roy, avant toute
œuvre et que proceder aux articles de paix, revocast
et retirast son armée de Piemont; car sans cela il ne
vouloit entendre à la paix, et moins pouvoit l'esperer.

L'autre party qu'il offroit estoit que, au cas que le
Roy ne voulust entendre au premier, dont il luy donnoit terme de vingt jours à respondre, non pour user
de braverie, mais pource qu'il pensoit bien qu'environ
ce temps là leurs deux armées seroient si pres l'une de
l'autre, qu'à peine s'en departiroient elles sans meslée, en ce cas, et pour eviter plus grande effusion de
sang, dont tant et trop s'estoit espandu à cause d'eux,
aussi qu'il estoit raisonnable que ceux se missent au
danger pour lesquels estoit excitée ceste tempeste, ils
vuidassent entre-eux deux leurs differends, de personne à personne, et que c'estoit ce qui avoit autrefois
esté faict, comme par David et autres; car, encores
qu'ils fussent roys, ils n'estoient toutesfois autres
qu'hommes, combien qu'ils fussent un peu plus polis
et mieux equippez que les autres. Dist au surplus en
ceste matiere, que, pour autant qu'il sembleroit à plusieurs estre chose fort difficile de mettre ceste theo-
ricque en praticque, pour l'infinité des difficultez qui
peuvent sourdre à trouver lieu convenable et commun

pour le combat, qu'à luy ne sembloit point estre plus difficile de trouver lieu propre à cest affaire, que d'en trouver un à convenir et traitter de paix entre eux : et quand ores il seroit plus difficile, si estoit ce qu'il s'y pouvoit trouver moyen, comme de combatre en une isle, ou sur un pont ou batteau en quelque riviere. Et quant aux armes, eux deux se pourroient aisément accorder à les prendre ; qu'elles fussent esgalles, et que luy de sa part les trouveroit toutes bonnes, fust-ce de l'espée ou du poingnard, en chemise. Mais que, venant à ce poinct, il vouloit que celuy qui obtiendroit la victoire fust obligé de bailler ses forces à nostre sainct Pere, pour luy donner faveur à l'indiction et celebration du concile, à la reduction des rebelles et desobeïssans de l'Eglise, à l'obeïssance d'icelle, et à la resistence du Turc, ennemy de nostre foy : aussi que le vaincu à faire et accomplir ce que dessus assistast de toutes les siennes forces au vainqueur. A quoy ledit seigneur Empereur, dés lors comme pour le cas advenant, s'obligea envers nostredit sainct Pere et le sainct Siege apostolique, requerant d'avantage Sa Majesté, que, le cas advenant de ce combat, le Roy mist en depost le duché de Bourgongne et luy le duché de Milan, pour estre les deux delivrez au vainqueur, et que de tous lesdits poincts accomplir ils baillassent et l'un et l'autre bons et seurs ostages.

Le troisiesme party, fut la guerre, à laquelle protesta ledit seigneur Empereur de jamais ne venir sans contraincte, disant qu'il sçavoit bien, si on venoit à cela, qu'elle seroit si cruelle, que le vainqueur y auroit peu de prouffit, mais que la victoire appareilleroit au

commun ennemy de nostre foy le pas et l'entrée pour
nous venir courir sus, en esperance qu'il trouveroit, au
moyen du dommage qui d'une part et d'autre adviendroit à l'occasion de ceste guerre, trop moins de resistance à l'encontre de ses forces, qu'il ne seroit requis au bien commun de la chrestienté : qui estoit la
seule cause que Sa Majesté moult envis descendoit à
ce party ; mais que force luy estoit de ce faire, et que
pour son honneur il n'y pouvoit plus reculer, attendu
la provocation que luy en avoit faicte le roy de France
si à grand tort et injustement, et ce pendant qu'il luy
faisoit tenir propos de paix, sans toutesfois luy avoir
jamais envoyé homme qui eust charge, commission,
ne pouvoir de la traitter. Mais puisqu'il se voyoit
en ceste sorte contrainct à prendre les armes maugré
luy, qu'il les prendroit de telle heure, que chose du
monde ne l'en destourneroit, jusques à ce que l'un ou
l'autre des deux en demourast le plus pauvre gentilhomme de son païs ; lequel malheur il esperoit et se
tenoit seur et certain qu'il tomberoit sur le Roy, et
qu'à luy Dieu seroit aydant, ainsi qu'il avoit esté par
le passé.

Adjoustant ledit seigneur Empereur à ce propos,
que pour trois bonnes et justes causes avoit il ceste
esperance, voire asseurance de victoire : l'une que le
droict estoit de son costé, car il n'estoit aggresseur
ne provocateur en ceste guerre; l'autre, que le Roy la
luy avoit commencée au temps plus oportun et plus
à propos, et plus à l'avantage de luy Empereur, qu'il
eust esté possible de imaginer; la tierce, qu'il trouvoit
ses subjects, capitaines et soldats si bien disposez en
si bonne amour, affection et volonté vers luy, et si

bien experimentez en l'art militaire, qu'il se pouvoit entierement reposer du tout sur eux : chose qu'il sçavoit certainement estre du tout au contraire envers le roy de France, duquel les subjects, capitaines et soldats estoient tels et de telle sorte, que si les siens de luy estoient semblables, il se voudroit lier les mains, mettre la corde au col, et aller vers le roy de France en cest estat, luy demander misericorde.

Sur-ce protestant, au lieu de conclusion, que ce qu'il avoit mis en avant de la paix n'estoit point pour crainte ou peur qu'il eust du Roy; car ce ne fut jamais sa coustume de s'abaisser à demander paix en sa perte, mais seulement quand il estoit vainqueur, et pour obvier aux dessusdits inconveniens, qui adviendroient indubitablement de ceste guerre. Et à tant il discourut et deduist, par infinité de paroles, les maux qui estoient à venir de la guerre, outre l'occision et mortalité du peuple chrestien, comme la ruine des villes et païs, suscitation de sectes et heresies, esmotion de peuple, et rebellion contre les seigneurs, et à eux telle necessité imposée, qu'ils soient contraincts de se rendre subjects aux passions et volontez de leurs propres subjects, voire des plus vils et plus meschans; là où de paix viennent et procedent tous biens au contraire. Parquoy de rechef il protesta que s'il se trouvoit quelque bon moyen de paix, il ne seroit pour la refuser, et que nul sien particulier bien ou interest l'en detourneroit, moyennant toutesfois que le Roy prealablement et avant qu'en parler plus outre, retirast saditte armée qu'il avoit au Piemont. Et à tant, disant à haulte voix qu'il conseilloit, qu'il desiroit, qu'il demandoit la paix, fina sa parole, baissant la teste pour lire en un petit brevet qu'il avoit environné à l'entour de son doigt.

Nostre sainct Pere, en reprenant ses propos, avoit commencé à louer les bonnes paroles et offres dudit seigneur Empereur, alors que Sa Majesté, apres avoir jetté les yeux sur son brevet, luy dist en l'interrompant : « J'avoye, tressainct Pere, oublié à vous prier, « en ma conclusion, d'accepter et recevoir mes justi- « fications, et de vouloir prendre la peine de bien « peser les choses, et entendre lequel a tort, ou du « Roy, ou de moy; vous asseurant que là où vous « trouverez que le tort soit de mon costé, je suis con- « tent que vous favorisiez et secouriez le Roy à l'en- « contre de moy; aussi là où vous trouverez au con- « traire que je me mette à la raison, et que le Roy « n'en tienne compte, en ce cas, je prie et invoque « Dieu, vostre Saincteté, ce sainct college, et tout le « monde à l'encontre de luy. » Ceste protestation ainsi finée, nostre sainct Pere, continuant sa parole, loua les bons propos et bonnes offres dudit seigneur Empereur, en ce qu'elles tendoient au bien de la paix, à laquelle il esperoit que le Roy ne seroit moins enclin de son costé, veu qu'il en avoit desja declaré sa bonne intention. Parquoy ledit sainct Pere esperoit qu'ils ne viendroient n'à la guerre n'au combat; et quand il faudroit venir à l'un ou à l'autre (que Dieu ne voulust!), Sa Saincteté toutesfois estoit d'advis qu'estans iceux deux princes tels membres et principaux appuis de la republicque chrestienne, il ne pourroit à icelle republicque venir si grand dommage de la guerre, quelque grande et cruelle qu'elle fust, que du combat de personne à personne entre-eux, s'il advenoit (comme il estoit à craindre) que l'un ou paravanture tous deux y mourussent. Parquoy il conseilloit qu'en delaissant les autres deux partis, on s'attachast à l'un, qui estoit de paix et d'amitié entre leurs Majestez, pour à laquelle parvenir il estoit deliberé s'employer en tout ce qu'il pourroit envers l'un et l'autre; et qu'à ceste intention, il s'estoit resolu, par la deliberation et advis de ses freres les cardinaux du sainct Siege, demourer neutral entre eux deux, et pere commun, afin de pouvoir plus esgallement, et sans estre suspect de l'un ou de l'autre, conduire les choses à ceste fin, enquoy il avoit esperance de les trouver, ainsi qu'il desiroit, tous deux raisonnables. Bien protesta qu'il ne pourroit autrement faire, là où l'un ou l'autre seroit pertinax et desraisonnable, que d'user envers luy de la puissance et authorité de l'Eglise.

De ceste response monstra l'Empereur estre moult satisfaict et content, et voulut, en remerciant, baiser la main de Sa Saincteté. Ce faict, l'evesque de Mascon s'avança, et dist audit seigneur Empereur, qui avoit faicte sa proposition ou protestation en langue espagnolle, que, pour n'entendre ladicte langue, il n'avoit pas bien compris le tout; parquoy, il respondroit seulement à l'article concernant la paix, à laquelle il asseuroit bien que le Roy son maistre ne se trouveroit dur ne desraisonnable; remettant au surplus la response au seigneur de Velly, son compagnon, qui, pour avoir long temps esté ambassadeur aupres de Sa Majesté, le pouvoit mieux avoir entendu que luy. Ledit de Velly, s'approchant pour respondre [1], et demandant estre ouy sur-ce, ledit seigneur

[1] *Ledit de Velly, s'approchant pour respondre :* Brantôme, dans sa

Empereur reprint la parole, disant que, touchant la paix, on luy en avoit tenu propos assez souvent, et que luy maintenant demandoit des effects et non digression contre les ambassadeurs de longue robe, fait de singulières observations sur la conduite que Velly et l'évêque de Mâcon tinrent dans cette circonstance. « Une chose, dit-il, voudrois-je bien sçavoir,
« si, lors que l'empereur Charles-Quint, après sa glorieuse et triom-
« phante victoire de la Goulette et du royaume de Thunis, qu'il vint
« tant braver à Rome, devant le Pape et tous les cardinaux, contre
« notre Roy, et le menacer de la façon qu'il fit; si au lieu de l'évêque
« de Mascon, mais principalement de monsieur de Velly, pour lors am-
« bassadeur près de Sa Majesté impériale, il y eust eu quelque brave et
« vaillant chevalier de l'ordre du Roy, ou un capitaine de gendarmes,
« ou autre vaillant gentil-homme de main et de bonne espée et bra-
« vasche; si l'Empereur se fust tant avancé en paroles, et s'il n'eust
« pas songé deux ou trois fois, quand il eust veu l'autre parler à luy et
« respondre bravement, quelquefois mettant la main sur le pommeau
« de l'espée, quelquefois au costé, pour faire semblant de prendre sa
« dague, quelquefois faire une démarche brave, quelquefois tenir une
« posture altiere; maintenant son bonnet enfoncé, maintenant haussé
« avec sa plume, ores au costé, ores au devant, ores en arriere, main-
« tenant laisser pancher à demy sa cappe, comme qui voudroit l'en-
« tortiller autour du bras et tirer l'espée; non je ne sache point si cet
« Empereur tant asseuré, encore qu'il fust très-brave et déterminé,
« qu'il n'eust songé à sa conscience, et pensé : *Que veut faire cet homme*
« *avec ces façons? Il pourroit faire un coup de sa main en ce conclave*
« *serré, où il n'y a homme d'espée des miens pour me secourir* : si bien
« qu'il se fust avisé à retrancher le fil à ses premieres hautaines et ou-
« trageuses paroles. Au lieu que monsieur de Mascon, et monsieur de
« Velly, encores qu'il leur respondit un peu bien pour son estat et
« profession, ne pouvant tenir autre contenance, si non quelquefois
« avec les doigts rabiller son bonnet carré, racoustrer et estendre bien,
« avecques ses deux mains serrées et les poulces estendus, sa cornette
« de taffetas, retrousser sa grande robbe de velours ou de satin sur les
« costez; tout cela ne pouvoit donner la moindre terreur du monde,
« ny à penser rien de peur dans l'ame. Si bien que j'ay ouy dire qu'en
« ce faict, il alla beaucoup de l'honneur de nostre Roy, par faulte de
« quelque bravasche et présomptueuse replique de l'ambassadeur : dont
« le Roy n'en fut trop content. »

des paroles; adjoustant que tout ce qu'il avoit dit, il le bailleroit par escrit, mais que pour l'heure il n'auroit point d'autre audience. Et à tant se leverent et separerent lesdits sainct Pere et Empereur; les ambassadeurs de France aussi se retirerent à part, en attendant que ledit sainct Pere fust revestu de ses habits pontificaux : et revestu qu'il fut, l'evesque de Mascon se tira pres de luy, en le priant vouloir tenir la main à ce que ledit seigneur Empereur luy baillast sa dessusdicte proposition par escrit; le seigneur de Velly aussi en fist instance à Sa Majesté, qui luy promist de ce faire. Apres, luy remonstra ledit de Velly, voyant l'oportunité qu'il avoit de luy dire en absence de nostre sainct Pere, que la faulte n'estoit point au Roy son maistre, s'il n'avoit là envoyé homme avecques pouvoir de traitter la paix; car Sa Majesté n'avoit jamais declaré qu'il la voulust traitter à Romme, ains avoit tousjours dit qu'il ne vouloit point que nostre sainct Pere entendist en quels termes estoient les praticques, jusques à ce qu'elles fussent conclues. A quoy ledit seigneur Empereur respondit : « Vous sçavez bien, dit-il, long temps a, que « je venoye icy, et je le vous avoye dit pour l'escrire « au Roy vostre maistre; » et ce disant, il se vint rassembler avecques nostre sainct Pere, et allerent ensemble à la messe. Au sortir de là, nosdits ambassadeurs trouverent les seigneurs de Granvelle et commandeur de Cannes, lesquels, par contenance, monstrerent d'estre fort desplaisans de cest affaire, disans qu'ils ne s'attendoient point que ledit seigneur Empereur fust venu pour faire un tel sermon; mais qu'il n'en falloit prendre que la premiere partie. Lesdits ambassadeurs respondirent que le Roy leur maistre estoit pour satisfaire de response et à l'une et à l'autre partie. Et à tant se departirent les uns des autres assez gratieusement.

Sur le soir, envoya nostre sainct Pere vers l'evesque de Mascon, à ce qu'il vint parler à Sa Saincteté devant qu'escrire au Roy son maistre; ce qu'il fist. Et au lendemain, à l'issue du disner de Sa Saincteté se trouverent ledit evesque de Mascon et le seigneur de Velly, ausquels ledit sainct Pere, avec visage correspondant à ses propos, asseura qu'il estoit fort malcontent de ce qui estoit advenu, et que jamais n'en avoit entendu aucune chose au-paravant; affermant bien que, si l'Empereur s'en fust descouvert à luy, jamais il ne l'eust supporté ne souffert. Toutesfois, pour ce que les choses passées se pouvoient mieux blasmer que corriger, il les prioit bien instamment de vouloir faire bon office au bien de la paix, et d'escrire au Roy ceste nouvelle au plus dextrement qu'il leur seroit possible, taisant ce qu'ils pouvoient taire, sans faire faulte envers luy, et qui seroit pour plus l'aigrir. Lesdits ambassadeurs luy remonstrerent qu'ayant esté la declaration faicte par l'Empereur ainsi publicquement, et en si grande compagnie, il estoit impossible de la desguiser audit seigneur : ce nonobstant, ils useroient, en l'advertissant, de la plus grande douceur qu'ils sçauroient adviser. Bien craignoient ils qu'il en fust d'ailleurs adverty, par-adventure, autrement qu'eux ne l'en advertiroient ; car ils entendoient de maintes personnes, que les choses avoient esté diversement prises, et tresmal interpretées : dont il ne pouvoit estre que ledit seigneur Roy n'en fust adverty par plusieurs voyes et moyens. Ledit sainct Pere, à ce propos, ayant l'occasion opportune, s'excusa vers eux de la response qu'il avoit faicte à l'Empereur, disant l'avoir faicte à l'improviste, comme homme surpris, et que jamais n'eust pensé qu'il eust deu tenir les propos qu'il avoit tenuz : et qu'il avoit entendu que sadite response avoit aussi esté sinistrement interpretée ; car son intention n'estoit et jamais n'avoit esté se departir de neutralité, laquelle il vouloit observer inviolablement et en tous cas. Et ce qu'il avoit dit d'user de la puissance de l'Eglise contre celuy qui reffuseroit la raison, il ne l'entendoit sinon par exhortation et admonnestement, ainsi que sa qualité le requeroit. Dont lesdits ambassadeurs le remercierent ; et, au demourant, le prierent croire que leur maistre ne seroit celuy qui reffuseroit ladite raison : apres, luy declarerent combien ils desiroient de mieux entendre dudit seigneur Empereur, en presence de Sa Saincteté, aucuns articles de la dessusditte protestation, pour, selon iceux, les deduire au Roy leur maistre en la plus grande douceur qu'il leur seroit possible.

L'Empereur alors estoit prest à partir, et, sur ces propos, survint pour prendre congé de nostre sainct Pere : parquoy lesdits ambassadeurs se tirerent un peu en arriere, en attendant qu'on les appellast, si comme on feit quelque espace de temps apres ; mais, avant la main, furent par nostre sainct Pere advertis et priez de ne point ennuyer l'Empereur en propos, par ce que ce jour là il avoit à faire grand chemin. L'entrée de leur devis fut sur ce que l'Empereur avoit, le jour precedant, parlé du combat, au cas que la paix ne se puisse conclurre ; mais qu'il n'avoit point declaré qu'il eust aucune cause ou querelle sur laquelle il pretendist fonder le combat, sinon qu'il sembloit que, pour eviter la guerre qui pourroit advenir à cause de leurs differends, il offroit de les vuider de personne à personne. Desquels propos ils desiroient estre esclarcis, à sçavoir si ledit seigneur entendoit par iceux avoir appellé le Roy au combat : auquel cas ils pouvoient bien respondre de l'intention du Roy leurdit maistre, qu'il ne seroit pour le reffuser, et que bien pouvoit souvenir audit seigneur Empereur qu'autresfois avoit esté question de telle matiere, mais qu'à present il n'en estoit point qu'ils sceussent, ne mesmement que le Roy leurdit maistre voulust, ou, quoy que ce soit, eust faict aucune demonstration de vouloir avoir le duché de Milan par force, attendus les propos que le seigneur de Velly, l'un d'iceux ambassadeurs, en avoit tenuz, et les offres que luy de Velly en avoit, de la part du Roy, faictes à l'Empereur : ausquelles offres il avoit esté par Sa Majesté respondu, en sorte que ledit seigneur Roy leur maistre s'en estoit contenté ; qui pouvoit assez estre suffisant tesmoignage de sa volonté, joinct que monseigneur l'amiral de France, à son partement qu'il commença faire marcher son camp en Piemont, avoit eu (comme souvent il a esté dit) expres commandement de ne toucher en aucune chose qui fust és mains et puissance de Sa Majesté imperiale, comme de vray il n'avoit faict, et aussi peu estoit pour faire à l'advenir. Et quant aux choses traittées entre leurs deux Majestez, elles estoient par escrit, et facilement pouvoit ledit sainct Pere juger de ce que depuis estoit advenu d'une part et d'autre ; enquoy ils ne vouloient lors entrer plus avant, mais entendre seulement si ledit seigneur Empereur avoit intention d'imputer au Roy qu'il eust failly de sa parole, ou faict chose dont on le puisse charger de son honneur, et si par ses paroles il l'entendoit avoir deffié.

Ce pendant qu'ils parlerent, estoient maintes personnes en la salle du Pape ; et toutesfois ils furent ouis à part et sans y appeller les assistans, jusques à ce que l'Empereur y voulust respondre. Et alors il leur dit que, pour avoir le jour precedant parlé en pleine et publicque audience, il vouloit bien pareillement leur respondre en la presence de tous les assistans, et mesmement pource qu'il estoit adverty que lon avoit mal entendu et mal interpreté les choses par luy dites. Et pour ce il fist approcher iceux assistans, et puis commença dire en langage italien, comment il avoit esté requis par les ambassadeurs de France de mieux et plus ouvertement se declarer és choses qu'il avoit hier dittes, à cause qu'il entendoit que maintes personnes les avoient mal interpretées : parquoy il vouloit bien satisfaire à cela, et declarer plus entendiblement les quatre poincts qu'il entendoit avoir touchez ledit jour precedant. Qu'en premier lieu, il avoit un peu prolixement compté les choses qui estoient par cy devant passées entre luy et le Roy, en quoy faisant, il n'entendoit ne pensoit point avoir aucunement taxé ne blasmé ledit seigneur Roy, mais seulement de s'excuser et descharger ; et qu'il seroit tresmarry que lon tournast ses paroles en autre sens qu'il ne les avoit dittes ; car, quant au Roy, il l'estimoit tant, qu'il n'avoit aucune cause de mal dire de luy : bien estoit il mal content d'aucunes choses dittes et faictes par luy, desquelles dire et faire il eust peu bonnement se passer, attendue l'estroitte alliance qui estoit entre-eux deux, et les bons tours qu'il avoit faicts et encores estoit prest de faire audit seigneur Roy ; mais, quelque chose que luy eust ditte, ce n'avoit point esté en intention d'aigrir les choses, ne de rompre avecques le Roy, ainçois qu'il desiroit (si comme il avoit tousjours desiré) s'accorder avecques luy, et parvenir à une bonne paix, qui estoit le second poinct par luy touché. Laquelle paix il desiroit, comme la chose qui plus luy estoit necessaire et plus à son prouffit que nulle autre ; car il cognoissoit bien qu'ayant paix, il evitoit un grand inconvenient universel, et en particulier asseuroit son aise, son Estat et son honneur : que bien estoit vray qu'à ce faire ne vouloit il point estre contrainct ne conduit par force ; et que si une fois il tournoit la teste vers le Roy, ainsi qu'il avoit deliberé, il n'y auroit chose, quelle qu'elle fust, qui puis apres le destournast de ce qu'il auroit commencé, quand ores le Turc entreroit et descendroit avecques toute sa puissance en ses païs et terres qu'il laissoit derriere luy ; pource qu'il cognoissoit qu'en voulant entendre à l'un et à l'autre, il ne pourroit remedier à tous deux. Et à ceste cause, il avoit deliberé de plustost entendre au Roy, et que, pour ce faire, il assemble et assembloit journellement toute la plus grande puissance que possible luy estoit d'assembler, pour, une fois pour toutes, y mettre fin, s'il advenoit qu'il luy convint venir à la guerre ; mais qu'il feroit, ainsi que desja il avoit dit, tout ce qu'il luy seroit possible de faire pour n'y point venir ; et que par les effects on verroit que nulle proprieté ne prouffit particulier l'en destourneroit. Au cas aussi qu'eux d'eux ne puissent tomber en accord ensemble, bien luy sembloit, en troisiesme lieu, plus convenable et à moindre inconvenient qu'ils vuidassent entre-eux deux ces differends, à leur seul et propre danger, que d'exposer tant de gens à la mort, qui n'en peuvent mais : ce qu'il vouloit avoir dit par advis et opinion seulement, et non que par cela il eust voulu deffier le Roy, mesmement en la presence de nostre sainct Pere, sans le congé duquel il ne voudroit entrer en tel affaire. Davantage, qu'il sçavoit bien que le Roy estoit prince grand, et de cueur et de stature, et qui maintefois avoit monstré son hault vouloir et magnanimité ; parquoy ce n'estoit chose que luy vousist legerement entreprendre, que de venir au combat avecques luy ; joinct qu'il ne sçavoit point en avoir cause ne matiere, si n'estoit pour obvier à un plus grand mal, quand on le verroit advenir, et pour eviter plus grand inconvenient, comme d'une guerre en chrestienté, de laquelle apparemment s'ensuivroit la totale ruine, à tout le moins grande inclination et diminution d'icelle.

Et à ce propos rentra sur le mesme discours que le jour precedant il avoit faict, de tous les maux qui estoient advenuz, et qui encores pouvoient advenir de la dissention et guerre d'entre-eux ; aussi tous les biens et avantages qui peuvent d'autre part advenir d'une bonne paix et intelligence entre-eux, laquelle alors il magnifia par une copieuse multiplication de paroles, en deduisant combien il desiroit que le moyen s'en puisse trouver, et qu'en s'accordant ensemble ils accordassent aussi le differend du Roy et du duc de Savoye. Et concluant que si eux deux se pouvoient asseurer et prendre confidence l'un avecques l'autre, ce seroit le plus grand bien et la plus grande felicité qui puisse advenir à la chrestienté; ainsi que par la guerre tout le contraire, comme la porte ouverte au Turc et l'entrée donnée pour nous venir assaillir; la secte lutherienne et autres heresies, non seulement en liberté de s'entretenir, mais de tousjours multiplier; le concile et la reduction d'iceux heretiques à l'obeissance de l'Eglise, empeschez et desvoyez, et tous affaires tombez en telle confusion, que les princes seroient exposez aux dangers de leurs propres subjets, les prelats sans authorité, le monde sans foy et sans religion, la reverence de Dieu aneantie, avecques toutes les malheuretez et persecutions que lon peult et doit attendre de la fureur et ire divine; et que ce sont choses qu'il veoit si apparentes et si prochaines advenir, que lon ne devoit point s'esbahir s'il avoit ainsi parlé, pource que si leurs deux armées s'approchoient, ainsi comme il estoit apparant, en si grand nombre de combatans qu'il y auroit d'une part et d'autre, et qu'il n'y eust autre chose que la diversité des langues, et l'occasion du pillage, si n'en pouvoit on attendre moins que roupture; et que ceste estoit la cause qu'il auroit requis qu'avant le terme de vingt jours à venir, le Roy fist retirer son armée : ce qui estoit le quatriesme poinct touché par luy, non pas en intention ne qu'il voulust entreprendre de limiter et prefinir le temps au Roy, mais qu'il sçavoit qu'environ ledit temps pourroient estre leurs deux puissances si approchées l'une de l'autre, qu'il seroit alors malaisé d'obvier à la roupture.

Nostre sainct Pere, prenant la parole, luy commença à dire que, de sa part, il avoit, le jour precedant, pris les propos dudit seigneur Empereur en bonne part, mais que voirement y avoit eu maintes personnes qui les avoient autrement prises ; au moyen dequoy il estoit grandement aise que Sa Majesté les eust plus entendiblement interpretées, pour obvier qu'aucuns malings n'en escrivissent au Roy, de sorte que les choses s'en aigrissent d'avantage, et fussent pour avancer la roupture d'entre leurs Majestez : à quoy il esperoit que les ambassadeurs de France qui là estoient, dont Sa Saincteté pouvoit asseurer de l'un et Sa Majesté de l'autre, pour la cognoissance qu'ils en avoient de longue main, feroient chacun bon office en cest endroit, en donnant cest advis au Roy leur maistre, avecques toute la douceur à eux possible, afin d'obvier à laditte roupture. Lesdits ambassadeurs alors respondirent que Sa Saincteté pourroit à tout remedier par son authorité, en se monstrant, ledit sainct Pere, comme il estoit pere commun, et demourant esgal à tous deux : ce que Sa Saincteté accepta de faire, adjoustant qu'entre les autres graces que leurs Majestez ont de Dieu, ils ont ceste particuliere de grande importance, c'est que par sa divine disposition la chrestienté leur estoit commise, et que d'autant plus qu'ils acquerroient grande louenge d'en bien user, et aussi d'autant plus de blasme et vitupere s'ensuivroit s'ils estoient cause de la ruine et destruction de la chose qui leur estoit commise. Parquoy il requeroit ledit seigneur Empereur estre content de mettre (ainsi que luy esperoit) à execution et vray effect les bons propos qu'il luy avoit tenuz de la paix ; et qu'il avoit aussi esperance que le Roy, qui luy en avoit escrit de pareils, ne se trouveroit dur ne mal traittable en cest affaire. A ce faire se soubsmist l'Empereur, et de rechef entra sur le denombrement des biens qui adviendroient d'une bonne confidence entre eux, et du desir qu'il avoit que le Roy (si comme il l'en prioit) se voulust fier de luy. Et en ce disant, s'estoient lesdits sainct Pere et Empereur levez pour prendre congé l'un de l'autre, quand le seigneur de Velly, l'un des ambassadeurs de France, s'approcha de l'Empereur, et luy requist que son bon plaisir fust de declarer en la presence de nostre sainct Pere et des assistans, si Sa Majesté luy avoit pas accordé autrefois de bailler le duché de Milan au duc d'Orleans, par-ce que ledit de Velly l'avoit ainsi escrit au Roy son maistre, et, voyant que ce propos ne s'entretenoit pas, craignoit d'en recevoir blasme, et que le Roy sondit maistre l'en estimast menteur et advanceur de paroles.

L'Empereur, à sa contenance, monstra qu'il eust bien voulu se demesler de respondre à ceste requeste, sans en faire autre declaration : toutesfois il advoüa de l'avoir ainsi accordé audit de Velly, non seulement, mais de l'avoir ainsi escrit à son ambassadeur en France, pour le dire audit Roy son frere ; mais qu'il n'avoit jamais pensé et ne pensoit point encores qu'il fust possible d'y trouver les seuretez suffisantes, ne que le Roy fust pour luy consentir les conditions qu'il luy entendoit demander à toutes fins. Surquoy repliquant ledit de Velly que c'estoit bien le moyen de mettre le Roy en plus grande deffiance, non pour le mettre en confidence avecques Sa Majesté imperiale, de luy mettre en avant une chose qu'en l'y mettant il n'eust intention ou ne pensast qu'il se trouvast moyen de la mettre en effect : d'avantage, que saditte Majesté luy avoit tousjours dit qu'en baillant ledit duché de Milan au duc d'Orleans, il ne demanderoit au Roy conditions quelconques, non raisonnables, ains se departiroit en aucunes choses de ses noms, droicts, raisons et actions. L'Empereur alors s'excusa que le Roy n'avoit pas accepté l'offre en temps deu; aussi qu'il avoit faict passer son armée en Italie, et faict trop de dommage au duc de Savoye, lequel il estoit tenu de deffendre, non seulement pour luy estre si estroittement allié comme il est, mais aussi pour estre son vassal ; car tout ainsi que les vassaulx sont tenuz mettre et mettent leurs biens et vie pour leur seigneur naturel et droitturier, le semblable doit le seigneur faire pour eux ; adjoustant Sa Majesté imperiale, qu'elle n'avoit jamais accordé bailler iceluy duché au duc d'Orleans, sinon moyennant et soubs condition que ses alliez et confederez le voulussent ; lesquels ne le vouloient en aucune maniere consentir, car ce seroit mettre un nouveau feu en Italie, pour les raisons qu'il avoit le jour precedant alleguées : mais que là où le Roy voudroit accepter cest Estat pour le duc d'Angoulesme, Sa Majesté estoit encores en disposition de le luy bailler, avecques les conditions qui en partie avoient esté mises et en partie se mettroient en avant à la conclusion du traitté : mais pour le duc d'Orleans, non ; car, outre les obstacles prealleguez, il seroit du tout dependant et partisan du Roy ; là où le duc d'Angoulesme, si ores il dependoit dudit Roy son pere, toutesfois en prenant à femme l'une des niepces de Sa

Majesté imperiale, sa femme en dependroit et seroit partisanne; de maniere que les choses demoureroient moyennées.

Le seigneur de Velly avoit ja ouvert la bouche pour remonstrer audit seigneur Empereur que ce scrupule et doubte de partialité n'estoit ne moyen ne signe de confidence, aussi que Sa Majesté, quand elle luy accorda le duché pour monseigneur le duc d'Orleans, ne luy avoit point allegué ceste condition de vouloir et consentement de ses confederez, quand ledict seigneur Empereur se leva, luy faisant signe de ne parler plus avant, et, se tournant vers nostre sainct Pere : « Est-« il pas beau, dit-il, qu'il fault que je prie le roy de « France d'accepter un duché de Milan pour l'un de ses « enfans, et que, nonobstant que sesdits enfans ne soient « point de la Royne ma sœur, on me vueille contraindre « à leur donner partages, et au choix d'autruy? » et en ce disant, print congé de Sa Saincteté, sans plus avant donner audience ausdits ambassadeurs de France. Iceux ambassadeurs, toutesfois, tant pour obtemperer à la requeste que leur en avoit faicte nostre sainct Pere, comme pour la bonne affection qu'ils portoient au bien de la paix, ne voulurent escrire au Roy leur maistre tous les propos qu'il avoient entendus, ains luy en dissimulerent grande partie, comme du combat avecques l'espée ou le poingnard, en chemise; la façon et terme dont avoit l'Empereur usé, magnifiant la force et vertu de ses subjects, et vilipendant ceux du Roy, et que si les siens fussent tels que ceux du Roy, il se lieroit les mains et iroit en cest estat luy demander misericorde; aussi l'article où il avoit dit que le Roy luy avoit offert de le faire monarque (dont luy-mesmes apres s'estoit repris); et autres articles que l'on pourra juger en conferant la protestation dudit seigneur Empereur à la response qu'y fist le Roy, lequel a respondu seulement aux articles dont il a eu advertissement.

Ce temps pendant avoit esté depesché monseigneur le cardinal de Lorraine, pour aller vers l'Empereur, ainsi que vous avez cy devant ouy; et, nonobstant que, depuis son partement, le Roy avoit eu des nouvelles de la susditte mutation et des propos que l'Empereur avoit tenuz (mais n'en avoit encores eu certain ne particulier advertissement, ne par la voye de sesdits ambassadeurs, ne par celle de l'ambassadeur dudit seigneur Empereur estant riere luy), pour cela ne contremanda il point ledit sieur cardinal, afin qu'en tout evenement il mist le bon droict de son costé, tant envers Dieu qu'envers le monde, et qu'il fust à chacun notoire et manifeste qu'il n'avoit reculé à la paix, ains se seroit mis en tous devoirs possibles de la demander.

Ledit seigneur cardinal arriva le dixhuictiesme jour d'avril, au soir, au lieu où estoit nostre camp logé, apportant lettres de creance, escrites de la main du Roy, avecques mandement qu'il declara de bouche à monseigneur l'amiral, lieutenant general du Roy, qu'il se gardast d'innover chose quelconque, ains advisast d'eslire un lieu opportun à retirer son camp en seureté, sans marcher outre, jusques à ce qu'il eust dudit seigneur cardinal nouvelles du lieu où il alloit, ou que le Roy luy envoyast nouvel ordre d'autrement s'y gouverner. De ceste nouvelle fut ledit seigneur amiral en grande perplexité comment il auroit à proceder et prendre conclusion en ses affaires; car il avoit, d'une part, nouvelles seures que l'Empereur en toute diligence se preparoit à la guerre, et que de la paix il y avoit peu d'esperance : parquoy il luy sembloit estre chose de dangereuse consequence (outre la perte de reputation qui luy en pourroit advenir) de reculer ou arrester un camp, estant desja entré en cours de victoire. Il consideroit d'autre part, et avoit tousjours devant les yeux, que s'il passoit outre, apres le commandement contraire qu'il avoit du Roy, tant par lettres reiterées que par la bouche de mondit-seigneur le cardinal, encores que de son entreprise il vint à bonne fin, si toutesfois l'Empereur se retiroit de la promesse qu'il avoit faicte du duché de Milan, il pourroit prendre et coulourer son excuse sur-ce que depuis sa promesse on auroit innové : dont luy pourroit estre blasmé du Roy, lequel avoit singuliere affection de recouvrer le sien par amiable composition plustost que par exploict de guerre, et là où il luy conviendroit venir aux armes, le faire avecques telle justification, que l'on cogneust evidemment qu'il n'avoit rien obmis de ce que pour n'y venir se pouvoit faire. A ceste cause il feit appeller au conseil, afin de deliberer sur ceste matiere, tous les capitaines estans en sa compagnie; et assemblez qu'ils furent, et apres avoir faict lire en leur presence les lettres qu'il avoit du Roy, ensemble la creance redigée par escrit que luy avoit mondit-seigneur le cardinal exposée de bouche, leur en demanda leurs advis et opinions. A quoy respondirent aucuns, en peu de paroles, que sur chose expressement commandée par le maistre ne gisoit deliberation, mais obeïssance et execution : aucuns alleguerent d'avantage la doubte et incertaineté de l'issue, laquelle, arrivant autre qu'à poinct, ne laissoit aucun moyen d'excuse à qui auroit entrepris contre l'expresse inhibition et deffense du maistre.

Le seigneur de Burie, qui avoit esté recognoistre la ville de Vercel, et avoit charge de l'artillerie, interrogué sur cest article, respondit et se fist fort de faire telle breche au dedans de vingt-quatre heures, que l'assaut s'y pourroit donner au grand desavantage de ceux de dedans. Et sur sa response fut replicqué alors que ce n'estoit assez de faire breche, mais qu'il falloit considerer le nombre de gens de guerre qui estoit dedans, le nombre des nostres, et celuy du prochain secours auquel estoit fondée l'esperance de l'ennemy. Dedans la ville y avoit le nombre de trois mille hommes, dont les mille estoient lansquenets. Les nostres ne pouvoient encores estre plus de quinze à seize mille hommes de pied; de gens de cheval il n'y avoit que soixante et dix hommes d'armes, et cent archers de la compagnie dudit seigneur amiral, et des compagnies du seigneur Jean Paule; et du marquis de Salluces, environ de trente à quarante hommes d'armes, et le double d'autant d'archers; de chevaux legers, environ deux cens; et des gentilshommes de la Cour, venuz à ceste guerre pour acquerir honneur et faire service au Roy, de cinquante à soixante : le surplus de noz gens, autant de cheval que de pied, arrivoient encores journellement à la file. Sur le bord de la riviere de Sesia, à quatre mille de là, s'estoit venu loger le seigneur Antoine de Leve, avecques douze ou quatorze mille hommes de pied, et de chevaux environ six cens ; et de là pouvoit facilement, au cas que la ville ne fust prise du premier assaut, la refreschir de gens et vivres, et empescher noz fourrageurs ou vivandiers, ou, ce pendant que noz gens donneroient l'assault, venir par autre costé nous donner la bataille, ou, passant l'eauë par endroit, aller surprendre la ville de Turin, qui n'estoit point encores fortifiée : et quand ores nous eussions eu Vercel du premier assault, il convenoit y laisser gens, et d'autant affoiblir nostre camp, en hazard d'y recevoir honte et perte de gens. Autres en eut qui repliquerent à toutes les difficultez dessusdites : premierement, que l'on pouvoit avecques une partie de noz gens donner l'assault, avecques les autres deffendre à l'ennemy le passage de la riviere; et si tant bien advenoit de l'entreprise que de reduire la ville en l'obeïssance du Roy, qu'alors on pourroit, obeïssant au mandement dudit seigneur, departir et retirer nostre camp en laditte ville et autres, attendant nouvelles de ce que ledit seigneur cardinal auroit negocié avecques l'Empereur.

Ceste opinion (si la chose eust esté executée avant que ledit seigneur cardinal eust esté arrivé, à tout le moins avant que ledit seigneur Antoine de Leve en eust la nouvelle) n'eust point semblé mauvaise à la pluspart des assistans : mais desja ledit seigneur amiral avoit adverty ledit de Leve de la venue et de la commission dudit seigneur cardinal, et luy avoit envoyé demander la seureté de son passage et homme pour le conduire la part que l'Empereur alors se trouveroit : parquoy, en passant outre, et ne venant au dessus de l'entreprise, il ne demouroit, ainsi qu'il est dit cy dessus, aucune excuse dont ledit seigneur eust moyen de couvrir sa faulte, et si bailloit on à l'Empereur, ou bien ou mal executant, excuse et couverture de ne riens accomplir de la promesse. A ceste cause, commencerent tous à se resouldre qu'en obeissant au Roy, on se retireroit en arriere : le sieur d'Annebault fut bien d'advis de ne passer outre, mais non de reculer en arriere, pour n'aquerir à leur camp ceste defaveur, en donnant à l'ennemy occasion de se vanter que peur et craincte le leur fist faire. Et, par son opinion, fut conclu et arresté de sejourner au mesme lieu où ils estoient, qui n'estoit point contrevenir au mandement du Roy, jusques à ce que mondit-seigneur le cardinal, arrivé au camp de Leve, mandast ce que l'on auroit à faire, afin que, si on se retiroit en arriere, ce fust avecques reputation et à la requeste de l'ennemy. A la pluspart des compagnons qui desja tenoient Vercel en leur esperance pour ville gaignée, et avoient leur attente fondée sur le butin, ne fut ceste nouvelle ne la venue de qui l'apportoit aggreable ; et de tant plus que le passer outre leur estoit defendu, de tant plus bravement en parloient et demandoient estre menez à l'assault ; et de telle asseurance en devisoient entre-eux, qu'il a semblé à beaucoup de gens, autant des ennemis comme des nostres, que si on leur eust laissé faire, ils eussent emporté la ville d'assault.

Monseigneur le cardinal, arrivant vers le seigneur Antoine de Leve, fut honorablement et humainement receu de luy : si luy feit entendre sa charge, et comment le Roy, pour obtemperer à la requeste de l'Empereur, et pour luy donner à cognoistre combien il desiroit avoir avec luy parfaicte intelligence et amitié, n'avoit voulu (encores qu'il luy semblast bien y avoir quelque perte de reputation) luy refuser de faire arrester son camp, en plain et apparant cours de victoire, par laquelle facillement il pouvoit obtenir et recouvrer ce qui estoit sien, à l'encontre du duc de Savoye, occupateur et detenteur injuste ; afin que la poursuitte de sadite victoire n'alterast et interrompist les praticques et moyens de la paix, en laquelle, en faveur de l'Empereur, estoit ledit seigneur Roy content de comprendre iceluy duc de Savoye, abandonnant plustost une partie de ce que justement et indubitablement luy appartenoit. Assez gratieusement luy respondit le seigneur de Leve à ce propos, sans advoüer toutesfois que la victoire nous fust si certaine ; et firent eux deux ensemble quelques accords, c'est à sçavoir que luy de Leve ne passeroit point deça la Sesia, et ledit sieur amiral se retireroit au deça de la Doaire, en attendant nouvelle de la negociation dudit seigneur cardinal avecques nostre sainct Pere et Empereur à Romme : car encores les pensoit trouver ledit seigneur cardinal ensemble. A monseigneur l'amiral furent ces accords envoyez avecques lettres iteratives du commandement et volonté du Roy, suivant lesquels, et aussi pour ce que nostre camp estoit logé en lieu estroict environné de trois ou quatre villes du Montferrat, où il y avoit garnison d'ennemis, lesquelles se pouvoient renforcer et donner de l'ennuy aux vivres qui venoient en nostredit camp, ledit seigneur advisa de se retirer au lieu de Sainct Germain, en esperance de s'asseurer, y estant, de la ville d'Ivrée, et de tout le val du costé de Guise, pour en tirer gens au service du Roy, au cas que lon perseverast à la guerre, et secourir Turin, s'il advenoit qu'il en eust mestier.

L'Empereur, ainsi que j'ay dit, apres les propos cy dessus recitez, aucunement declaratif de sa precedante protestation, avoit pris congé de nostre sainct Pere, et, sans faire autre sejour, estoit party de Romme, laissant derriere luy, pour apporter les articles de neutralité, signez de la main de nostredit sainct Pere, messeigneurs de Cannes et de Granvelle, avecques lesquels noz ambassadeurs, à l'instance de nostredit sainct Pere, avoient encores communiqué touchant la praticque de paix, et n'en avoient du tout esté reboutez, ne mis entierement hors d'esperance; mesmement leur avoit esté dit et respondu, sur ce qu'ils requeroient, ainsi que l'Empereur avoit promis, avoir le double par escrit de sa dessusditte protestation, que Sa Majesté, pour bonnes causes et raison à cela mouvans, avoit depuis advisé de ne le leur bailler point, ains de l'envoyer au seigneur de Leidequerques, son ambassadeur en France, afin que luy-mesmes la leust au Roy, et, la lisant, adoucist les choses qui pourroient aigrir ledit seigneur, en sorte que ceste praticque se continuast encores et se conduisist à bonne fin. Ceste response, et ce que l'Empereur en ses seconds propos avoit rabillé, donnoient esperance au seigneur de Velly qu'à la fin se pourroit tirer quelque bonne conclusion; et eut opinion, ou que l'Empereur eust usé publicquement de ceste haultaineté de langage et braverie, pour donner à cognoistre qu'il ne craignoit l'effort du Roy, et que pour cela ne luy feroit rien faire; et que, pour avoir usé de ses termes haultains, il avoit peu penser d'avoir acquis une grande reputation de magnanimité, surquoy il se pourroit persuader et induire à prendre cela pour contrepoix de la declaration d'hostilité qu'avoit faicte le Roy contre le duc de Savoye; ou bien que la venue de monseigneur le cardinal de Lorraine (laquelle il sçavoit estre prochaine, et avecques lequel il pouvoit tout rabiller et conclurre) l'auroit meu à user de ces termes, afin de donner aux potentats d'Italie et autres ses confederez, occasion de penser qu'auparavant n'y auroit encores eu entre luy et le Roy aucune asseurance ne promesse. Et bien l'aydoit nostre sainct Pere à s'entretenir en esperance; de sorte que ledit Velly, craignant que ledit seigneur cardinal, entendant sur chemin les nouvelles de ceste protestation, s'en retournast arriere sans passer outre, voulut bien envoyer au devant, et luy persuader de, ce nonobstant, achever son voyage; aussi escrivit au Roy, luy conseillant et supliant que, nonobstant que laditte protestation fust par trop aigre et picquante, son bon plaisir fust toutesfois d'y respondre modestement, et de maniere que les choses ne s'en aigrissent d'avantage.

Les articles ce pendant furent signez, lesquels, en somme, contenoient comment ledit sainct Pere, tresdeplaisant de la mauvaise intelligence et apparence de prochaine roupture entre l'Empereur et le Roy, et desirant estre entre-eux deux bon et confidant mediateur, se declaroit estre neutral et ne vouloir assister d'aide ne de conseil au faict de la guerre à l'une ne à l'autre partie, ne souffrir qu'en ses terres, ou de sa jurisdiction, se fist aucun amas ou assemblée de gens de guerre pour aucun d'eux; aussi de n'accepter autour de sa personne homme quelconque, et de quelque estat ou condition, qui luy portast paroles contraires ou prejudiciables à sa neutralité; ne souffriroit qu'en ses places et villes fortes entrassent et sejournassent gens de guerre de l'un ou de l'autre party, mais les feroit garder et tenir en bonne seureté, par ses propres subjects ou souldoyez; n'empescheroit aucun, durant ladite neutralité, d'entrer en la ligue deffensive d'Italie; qu'il sursoiroit les differens et controverses de Sa Saincteté, c'est à sçavoir avec le duc de Ferrare pour un an, et pour six mois avec le duc d'Urbin et son fils, à cause du duché de Camerin; qu'il entretiendroit l'assistence promise par le feu pape Clement aux cinq cantons de Suisse, à l'encontre des autres cantons alienez de l'obeïssance de l'Eglise; et que deslors il consigneroit quelque bonne et raisonnable somme de deniers, pour estre preste à tous besoings et toutes occurences.

Ceste neutralité signée et delivrée aux seigneurs de Cannes et de Granvelle, ils se partirent de Romme, et avecques eux le seigneur de Velly, ambassadeur du Roy, pour venir au lieu de Siene, où estoit l'Empereur alors; auquel lieu arriva aussi monseigneur le cardinal, et à son arrivée faisoit son compte de seulement faire la reverence à Sa Majesté, et de remettre à luy dire sa creance apres disner, à cause qu'il estoit desja heure de messe. Mais luy ayant faict la reverence, et dit seulement en termes generaux l'occasion de sa venue, y adjoustant toutes les plus convenables paroles qu'il avoit peu, sans entrer au faict de sa principale charge, ledit seigneur Empereur de luy-mesmes respondit estre bien aise de sa venue, pour s'esclarcir (ainsi qu'il disoit) et veoir quelle esperance il pourroit avoir de la bonne confidence et amitié du Roy. Et ce voyant, ledit seigneur cardinal usa de ceste occasion et opportunité, luy declarant particulierement comment le Roy entendoit de se conjoindre avecques luy par toutes les plus estroittes façons que lon pourroit adviser; et que pour y parvenir, et donner à cognoistre combien franchement il alloit en besongne, il avoit non seulement deffendu à monseigneur l'amiral de France, son lieutenant general en l'armée de Piemont, de ne passer plus outre que le lieu où lors il se trouveroit, ains auroit aussi faict retirer son armée dudit lieu, où alors elle estoit, afin de ne faire chose qui alterast l'esperance de paix; parvenant à laquelle, ainsi que lon s'en pouvoit comme asseurer, attendues les praticques qui en avoient esté jusques à l'heure que luy avoit esté depesché de la part du Roy, ledit seigneur n'estoit pour luy espargner chose qui fust en sa puissance; et mesmement, oyant que Sa Majesté auroit plaisir qu'allant en son entreprise d'Algere, monseigneur le duc d'Orleans luy fist compagnie, ledit seigneur Roy ne seroit delayant de le luy envoyer, avec telle suitte et compagnie qu'il appartient à un fils de roy de France, pour aller en un tel voyage. Et pour autant que jusques alors avoit le Roy accordé tous les articles qu'on luy avoit mis en avant, excepté celuy de l'usufruict, que, pour les raisons au paravant deduittes par son ambassadeur, il avoit tousjours demandé pour luy, maintenant il estoit content de ne s'y arrester plus; bien vouloit il que, pour oster à tout le monde occasion de penser qu'entre eux n'y eust pleine et entiere confidence, Sa Majesté fust contente de le luy accorder, en s'asseurant de luy qu'incontinant il s'en demettroit audit duc d'Orleans son fils; et que, cela faict, ledit seigneur Roy seroit content de venir au devant dudit seigneur, afin de s'entre-veoir et asseurer l'un de l'autre, jusques à Mantoue, ou ailleurs, ainsi qu'à Sa Majesté plairoit en deviser; et de faire toutes les choses qu'il sçauroit luy estre agreables, et qu'il pourroit faire sans contrevenir à ses alliances. Lesquelles offres estoient toutes si bonnes entrées à parvenir à confidence et amitié entre-eux deux, que ledit seigneur cardinal, encores que sur les chemins il eust entendu partie des paroles et declarations que Sa Majesté avoit proposées à Romme, n'avoit toutefois voulu faillir ne differer de les venir faire entendre à Sa Majesté, les estimant telles et si raisonnables, que, pour les paroles ce-pendant intervenues, il ne pensoit un si grand bien devoir estre interrompu.

Sur ces paroles, commença l'Empereur à luy reciter la plus grande partie des poincts qu'il avoit touchez en sa protestation, pour se justifier, et fonder la doubte qu'il avoit de ne pouvoir asez seurement besongner avecques le Roy, pource qu'il ne veoit point qu'il puisse ne doive accorder le duché de Milan au duc d'Orleans; et, comment que soit, il n'en vouloit rien faire, mais que bien seroit il content de le bailler au duc d'Angoulesme, avecques une de ses niepces en mariage, soubs les conditions qui en traittant seroient advisées, pourveu que le Roy n'eust aucunement affaire audit Estat : car il esperoit que ledit seigneur d'Angoulesme, outre l'alliance qu'il prendroit avecques luy, seroit aussi tenu et obligé à luy d'un tel et si beau present que le duché de Milan; et qu'à ceste cause, il vivroit avecques luy en bonne paix et amitié, et luy Empereur aussi luy porteroit reciproquement telle faveur, que paisiblement il pourroit jouir dudit

Estat, sans y tenir aucunes garnisons à la foulle du peuple : et quant à l'usufruict, qu'il ne le consentiroit au Roy, directement ou indirectement, en quelconque maniere. Le cardinal luy remonstra que s'il vouloit traitter avecques le Roy pour amour de luy, qu'il ne devoit point faire ceste difference, ne s'attacher à autre seureté qu'à la sienne, pource qu'il estoit celuy avecques lequel Sa Majesté auroit affaire, et duquel elle pouvoit esperer ayde et support presentement, et non pas de messeigneurs ses enfans ; que d'autre part, ayant esté ledit Estat levé au Roy, auquel il appartenoit, la raison vouloit bien, puis qu'à luy ne se rendoit, aumoins que ce fust luy qui ordonnast auquel il seroit rendu de ses enfans. A ce propos, l'Empereur interrompit sa parole, en maintenant qu'à luy appartenoit iceluy Estat, et non à autre.

Surquoy replicqua le cardinal qu'à cause de la renonciation faicte par le Roy, sur laquelle il ne vouloit lors insister à debattre la validité ou invalidité, on pourroit coulourer que ledit seigneur n'y eust plus de droict ; mais, quant à messeigneurs ses enfans, on ne pourroit nier que ce ne fust leur propre et vray heritage, et qui justement ne leur pouvoit estre tollu : toutesfois que, pour le bien de paix, ils estoient contens de l'accepter et recevoir de Sa Majesté, ou en don, ou autrement, en telle forme qu'il luy plairoit, moyennant que ce fust selon et en la sorte que sadite Majesté desja au paravant l'avoit accordé à l'ambassadeur du Roy. Et sur-ce mot, l'Empereur luy trencha la parolle, disant que jamais n'en avoit riens accordé par sa bouche. Monseigneur le cardinal, qui ne vouloit, pour ceste premiere venue, rompre la praticque entierement, print couleur d'en vouloir deviser audit ambassadeur, et à tant print congé de luy; joinct aussi qu'il vouloit bien, avant que la chose vint au desespoir, gaigner le loisir de depescher un courrier exprès devers le Roy, pour l'advertir de ce qu'il avoit trouvé en ceste premiere arrivée, aussi pour en donner en passant advis à monseigneur l'amiral, afin que, venant les choses en roupture, on ne le surprint à l'improviste.

Le lendemain au matin, ainsi que ledit seigneur Empereur achevoit de s'habiller, retourna vers luy ledit seigneur cardinal, et luy dist comment il avoit communiqué particulierement de sa charge avecques ledit ambassadeur du Roy, et de luy entendu ce qu'il avoit parcy devant traitté ; mais que, tout bien consideré, il ne veoit point qu'il peust passer outre, si Sa Majesté ne vouloit en façon qu'il fust ouy parler de monseigneur d'Orleans ; car cestuy-là estoit le seul fondement de sa depesche et commission, conclue et dressée sur le consentement que Sa Majesté en avoit baillée : et qu'à ceste cause, il avoit deliberé, avecques son bon congé, de s'en aller vers nostre sainct Pere, pour luy exposer l'intention du Roy au bien de la paix, et les choses que pour y parvenir il avoit offertes; ensemble la response et refus de Sa Majesté imperiale, et retractation qu'il faisoit de l'article accordé pour monseigneur le duc d'Orleans.

Sa Majesté ne monstra point apparence que le partement dudit seigneur cardinal luy despleust; seulement luy replicqua les justifications cy devant recitées du refus qu'il faisoit de bailler cest Estat audit duc d'Orleans. Et, pource qu'entre autres choses, il avoit dit n'en avoir jamais rien promis de sa bouche, le seigneur de Velly, auquel touchoit cest article, pour n'estre du Roy son maistre estimé menteur, pria Sa Majesté de ne luy faire ce tort que de luy laisser un tel blasme envers sondit maistre. Sa Majesté advoüa lors avoir donné charge aux seigneurs de Cannes et de Granvelle de luy en porter en son nom la parole, aussi d'en avoir escrit à son ambassadeur Leidequerques estant riere le Roy, pour de sa part le luy faire entendre; mais que le Roy n'auroit accepté ceste offre, alors qu'elle luy fut faicte, ains, en contre-venant aux traittez d'entre-eux (à prendre iceux traittez au pied de la lettre), auroit envoyé son amiral de la sorte que lon le sçavoit estre venu; dont luy n'a peu ne se mal contenter et ressentir. Et d'avantage, que les seuretez ne se pourroient trouver telles qu'il les vouldroit pour le duc d'Orleans, et telles qu'elles fussent pour contenter ses confederez. Ledit seigneur cardinal le pria qu'il voulust declarer quelles seuretez il demanderoit, et qu'elles seroient bien estranges, si le Roy, pour l'envie qu'il avoit de venir à ceste mutuelle confidence entre eux, ne les accordoit. Il respondit, en somme, qu'il en avoit dit son intention à nostre sainct Pere, lequel il pensoit en avoir adverty le Roy. A ce luy repliqua ledit seigneur cardinal, en luy remonstrant qu'il n'estoit croyable qu'alors qu'il accorda bailler cest Estat, il n'eust paravant pensé aux seuretez qu'il devroit demander au cas advenant; et qu'à luy, qui estoit de si loing venu pour traitter et conclurre avecques Sa Majesté, il pouvoit bien faire cest honneur que de luy declarer son intention. Et sur-ce, l'Empereur respondit qu'il n'estoit point conseillé de parler autrement, sans veoir pouvoir et sans sçavoir l'intention de ses confederez, encores qu'il se promettoit bien qu'ils ne refuseroient ja chose qu'il vueille. D'avantage il adjousta que, si ores il bailloit ledit duché à qui que fust des enfans du Roy, il n'entendoit de le bailler que par investiture nouvelle, et comme fief escheu et revenu à l'Empire, estant en sa plaine disposition et volonté.

A tant fut prest ledit seigneur Empereur, et partit de Siene au mois d'avril : monseigneur le cardinal luy feit compagnie jusques hors la ville, et, au prendre congé, l'Empereur le pria qu'à son retour il repassast par luy. Sur ce, retourna ledit seigneur cardinal en son logis, pour, avant que prendre son chemin vers Rome, faire une depesche au Roy, et l'advertir de sa negociation : ce qu'il fist, en le confortant autant que possible luy fut, de ne respondre à la protestation de l'Empereur aucune chose qui accelerast la roupture. Par le mesme courrier il fit pareille depesche à monseigneur l'amiral, suivant sa premiere deliberation, en l'advertissant que tous les propos qu'il avoit sceu tirer en tout son parlement avecques l'Empereur, estoient douteux et ambiguz, tels toutesfois que par iceux on pouvoit plus attendre prochaine guerre que diuturnité de paix. Monseigneur l'amiral, desja quelque temps auparavant, pource qu'il luy avoit esté escrit par le seigneur de Montmorency, alors grand maistre et mareschal de France, qu'il ne pouvoit (estans les choses ainsi qu'elles estoient) faire plus grand service au Roy, que de fortifier quelques lieux et places, afin d'y retirer son armée, attendant secours du Roy, au cas que l'Empereur descendist à trop grosse puissance, avoit, à ceste cause, entrepris la fortification de Turin, et depesché le seigneur Stephe Colonne, avecques cent hommes d'armes et quatre mille hommes de pied, tant pour avoir l'œil à ladite fortification, comme pour aviser, à sept ou huict mille deça le Pau, quelque lieu fortifiable pour y asseoir son camp en seureté ; aussi pour doubte qu'estant le païs desgarny de gens, le capitaine Jacques Scalenghe, qui estoit arrivé à Gennes, ne fist revolter le Mont-Devis, Fossan et Savillan : aussi avoit esté visiter la ville de Ivrée, laquelle ne trouvant fortifiable, à cause de son assiette, qui est telle, que la montagne regarde à l'entour dedans la ville, il avoit, ce nonobstant, mis dedans le seigneur Marc Antoine de Cusan avecques ses deux mille hommes, pour, si besoing estoit, y amuser l'ennemy quelque espace de temps, et donner lieu ce-pendant à laditte fortification de Turin. Ayant doncques eu ceste nouvelle, avoit envoyé diligenter les remparts et boulleverts commencez en laditte ville, et donner ordre à fortifier un camp, au dessoubs de Carignan, le long du Pau, pour y retirer son armée, au cas que l'Empereur vint avecques tel effort qu'elle ne fust suffisante pour l'attendre en pleine campagne : et de tout advertit le Roy du lieu Marcenasch, en l'asseurant que s'il avoit seulement terme d'un mois, il attendroit l'Empereur et tiendroit Turin contre luy et toute sa puissance. Depuis, adverty de la diligence dont l'Empereur usoit à unir et accroistre ses forces, et qu'Antoine de Leve avoit deliberé de passer en l'Astizanne, pour nous rompre les vivres par derriere ; aussi ayant descouvert que le duc de Savoye menoit quelques pratiques pour revolter Fossan, à ceste cause, et pour favoriser le païs tout au long du Pau, il envoya le seigneur de Montpesat, avecques sa compagnie et celle de monseigneur le grand escuier, quatre mille hommes de pied françois et huict cens italiens, se saisir dudit Fossan, Vigon, Savillan, Cony et Mont-Devis, et autres villes à l'environ. Et de ce donna il aussi advis au Roy, du vingt-neuviesme jour du mois, en luy envoyant les lettres de monseigneur le cardinal; et, au demourant, luy conseilloit que, si ores il n'avoit deliberé d'accorder les conditions que demandoit l'Empereur, il temporisast toutesfois un mois, en dissimulant, et que ce pendant la ville de Turin seroit mise en telle fortification, que si l'Empereur y venoit, il en remporteroit honte et confusion.

Le dernier jour du mois, arriva le courrier vers le Roy; et le mesme jour, luy apporta le seigneur de Leidequerques, ambassadeur de l'Empereur, et luy leut de mot à mot la protestation dudit seigneur Empereur son maistre, non pas telle qu'il l'avoit eue, mais telle qu'elle avoit depuis esté moderée, dont toutesfois il ne voulut bailler le double; la cause pourquoy ne la declara, mais depuis elle a esté sceue, comme nous dirons en autre endroit de ces Memoires. Le Roy, sur-ce qu'il retint en memoire de la lecture qui luy en avoit esté faicte, et sur-ce que ses ambassadeurs luy en escrivirent, dressa une response, laquelle, pour avoir esté dictée par luy mesme, qui de son faict pouvoit respondre mieux que nul autre, il m'a semblé devoir inserer de mot à mot en cest endroict, sans aucune chose y adjouster, diminuer ou diversifier : laquelle fut de la teneur qui ensuit.

« J'eusse merveilleusement desiré, tressainct Pere,

« et vous messieurs les cardinaux du sainct Siege
« apostolique, et ambassadeurs, qu'il m'eust esté pos-
« sible d'estre present, quand l'Empereur vous a par
« long ordre deduit publicquement l'affaire d'entre
« nous deux, afin d'avoir peu respondre à un chacun
« article, et ne laisser voz esprits suspendus, n'ayans
« ouy parler qu'une partie. Toutesfois, puis que cela
« m'a esté impossible, j'ay pensé par escriture satis-
« faire à ce que touche mon honneur et la verité ;
« chose à moy assez difficile, d'autant que ledit Em-
« pereur n'a voulu bailler à mes gens par escrit ce
« qu'il a dit, ne son ambassadeur pareillement me
« bailler la lettre, ne double apres la m'avoir leuë ;
« parquoy je suis contrainct de respondre à ce seu-
« lement dont mes gens m'ont adverty. Toutesfois, la
« confiance que j'ay au certain jugement et bonté de
« vostre-ditte Saincteté, avecques l'estime que j'ay de
« toute la compagnie, laquelle je desire m'entendre,
« me font penser que la cause de la nue verité sera sans
« passion d'un chacun de vous bien entendue. Et,
« pour commencer, il me semble que l'Empereur n'a
« recité que la moitié de la cronicque, prenant seu-
« lement ce que faict pour luy, et laissant ce que
« faict pour moy ; et qu'il soit vray, en ce qu'il com-
« mence à dire que moy estant venu à la couronne,
« il envoya devers moy le seigneur de Nansau, pour
« estraindre noz amitiez, je croy qu'il ne trouvera
« point que de mon costé elle luy fust refusée. En-
« cores croy-je qu'il ne niera point que mon amitié et
« intelligence ne luy nuisit pas à le tirer hors des mains
« de madame Marguerite, sa tante, et de la subjection
« de son grand pere, qui à ceste heure là estoit son

« mainbrug (¹). Et, quant à ce qu'il dit que, conti-
« nuant ceste amitié, il fut aussi joyeux de ma vic-
« toire contre les Suisses, qu'il estoit possible, je l'en-
« tendy ainsi par mon ambassadeur estant pres de
« luy; qui me rendit tresgrande obligation à luy, et
« eusse faict en cas pareil, si telle victoire luy fust
« advenue.

« Quant à ce qu'il dit, qu'il n'obeit point à l'Empe-
« reur, son grand pere, le pressant de me travailler
« du costé de deça durant ladite guerre, s'il eust faict
« le contraire, il eust faict contre le traitté qu'il avoit
« juré; et si sçait bien que je faisoy lors entierement
« tout ce que je pouvoy, et fy encores depuis, pour
« le rendre obey et paisible par toutes les Espagnes:
« et est tesmoing luy-mesme, de ce que mon ambas-
« sadeur en fist par mon commandement; et croy que
« ma faveur ne luy nuisit de rien en ce temps là.
« Quant au mariage de mes filles, combien que de
« leur mort il me despleust comme à pere, encores n'en
« eu-je moins de desplaisir, pour l'alliance et amitié
« qu'elles pouvoient entretenir entre luy et moy.
« Quant au faict de l'Empire, où il dit qu'alors com-
« mença à naistre la jalousie d'entre nous deux, il est
« vray que je dy à son ambassadeur les paroles qu'il
« alegue, que c'estoit comme si nous estions tous deux
« à la poursuitte d'une dame, et qu'advenant ce qu'a-
« venir pourroit, nous ne lairrions à demourer bons
« amis ensemble; et certainement je le pensoy ainsi
« que je le disoy. Quant à ce qu'il dit que depuis qu'il
« fut esleu empereur, je le priay de renouveller noz
« alliances, et de les asseurer par ostages, il est bien

(¹) *Son mainbrug*: son tuteur.

« vray que je desiray d'asseurer et de perpetuer nos-
« tre amitié; car, estant morte ma fille aisnée, et l'au-
« tre si jeune que l'attente luy en estoit trop longue,
« j'eu desir de revenir au traitté qu'avoit faict mon-
« sieur de Nansau, touchant ma belle sœur; qui n'es-
« toit chose nouvelle, ne donné à cognoistre audit
« Empereur que je ne cherchasse son amitié par tous
« moyens que je pouvoy. Quant à ce qu'il dit que
« je l'ay voulu presser de donner ostages pour la
« seureté des alliances, il sçait bien que, par les trait-
« tez que nous avions ensemble, il me devoit par cha-
« cun an bailler cent mille escus, pour le royaume
« de Naples, et que ce fut à faulte de payement que
« je luy demanday seureté ou respondant ; et s'il
« m'eust bien payé, je n'avoy que faire de demander
« cela. Et quant aux praticques qu'il dit avoir esté faictes
« par mon ambassadeur estant en Allemagne, mondit
« ambassadeur est icy, qui m'asseure et afferme n'a-
« voir jamais praticqué chose contre ledit Empereur;
« bien avoir tousjours voulu faire le devoir en mon
« nom, comme duc de Milan, envers le sainct Em-
« pire, et m'entretenir avecques les Estats d'iceluy en
« bonne intelligence, comme j'estoy tenu : et quand
« il aura faict d'avantage, il aura faict contre mon
« vouloir, dont je ne le laisseray impuny en me fai-
« sant apparoir du meffaict.

« Quant au faict du roy de Navarre, l'Empereur
« sçait bien le temps, contenu en noz traittez, dedans
« lequel il devoit satisfaire au roy de Navarre, et qu'en
« deffault de ce, je le pouvoy secourir, sans rompre
« avecques ledit seigneur Empereur : lequel terme je
« laissay passer de long temps, pensant tousjours qu'il

« luy satisferoit; mais à la fin il a fallu que je satisfisse
« à ma promesse. Et au regard de messire Robert de
« La Marche, je ne luy fy jamais faire la guerre; et
« qu'il soit vray, j'offry à l'ambassadeur dudit seigneur
« Empereur de luy faire ayde contre ledit messire
« Robert (ainsi que le traitté le portoit), mais que j'en
« fusse requis; et revocquay par effect les gens qu'il
« avoit sans mon sceu levez en mon royaume; qui fut
« cause qu'il perdit plusieurs de ses places. Parquoy,
« tressainct Pere, vous pouvez assez juger qu'en ceste
« premiere guerre je ne suis en rien coulpable de la
« roupture. Quant au traitté faict à Madril, j'en ay tant
« respondu par le passé, et si au long, que ce seroit
« user de reditte : bien diray-je qu'un chacun sçait
« que prisonnier gardé demeure en liberté de sa foy,
« et que, mesme à Fontarabie, où je fu delivré, et par
« tout le chemin à mon retour, j'estoy plus gardé que
« dedans Madril, et jamais je ne fu sans avoir garde :
« parquoy je sorty de prison, en liberté de ma foy et
« sans aucune obligation. Et quant à ce qu'il dit avoir
« esté au paravant adverty comme j'avoy dit que le
« traitté ne se tiendroit, j'advoüe de l'avoir dit, cog-
« noissant qu'il n'estoit tenable; et qui m'eust mis sur
« ma foy, je ne l'eusse accepté à ceste condition.

« Quant à la ligue et à ce qu'on luy fit entendre
« pour la restitution de mes enfans, ce fut pour le faire
« venir à party et traitté juste et raisonnable, en payant
« ma rançon comme je devoy, et non pour autre rai-
« son; et l'allée de monseigneur de Lautrec fut pour
« delivrer nostre sainct Pere de la prison où il es-
« toit, et en ensuivant le vestige de mes predecesseurs.
« Apres, voyant que la delivrance de nostre sainct

« Pere estoit empeschée, et que l'Empereur ne vouloit
« entendre à aucun party, et ne voyant seureté d'aucune
« paix avecques luy, je ne voulu perdre ceste occasion :
« et à ce qu'il dit que ledit seigneur de Lautrec y mou-
« rut, il est vray, et non luy seulement, mais la plus-
« part de mon armée, que, s'il eust pleu à Dieu les
« deffendre de la mortalité, comme il avoit faict jus-
« ques là de leurs ennemis, je ne sçay comme les choses
« fussent depuis passées. Quant au traitté de Cambray,
« en lieu d'adoulcir celuy de Madril, qui estoit im-
« portable et intollerable, ils y adjousterent beaucoup
« d'articles davantage ; et, pource que la prison des
« enfans est celle du Pere, je fu contrainct passer ou-
« tre : toutesfois, encores que ledit traitté fust de la
« sorte que je dy, il ne se trouvera jamais que j'aye
« rien faict au contraire, quelque occasion que j'en
« aye eue.

« Et quant à la venue du Turc en Allemagne, et à
« Balançon, qui fust envoyé pour cest effect devers
« moy, ledit Balançon me demanda ayde pecuniaire
« et mes gensdarmes : je luy respondy que je n'estoy
« ne banquier ne marchant, pour bailler argent, et
« que l'Empereur venoit d'avoir de moy deux milions
« d'or, pour ma rançon, de laquelle somme il se de-
« voit contenter : mais, ce nonobstant, combien que
« j'eusse assez d'occasion de me reposer, je luy offry
« ce que les rois mes predecesseurs ont tousjours of-
« fert (lesquels n'ont jamais esté taxez par princes de
« la chrestienté, pour faire leur devoir contre les
« Infideles), qui estoit ma personne et mes forces,
« pour aller en Italie et ailleurs, laissant à l'Empereur

« le lieu honnorable, comme je devoy : luy disant en
« outre que la pluspart de mes gens de pied, je les feroy
« de la nation d'Allemagne; et qui m'eust demandé,
« je fusse allé en tel equippage, que j'eusse eu part ou
« de l'honneur ou du dommage. Quant à la ligue de
« Boulongne, chacun sçait assez pourquoy elle fut
« faicte. Quant à la mort de l'escuyer Merveilles, mon
« ambassadeur, encores qu'il eust faict des praticques
« contre Francisque Sforce (ce que je ne croy, car il
« n'en avoit point de charge), si fut le cas si meschant
« et infame, que je ne croy que ledit seigneur Empe-
« reur le voulust trouver bon, veu qu'estant grand
« prince (comme il est), il a besoing de beaucoup d'am-
« bassadeurs : et fault dire vray, qu'apres en avoir faict
« ma plaincte audit Empereur, comme à mon beau
« frere, j'ay trouvé moult estrange ledit Sforce avoir
« esté par luy soustenu en son tort.

« Quant à avoir praticque en Allemagne depuis
« le traitté de Cambray, il n'est rien si vray que moy
« et mes predecesseurs n'avons jamais esté sans avoir
« bonne intelligence et amitié au sainct Empire et aux
« princes d'iceluy ; et quelquefois ay veu de mon
« temps qu'encores que l'Empereur et le roy de
« France se fissent la guerre, lon ne perdoit point
« du costé de France l'amitié que lon avoit en Alle-
« magne. Mais, quant à la guerre d'Wirtemberg, il
« est vray que j'achetay du duc d'Wirtemberg le comté
« de Montbelliard à rachat d'un an; et depuis il m'a
« rendu mon argent, dont il ne m'a poinct faict de
« plaisir, car j'eusse mieux aymé ledit Montbelliard:
« et au regard de ce qu'il feit dudit argent, je n'ay

« eu cause de m'en enquerir. Quant aux subjects du-
« dit Empereur estans en mes galleres, il sçait bien
« que s'il m'eust rendu ceux qu'il avoit faict prendre
« estans au service de mes enfans en Espagne, je les
« luy eusses renduz; ce que j'ay faict incontinant
« qu'il m'a rendu les miens. Quant au faict d'Esche-
« naiz, de ce que ledit Empereur dit qu'il a praticqué
« contre luy en Italie, je ne croy point que ledit d'Es-
« chenaiz l'ait faict, veu qu'il n'en a point de com-
« mission, et attendu aussi que je n'ay point de guerre
« avecques l'Empereur; et n'ay jamais pensé ne pense
« que pour prendre des gentils-hommes italiens en mon
« service, ce soit rompre la paix; et, veu que l'Empe-
« reur ne parle que de la liberté d'Italie et du repos
« d'icelle, ce seroit, soubs ceste umbre, rendre trop
« grande captivité ausdits gentilshommes d'Italie, si,
« soubs ceste couleur, ils n'osoient prendre party d'au-
« tre prince que de luy; et seroit, soubs le nom de
« liberté, les travailler de servitude. Et quant à la
« praticque du duché de Milan, vray est que, ayant
« tousjours entendu, par les gens dudit Empereur,
« que ledit seigneur estoit tresdeplaisant qu'il n'avoit
« le moyen de pouvoir y satisfaire durant la vie de
« Sforce, d'autant que l'obligation qu'il avoit à luy
« l'en empeschoit, je le luy ay (cessant ceste occasion
« apres la mort dudit Sforce) faict demander pour
« moy; et, voyant qu'il vouloit que ce fust pour l'un
« de mes enfans, luy ay nommé mon fils d'Orleans,
« pour les raisons que je luy ay faict alleguer, tant
« pour la pacification de mes Estats que pour le bien
« et repos de la chrestienté, priant audit Empereur se

« vouloir faire entendre clairement, ainsi que de mon
« costé je faisoy à son ambassadeur, auquel je parloy
« franchement. A la fin, apres beaucoup d'allées et
« venues, il le m'accorda, comme m'a dit son ambas-
« sadeur. Et ne restoit plus article en dispute, que le
« faict de l'usufruict pour moy, dont je me suis de-
« sisté, comme je l'ay faict entendre audit Empereur.
« Parquoy je ne voy aucune difficulté à la paix, si
« l'Empereur veult tenir ce qu'il m'a faict dire; car il
« m'a faict asseurer qu'il ne demandera seuretez qui
« ne soient honnestes et raisonnables, et s'il les de-
« mandoit autres, ce seroit signe de ne vouloir point
« traitter. Doncques, de mon costé, ne se sçauroit dire
« que noz praticques de paix faillent ne demeurent;
« car j'ay accordé les propres articles que son ambas-
« sadeur m'a dit : parquoy, s'il ne les accorde, la
« roupture vient de luy et non de moy. Et, bien
« qu'il ne m'ayt baillé ledit duché, ne pour moy ne
« pour mes enfans, si n'ay je encores rien faict con-
« tre luy : mais au contraire, quand le Turc est venu
« en Autriche, je ne me suis point remué, ains ay offert
« l'ayde que dessus, et, luy allant en Africque, suis
« demouré, comme il a voulu, pacifique et sans faire
« guerre : chose que j'eusse peu plus aisément faire que
« maintenant qu'il est en Italie, comme vous, tres-
« sainct Pere, sçavez.

« Quant à toutes les choses qui touchent le bien de
« la chrestienté, je ne donneray avantage à aucun
« prince de le desirer plus que moy, et la façon de-
« quoy je fay vivre mes subjets le tesmoigne. Par-
« quoy, tressainct Pere, la patience dont j'ay usé, at-

« tendu les injures et torts qui me sont faits, l'heritage
« de mes enfans usurpé, le retirement de mon armée,
« le commandement que je leur ay faict d'entrer en
« garnison, pour ne troubler l'esperance de paix; le
« pouvoir de la traitter, que j'ay envoyé à mon cousin
« le cardinal de Lorraine ; le desistement que j'ay
« faict de l'usufruict, sont assez justes tesmoings si je
« desire avoir ce qui m'appartient, ou par paix, ou
« par guerre. Et ne doit trouver estrange vostre
« Saincteté si je parle si avant : car si celuy qui oc-
« cupe le bien d'autruy se peult plaindre, que doy-je
« faire, m'estant detenu le mien et de mes enfans, con-
« tre raison?

« Quant au faict de monsieur de Savoye, je n'y
« trouve nul fondement, qui par tant de fois a esté
« requis de me faire la raison, tant de ce que indeuë-
« ment, par occupation de ses predecesseurs, il me de-
« tient, que du partage des biens qui avoient appartenu
« à feu madame ma mere, que Dieu absolve; laquelle,
« en son vivant, avoit à diverses fois envoyé plusieurs
« personnages devers ledit seigneur de Savoye, son
« frere; et depuis son trespas ay encores envoyé de-
« vers luy personnages bien instruicts, avecques mes
« tiltres et enseignemens, pour faire entendre claire-
« ment, à luy et à son conseil, le bon et evidant droict
« à moy appartenant és terres et seigneuries qu'il a
« indeuëment detenues : a quoy il n'a voulu entendre;
« si que besoing m'a esté d'y proceder par la voye
« des armes; en quoy faisant n'ay aucunement con-
« trevenu aux traittez faicts avecques ledit seigneur
« Empereur, esquels est dit que ne me mesleray des

« praticques d'Italie, en faveur de quelque potentat
« que ce soit, contre ny au prejudice du seigneur
« Empereur; et ne puis entendre comment il puisse
« pretendre que ceste guerre soit contre luy, veu qu'il
« n'a esté touché à chose qui luy appartienne, mais
« au contraire ayt tousjours esté defendu de n'y atten-
« ter aucunement. Et ne peult la comprehention dudit
« seigneur de Savoye en tiltre d'allié, faicte au traitté
« de Cambray, l'exempter et faire tenir quitte de ce
« qu'il me doit et detient; car il n'est mis au traitté
« comme principal contrahant, et n'y fut disputé des
« droicts à moy appartenans : parquoy ne peuvent
« avoir esté comprins ne remis par ledit traitté. Et
« m'attendoy, comme encores fay-je, veu la proximité
« du lignage et prochaine alliance qui est entre l'Em-
« pereur et moy, qu'il soustiendroit et prefereroit mon
« droict à celuy dudit seigneur de Savoye; et ne voy
« point que de tous autres qui ont pris les biens de
« monseigneur de Savoye, on le trouve mauvais que
« de moy, encores que je soye beau frere, ayant bonne
« et juste querelle, et ne voulant avoir que ce qui est
« mien. Et quand il plairoit à vostre-ditte Saincteté, je
« vous feray monstrer mes droicts, qui tesmoigneront
« ce que je vous dy; et tousjours, en me rendant ce
« qui est mien, seray-je content de luy rendre le sur-
« plus de ce que je tien. Et quant à ce que l'Empe-
« reur dit que, pour le bien de la chrestienté (ne pou-
« vant estre la paix), il seroit meilleur que par nous
« deux, de personne à personne, noz differends fussent
« vuidez, je respon à cela que, n'estant chargé d'au-
« cune chose touchant mon honneur à laquelle je

« n'aye satisfaict, et cest offre de combat estant de vo-
« lonté seulement et sans contraincte dudit honneur,
« il me semble que noz espées sont trop courtes pour
« nous combattre de si loing. Mais si l'occasion nous
« faict aprocher (comme il est croyable qu'il le fau-
« dra si nous rentrons à la guerre), et si ledit Empe-
« reur demeure en ceste volonté de combatre, et que
« à ceste heure là il m'en appelle, je suis content, s'il
« trouve que je refuse de satisfaire à mon honneur,
« d'estre condamné par tous gens de bien, ce que je
« crain plus que le combat. Et quant à ce que l'Em-
« pereur a declaré depuis n'avoir dit aucune chose
« pour me taxer ou blasmer, et par ses lettres n'avoir
« entendu tenir la paix pour rompue, c'est chose dont
« je suis tresaise.

« Voilà, tressainct Pere, et vous messieurs les car-
« dinaux du sainct Siege apostolique et ambassadeurs
« estans presens, ce que je vueil bien estre declaré en
« vostre presence, non pour offendre personne, mais
« seulement pour ma justification, et faire clairement
« apparoir à chacun la droicte et syncere volonté que
« j'ay à la paix et au bien universel de la chrestienté,
« et que de moy ne procede ne procedera l'ouverture
« de la guerre; ce que l'on peult facilement juger par
« les grands devoirs où je me suis mis et mets pour y
« obvier. »

Telle fut la response du Roy à la proposition faicte
par l'Empereur à Romme. Pource que, par l'estroitte
amitié confermée entre luy et le roy d'Angleterre, ils
s'estoient promis l'un à l'autre s'entre-communiquer
toutes les nouvelles qu'ils recevroient d'importance, et

ce que sur icelles ils auroient conclu et arresté, il envoya un double par la poste, apres le seigneur de Polisy, de la maison de Tinteville, baillif de Troyes, lequel puisnagueres il avoit depesché vers ledit seigneur roy d'Angleterre; et luy avoit baillé un double de la lettre d'advertissement de la susdite proposition que luy en avoient escrite les evesque de Mascon et seigneur de Velly, ses ambassadeurs.

La cause de la depesche dudit baillif avoit esté sur-ce que ledit roy d'Angleterre avoit communiqué à l'evesque de Tarbes, de la maison de Castelnau, ambassadeur du Roy, nostre-dit maistre, en Angleterre, une lettre fort affectée que l'Empereur luy avoit escrite, contenant en substance cinq principaux articles. Le premier estoit du jour que ledit seigneur Empereur esperoit arriver à Romme, et de ce qu'il disoit pretendre y vouloir faire; le second, de l'invasion faicte par le Roy nostre-dit maistre sur les païs du duc de Savoye, surquoy il le prioit de se vouloir employer à moyenner et faire envers ledit seigneur Roy qu'il voulust rendre ce qu'il avoit pris et occupé sur iceluy duc de Savoye; le tiers estoit de la craincte que disoit l'Empereur avoir, et avecques juste et apparente raison, que ledit seigneur Roy passast outre, et luy fist la guerre au duché de Milan; quoy advenant, il le prioit de luy vouloir en ce cas donner ayde et secours. Par le quatriesme il le prioit de vouloir mettre en oubly ce qui estoit passé de malcontentement entre-eux, à cause du divorce de la royne Catherine, sa tante, duquel malcontentement estoit alors cessée l'occasion, par le trespas de laditte Royne : parquoy il le prioit que, pour lever d'entre-eux tout souspeçon et racine d'inimitié, il fust content de renouveler les viels traittez de leur confederation et amitié. Pour le cinquiesme et dernier, il le advertissoit comme il dressoit contre le Turc une grosse armée pour la defension de la chrestienté, à quoy il le prioit de vouloir estre contribuable, veu que c'estoit contre les ennemis de la foy.

Le roy d'Angleterre, qui de sa nature depend volontiers à tenir gens en diverses provinces, pour entendre des nouvelles de tous costez, et à faire des presens secrets à ceux qui ont le moyen d'entrer avecques les principaulx entremetteurs d'affaires des princes et potentats estrangers (encores qu'en aucuns endroicts son argent soit mal employé, de sorte qu'aucuns, parmy un ou deux advertissemens veritables, luy mandent, en plusieurs autres choses, le blanc pour le noir), avoit toutesfois ordinairement du costé de Romme assez seurs et veritables advertissemens : mesmement avoit desja sceu que l'Empereur pretendoit à Romme de faire et brasser le contraire de ce qu'il luy mandoit. Quant au second article, sçavoit qu'il n'estoit raisonnable d'en faire la requeste au Roy son frere, lequel n'estoit entré en la participation de ceste entreprise. Quant au troisiesme, sçavoit non seulement que l'Empereur ne craignoit estre assailly à Milan, ains qu'il estoit deliberé de donner au plustost qu'il pourroit la bataille aux gens du Roy au païs de Piemont. Quant au quatriesme, sçavoit qu'il avoit esté accusé par l'Empereur envers nostre sainct Pere et plusieurs autres, d'avoir faict empoisonner la royne Catherine, et quels autres propos l'Empereur en avoit tenuz. Et quant au cinquiesme, sçavoit que l'Empereur se preparoit à la guerre, non pour aller contre le Turc, en la defension de la chrestienté, mais pour la raison ja devant ditte. Et à ceste cause, fist la response audit seigneur Empereur, ainsi qu'il avoit declaré audit evesque de Tarbes.

SIXIESME LIVRE

DES MEMOIRES

DE (MESSIRE GUILLAUME) DU BELLAY.

SOMMAIRE DU SIXIESME LIVRE.

L'Empereur dresse une grande et forte armée de plusieurs nations, pour assaillir ce royaume par la Provence; les Françoys l'arrestent quelque temps en Piemont, devant Fossan, qu'ils sont en fin contrains rendre par composition, les ayant trahiz le marquis Françoys de Salluces, que le Roy avoit ordonné son lieutenant en Piemont. Ce faict, l'Empereur tient conseil, harangue ses gens, se promet avoir de grandes intelligences en France, et torne la teste de son armée vers Nice, pour entrer en Provence.

SIXIESME LIVRE.

L'Empereur, en faisant toutes ses praticques, ne laissoit toutesfois encores d'entretenir en quelque esperance le seigneur de Velly, ambassadeur du Roy; non pas qu'il eust aucune volonté de venir à conclusion (car en effect il ne l'avoit jamais eue, comme peu apres nous declarerons), mais il ne vouloit entrer en ouverte declaration de guerre, que premierement il n'eust certaine nouvelle que l'armée du comte de Nansau fust preste à descendre en Picardie au mesme temps que luy commenceroit de l'autre part à faire acte d'hostilité contre le Roy : encores esperoit il en dresser une autre (non toutesfois si promptement), laquelle il vouloit envoyer, au fort des affaires, descendre en Champagne, quand les garnisons du païs en seroient deslogées, pour se venir joindre (ainsi qu'apres elles firent) avecques celle de Picardie. Le Roy, encores qu'il dissimulast d'entendre que l'intention de l'Empereur fust telle, si en estoit suffisamment adverty ; car, outre le bruict qui en estoit commun en Italie, en France, en Allemagne et en Angleterre, il avoit ordinairement nouvelles d'Allemagne, du nombre de gens que l'Empereur y faisoit lever, combien et quels estoient ses capitaines, quand et par qui, et de quels deniers ils devoient recevoir payement, et en quel temps ils pourroient estre mis ensemble : en avoit aussi du costé de Picardie, de quelque amas de Wallons, qui ja se faisoit, et de l'argent qui leur devoit estre baillé au lieu de Lens, en Artois. Mais bien sçavoit que lesdittes forces ne pouvoient pas encores estre si tost prestes; parquoy il luy suffisoit, en attendant ce que le temps ameneroit, tenir ceste frontiere là en seureté de surprise, et en Piemont garder bien ce qu'il y avoit.

Aucuns de son conseil ordinaire, et autres que pour lors il voulut y faire appeller pour estre à la deliberation de ses affaires, estoient d'advis contraire; et mesmement, apres avoir sceu la crue response que l'Empereur avoit faicte à monseigneur le cardinal de Lorraine, eussent bien voulu que, tout ainsi que l'Empereur l'amusoit de paroles, il eust usé contre luy d'un mesme art, et que, durans ces allées et venues, et soubs couleur de envoyer audit seigneur cardinal, au jourd'huy une instruction, et demain autre nouvelle, il eust faict tenir argent en Italie, ou par bancque ou par autre voye, pour en diligence renforcer la trouppe des seigneurs Caguin et comte Guy Rangon, et en un mesme temps faire passer en Italie les Suisses que desja ledit seigneur avoit retenuz en son service, pour s'en venir ces deux bandes unir avecques les forces que desja ledit seigneur avoit au Piemont; et puis que, voyant son poinct, il usast de l'oportunité s'offrante, et sans avoir tant de respect à qui n'estoit pour le luy avoir semblable. D'autres en avoit qui bien approuvoient ceste opinion, mais ils jugeoient les forces de l'Empereur estre desja si pres des nostres, qu'ils ne pensoient point que ceste opinion fust executable à temps, joinct qu'ils sçavoient plus intrinsequement que les autres la finale inten-

tion et resolution du maistre, et, la cognoissant pleine
de justification envers Dieu et le monde, y vouloient
bien adherer, et demourer en cest advis de bien garder
ce que nous tenions, et, sans entrer en plus grande
despense, sur-attendre tant que l'Empereur fust agresseur
indubitable. A tant le Roy, reprenant les propos,
conclut sur iceux en ceste maniere.

« Si nous n'eussions aux actions humaines à satis-
« faire à autre qu'à Dieu seul, servateur, estimateur et
« juge des cueurs et pensées des hommes, et auquel
« n'est incogneuë la volonté que, me garde l'Empe-
« reur en son courage, et que, pour obvier en preocu-
« pant à saditte volonté, je me fusse contenté de juste
« querelle, pieça l'eussay-je peu faire à grand marché,
« ou du temps qu'il estoit empesché contre le Turc
« en Autriche, ou du temps que l'armée des lansque-
« nets qui avoient remis le duc de Wittemberg en son
« duché, ou depuis quand celle des Suisses qui ont
« secouru Geneve se sont envoyez offrir à moy, l'une
« des offres alors que l'Empereur entroit en son expe-
« dition de Thunis, et l'autre luy estant de retour en
« Sicile, moult affoibly de gens et de deniers : mais à
« mes propres amis et juges equitables je n'eusse peu
« justifier mon faict, sinon par apparences et pre-
« sumptions ; aux iniques et non amis, encores à pre-
« sent ne le sçauroy je suffisamment faire par autre
« voye, et vous sçavez ce qu'en plusieurs autres deli-
« berations en tels affaires je vous ai tousjours declaré
« mon intention. Mais entendez toutesfois que, quant
« à moy, ce n'est de ceste heure que le cueur m'a pre-
« sagy et jugé que l'intention de l'Empereur envers
« moy, avant son partement et depuis son retour du

« voyage de Thunis, estoit et a tousjours esté telle
« qu'aucuns de vous à present commencez à cognois-
« tre. Et si paravant j'en eusse esté en quelque doubte,
« croyez que, de l'heure qu'il respondit à mon ambassa-
« deur que, puis qu'il n'avoit pouvoir de moy, il le
« passoit et entretenoit de paroles, je m'en fusse tenu
« asseuré du tout et hors de doubte ; car quelle occa-
« sion eust il eue d'alleguer à mon ambassadeur une
« telle raison, sinon que par luy-mesme il juge au-
« truy, et sçait tresbien qu'alors qu'il m'envoya le
« comte de Nansau (lequel aussi vint sans pouvoir), luy
« ne le fist que pour me donner paroles et m'amuser ce
« pendant qu'il feroit son voyage? afin que, soubs ceste
« esperance, je ne poursuivisse la reparation de l'ou-
« trage que m'avoit faict Francisque Sforce ; et luy,
« durant sondit voyage, fist, sans que je m'en doub-
« tasse, faire en Allemagne, par le comte de Nansau
« (qui, soubs umbre et couleur de ceste negociation,
« abbregea son chemin par mon royaume), ceste as-
« semblée que maintenant vous luy voyez mettre sus.

« Vous sçavez assez combien de fois j'en ay esté
« adverty d'Allemagne par mes amis, et que, nonobs-
« tant que ledit comte fist courir le bruit que c'estoit
« pour le recouvrement du comté de Catzenellnbogen,
« j'eusse toutefois à me tenir sur mes gardes. Or, quel-
« que mal ou bien qui m'en advienne, encores à
« present vueil-je persister à me gouverner plustost
« sur-ce que me faict entendre, que sur-ce que faict au
« contraire l'Empereur, afin d'eviter entierement que,
« l'assaillant sur le bruict de ce qu'il se prepare contre
« moi, toute couleur luy faille de pouvoir dire que
« non pour m'assaillir, ains pour se garder il se fust

« preparé, ou que, pour affection que j'eusse de trou-
« ver occasion de roupture contre luy, j'ay bien voulu
« à un bruit incertain legerement adjouster foy. Et ne
« pensez point que je prenne telle conclusion sur
« opinion que j'aye de n'avoir mes forces prestes à
« temps ; car, avant que l'Empereur ait pris tout ce
« que j'ay ordonné fortifier au Piemont, elles y se-
« roient facilement arrivées : mais je vueil entierement
« que le tort et blasme de l'aggression tombe sur luy.
« Et, pour plus luy oster d'excuse et de couleur des
« siennes forces qu'il met sus, je suis deliberé, puis
« qu'il faict telle instance, que je retire mon armée
« deça les Monts, et en Piemont laisser seulement
« garnisons és villes que j'ay (comme dit est) ordonné
« faire fortifier. Et, si bien je fay en ceste deliberation
« quelque tort ou reculement à mes affaires, si ay-je
« telle confiance en Dieu, vray juge et vengeur de foy
« desguisée, que, si bien l'Empereur en ce commence-
« ment se conjouïst de ma negligence, autant esprou-
« vera il (la guerre ouverte et rompue par luy) de des-
« plaisir et de dommage du temps perdu, que j'espere
« apres recouvrer par diligence, perseverance et vive
« force. »

Sur ce propos, et avant que le Roy eust finé sa parole, fut apporté au conseil un pacquet du seigneur de Velly, depesché par la poste ; lequel fut ouvert et leu devant le Roy, auquel estoit par ledit de Velly, entre autres choses, donné advis que les seigneurs de Cannes et Granvelle luy avoient demandé si monseigneur l'amiral viendroit point trouver l'Empereur, ainsi qu'il avoit esté advisé ; adjoustant qu'il n'y auroit mal de faire encore durer ceste praticque, soubs le

nom de monseigneur le duc d'Angoulesme, si de monseigneur le duc d'Orleans ne vouloit l'Empereur ouir parler, afin au moins de gaigner ce peu de temps pour achever la fortification de Turin encommencée, au cas que la praticque en autres choses fust infructueuse. Le Roy alors, en se soubriant, dit : « Encores nous
« veult donner l'Empereur à entendre que nous de-
« vons quelque chose esperer de luy. Or il fault ima-
« giner de deux choses l'une, ou que ses lansquenets
« ne peuvent arriver si tost qu'il esperoit, ou, s'ils sont
« arrivez, que là dessus il veult pour ambassadeur
« avoir mon lieutenant general, afin d'envoyer ce pen-
« dant assaillir mon camp, et le trouver et surprendre
« sans chef à l'improviste. Que ferons nous doncques
« à cest homme icy? Si nous ne l'envoyons, il prendra
« là dessus son excuse et couleur de dire que, quand
« c'est venu au joindre, nous avons par cela donné à
« cognoistre que nous ne voulions venir à la conclu-
« sion; si nous l'envoyons, il n'y fera rien d'avantage,
« mais je me seray justifié, luy sera en peine de trou-
« ver une autre excuse. Advienne de par Dieu ce
« qu'advenir pourra : j'avoy desja ainsi conclu et ar-
« resté de retirer par deça mon armée, tant seule-
« ment laisser des gens de guerre en Piemont ce qui
« suffira pour mettre és garnisons des villes tenables,
« accordons luy ce qu'il demande, voyons quand il
« accouchera de ce dont il est gros, et faisons co-
« gnoistre à tous amis et ennemis que de nostre costé
« nous avons faict plus que raison et devoir. »

A tant il depescha vers ledit seigneur amiral, et luy manda de ne plus tenir camp, et que seulement il parachevast de fortifier Turin et quelques autres places. Premierement il escrivit de Carmagnolles, mais depuis il escrivit de Fossan ou Cony, ou toutes deux, et qu'il y mist le nombre de quatorze ou quinze mille hommes de pied, ensemble ce qu'il jugeroit estre necessaire de gendarmerie et de chevaux legers; et si ledit nombre estoit plus qu'il n'en estoit besoing à fournir bien et suffisamment lesdittes villes, qu'il mist ce qui restoit dudit nombre de quatorze ou quinze mille hommes, en quelques places au deça, lesquelles fussent couvertes des autres, et qu'en chacune il mist un chef auquel eussent les autres à obeïr en toutes choses ; et que le reste de son armée il renvoyast deça ; luy se tinst prest d'aller vers l'Empereur à toute heure que par monseigneur le cardinal de Lorraine il seroit mandé, aussi que de ce que dessus il donnast advis au seigneur de Velly. Par le seigneur de Rabodanges fut envoyée ceste depesche, et par le seigneur de Renty une autre à messeigneurs Charles, duc de Vendosmois, et Claude de Lorraine, duc de Guise, l'un gouverneur de Picardie, et l'autre de Champagne, leur ordonnant fortifier quelques places en Picardie et en Champagne, et qu'ils departissent leur gendarmerie et leurs legionnaires és lieux qu'ils verroient estre plus à propos et à main pour luy faire service : leur feit d'avantage envoyer argent, pour lever promptement le nombre de quatorze mille adventuriers, pour aussi les departir és villes de frontiere; ensemble le payement d'autres deux mille adventuriers à lever quand le besoing en seroit, et autre bonne somme de deniers, pour employer tant aux fortifications qu'aux envitaillemens desdittes villes. Et particulierement escrivit à messire François de Montmorency, chevalier de son ordre, et son lieutenant audit païs de Picardie, soubs la charge, et en l'absence dudit seigneur duc de Vendosmois, qu'il eust à y avoir l'œil et vacquer diligemment, et principalement d'aller en personne faire l'avitaillement de Terouenne, et en passant visiter la ville de Montereul, et l'avertir de ce qu'il trouveroit y estre necessaire. La cause pour laquelle particulierement il voulut luy donner ceste charge, fut pour autant qu'il n'en vouloit travailler le duc de Vendosmois, qui alors estoit empesché sur la conclusion qui se devoit faire du mariage de sa fille aisnée avec le roy d'Escosse.

En ce temps estoit le marquis de Saluces arrivé en poste à la Cour, auquel le Roy donna des villes du Piemont, qu'il pretendoit estre des anciennes appartenances du marquisat, à sçavoir est Savillan, Cony, Fossan, Cavalimont, Mont-Devis, et plusieurs autres, jusques au nombre de dix-sept. Et, à ce que depuis il a esté sceu, n'estoit ledit marquis venu les demander en esperance de les obtenir, mais pour avoir cause ou couleur, en cas de refus, de colourer ce que depuis il feit : car, à ce que lon a certainement entendu, il y avoit long temps que sa praticque trainoit, qui estoit telle. Ledit marquis, par le moyen du comte de Pauquepaille et d'un sien contrerolleur, praticquoit avecques Antoine de Leve, promettant espouser sa fille ; et, par ce moyen, luy promettoit ledit Antoine de Leve luy faire gaigner le proces qu'il avoit intenté devant l'Empereur, pour le marquisat du Montferrat, qu'il maintenoit luy appartenir, à l'occasion (à son dire) que ledit marquisat estoit substitué ; que là, et au cas qu'il y eust faulte de hoir masle, il n'alloit en fille, mais retournoit à celuy qui estoit ou seroit marquis de Saluces, estant de la maison. Or estoit-il que du marquis de Montferrat et de madame d'Alançon, sœur du duc d'Alançon, estoit sorty un fils, et une fille, mariée au duc de Mantoue; et le fils, qui fut marquis de Montferrat, en piquant un cheval, le cheval tomba, dont tout soudain il mourut sans estre marié. Parquoy vouloit dire ledit marquis François de Saluces, qu'à luy appartenoit la succession dudit marquis nouvellement decedé, et non à sa sœur. Aussi ledit marquis François estoit fort supersticieux, et avoit adjousté foy aux propheties qui avoient esté faictes, qui disoient que l'Empereur devoit estre monarque, de sorte qu'il craignoit de perdre son Estat de Saluces; et mesme ledit marquis, un jour, à Fossan, parlant au seigneur Martin du Bellay, luy disoit qu'il avoit pitié de ses amis de France, qui perdroient leurs biens, par ce qu'on ne pouvoit aller contre les oracles de Dieu, dont les prophetes estoient denontiateurs.

Dés le deuxiesme jour de may avoit esté depesché le seigneur de Rabodanges, avecques la charge que vous avez entendue. Et depuis, par-ce que monseigneur l'amiral estoit d'advis de ne rompre encores son camp qu'il avoit fortifié au lieu de Carignan, luy fut envoyée une iterative depesche conforme à la premiere, et ordonné que lesdites garnisons mises à Turin et à Fossan et autres villes qu'il adviseroit, pour soustenir et rompre la premiere impetuosité de l'Empereur, au cas qu'il entrast à roupture, il renvoyast incontinant le surplus de son armée en France; sinon qu'il veist apparemment qu'Antoine de Leve n'eust forces plus qu'esgales, et fist contenances de vouloir passer au deça de la Sesia, contrevenant aux promesses accordées entre monsieur le cardinal de Lorraine et ledit de Leve, auquel cas il luy estoit ordonné de hazarder la bataille, la raison de la guerre toutefois gardée, et moyennant qu'il feist tousjours ledit seigneur Empereur aggresseur et luy deffendeur; et au cas qu'il ne vist apparence de ce faire, il ensuivist la premiere ordonnance qui luy avoit esté envoyée par ledit seigneur de Rabodanges, et luy se tint prest à monter incontinant à cheval, au premier mandement qu'il auroit dudit seigneur cardinal de Lorraine de l'aller trouver.

Au lieu de Pistoye, receut le seigneur de Velly advertissement de ce que, par la depesche du seigneur de Rabodanges, avoit esté ordonné audit seigneur amiral; et, sur ceste occasion, estoit rentré avecques l'Empereur en propos de ceste negociation de paix. A quoy luy fut respondu que l'Empereur aucunement n'y entendroit, sinon qu'avant tout œuvre, l'armée du Roy eust repassé les monts, et le duc de Savoye fust entierement reintegré. Surquoy repliquant ledit seigneur de Velly que nostre sainct Pere avoit bien dit à l'evesque de Mascon et à luy, que Sa Majesté feroit ceste response, mais à la fin se contenteroit que seulement les offenses supersedassent d'une part et d'autre : à quoy le Roy non seulement avoit optemperé, mais, qui estoit grande approbation de sa bonne volonté, avoit desja mandé que son armée des garnisons en hors se retirast en France, et que lon donnast congé aux gens des seigneurs Caguin et comte Guy de Rangon, et à monseigneur l'amiral, de se trouver avecques monseigneur le cardinal de Lorraine, si par ledit seigneur cardinal il luy estoit mandé. L'Empereur, ce nonobstant, persista en ses demandes, sans aucune chose moderer, sinon qu'il s'en conseilleroit, et puis donneroit response. Ceste response il bailla par escrit, au troisiesme jour, mais si confuse, qu'il estoit assez apparant que de propos deliberé il l'avoit baillée telle, pour ne dire chose qu'il n'eust moyen, au cas qu'il luy en vint advantage, de la desguiser. Et, ce pendant, il ne perdoit temps, heure, ne moment à faire diligenter ses forces ; et ja, dés le huitiesme du mois, le seigneur Antoine de Leve estoit venu, contre sa promesse, campiger au deça de la Sesia, entre Turin, Vercel et Sainct-Germain, avec son nombre de chevaux accoustumé, unze mille lansquenets, sept mille Italiens et deux mille Espagnols, sans ceux de Sicile, et sans la trouppe qu'amenoit l'Empereur avec soy. Monseigneur le cardinal de Lorraine estoit, ce temps pendant, arrivé à Rome, où il trouva qu'il ne se parloit plus que de la guerre, et que desja publiquement se vantoient les Imperiaux que l'Empereur la vouloit faire au Roy, non seulement au païs de Piemont, et pour la restitution du duc de Savoye, mais, en un mesme temps, au cueur et aux frontieres de son royaume, par tant de lieux et endroits, que le Roy ne sceust auquel entendre. Si envoya demander son audience à nostre sainct Pere, et, au jour et heure qu'elle luy fut signifiée, proposa sa charge en ceste maniere :

« Si oncques, tressainct Pere, vous fustes en doubte
« auquel il tient, ou de l'Empereur ou du Roy, qu'en-
« tre eux, et soubs vostre authorité, ils ne sont venuz

« à quelque bonne et seure intelligence et amitié; et
« si, par ce que vous mesme en avez veu et entendu,
« à la venue dudict seigneur Empereur en ce lieu,
« vous n'avez du tout esté mis hors d'iceluy doubte,
« je suis seur et certain que vous en serez entierement
« hors, apres avoir entendu ce que m'avoit ledict
« seigneur Roy ordonné luy proposer et offrir en vos-
« tre presence et par vostre conseil, et que, le ren-
« contrant sur le chemin des postes, au lieu de Siene,
« je luy ay offert et mis en avant. Je ne perdray
« temps à vous reciter les allées et venues, offres, ac-
« ceptations, simulations et dissimulations, entreveues
« de l'un à l'autre, depuis cinq ans en ça, sur les
« moiens de confirmation de paix, estroictes alliances
« et fraternelle amitié, car vous en devez estre assez
« et plus que informé, voire (si l'affection que vous
« avez à l'union de la chrestienté ne vous supportoit)
« attedié(¹) : je viendray doncques au but et à la der-
« niere conclusion que le Roy, à mon partement, te-
« noit pour indubitable : c'estoit que l'Empereur, ainsy
« que vous, tres-sainct Pere, avez sceu, accordoit
« bailler à monsieur le duc d'Orleans, second fils du
« Roy, l'Estat et duché de Milan, mais l'usufruict que
« le Roy en vouloit retenir, il ne luy vouloit aucune-
« ment accorder; encores vouloit que le Roy ce pen-
« dant cessast toute hostilité contre le duc de Savoye,
« jusques à ce qu'il fust cogneu et jugé du different
« d'entre eux. Là dessus, tressainct Pere, fut faicte
« ma depesche par le Roy. Passant en son camp, pre-
« mierement j'ay faict desister son lieutenant general
« de l'entreprise qu'il avoit, et ja estant apparem-

(¹) *Attedié* : importuné, irrité.

« ment sur le poinct d'emporter d'assault la ville de
« Vercel; secondement, et apres avoir parlé au sei-
« gneur Anthoine de Leve, capitaine general de la
« ligue d'Italie, j'ay faict retirer ledict lieutenant ge-
« neral du Roy jusques par delà la Doaire, et mettre
« ses gens és garnisons, cessant effectuellement tout
« acte d'hostilité. Ce faict, je suis venu visiter ledit sei-
« gneur Empereur, et, de par le Roy, luy ay quicté
« l'instance auparavant faicte de cest usufruict; offert
« de mettre en justice le different d'entre luy et le duc
« de Savoye; presenté toutes les forces et puissances
« dudict seigneur, au service non seulement de la
« chrestienté, mais au particulier et propre de l'Em-
« pereur et de sa maison, en reservant seulement les
« alliez dudit seigneur Roy, qu'il ne pouvoit, sans
« reproche et charge de son honneur, abandonner.
« Tant s'en a fall i que, luy portant ceste ambassade,
« je l'aye trouvé en la mesme deliberation, que tout
« au contraire il a du commencement differé de con-
« fesser (combien qu'à la fin il l'ait advoué) d'avoir
« jamais accordé tout ce que dessus, mais en conclu-
« sion m'a declaré, au moins assez donné à entendre,
« qu'il ne le feroit : et, à ce que je puis comprendre,
« et le bruit commun est parmy ceux qui sont à sa
« suitte, il s'en va droict faire la guerre au Roy. Si
« est-ce, tressainct Pere, que, bien considerant com-
« ment sont passez entre ces deux princes les affaires
« des precedentes guerres, chacun de eux, ou en sa
« propre fortune, ou en celle de l'autre, ou en toutes
« deux, trouvera par quoy estre induict à se devoir
« renger à party raisonnable, et que, par la vicissitude
« et alternation des heureux succes et malheureux eve-

« nemens, ils ont tous deux dequoy cognoistre et ju-
« ger combien chacun se doibt asseurer ou desesperer
« de fortune.

« Soit ainsi que l'Empereur et plus souvent et plus
« inspereement l'ayt esprouvée amie et favorable, si
« trouvera il qu'en toutes ses victoires les affaires du
« vainqueur ont esté la plus part du temps en aussi
« grand danger et branle que ceux du vaincu. Messire
« Robert de La Marche (duquel sourdit le commen-
« cement de toutes ces guerres) avoit à l'encontre de
« l'Empereur, usé de quelque maniere d'invasion; le-
« dit seigneur print sur luy la plus grande partie de
« toutes ses places; et, comme si le Roy eust donné
« cause à ceste invasion, le vint assaillir en son royaume,
« print Moson, assiegea Mesieres, fut depuis repoulsé
« par le Roy, perdit quelques siennes places de nom,
« et feit une retraitte de nuict assez approchante de
« fuitte, se retirant en Espagne, où il trouva que Fon-
« tarabie, l'une des clefs et principaux boulevers de
« son royaume d'Espagne, avoit esté prise par les gens
« du Roy. Fortune d'autre costé le recompensa : les
« siens prindrent Tournay; il fist revolter le duché de
« Milan contre le Roy, lequel y envoya nouvelle armée,
« qui prospera du commencement, à la fin fut defaicte
« à la Bicoque. Le Roy dressa une autre armée, qui
« tellement exploicta, qu'à peine avoit l'Empereur
« une place tenant pour luy en Lombardie. De rechef
« la mutation de fortune fut soubdaine : l'armée du
« Roy fut rompue; celle de l'Empereur osa passer
« en Provence, trouva la ville d'Aix, capitale du païs,
« et assez d'autres abandonnées; assiegea et grande-
« ment travailla Marceille; puis, à la nouvelle de

« l'arrivée du Roy marchant contre eux, se retira
« en desarroy. Le Roy, de ceste empraincte, repassa
« deça les Monts par autre et plus court chemin,
« reduisit presque toute la Lombardie à son obeïs-
« sance. L'armée de l'Empereur un peu apres se ren-
« força : celle du Roy se consomma et fut vaincue;
« luy, prisonnier, conduit en Espagne, en sortit par
« composition assez rigoureuse. Sur le refus que peu
« apres feit l'Empereur, à la ligue de toute Italie,
« France et Angleterre, de moderer les conditions
« desraisonnables, il fut bien pres de perdre non seu-
« lement la Lombardie, mais tout le royaume de
« Naples : fortune le releva; recouvra ce qu'il avoit
« perdu; eut le pape Clement son prisonnier. Pour la
« delivrance de Sa Saincteté, le Roy dressa une ar-
« mée, qui pour un temps fut victorieuse tant en Lom-
« bardie et en la riviere de Gennes, qu'au royaume
« de Naples, jusques à ce que, sur le poinct de la tres-
« grande ruine dudit seigneur Empereur, et apres
« qu'il eut perdu plusieurs armées de mer, entiere-
« ment deffaictes par celle du Roy, ses principaux
« chefs, prisonniers, eurent moyen de corrompre ceux
« de l'armée du Roy, et de tourner sa victoire en des-
« confiture. Soudainement il repara ses forces, et, d'ar-
« rivée, toute Italie trembla devant elles; à la fin en
« advint aussi malheureuse issue.

« Voilà jusques alors, tressainct Pere, la veritable
« histoire abbregée, et que vostre Saincteté ne peult
« ignorer, de toutes les guerres d'entre ces deux prin-
« ces, en laquelle je ne voy point que l'Empereur ait
« eu si ferme et si constante félicité, ne que les forces
« de France en soient si affoiblies, que, sur ceste es-

« perance, il doive, estant bien conseillé, mettre de
« rechef à la discretion de fortune ses victoires du
« temps passé, au hazard de perdre aussi tost en un
« jour ce qu'en tant d'années il peult dire avoir acquis
« de reputation et gloire, comme de les augmenter et
« accroistre jusques à la consommation et comble
« d'honneur. Vray est que, sur sa felicité tenant le
« dessus à l'endroict du Roy, pacification est en-
« trevenue entre-eux, laquelle, à ceste cause, fut à
« telle condition, que ledit seigneur Empereur a peu
« se glorifier d'avoir plus tost donné qu'accepté la
« paix. Cestuy m'a tousjours semblé le principal avan-
« tage qu'il y ayt eu, s'il ne l'eust donnée avec certains
« trop rigoureux articles, et tels qu'il a eu juste oc-
« casion et remors de crainte que messieurs les enfans
« du Roy se ressentissent un jour de leur ancien pa-
« trimoine, qui par ce traitté de paix leur a esté
« tollu. Les praticques et moyens d'oster toute racine
« de regret, et de tenir ces princes en bonne intelli-
« gence et amitié, par lesquels moyens nous sommes
« entrez sur ceste matiere, estoient desja si avant, que
« plusieurs gens les tenoient pour conclues, esperant
« que ledit seigneur Empereur, qui souloit dire que
« la defiance et seule craincte qu'il avoit du Roy le
« divertissoient de plusieurs haultes entreprises appa-
« remment d'heureuse et facile yssue, seroit par ceste
« reconciliation (ainsi qu'en effect il eust faict), non
« seulement delivré de ceste craincte, mais asseuré
« qu'estant desja une partie de la chrestienté à sa de-
« votion, et le surplus à celle du Roy, il auroit le tout
« à la sienne, au moyen de l'ayde et association des
« forces et alliances dudit seigneur Roy ; et pourroit

« faire avecques ceste accession de forces, un tel et si
« grand accroissement à la republique chrestienne,
« que nul autre, depuis Charles le Grand, n'en auroit
« faict de pareille. Quel malheur et quelle mutation,
« tressainct Pere, peult estre cecy, ne quel avantage
« au bien et augmentation de la fortune et gloire de
« l'Empereur, y peuvent esperer ou comprendre ceux
« qui le detournent de ceste sienne, à luy utile, ho-
« norable et seure intention? J'ay bien voulu dire,
« tressainct Pere, qu'on l'en destourne : car Dieu ne
« vueille qu'en cueur de prince de telle et si supreme
« excellence, se trouvast si vile et infame simulation,
« que d'avoir scientement voulu au contraire de son
« intention user des propos qu'il a tenuz.

« Si le prouffit de l'Empereur le mene, quel prouf-
« fit a-il d'un duché qui tant luy a cousté à conquerir,
« et à garder luy coustera davantage, et tiendra ces
« deux si puissantes et invincibles maisons, qui doi-
« vent estre le port et refuge de naufrage de toute la
« chrestienté, perpetuellement en division et despense,
« ostant à l'une et à l'autre occasion et moyen d'en-
« tendre à plus grandes et honorables choses? Or
« mettons en une balance toute la conqueste qu'a faicte
« l'Empereur, en l'autre le contrepoix que fortune ce
« pendant luy a envoyé : premierement, que, durans
« ces affaires, il n'a peu satisfaire au devoir de frater-
« nité envers le roy Christierne de Dannemarch, son
« beau frere, lequel a perdu, à faulte de ce, son
« royaume et sa liberté; secondement, qu'aussi peu a il
« eu moyen de secourir le roy Louis de Hongrie, son
« autre beau-frere, qui, contre le Turc, ennemy com-
« mun de nostre foy, a perdu son royaume et sa vie,

« avecques telle playe que chacun sçait en redonder
« à la chrestienté. Je ne dy pas que l'Estat de Milan
« ne soit bel et gros; mais il ne sçauroit approcher
« d'estimation aux dessusdits dommages, à l'effusion
« de tant de sang chrestien qui pour ceste querelle a
« esté respandu ; à la perte de tant de bons et vertueux
« capitaines, de tant de puissantes armées perdues,
« et par mer et par terre, lesquelles si nous eussions
« employées en plus saincte et recommandable guerre,
« nostre Sauveur Jesus-Christ fust à present cogneu
« par toutes les plus estranges et barbares contrées du
« monde. Quant au Roy, tressainct Pere, qui en a esté
« spolié, divine et humaine raison l'excusent de ce
« qu'il en a faict jusques icy ; et si plus avant il en fai-
« soit, encores que son traitté l'accusast, par lequel il
« luy est prohibé, si luy serviroient les mesmes rai-
« sons de quelque excuse, pour le devoir auquel il
« est tenu envers ses enfans, envers son royaume, en-
« vers son peuple, de partager sesdits enfans en sorte
« que leur patrimoine ne diminue, et que leur conten-
« tement et satisfaction tienne sesdits royaume et peu-
« ple en paix, repos et union. Si aussi l'honneur et
« gloire dudit seigneur Empereur le mene, quelle
« gloire peult il avoir plus grande, qu'apres avoir ob-
« tenu glorieuse victoire, en user encores plus glorieu-
« sement et magnifiquement, acquerant, avecques le
« tiltre de la liberalité, le moyen de parvenir à plus
« justes et honorables conquestes, dont ne luy peult
« matiere faillir, et aussi peu l'execution, à l'ayde
« mesme du Roy et de ses confederez? Et s'ils s'arres-
« tent sur la seureté, laquelle, à ce que j'enten, ils ne
« peuvent trouver suffisante pour bien affermer l'in-

« telligence, foy et amitié entre deux princes si fres-
« chement reconciliez apres si grande inimitié, je dy
« au contraire, tressainct Pere, que, tout ainsi que
« si jamais n'eussent eu division, et que l'un ne
« l'autre jamais n'eust eu adversité, l'amitié se fust
« peu concilier plus facilement entre eux, ainsi plus
« facilement se fust elle peu dissouldre; car, con-
« tractant ensemble de per à per, et sans que l'un
« eust quelque avantage sur l'autre, l'obligation de
« ceste amitié seroit esgale, là où maintenant le Roy
« demoureroit tenu de la liberale gratuité dont luy
« auroit l'Empereur usé, avecques l'obligation à la
« recognoissance du bienfaict, sinon qu'il voulust estre
« du tout estimé ingrat, et indigne de toute amitié,
« support et faveur de Dieu et des hommes. Je dy
« davantage, qu'estant le Roy de cueur tel qu'il est,
« et que longue et privée hantise m'a faict cognoistre
« en luy entierement, ce bienfaict qu'il auroit receu
« seroit celuy qui produiroit le reciproque bien-faict,
« avecques la recognoissance que je disoy : et par ainsi
« seroit ceste mutuelle amitié confermée par les deux
« plus estroits et seurs liens qui, oncques depuis le
« monde creé, soient usitez en tels affaires : c'est à
« sçavoir du commun et reciproque prouffit en resul-
« tant à l'une et à l'autre partie, et de la foy, qui est
« de telle nature, que nul homme sçauroit mieux obli-
« ger à soy la foy d'autruy, qu'en ayant foy et fiance
« en luy.

« Jusques icy, tressainct Pere, j'ay parlé, en partie
« comme envoyé vers vostre Saincteté de par ledit
« seigneur Roy, en partie comme prince chrestien,
« affectionné singulierement au bien et repos commun

« de la chrestienté, suivant les anciens vestiges de mes
« progeniteurs : encores de sa part vous asseureray-
« je que son intention est et sera (Dieu vueille qu'aussi
« heureuse que bonne!) de ceder une partie de ses
« droicts, plustost que, s'arrestant opiniastrement à
« obtenir tout ce qui luy appartient, estre contrainct
« de venir aux armes avecques l'Empereur. Au cas,
« toutesfois, que force luy soit d'y venir, il le fera (je
« parle à ceste heure, tressainct Pere, comme l'un des
« freres et membres du corps du sainct siege aposto-
« lique) de sorte, que je crains beaucoup que nous
« donnions au commun hereditaire ennemy de nostre
« foy un trop joyeux spectacle de ceste guerre, et que
« des corps des chrestiens qui en icelle mourront (qui
« devroient estre un obstacle et avant-mur au devant
« de luy) nous luy dressions un pont et passage pour
« nous venir assaillir en noz foyers. Dieu tout puissant
« y vueille remedier, et vous, tressainct Pere, qui sça-
« vez assez comment il en va, et quelle est la puis-
« sance, et par terre et par mer, de nostre-dit com-
« mun ennemy, vous y employer, de sorte que vous en
« laissiez en ce monde la gloire immortelle de vostre
« nom, et en l'autre vous entriez en triomphe, me-
« nant captifs et vaincuz par vostre integrité, pru-
« dence et solicitude, la haine, rancune, division,
« guerre, cruauté, avecques toutes les autres pesti-
« lentes malheuretez qui aujourd'huy travaillent ceste
« republicque chrestienne, dont Dieu par son eter-
« nelle providence vous a donné la charge. A vous
« touche, tressainct Pere, et d'autant plus vous touche
« d'y travailler (vostre Saincteté veult bien que je parle
« librement), que j'ay desja ouy quelque murmure

« (telle est aujourd'huy la malignité du monde) que
« l'Empereur, apportant icy bonne disposition et vo-
« lonté à la paix, à son partement ne l'a telle remportée. »

Ces remonstrances ouyes, nostre sainct Pere monstra, tant en paroles qu'à son visage, avoir un merveilleux regret que les choses ne se fussent autrement conduites; et, monstrant en soy-mesme la fin et conclusion d'icelles remonstrances, advoüa franchement audit seigneur cardinal avoir desja esté adverty des propos qui s'en tenoient en la ville de Romme. Là dessus il fit un assez long narré du bon office qu'il avoit faict en ceste matiere, de l'obstination en laquelle il avoit trouvé l'Empereur, et de l'asseurance en laquelle il estoit party, de trouver au Roy peu de resistence, et du bon ordre qu'il disoit avoir mis en ce que ledit seigneur Roy ne tirast des lansquenets outre ce qu'il en avoit, et des Suisses encores moins : et tellement s'en estoit ledit sainct Pere laissé persuader, que peu s'en falloit qu'il ne voulust conseiller au Roy de prendre à perte ou à gain, apoinctement à l'appetit et volonté de l'Empereur. A la fin, toutesfois, il se resolut d'envoyer deux legats vers ces deux princes, l'un, qui fut le cardinal de Carpi, vers l'Empereur, et le cardinal de Trevoulx vers le Roy, avec charge toutesfois que tous deux iroient de compagnie, jusques à ce qu'ils arrivassent la part où se trouveroit l'Empereur, afin que, parlans eux deux ensemble à Sa Majesté, l'autre passat outre vers le Roy, d'autant plus resolu de ce qu'il auroit à luy proposer, et de ce que l'Empereur luy pouroit promettre. A tant ledit seigneur cardinal de Lorraine, prenant congé de nostre sainct Pere, alla passer à Venise.

Parachevant son chemin, il vint trouver l'Empereur au lieu de Petresancte, auquel, apres avoir faict une recharge, tant en son propre et particulier nom, comme de la part et commission de nostre sainct Pere, pour le convertir et induire à la conclusion de ses precedentes promesses. Voyant finablement que remonstrances n'y avoient lieu, il print congé de luy, en paroles de telle ou semblable substance.

« Je voy et cognoy, Empereur tresauguste, par le
« chemin que vous tenez, et par tous voz prepara-
« tifs et propos, que, quant à vous, le Roy vostre frere
« n'a plus occasion de fonder son esperance en au-
« tre party que celuy des armes : et d'avantage, par
« aucuns propos que m'ont tenuz les entremeteurs
« de voz affaires, j'enten que maintenant voz desseings
« ne tendent tant à la restitution du duc de Savoye,
« comme à l'invasion du Roy en son royaume. Si
« ne laisseray pourtant à vous suplier encores ceste
« fois que vous vueillez un peu estre maistre de voz
« passions, et que ne vous laissiez entierement con-
« duire à courroux et esperance, les deux plus mal
« seurs et malfiables autheurs du monde. L'evenement
« de la guerre est commun et incertain, et tant plus
« vous avez eu de victoires, tant plus vous avez à vous
« garder de faire entreprise qui puisse obscurcir la
« gloire des choses passées, par quelque malheur qui
« vous advint plus grand, que n'est l'occasion de vous
« en abandonner au hazard ; et lequel malheur vous
« avenant, seroit sans point de faulte attribué à vostre
« conseil et mal fondée opinion, et tous les succez
« passez à fortune et aventure non premeditée. Quant
« au Roy vostre frere, je puis encores vous asseurer

« que si vous ne prenez premier les armes, si la trom-
« pette premierement ne sonne de vostre costé, si
« vous ne faictes acte d'invasion contre luy, certaine-
« ment il ne rentrera point en guerre avecques vous;
« mais si vous l'assaillez, et mesmement en ses païs,
« ainsi que s'en ventent voz gens (vous me pardon-
« nerez, Sire, si je vous parle librement, et comme
« je le pense), mais je vous ose denoncer et predire
« que, si j'ay bonne cognoissance des forces de son
« royaume, de l'unanimité, consentement et union
« de son peuple, et de l'affection et foy qu'il porte à
« son prince; et si avecques ce je cognoy du Roy
« (duquel je suis nourry et eslevé) le cueur, asseu-
« rance et perseverance en une grosse entreprise quand
« il y est, et sa grande diligence de pourveoir et, au
« besoing, donner ordre à ses affaires, le temps ne tar-
« dera gueres à venir, que pour un grand bien vous
« souhaitterez de Dieu vous en pouvoir retirer à ba-
« gues sauves. Car il fault que vous entendiez, Sire,
« que le François a toute autre façon de faire à def-
« fendre un païs de conqueste, qu'à deffendre son
« propre païs, ses villes, ses champs, ses possessions,
« ses foyers, eglises et autels; et les y ont bien peu
« de gens assaillis sans prompte ruine, ou, à tout le
« moins, tresgrand et extreme danger. Parquoy je vous
« dy, Sire, de rechef, advisez vous, et vous donnez
« garde que, mal entreprenant, vous ne ennoblissiez
« et faciez cognoistre par quelque incogneu et aupa-
« ravant non celebré quartier de France, vostre cala-
« mité. Mais j'espere, pour conclusion, Sire, que vous
« aymerez mieulx vous souffrir icy desconseiller et
« divertir de vostre entreprise, que d'aller en France

« à l'apparent hazard d'y recevoir honte et dommage. »

L'Empereur, encores que telle proposition ne luy fust aggreable, ne fit toutesfois semblant de prendre trop en mauvaise part la liberté de langage dont luy usoit ledit seigneur cardinal; et à ce ne le mouvoit tant la qualité du personnage (qui de soy meritoit assez estre respectée), comme la grace et façon de le dire dont estoit la qualité du personnage accompagnée. Si le remercia de l'advertissement qu'il luy donnoit, en priant Dieu ne luy faire tant de grace qu'il eust veritablement prophetisé; adjoustant, neantmoins, que encores n'avoit il closes les aureilles à party raisonnable de paix, moyennant que le duc de Savoie (auquel il ne pouvoit honnestement faillir) fust reintegré preallablement et avant toute euvre; et, au cas que non, ses deliberations, quelles quelles fussent, estoient si bien instituées, qu'il n'en pouvoit esperer sinon bonne yssue. Si est-ce toutesfois que, parlant depuis audit seigneur cardinal, il luy ramenteut gratieusement que, des propos qu'il luy avoit tenuz à Petresancte, il l'avoit experimenté trop veritable prophete.

Le dixseptiesme jour de may arriva, de retour à la Cour, estant au lieu de Sainct Rambert, au païs de Forest, mondict seigneur le cardinal de Lorraine, et fit rapport au Roy de tout ce qu'il avoit trouvé ou recueilly, tant des propos, visages et contenances de l'Empereur, à l'aller et au venir, et de nostre sainct Pere à Rome, que des nouvelles qu'il avoit entendues ça et là depuis son partement : en substance, que de bonne composition avecques l'Empereur, il n'en falloit esperer aucune; que sa deliberation estoit de venir faire la guerre en France ; que ses gens se vantoient d'avoir mis si bon ordre, que d'Alemagne le Roy n'auroit point de gens, et aussy peu des cantons ecclesiasticques des ligues ; et que des Protestans, ils esperoient l'avoir si bien brouillé envers eux, autant en Suisse qu'en Allemagne, que d'eux aussi ne tireroit il ayde ne support. Aussi rapporta comment le seigneur Antoine de Leve avoit, comme nous avons dit dessus, passé deça la riviere de Sesia, et n'estoit plus pour dissimuler long temps, sans faire quelque effort à l'encontre de noz gens.

Le Roy, sur ces nouvelles, et autres qu'il avoit eues de ses frontieres de Champaigne et Picardie, de l'amas qui se y commençoit à faire, apres en avoir conferé avecques aucuns de ses plus privez, et qui avoient le principal maniement de ses affaires, fist assembler son conseil, et, proposant premierement les choses ainsi qu'elles passoient, autant de là les monts qu'en sesdictes frontieres de Picardie et de Champagne : « Tan-
« tost, dit-il, serons nous au bout des simulations et
« dissimulations de l'Empereur, et ne serons plus en
« noz consultations en la difficulté que nous avons
« esté à deliberer et conclure si nous devions nous
« preparer à la guerre, comme contre un tel ennemy
« que luy, ou differer encores quelques temps, jusques
« à ce que les effects contraires à ses propos le decla-
« rassent estre invaseur. Or, à ce que pouvez com-
« prendre par les nouvelles ouyes, il aura bien tost
« osté le masque ; et si bien à aucuns il a semblé que
« la façon de faire dont j'ay usé fut par trop plus
« conscientieuse et scrupuleuse, que bonne et dui-
« sante à l'avancement de mes affaires, si est-ce que je

« ne m'en repen ; car à ceste heure serons nous arrivez
« au poinct auquel, apres seure et raisonnable paix,
« je desiroy plus de parvenir, c'est de n'entrer avecques
« luy en guerre que, premierement à Dieu, seconde-
« ment aux hommes, ne semblast juste. Si doncques
« toute guerre est juste qui est necessaire et forcée, et,
« par le commun consentement des humains, celuy
« est forcé à la guerre, et prent justement les armes,
« qui est forclos de toute autre esperance, il me semble
« que, au jugement de tout le monde, non que de Dieu
« (duquel jamais je n'ay doubté), nous avons tout le
« bon droict du nostre, et tout le tort mis du costé de
« l'ennemy. Et pour entrer par le duc de Savoye, le
« monde universel me sera tesmoin de combien de fois
« j'ay peu, je ne dy pas conquerir ne prendre, mais
« retenir, alors que j'ay eu en ma puissance, la plus-
« part de ce qu'il occuppe et tient du mien, et ce, du
« temps qu'il n'estoit si fortifié d'alliances qu'il est ;
« mais je me suis contenté, ce pendant qu'il me laissoit
« le passage ouvert et libre sur le mien propre, de
« luy en faire seulement porter aucunefois quelque
« parole, pour eviter la prescription, et jusques icy
« eusse continué, s'il eust aussy continué à m'estre
« bon et fidele voisin. Je me deporte (car vous le sça-
« vez bien) de reciter comment, depuis que par ceste
« alliance de Portugal il a eu celle de l'Empereur, il
« s'est maintenu en mon endroict ; les bagues prestées
« à mon subject rebelle pour avoir argent à me faire
« la guerre ; les lettres gratulatoires de ma prison ;
« les brigues faictes pour detourner les Suisses de mon
« alliance ; l'achat de l'heritage de moy et de mes en-
« fans, et jusques à reffuzer au pape Clement la ville

« de Nice, qui m'appartient, pour y parlementer
« avecques moy, et, de fresche memoire, le passage
« par le mien propre, en affaire qui de si pres me tou-
« choit, que le mespris outrageux usé contre moy roy
« de France, par un Sforce sans force, duc titulaire et
« precaire de Milan : mais sur un tel et si mal fondé
« reffus, qui est celuy (je vous prie) qui n'eust pris in-
« continant les armes, pour recouvrer ce qui seroit
« sien? Et j'ay voulu toutefois, en m'y preparant, essayer
« encores la voye de raison, et, en deffault de la trou-
« ver en luy, je n'ay peu faire moins que de la me faire
« par la voye des armes que je me treuve en main.

« L'Empereur, encores que nous soyons parens, et
« que je soye son beau frere, a voulu toutesfois entre-
« prendre ceste querelle pour le duc de Savoye,
« comme pour son vassal et allié, et a demandé que
« je feisse surseoir et arrester les exploicts de guerre :
« je les ay faict arrester, voire en plain cours de la
« certaine et destinée victoire. Il a plus voulu que je
« fisse reculer mon camp de devant Vercel; en cela luy
« ay-je obtemperé. Il a demandé que, pour traicter la
« paix, je le luy envoyasse le lieutenant general et chef
« de mon armée (requeste, certes, assez hors de pro-
« pos); je luy ay toutesfois accordé. Il a d'avantage
« voulu que je retirasse mon armée deçà les monts;
« encores en cela luy ay-je voulu complaire, mandant
« à mondict lieutenant general, que, delaissant seu-
« lement des garnisons en quelques places, il me ren-
« voyast par deça le surplus des Italiens des seigneurs
« Caguin et comte Guy, en hors, ausquels j'ay ordonné
« qu'il donnast congé. Aussi a mis en avant que fisse
« decider par justice le differant que j'ay avecques le

« duc de Savoye ; à cela mesme je me suis offert, et
« m'en suis voulu soubsmettre au jugement de nostre
« sainct Pere. Et, pour une fois conclurre, que ay-je ;
« pour Dieu ! obmis à faire de tout ce que se doibt
« et peult faire pour contenter Dieu et les hommes, et
« leur approuver ma justification ? et luy ce pendant
« a faict passer son camp deça les termes et limites
« prescripts entre nous ; a augmenté ses forces à rai-
« son que j'ay diminué les miennes ; et ne reste plus
« que le mot, que (comme il est passé en proverbe) on
« ne donne l'assaut à Sagonce, ce pendant qu'à Rome,
« icy et ailleurs, je laisse couler temps en consultations :
« voire, qui plus est, ne tient propos entre ses gens
« que de me venir faire la guerre en France, et de me
« rendre l'un des plus pauvres gentils-hommes de mon
« royaume. Certainement, encores que le monde fust
« si aveuglé de tous les sens, non que des yeux cor-
« porels, si ne peult l'Empereur abuser Dieu tout
« voiant, sçachant et precognoissant que, si autre affec-
« tion ne le mouvoit que de reintegrer le duc de Sa-
« voie, il se contenteroit de tascher au recouvrement
« de ce que j'ay pris sur ledict duc, et non à la prise de
« quelques villes de mon royaume, desquelles je bail-
« leroy plustost recompense au duc, en acheptant de
« luy ce qui est mien, pour eviter guerre, que de le
« plus laisser en main si suspecte et mal fiable. Mais
« il se vante de deux choses l'une, et faict son compte
« de la premiere partie de la disjonctive, ou qu'il sera
« roy de France, ou moy empereur : estre empereur
« je ne preten, et, si j'ay satisfaict (ainsi que j'ay) à
« tout debvoir envers le duc, envers l'Empereur, en-
« vers Dieu, tesmoing et arbitre de tous traittez, roy

« de France ne sera il jamais ; et le mesme Dieu, ulteur
« et juge de superbe et intolerable contumace, tour-
« nera sa fureur et vengence à lencontre de celuy en-
« vers lequel ne se peuvent trouver aucunes assez
« agreables raisons de pacifier et oublier inimitié.
« Doncques, d'autant que nous cognoissons quelle dif-
« ference il y a de celuy qui a Dieu propice à celuy
« qui l'a contraire, et que nous pouvons maintenant
« (avecques noz consciences bien informées et satis-
« faictes), entrer en ceste guerre, portons y tous, non-
« seulement le mesme cueur de bien faire qu'en autres
« entreprises nous avons porté, mais une certaine ire
« et indignation, comme à lencontre, non que d'enne-
« mis, mais d'infracteurs, abuseurs et deguiseurs de
« foy. Reste maintenant à deliberer, en tant que nous
« avons nouvelle que l'ennemy dresse deux armées,
« en quelle part nous ferons tirer noz principales
« forces, et qui nous sera plus à propos (encores que
« ce depende du chemin que luy tiendra); lequel nous
« mettra mieux, ou de passer les monts au devant de
« luy, ou d'attendre à le combatre en nostre païs : et
« l'un et l'autre party se peult fonder et en raisons et
« en exemples; mais, vous ayant assemblez icy pour en
« dire chacun sa franche et libre opinion, et non point
« celle que vous jugerez m'estre plus agreable, je ne
« vous deduiray les unes ne les autres raisons, mais,
« sur ce que vous autres m'en ouvrirez l'esprit, pre-
« nant des opinions des uns et des autres, je concluray.»

A la proposition du Roy assentirent universellement
tous ceux qui furent appellez à ce conseil; car, outre
ce que tous estoient en bonne persuasion du plus que
debvoir où il s'estoit mis avant que prendre les armes

contre le duc de Savoie, à aucuns d'eux sembloit qu'il eust aussi bien faict de poursuivre vigoureusement, comme d'user de tant de respect à l'Empereur, aux plaintes duquel estoit la response tousjours aussi raisonnable comme facile et prompte, moiennant qu'à riens du sien il n'eust esté touché par nostre armée, suivant la premiere deliberation qui en avoit esté prise : et bien eussent aucuns voulu que monseigneur l'admiral n'eust esté si promptement obeïssant aux mandemens du Roy, ains qu'il se fust saisy de Vercel, en attendant une seconde jussion : or ne se peuvent plus revocquer les choses une fois passées. Et quant à la deliberation sur la maniere de se gouverner aux affaires presentes, tous furent d'advis (et bien estoit il ainsi à presumer) qu'entreprenant l'Empereur, ainsi qu'il se vantoit, la conqueste du royaume de France, et du tout ruiner et en deposseder le Roy, que là part où seroit sa personne, là seroit le fort de l'affaire, et qu'il y auroit toutes ou, quoy que soit, la plus part de ses forces ensemble : et, si bien d'autre costé il faisoit quelque entreprise, ce seroit seulement pour travailler et divertir les forces du Roy, et le mettre en plus grande despense, non pas pour faire un gros et vif exploit de guerre; car, attendu que le Roy avoit ordonné de fortifier et tenir deux ou trois places en Piemont, et y jetter bonnes et fortes garnisons, autant à pied que de cheval, la raison de la guerre vouloit, ou que l'Empereur, avant que passer en France, les forçast, ou qu'il laissast en Piemont suffisante force pour les tenir toutes assiegées, ou qu'il assist autres aussi puissantes garnisons que celles du Roy, en quelques places voisines, pour tenir celles du Roy en subjection, à ce que, moyennant quelque peu de renfort, elles ne s'assemblassent et tinssent la campagne, et fissent, par occasion, quelque autre effort, paravanture de grosse consequence. A ceste cause, n'estoit il vray semblable qu'estant le Roy servy comme il appartenoit, et l'Empereur voulant nettoyer le Piemont avant que passer outre, il feist de l'année grosse envahie au royaume de France; et aussi peu qu'en laissant seulement quelques villes garnies, et non pas armée pour assieger les nostres, il luy fust possible, sans ayde d'autruy, dresser et entretenir en un mesme temps, apres une si grosse despense qu'il venoit de faire en Barbarie, deux grosses et puissantes armées, pour faire en deux divers lieux du royaume entreprises quelconques de notable conqueste, et principalement en ces deux provinces de Champagne et Picardie, qui d'elles mesmes ne sont aisées à forcer, ne grandement oportunes et subjectes à l'injure et proye de l'ennemy. Et à ceste cause, leur sembloit à tous estre requis que le Roy, en pourvoyant seulement les principales places desdittes frontieres, retirast aupres de soy le surplus de ses capitaines et plus experimentez gens de guerre, au meilleur nombre que possible luy seroit, et dressast un bon et puissant equippage, avecques lequel il fust prest à tourner la teste en quelque part, ou deça ou delà les monts, que son ennemy s'addresseroit à luy faire guerre. Aucuns adjoustoient que lon devoit haster et diligenter ces forces, en sorte qu'elles fussent à temps prestes pour aller recueillir nostre ennemy delà les Monts, avant qu'il eust passé jusques deça; et que plustost on entretint et feist la guerre en païs de conqueste, que sur le propre et naturel, et duquel nous tirions les commoditez requises à soustenir le faix de la guerre, ce que ne pourrions faire si abondamment, en l'ayant au milieu et comme és entrailles de nostre royaume.

Le Roy, apres avoir entendu leurs opinions, fut bien aussi de cest advis, d'assembler le plus qu'il pourroit de ses forces aupres de sa personne, pour s'en ayder et les employer ensemble ou separées, ainsi que les entreprises de l'ennemy luy en donneroient occasion et opportunité, fust-ce de passer de là les monts si ledit ennemy entreprenoit de nettoyer le Piemont avant que passer deça, ou de l'attendre à combattre en ce royaume s'il se hazardoit d'y faire descente. « Mais,
« quelque part, dit-il, qu'il entrepreigne à faire son
« effort, mon intention n'est point de luy presenter ne
« luy donner occasion de me presenter la bataille,
« ains luy laisser consommer gens, temps, munitions,
« vivres, argent, à sieges et batteries de villes, afin
« qu'il espreuve sa part des incommoditez qu'en pareil
« cas nous avons esprouvées par cy devant : tant y a
« que la raison et le devoir de la guerre ne portent
« point qu'il doive entreprendre de passer deça ; car,
« en laissant telles garnisons derriere que j'ay or-
« donné mettre en mes places de Piemont, il est im-
« possible qu'y laissant autres pareilles, afin de tenir
« les miennes subjectes, qui est le moins qu'il puisse
« faire, il demeure encores assez puissamment equippé,
« pour nous venir rencontrer en barbe avecques tou-
« tes noz forces unies. Et là où il passeroit avecques
« toute sa puissance, ce seroit bien la chose que plus
« je desireroy, pour la raison que je deduiray, et à
« laquelle je m'arreste jusques icy, nonobstant l'incon-
« venient que vous m'avez allegué estre à craindre à qui

« a la guerre en son païs; car tel inconvenient ne se
« peult estendre sinon en bien petite contrée de nostre
« païs. Ceste raison, outre ce que vous m'avez mis en
« avant de l'effort que ce pendant pourroient faire noz
« garnisons, avecques tant soit peu de renfort et sup-
« plement qu'ils eussent, est que, tant plus il ame-
« nera de gens, tant plus il luy faudra de vivres, tant
« plus de chevaux, jumens et asnes à les conduire
« à sa queuë à travers les montagnes; dont il luy fau-
« dra tel nombre, que le double d'autant de fourrage
« qu'il en faudra pour sa cavallerie, ne pourroit suf-
« fire à les nourrir. Or jugez doncques, estans les lieux
« où il aura de passer, encores que je n'en feisse de-
« tourner ou gaster (ainsi que je feray), tous les vivres
« et fourrages qui s'y pourront trouver, assez de na-
« ture malaisez à soustenir et nourrir une armée d'a-
« mis passans en diligence et par estappes ja de long
« temps ordonnées et preparées, en quel estat se trou-
« vera une armée ennemie, qui, à chacun passage
« rompu (comme je les feray tous rompre, et plus en
« un jour qu'ils ne rabilleront en quinze), sera con-
« traincte de sejourner icy un, là deux, là trois, et
« en tel lieu huict ou dix jours, pour les refaire? Croyez
« que le passage, seulement avant qu'ils soient des-
« cendus en la plaine, les aura combattus à demy : et
« quand, apres leur passage, ils penseront de mieux
« trouver, alors ils auront en teste bonnes villes et
« bien fortifiées, bien estoffées d'artillerie et de mu-
« nitions, grosses et puissantes garnisons dedans, et
« telles, de nombre, de bon courage et d'experience
« que j'ay bien moyen de les y mettre. Autour d'eux
« ne trouveront riens à la campagne, ne verront chose

« qui soit à leur commandement, ne rencontreront
« ville (si elle n'est gastée et deserte) qui les reçoive ;
« de tous costez auront païs ennemy : et au lieu qu'en
« Piemont ils auroient à leur doz la Lombardie plan-
« tureuse, les peuples amis et favorables, les grosses
« rivieres pour apporter les vivres, le moyen prompt
« et en main de se rafreschir aucunesfois de gens; en
« contre-change, ils auront les Alpes hautes, malai-
« sées, steriles, les passages assiegez, et tousjours à
« combattre incontinant qu'ils seront en ça passez,
« par aussi peu de seureté, l'ordre mis tel que je pense
« y mettre, de jour à autre, par le moyen de tels em-
« peschemens, retardement de la soulde à leurs gens
« de guerre. Ceste difficulté, qui de soy est grande et
« de tresmauvaise consequence, le cours du temps,
« les surprises en païs ennemy, incogneu oportun à
« ambusches, la faulte de vivres qui en adviendra; le
« tout, concurrant ensemble, est bien suffisant pour
« faire d'une grosse armée une petite. Nous, au con-
« traire, aurons tout païs nostre à l'entour de nous,
« ne verrons rien qui ne soit en nostre disposition; et
« si verrons de toutes parts abondance et planté, tou-
« tes contrées grasses et opulentes, et forces rivieres à
« nostre commandement; noz deniers, ainsi qu'ils se re-
« cueilliront, arriveront, sans aucun besoin d'escorte,
« en toute seureté; le temps, qui ruinera l'ennemy,
« renforcera, multipliera, aguerrira noz gens; et au-
« rons nostre passetemps, si nous voulons, de veoir
« l'ennemy se deffaire de luy-mesmes, en nous seant,
« par maniere de dire, ou nous pourmenant à noz
« aises en un beau camp et bien fortifié : non toutes-
« fois que je vueille, ne que mon intention soit d'y

« demourer tousjours oisif et sans rien faire; mais je
« vueil dire que, quand nous aurons à faire entre-
« prise, la raison et oportunité nous y conduira, et
« non fortune ou appetit de l'ennemy : c'est à dire
« que nous aurons noz forces puissantes et gaillar-
« des, que nous serons prompts et vigilans, pour ne
« faillir à nostre occasion, et à l'ennemy ne donner la
« sienne.

« Telle est en substance ma conclusion, pour entrer
« de bonne heure, et sans perdre temps, à l'execu-
« tion des choses, d'autant que j'ay desja mandé à
« monseigneur l'amiral, assis qu'il aura ses garnisons,
« qu'il me renvoye deça le surplus de mon armée, et
« qu'il donne congé aux gens des seigneurs Caguin
« et comte Guy, retenant seulement les capitaines et
« aucuns des principaux compagnons en mon service :
« je suis d'advis, quant à ce poinct, de l'heure que
« l'Empereur entrera en guerre ouverte, leur ren-
« voyer dire qu'ils remettent leurs bandes sus. Et quant
« au retour de monsieur l'amiral, je suis encores et
« demoureray, pour deux raisons, en la mesme opi-
« nion : l'une, pour continuer jusques au bout à don-
« ner tout le tort de l'invasion à l'ennemy; l'autre,
« qu'ayant assis ses garnisons, il seroit trop foible à la
« campagne. Parquoy mon intention est de luy man-
« der qu'incontinant luy-mesme se retire vers moy,
« attendu qu'il n'a plus occasion d'attendre que mon-
« sieur le cardinal le mande, qui desja est icy de re-
« tour; et à tous ceux qui demeurent delà, ordonne-
« ray d'obeïr, en son absence, au marquis de Saluces,
« auquel (ainsi que je luy ay accordé) je feray depescher
« un pouvoir d'y estre et commander, ainsi que mon

« lieutenant general. Au Dauphiné, j'envoiray un au-
« tre bon chef, y recueillir les gens de guerre qui re-
« tourneront de delà, et par bon advis les distribuer
« és lieux plus oportuns et propices à garder et def-
« fendre le passage des Alpes, ce temps pendant que
« je dresseray et assembleray mes forces. Lesquelles
« unies, si l'Empereur s'arreste au Piemont, j'y passe-
« ray en tel equippage, que je ne craindray point à le
« rencontrer, et d'essayer avecques une bonne trouppe
« de François si encores aujourd'huy la France porte
« les gens que toute ma vie j'ay veu faire fuir les Es-
« pagnols devant eux, ou si les Espagnes en ont pro-
« duit d'autres que ceux qui tousjours ont accous-
« tumé de fuir devant nous. Je sçay que sur nous ils
« ont eu, depuis un temps, quelques avantages, et voi-
« rement avantages ; mais par le nombre ; car, pair à
« pair, je n'ay jamais veu que de vive force le François
« n'ayt battu, et, encores espere, battra l'Espagnol
« avecques sa braverie.

« A nostre gendarmerie feroy-je une trop grosse
« injure, si je la mettoy en dispute de comparaison
« avec celle de l'Empereur. Italiens, en aura il;
« aussi aurons nous, et non des pires, et tant que
« nous en voudrons. Et quant aux lansquenets, si
« de nombre les siens passent les nostres, ils ne les
« passent ne de courage, ne de vertu, ne d'expe-
« rience; et nous aurons des Suisses à suppleeer le
« nombre, quelque chose que l'Empereur ayt pratic-
« qué, ne qu'il se soit vanté au contraire. En Alle-
« magne, pourroit estre que ses gens, ainsi qu'ils ont
« de bonne coustume, m'y auroient quelque peu
« brouillé, usans de leurs accoustumées calomnies et

« mensonges; si est ce que vous avez tousjours veu
« la verité y avoir lieu, quand elle est cogneue : et, à
« ceste cause, ne me semble point hors de propos d'y
« envoyer personnage instruict de mes affaires, qui
« sçache user du langage qu'il cognoistra le besoin
« et occasion le requerir. Encores veux-je que, tant à
« mon nom comme en celuy de mes enfans, il de-
« mande une journée imperialle, pour y faire exposer
« et deduire noz droicts et raisons, desquels est meu
« le differant d'entre nous et l'Empereur, à ce que
« les estats de l'Empire en jugent comme vrais juges,
« et ausquels appartient de cognoistre des differends
« de l'Empereur et des vassaux de l'Empire, tels que
« nous advoüons estre, et moy et mes enfans, à cause
« du duché de Milan. Et d'avantage, arrivé que je se-
« ray à Lion, auquel lieu j'enten incontinant me reti-
« rer pour donner ordre à mes affaires, mon advis
« est, d'autant que nous sommes au temps des foires,
« faire venir à moy tous les marchans allemans qui s'y
« trouveront, et leur tenir des propos accommodez
« au temps, par lesquels ils puissent, où besoing sera,
« et si on avoit en leur païs desguisé quelque chose
« au prejudice de mes affaires, eux-mesmes deposer
« du contraire pour la verité. »

A ceste deliberation s'accorda tout le conseil, et grandement loüerent la sage prevoyance et meure providence du prince en ses affaires. Suivant laquelle deliberation, et dés le premier jour de juing, il depescha messire Jean, seigneur de Humieres, chevalier de son ordre, et capitaine de cent hommes d'armes de ses ordonnances, soubs monseigneur le Dauphin, lequel il envoya pour estre son lieutenant general audit païs de Dauphiné. Renvoya messire Francisque de Mocet, comte de Pontreme, gentilhomme de sa chambre, à mondit-seigneur l'amiral, son lieutenant general delà les monts, approuvant la deliberation que par ledit comte il luy avoit mandée, des chefs et garnisons qu'il entendoit laisser à Turin, Fossan et Cony; et luy mandant que, cela faict, il se retirast vers luy. En Allemagne depescha messire Guillaume du Bellay, seigneur de Langey, aussi des gentilshommes de sa chambre, tant pour les causes et raisons cy dessus touchées, que pour repeter des ducs de Baviere les cent mille escus consignez entre leurs mains en l'an 1533, attendue l'occasion d'icelle consignation cessante, le terme de la rendre pieça escheu, et le present et urgent affaire que ledit seigneur avoit de s'ayder entierement de tous ses membres.

En Picardie il envoya un tresorier avec grosse somme de deniers, tant pour lever gens où besoing seroit, que pour la fortification et reparement des places; ensemble deux commissaires d'artillerie, qui furent les seigneurs de Lusarches et de La Magdalene, avec bon nombre de canonniers : et manda se retirer vers luy messire Jean de Crequy, seigneur de Canaples, comte de Mante et de Meulanc, chevalier de son ordre, et capitaine de cent gentilshommes de sa maison ; et messire Odart, seigneur du Biez, capitaine de cinquante hommes d'armes, et seneschal de Boullenois, auquel, à son arrivée, il donna le colier de son ordre.

A Marceille il envoya son lieutenant et capitaine general, messire Antoine de La Roche-Foucault, sieur de Barbezieux, aussi chevalier de son ordre, et capitaine de cinquante hommes d'armes. Fist creuë de gensd'armes, jusques au nombre de trois cens lances : a monseigneur Antoine, comte de Marle, fils aisné et à present duc de Vendosmois ; à monseigneur Jean d'Orleans, marquis de Rothelin ; à monseigneur François de Cleves, comte de Nevers ; à monseigneur le prince de la Roche-sur-Ion, à chacun d'eux cinquante lances. Feit aussi creuë de chevaux legers et de gens de pied : au seigneur Jean Paule de Cere donna charge de deux cens chevaux legers et de deux mille hommes de pied ; audit seigneur de Canaples, deux cens chevaux legers et deux mille hommes de pied ; à messire Martin du Bellay, autres deux cens chevaux legers, et deux cens arquebouziers à cheval, et deux mille hommes de pied italiens, dont il en bailla cinq cens au capitaine Jean de Turin, cinq cens à Sainct Petre Corse, cinq cens à Colle Scorte, cinq cens au capitaine Chinche.

Peu de jours apres, ayant ledit seigneur advertissement qu'en Espagne se faisoit quelque levée pour descendre, ainsi que le bruit estoit en Guienne, encores qu'il ne luy semblast croyable que l'Empereur voulust distraire ses forces en tant de lieux ; pour n'estre toutesfois surpris, et aussi pour tenir les Espagnols mesmes en craincte, et à ce que plus envis ils fournissent argent à l'Empereur, il ordonna y faire une levée de quatre mille hommes de pied, lesquels, en tout evenement, fussent prests à employer en telle part que se dresseroient les affaires ; et, à ceste cause, y envoya le roy de Navarre, son lieutenant general et gouverneur audit païs de Guyenne, lequel mist toutes les Espagnes en un grand souspeçon.

En Dauphiné, le sire de Humieres, passant à Grenoble, fist assembler le parlement, les gens des comptes et les gens de la ville, et leur remonstra les grands preparatifs que le Roy faisoit, non seulement suffisans pour resister aux ennemis et garder ses subjects de violence, mais pour faire contre l'ennemy une bonne et grosse entreprise; qu'à ceste cause, ils ne s'estonnassent ne prinssent peur, ains demourassent tousjours de bonne volonté. De là passa jusques à Ambrun, et fist pareilles remonstrances en toutes les deux villes et autres : il trouva le peuple assez estonné, mais, au demeurant, de bonne volonté, et furent grandement rasseurez par sa venue. Par son advis et ordonnance, ils envoyerent par tout le païs aucuns de messieurs de la cour et de la chambre des comptes, ensemble des gentilshommes du païs, pour faire la description des vivres qui s'y trouvoient; en feirent distribuer par les estappes; à Grenoble en feirent gros magazins, pour y estre prests à departir en tous les lieux où seroit besoing. Cela faict, ledit de Humieres pourveut en diligence les chasteaux d'Exilles, Chasteau-Dauphin, La Bussiere, Bellecombe, Avallon et autres de la frontiere, de gens, vivres, et artillerie telle que les places la requeroient, et munitions et autre equipage, selon le besoing. A Rocquesparviere se mist messire Jean de Bouler, esleu de Riez, frere du seigneur de Cental, auquel appartient laditte place : et, pour le renforcer, et à sa requeste, luy envoya le sire de Humieres le nombre de cinquante hommes de guerre : mais ce fut faict quelque temps apres. Et, pour cause que le seigneur Antoine de Leve avoit envoyé sommer ladite place, semblablement autres places, ainsi que le temps en apportoit les occasions, furent par ledit de Humieres faictes et changées nouvelles provisions, comme chacune en son temps sera declarée par cy apres. Luy ordinairement feit sa residence audit lieu d'Ambrun, allant et venant toutefois à Briançon, Exilles, Gap, et ailleurs, selon que les affaires du Roy le requeroient ; et si bien et sagement, avecques diligence, s'y gouverna, que son service fut grandement loué et recommandé.

En Allemagne, le seigneur de Langey, à son arrivée, trouva les choses si aigries contre le Roy, que, par certaine experience, il cogneut que, non sans cause, se vantoient les Imperiaux d'y avoir tellement brouillé ledit seigneur, que, des ecclesiastiques ne des protestans, il ne tireroit plus de lansquenets. Aussi trouva que, non sans cause, l'Empereur avoit revocqué la promesse qu'il avoit faicte à Rome à noz ambassadeurs, de leur bailler le double de ce qu'il avoit proposé devant nostre sainct Pere ; car luy ou ses gens en avoient par toute Allemagne semé des doubles, si divers et differends les uns des autres, et desguisez, selon qu'ils les estimoient devoir estre agreables à ceux ausquels ils les envoyoient, qu'il y en avoit autant de sortes comme il y a de sectes en la loy de Mahomet. Aux protestans en avoient esté envoyez qui parloient d'eux, en sorte qu'à les lire, il sembloit, plustost qu'autrement, que l'Empereur eust esté leur intercesseur envers nostre sainct Pere. Et davantage, ledit seigneur avoit escrit unes lettres à aucun d'eux, sçachant qu'il la publieroit à tous les autres, par laquelle il luy faisoit à sçavoir que, par deux ou trois fois, il avoit eu longues et privées communications avec nostre sainct Pere, et aucuns des cardinaux tels que ledit sainct Pere y avoit voulu appeller, esquelles certifioit il leur avoir declaré les causes mouvantes iceux protestans, en certains principaux poincts, à dissentir de l'eglise romaine, et tellement leur avoit faict cognoistre lesdites causes n'estre estrangées de la raison, que ja il estoit en esperance de remporter dudit sainct Pere, approbation et confirmation d'iceux articles, si, sur le poinct de la conclusion, ne luy fust arrivée la nouvelle inopinée comment le camp du Roy estoit devant Vercel, ville dependente du duché de Milan, et prest à passer outre audit duché; qui auroit esté cause que, sans attendre la conclusion de nostre-dit sainct Pere, force luy auroit esté prendre congé de Sa Saincteté, faire unir ses forces en diligence, et tourner droict la teste contre l'ennemy, à bien grand regret d'avoir laissé ceste euvre imparfaicte, mais en esperance que bien tost, avec leur bonne ayde (dont en si juste et saincte cause il les requeroit, sans les taxer ne cottiser, mais le tout remettant à leur discretion), il auroit repoulsé son ennemy, violateur de paix et interrupteur de toutes sainctes et bonnes entreprises, pour incontinant aller reprendre ses brisées, et parachever ce qu'il avoit encommencé.

Aux ecclesiastiques avoient esté envoyez des doubles de laditte protestation, desguisez en autre maniere; car, ores que, pour le contentement d'iceux ecclesiastiques, il y feist quelque mention de la doctrine luterienne, c'estoit si sobrement, qu'il n'y avoit chose qui deust offenser la partie protestante. Envers chacune des parties usoient les Imperiaux de cest art, et, pour animer toutes les deux, avoient faict courir le bruit qu'en France tous Allemans avoient esté bannis du royaume, à son de trompe, et que tous subjects du Roy qui se trouvoient avoir hanté en Allemagne, estoient indifferemment executez à mort cruelle, comme luteriens hereticques. Par ce moyen incitoient les Protestans contre le Roy, comme persecuteur de leur doctrine; et les autres, comme contre celuy qui tous les pesast à une balance. Et davantage, leur avoient, aux uns et autres, donné à entendre que le Roy indubitablement ne faisoit la guerre tant pour sa propre ou particuliere querelle, comme pour intelligence qu'il avoit au Turc, et en intention de divertir les forces et de l'Empereur et de l'Empire, ce pendant que ledit Turc, ennemy de nostre foy, par autre costé les invaderoit. Et trouverent des evesques à leur devotion, lesquels, ou par malignité, ou qu'ils fussent ainsi persuadez, oserent le faire publier, et par la bouche des prescheurs, et par attaches imprimées aux portes des eglises de leurs dioceses.

Et, pour comble de la persuasion, feirent imprimer, avecques privilege imperial (afin de mieux authoriser l'impression), unes lettres de deffiance, contenant le nom du herault, la datte et lieu de la presentation d'icelle, faicte au Roy en grosse assistance de ses princes et barons; par laquelle deffiance ledit herault, en presentant au Roy une espée, d'un costé forgée à flambes, et de l'autre esmaillée de rouge, luy auroit declaré l'interpretation de ceste espée : qui estoit signifiance de guerre mortelle, à feu et à sang, que l'Empereur son maistre luy denonçoit, au cas qu'il ne se retirast et departist de l'infame, malheureuse et damnable alliance et conspiration qu'il avoit faicte avec le Turc, à l'encontre des Chrestiens et de la religion chrestienne. Laquelle deffiance en ceste sorte publiée par toute la Germanie, il est incroyable combien de gens elle avoit esmeu contre le Roy; car il y en avoit bien peu qui ne creussent certainement que l'Empereur ne l'eust envoyée telle. Or n'estoit il pas à presumer qu'un tel prince l'eust envoyée telle, et à autre tel prince qu'est un roy de France, s'il n'eust esté bien informé au vray que ledit seigneur Roy eust faict ceste conspiration avec le Turc. Advint d'avantage, qu'au mesme temps se leverent aucuns boutefeux (¹), lesquels, allans de nuict par païs, bruslerent plusieurs bourgades et villes champestres en Allemagne; et firent les Imperiaux courir le bruict qu'iceux boutefeux estoient par le Roy attiltrez et envoyez pour ce faire : tellement qu'à l'occasion de cestes et autres persuasions, ceux qui au paravant ne se vouloient mouvoir du païs avant que faire monstre, couroient volontairement chercher les capitaines, pour les mener à la guerre contre le Roy; chose qui beaucoup servit au comte de Nansau pour faire mettre ensemble les lansquenets, que peu apres il mena en Picardie. Restoit encores à dresser l'autre camp, lequel, ainsi que j'ay dit cy dessus, l'Empereur avoit deliberé de faire descendre en Champagne, au plus fort des autres affaires, et lequel, sans grande despense de l'Empereur, eust esté prest à poinct nommé, si, par la prevoyance dont usa le Roy, d'envoyer veoir en Allemagne quels troubles et tra-

(¹) *Aucuns boutefeux* : des incendiaires s'étoient aussi répandus dans les provinces orientales de la France : ils y brûlèrent quelques villes, entre autres Troyes en Champagne.

gedies on luy avoit excitées, n'y eust esté remedié.

En ceste persuasion contre le Roy trouva le seigneur de Langey toute la Germanie ; et, s'addressant à ceux ausquels il avoit plus de foy, et desquels il avoit plus tiré de secours és autres affaires qu'au paravant il y avoit conduits et negociez pour le service du Roy, ils pensoient avoir faict beaucoup pour luy, de tant se hazarder seulement que de ne l'encuser aux gens de l'Empereur, ou du roy Ferdinand son frere, et de luy conseiller qu'il se retirast en diligence, sans passer outre : et à la verité, allant plus avant, il luy eust esté de jour impossible de faire chemin, sans estre cogneu, ou arresté pour suspect ; et de nuict luy estoient les chemins aussi mal seurs, à cause que depuis soleil couché jusques au jour, tous les païsans faisoient le guet aux champs à l'encontre des boutefeux, et ne laissoient passer allans ne venans sans parler à eux. A ceste cause, trouvant un sien particulier amy (1) et serviteur du Roy, qui fut content de le retirer et tenir en sa maison caché pour quelques jours, ce-pendant qu'il essayeroit dextrement et feroit preuve de la volonté d'aucuns autres personnages qui avoient plus de puissance et authorité à luy tenir la main, et moyenner que la verité des choses fust cogneu, pour oster et abolir ceste sinistre opinion que lon avoit dudit seigneur Roy, conclut et arresta d'user de ce conseil ; et par luy en fist tenter deux entre les autres, et, de propos en autre, les conduire si avant que de luy dire qu'ils desiroient merveilleusement ouir parler quelqu'un qui, de tous ces affaires dont lon faisoit un

(1) *Un sien particulier amy* : on croit que cet ami de Guillaume du Bellay demeuroit à Andernach, en Westphalie.

si grand bruit, leur sceust compter au long la verité ;
car il leur estoit bien dur à croire que Dieu eust si
avant abandonné le Roy. Et alors iceluy personnage,
apres la foy prise et baillée entre eux trois, se des-
couvrit à eux que le seigneur de Langey estoit en sa
maison, incogneu de toutes personnes fors que de
luy : si s'accordent ensemble qu'ils le viendroient
veoir et orroient ce qu'il voudroit dire. En autre lieu
je pourray faire venir à propos de les nommer, afin
de ne frustrer la memoire de leur bien-faict et service ; mais à present ne vueil-je les nommer, pour ne
les rendre oportuns au maltalent de qui n'a pris plaisir
en ce qu'ils en feirent.

Arrivez qu'ils furent, encores qu'il semblast bien, à
leurs paroles et contenance, qu'ils n'adjoustassent foy
aux plus enormes articles mis sus au Roy, si est-ce
qu'ils luy donnoient le tort en aucunes choses ; et
autres en reciterent esquelles plusieurs grands personnages, non de legere et temeraire creance, le luy
donnoient pareillement. A tous lesdits articles leur
respondit ledit seigneur de Langey, de maniere qu'ils
en demourerent satisfaicts ; et furent bien d'advis
qu'aussi demoureroient plusieurs autres, si on leur
avoit de mesme respondu : qui fut cause que ledit
Langey redigea les responses qu'il leur avoit faictes
par escrit, et trouva moyen de les faire secrettement
imprimer et publier par toute la Germanie, tant en
latin qu'en alleman, et depuis en françois, afin qu'en
plus de lieux elles fussent leuës, et la verité cogneuë.
Aussi, pour faire cognoistre aux Protestans combien
ils estoient abusez en la persuasion qu'ils avoient sur
la lettre que leur avoit l'Empereur escrite, et sur les

doubles de la protestation dudit seigneur, il les feit de mot à mot translater à la verité, et imprimer en alleman, et publier par toute l'Allemagne ; chose qui diminua beaucoup de l'affection qu'iceux Protestans avoient desja mise à l'Empereur, mais ne leur osta encores la mauvaise volonté que tant les ecclesiastiques qu'eux portoient au Roy. Car, nonobstant qu'aux dessusdits personnages ledit Langey eust faict conster veritablement, par lettres du seigneur de Leidekerke, ambassadeur de l'Empereur, escrites et signées de sa main, qu'encores il estoit en la cour du Roy, qui estoit pour confuter ceste deffiance de guerre imprimée, et leur eust aussi monstré lettres qu'il avoit d'aucuns marchans allemans, escrites à Lion, de fresche datte, pleines de contentement et satisfaction qu'ils avoient du bon traittement que leur faisoit le Roy en leurs affaires, et dont ils remercioient ledit de Langey, comme celuy qui les avoit introduits et recommandez, qui estoit assez pour prouver ceste nouvelle de bannissement controuvée, si est-ce qu'au populaire, qui plus avoit esté persuadé, n'estoit venue ceste cognoissance du contraire.

Advint si bien que, sur ces arres (¹), les marchans venans des foires de Lion, et qui s'estoient hastez pour estre à temps à celle de Strasbourg, arriverent les uns apres les autres ; dont adverty, ledit Langey fist sçavoir de ses nouvelles en diverses villes, à quelques siens amis et serviteurs du Roy, et par iceux fist souvent, et à divers jours, et en diverses compagnies, és lieux plus hantez et frequens, interroger lesdits mar-

(¹) *Sur ces arres* : sur ces entrefaites. *Arres* est un terme de chasse, qui signifie *traces, vestiges*.

chans, quelles nouvelles ils apportoient de France : si rapporterent lesdits marchans toutes choses conformes à ce que par cy devant est plus amplement racomté. Premierement, interrogez sur ceste deffiance, asseurerent qu'au temps de leur deslogement de Lion, il n'y avoit point encores de deffiance entre l'Empereur et le Roy, et qu'encores estoient les ambassadeurs de l'un vers l'autre; que tousjours se continuoient propos de paix entre eux, mais bien tendoient les actes et demonstrations à la guerre. Plus, affermerent qu'au temps contenu en ceste deffiance imprimée, faisant mention qu'elle avoit esté signifiée au Roy estant à Lion, ledit seigneur, un mois devant, et plus de quinze jours apres la datte, avoit tousjours esté aux lieux de Sainct Cher, et de Sainct Rambert, et de Montbrison. Interrogez de ce bannissement, asseurerent que, tout au contraire, le Roy leur avoit offert, au cas que la paix (que Dieu ne voulust!) se vint à rompre entre luy et l'Empereur, ils auroient, ce nonobstant, telle seureté que ses propres subjects parmy son royaume; et davantage, pour ce que les chemins pourroient paravanture, à cause de la guerre, estre mal seurs à gens estrangers apportans aux foires argent en grosses sommes, qu'ils trouveroient en ses coffres, à leur commandement, sans se mettre en hazard d'en apporter en France, les cent et les deux cens, voire les quatre et les cinq cens mille escus, pour employer au faict de leur accoustumée marchandise, et à rendre apres la guerre en France, ou en Allemaigne durant icelle, s'il luy advenoit besoin d'y en employer : et qu'au surplus, il leur auroit usé de telles et si gratieuses offres, qu'ils ne pouvoient sinon grandement s'en loüer et contenter. Interrogez par aucuns Protestans de ceste grande persecution que lon disoit estre faicte en France contre leur doctrine, respondirent estre bien vray que le Roy ne vouloit souffrir aucune mutation és choses ecclesiasticques, sinon par bonne et meure deliberation des superieurs et ausquels il touche ; mais qu'au contraire de ceste extreme rigueur et severité, il avoit faict publier un edict (et aucuns d'eulx en avoient des transcripts) par lequel il rappelloit et remettoit en seur acces et jouissance de leurs biens, tous ceux qui pouvoient estre accusez ou souspeçonnez d'avoir attenté ou parlé contre la doctrine ecclesiastique, moyennant qu'ils feissent seulement promesse et vœu, chacun és mains de son diocesain, de vivre dores en avant en bons chrestiens, et soubs la doctrine et obeïssance de saincte Eglise.

Le seigneur de Langey, ce temps pendant que peu à peu s'espandoit la verité, voyant que toutesfois il ne luy seroit loisible d'aller publicquement en tant de lieux qu'il luy eust convenu pour executer la charge qu'il avoit du Roy et de messeigneurs ses enfans, de demander une journée imperiale, pour faire entendre et exposer leurs droicts et raisons és choses dont entre l'Empereur et eux estoient leurs differens, envoya ses lettres de creance, avecques une sienne bien ample contenant en effect la substance de saditte creance, à monseigneur le duc Louis de Baviere, comte palatin, electeur, à ce que, comme doyen des electeurs seculiers (pourtant aussi qu'il estoit le plus voisin de France), il fist à sçavoir aux autres laditte demande et requeste du Roy et mesdits-seigneurs ses enfans. Et luy, durant le temps que son messager alla et vint, estoit allé vers les ducs Guillaume et Louis de Baviere, pour repeter d'eux la consignation dessus mentionnée, dont il ne rapporta sinon paroles et excuses assez mal fondées, c'est à sçavoir qu'ils disoient craindre que si alors ils la rendoient, estant la guerre ouverte entre l'Empereur et le Roy, ledit seigneur Empereur auroit occasion ou couleur de dire qu'ils auroient baillé argent au Roy pour luy faire la guerre: et, outre ce, luy avoit esté dit par iceux ducs qu'il se retirast de leur païs, pour doubpte qu'il ne vint à la congnoissance dudit seigneur Empereur, ou du roy des Romains, et que commandement leur fust faict (auquel ils n'osassent desobeïr) de le delivrer entre leurs mains.

Ayant si peu exploicté en cedit voyage, il receut lettres sous les seings et seel du palatin electeur, avecques aussi froide response, sçavoir est qu'il envoyeroit les lettres du Roy et de messeigneurs ses enfans, ensemble celle dudit seigneur de Langey contenant la substance de sa charge et creance, au roy des Romains, vicaire general de l'Empire, pour y pourveoir ainsi qu'il jugeroit bon estre. Laquelle response receuë, ledit de Langey, desirant ores qu'au Roy son maistre ne fust accordée la journée qu'il demandoit, qu'à tout le moins il fust à tous notoire et manifeste combien grandement s'estoit mis ledit seigneur en son debvoir, et à luy ne tenoit que de ses differends ne fust jugé par ceux ausquels en appartenoit la cognoissance, escrivit autres lettres, de pareille ou approchante substance, aux electeurs et autres princes de l'Empire, et à chacun d'eux en fist tenir une, avecques un double des lettres de creance du Roy et de mesdits-seigneurs ses enfans, lesquelles il feit pareillement publier et imprimer par toute la Germanie, de la teneur et maniere qui ensuit :

« Tresreverends, tresillustres et tresexcellens prin-
« ces, etc., lorsque le roy Treschrestien, mon souverain
« seigneur et maistre, me depescha pour venir en ceste
« Germanie, luy et messeigneurs serenissimes ses en-
« fans avoient, tant par le bruit commun que par lettres
« d'aucuns, entendu que promptement il s'y devoit te-
« nir une journée imperiale, et à ceste cause m'avoient
« donné lettres et creance commune à vous tous, mes
« dessusdits seigneurs, et charge de vous requerir et
« demander en leur nom assignation d'autre journée
« imperiale, en laquelle il leur fust loisible d'envoyer
« seurement, et sans offension de personne, ambassa-
« deurs instruicts et informez suffisamment, pour vous
« exposer et deduire les droicts, noms, raisons et ac-
« tions qu'ils pretendent, tant en l'Estat et duché de
« Milan, qu'en autres choses violentement et à tort
« occupées et retenues sur eux ; aussi pour vous ap-
« prouver et justifier leurs faicts, et devant ce sacro-
« sainct Empire (envers lequel ils veulent et desirent
« leur splendeur et dignité demourer entiere et im-
« maculée) purger et refuter, non point les crimes,
« mais les calumnies à eux imposées et mises sus.

« Arrivé doncques en ceste intention, j'y ay trouvé
« deux choses contraires à l'execution de ma charge:
« l'une, que ceste journée dont il avoit eu nouvelles
« ne se tenoit point ; l'autre, que je ne trouvoy seu-
« reté de chemins, si j'entreprenoy de vous aller trou-
« ver chacun chez soy : et, qui plus est, aucuns per-

« nages, et des plus principaux en degré et authorité,
« m'ont amiablement, mais acertes, adverty que je
« n'estoy menacé que de la fin de mes jours, si j'estoy
« rencontré où que ce fust en Germanie. Icy me fault
« confesser verité : je ne fu petitement esmeu de ceste
« nouvelle, et non seulement (encores que j'en eusse
« cause, et le fusse en effect) pour le danger particu-
« lier de ma personne, et pour celuy des affaires du
« Roy mon maistre, mais aussi tant pour la nouvel-
« leté que pour l'indignité de la façon de faire : car
« en ce me sembloit, outre l'offense faicte au Roy, y
« estre aussi offensée la reputation et authorité de ce
« sacrosainct Empire et de la nation germanique ;
« lesquels ayans esté par cy devant en estimation de
« telle grandeur et excellence de cueur et de puis-
« sance, que de vindiquer de toute injure, non seu-
« lement eux, mais autruy, qui est celuy qui ne s'es-
« mouveroit à commiseration, de veoir maintenant
« vostre liberté, non que grandeur, estre si ravallée,
« qu'il vous convienne souffrir et comme tacitement
« consentir qu'il y ayt homme à l'appetit duquel il
« vous faille ou accepter ou repudier les ambassadeurs
« des roys et princes ; qui vous puisse ordonner et com-
« mander ausquels vous donnerez et ausquels vous re-
« fuserez l'entrée ; et vous deffendre encores particu-
« lierement de ne la donner à ceux la ligne desquels
« (soient ou François ou Francogermains) a descen-
« dence des mesmes autheurs de cestuy vostre Empire ?
« Lequel Empire vous a par eux esté concilié, par eux
« remis et restably des Grecs aux Latins, comme par
« restitution postliminaire ; et par la liberalité desquels,
« outre les grandes provinces qu'ils ont, par grand

« travail, sueur et sang, acquises à l'enrichissement
« et ornement de cedit Empire, à la fortification et
« seureté de vostre liberté, ont davantage esté aug-
« mentez les nom et limites de Germanie, et vostre-
« dit Empire decoré de l'accession de tant de grosses
« seigneuries, qu'eux de leur propre et ancien patri-
« moine avoient et possedoient des deux costez du
« Rhin; et lesquels, outre tous ces anciens bien-faicts,
« ont tousjours une si grande conjonction à vostredit
« Empire, par amitié, par acoustumance et par de-
« liberation, que, mesmement entre les plus grands
« feux de la guerre, et plus embrasez qui ayent esté
« entre leurs roys et voz empereurs (comme vous en
« avez n'a pas long temps veu l'experience), la societé
« d'entre vous n'en a jamais esté dissoulte, ne la com-
« munication discontinuée.

« Estans doncques les choses en ceste sorte, souffri-
« riez vous, tresreverends et tresillustres princes, que
« par iceux soit deschirée en vous l'observation du
« droict des gens, et de ceux qui avecques vous ont
« telle societé en cest Empire qu'ils vous ont acquis, les
« legats et ambassadeurs fussent violez, le nom des-
« quels doit estre en telle et si sacrosaincte reverence,
« qu'ils soient et conversent seurement et sans danger
« entre les armes des ennemis? Si est-ce, quant au Roy
« mondit souverain seigneur et maistre, que, pour le
« respect qu'il vous porte, il remet ceste et autres in-
« jures insolites, et indignitez à luy faictes, entierement
« à la volonté de Dieu. Mais quant à moy, qui par luy
« et mesdits-seigneurs ses enfans ne suis icy envoyé
« que pour devant vous (ausquels, ainsi que le droict de
« l'election de l'Empire, appartient la cognoissance et

« jugement des fiefs qui en dependent) deduire les
« droits qu'ils ont et pretendent en la teneure d'iceluy,
« et pour en jugement (auquel ils sont deferez et ac-
« cusez de ne vouloir ester) y faire appeller les deten-
« teurs et occupateurs d'iceux leurs droicts, desquels
« leur est la privation de tant plus griefve, que, les
« ayant, ils peuvent (et le tiennent à tiltre honorable)
« se dire et nombrer entre les princes dudit sainct Em-
« pire, je n'ay peu certainement faire de moins, afin
« que ma legation ne leur fust entierement infruc-
« tueuse, que d'executer par lettres et messages, ce que
« possible ne m'est sans extreme et apparant danger
« executer de bouche. Et pource avoy-je adressé les
« lettres du Roy et de mesdits-seigneurs ses enfans,
« avecques unes miennes contenantes la substance de
« ma charge, à tresillustre prince monseigneur Louis,
« comte palatin, comme à celuy auquel, pour estre
« voisin de France, et la retraitte d'autant plus courte,
« je pouvoy le faire avec moins de danger; en le priant
« tresinstamment que son plaisir fust communiquer,
« sur la requeste desdits seigneurs, avecques messei-
« gneurs ses collegues electeurs et autres tels princes
« ou Estats de l'Empire ausquels il jugeroit en ap-
« partenir la cognoissance, et, par advis et deliberation
« commune d'eux, respondre et faire droict sur icelle.

« Mais par ses lettres il m'a faict response qu'il en-
« voyeroit le tout au serenissime roy Ferdinand, qui
« le feroit tenir à l'Empereur son frere, lequel sçau-
« roit tresbien comment cest affaire se devroit gou-
« verner. Sur ceste sienne response, tresprudens et
« tresillustres princes, que puis-je ne doibs je esperer
« et attendre ou de l'Empereur ou du roy Ferdinand

« son frere, sinon qu'ils ayent à supprimer et lettres et
« creance? sçachant que l'un se sent luy-mesme revestu
« de la despouille, et enrichy du patrimoine de mesdits
« souverains seigneurs et princes; sçachant que tous
« deux, en tous leurs faicts et dicts, travaillent à met-
« tre le Roy mon maistre en sinistre reputation et opi-
« nion du monde; et que, l'accusant maintenant de
« vouloir, outre droict et raison, entreprendre sur le
« duché de Milan, et auparavant l'avoir tenu et occupé
« sans tiltre, ils font, ainsi que vous voyez, assieger et
« guetter les passages, pour doubte qu'estant la verité
« des choses tout au contraire, et n'estant rien de ce
« qu'ils luy mettent à sus, il ne s'en envoye justifier, et
« retorquer ceste mesme accusation, ainsi qu'il appar-
« tient, sur eux. C'est chose certainement seure et cons-
« tante que l'empereur Maximilian, apres cognoissance
« de cause, et parties ouyes en droict, et par l'advis et
« deliberation des princes de cest Empire, receut en
« foy et hommage, investit et mist en possession le feu
« roy Louis decedé, ensemble le Roy mon maistre,
« son prochain heritier et gendre, dudit Estat et du-
« ché de Milan, comme de chose à eux appartenant
« de propre heritage de leurs ayeulx et bisayeulx. Et
« lequel Roy, mondit souverain seigneur et maistre,
« non seulement ne refuse de se soubsmettre, en la
« decision de ceste cause, au jugement des estats de
« l'Empire, mais de soy-mesme, et plusieurs fois, l'a
« demandé; tant s'en fault, ne qu'en cestediste matiere,
« ne qu'en celle de Savoye (laquelle aussi vous a esté
« desguisée) il ait jamais reffusé d'ester à droict. Cons-
« titué doncques entre tant de difficultez, et voulant
« eviter reproche de m'estre si negligentement ac-

« quitté de ma charge, que, n'ayant eu moyen de sa-
« tisfaire entierement, je n'aye au moins en quelque
« partie satisfaict à mon devoir envers luy et mesdits
« seigneurs ses enfans, il m'a semblé, tresreverends et
« tresexcellens princes, en esperance de remporter de
« vous quelque response, et leur pouvoir dire quelle
« attente de reffuge et secours ils peuvent fonder en
« vostre equité, devoir escrire et envoyer par mes-
« sager expres ceste lettre commune à tous vous en-
« semble, et une particuliere à chacun, et, implorant
« vostre foy, vous supplier avoir esgard à la saincte et
« ancienne conjonction et alliance de nostre royaume
« et de noz roys à vostre Empire, à la cognation an-
« cienne et tant souvent renouvellée, à l'amitié jamais
« interrompue entre noz princes et ceux de vostredit
« Empire : et qu'il vous plaise considerer quels per-
« sonnages vous estes, en quel degré constituez ; quel
« est l'office de ceste antique et veritablement germa-
« nique liberté ; quelle chose vous estes tenus faire en-
« vers cest Empire, envers la memoire des autheurs et
« instituteurs d'iceluy, envers l'universelle republicque
« chrestienne. Ne souffrez, s'il est possible, que ces
« deux principaux chefs de laditte republicque se com-
« batent et affoiblissent l'un l'autre ; considerez qu'en
« la grandeur et force d'iceux elle peult et doit esperer
« de chercher son accroissement de grandeur et gloire,
« sa fortification contre les adversitez et perils ; que les
« ancestres d'eux ont tousjours, et par sur tous autres,
« employé leurs biens, puissances et personnes, à l'en-
« tretenement, augmentation et prouffit d'icelle.

« Ceste cy est la principale requeste que je vous fay ;
« ainsi que la principale charge que j'ay de mesdits

« seigneurs et maistres est de vous requerir que, si, par
« les faulses accusations intentées contre eux, vous
« avez en voz esprits engendré quelque prejudice de
« leur cause, vous le vueillez demettre, et que du
« costé dont sera le droict vous souffriez incliner et
« passer aussi l'opinion de justice. Laquelle chose cer-
« tes j'espere, si ensemble vous reduisez en memoire
« la declaration et approbation solennelle de leur an-
« cien et certain droict hereditaire, par le tesmoi-
« gnage et jugement de l'empereur Maximilian, en la
« personne du feu roy Louis dessusnommé, et le tort
« que depuis luy en feit ledit empereur Maximilian;
« lequel, apres avoir extorqué de luy au dessus de
« cent cinquante mille escus, pour luy bailler l'inves-
« titure dudit duché, peu de temps apres, et paravan-
« ture avecques les mesmes deniers qu'il avoit receuz
« de luy, assemblant une puissante armée, l'en de-
« posseda violentement : et l'ayant depuis le Roy mon
« maistre recouvert, et ja par plusieurs années pos-
« sedé à l'encontre de l'occupateur injuste, vostre
« Empereur l'en a pareillement, et sans cognoissance
« de cause, spolié, quoy que le droict voulust, ainsi
« que voz ancestres et vous en avez tousjours usé, que
« le pouvoir et authorité de transferer les fiefs impe-
« riaux d'un personnage à l'autre, appartienne à la
« loy et non à l'audace ou volonté de qui que soit.
« Duquel droict et loy, comme ainsi soit qu'à vous
« proprement et peculierement appartienne la cog-
« noissance, vostre plaisir sera de bien deliberer quelle
« response vous aurez à faire sur la raisonnable re-
« queste de mesdits souverains seigneurs et serenissi-
« mes princes, lesquels vous prient et requierent ne les

« avoir en si peu d'estime, que desdaigner à entendre
« leur droit et raison, aussi bien que des autres princes
« de cestuy sainct Empire. A moy semble, sans point
« de doubte, que, s'il vous souvient bien qui vous estes,
« c'est à dire seigneurs et princes de liberté, juges souve-
« rains de toutes les choses controverses en cedit Em-
« pire, vous devez envers ledit seigneur Empereur insis-
« ter à bon escient, à ce que justice leur soit ouverte,
« leur cause entendue et cogneue, et luy content de se
« renger à la raison ; et obeïr à ce que par vous en
« sera jugé, plustost que de perseverer en l'opinion
« suivant laquelle (je ne sçay si avecques la dignité
« gardée) il se vante de plustost vouloir assembler et
« unir toutes ses forces et puissance, et les esprouver
« contre le Roy, que contre le Turc, hereditaire en-
« nemy du sang et nom des Chrestiens; et de mieux
« aymer luy abandonner en proye tout ce qu'il laisse
« de païs derriere soy, que de se permettre de mouvoir
« de ceste intention, et de retourner la teste en arriere
« de l'invasion une fois entreprise contre un roy des
« ancestres et predecesseurs duquel est advenue à la
« maison d'Autriche l'occasion des gros biens et puis-
« sance qui principalement l'ont mise et colloquée en
« ceste supreme haulteur où maintenant vous la voyez.

« Or tant y a que, là où Sa Majesté voudra per-
« severer en ceste-ditte sienne volonté, et si une fois il
« entre hostilement és païs dudit roy Treschrestien,
« mon maistre, comme il se vante de vouloir faire,
« et, paravanture, a desja commencé, il trouvera, et
« luy et messeigneurs ses enfans, prests et si grande-
« ment equippez à le recueillir hardiment, et sans
« craincte de ses menaces, qu'à l'ayde de Dieu ils n'ob-

« mettront rien de ce qu'appartient à princes vigilans
« et bons protecteurs et amateurs de leurs subjects et
« de leur patrie. Mais, avant qu'en venir jusques à là,
« et qu'une telle tempeste s'excitast, par laquelle ils
« cognoissent toute chrestienté estre oportune et ex-
« posée au hazard de grande ruine et vastité, ils ont
« bien voulu vous faire, par moy, entendre ce que
« dessus, et vous prier que, pour le devoir du lieu
« que vous tenez, vous advisiez de trouver la voye
« d'obvier à ceste effusion de sang chrestien, ou, à tout
« le moins, quelque moderation à l'apparence du pro-
« chain danger, afin que, par ceste leur declaration,
« il puisse conster, à vous et à tous autres, que, s'ils
« viennent à la guerre contre ledit seigneur Empe-
« reur, ce ne soit par volontaire deliberation, mais
« par contraincte et par necessité de repulser injure
« et se deffendre. A laquelle leur intention et com-
« mandement n'ayant peu satisfaire de bouche, en-
« cores que j'aye prou essayé de moyens envers plu-
« sieurs et diverses personnes, j'ay eu mon dernier
« reffuge et recours à l'escriture, treshumblement
« suppliant voz Excellences qu'il ne vous soit grief
« ne moleste de me faire, par ce messager, entendre
« quelle sera vostre deliberation sur ceste tresequita-
« ble demande et requeste.

« Tresreverens, tresillustres, etc. Dieu, tout bon et
« tout puissant, vueille conserver et bien fortuner voz
« dessusdittes Excellences, et, en cest urgent et pesant
« affaire, qui veritablement touche et appartient à
« tous, vous inspirer tel advis et conseil que le re-
« quierent et vostre devoir et la necessité de la re-
« publicque chrestienne. »

Ce temps pendant que le seigneur de Langey feit ceste et autres depesches, la verité des choses qui faulsement avoient esté mises sus au Roy, fut espandue par la Germanie, et les calomnies entierement descouvertes. Et mesmement és villes imperiales, aucuns des marchans nouvellement retournez de Lion, ainsi que j'ay dit, feirent grandement leur devoir envers le senat, chacun de sa ville, de reciter le bon et gratieux traittement et les honestes offres que leur avoit faictes ledit seigneur Roy, avant leur partement de Lion : chose qui tellement modera ceste indignation conceüe contre luy, que de treize mille hommes qu'esperoit le roy Ferdinand faire descendre en Champagne, et qui plus s'estoient mis ensemble par une particuliere affection, les uns du butin, et les autres de vengeance, que, pour le service de luy ne de l'Empereur son frere, il ne se trouva que le nombre de deux ou trois mille hommes : tous les autres declarerent ouvertement que, sans paye entiere, ils ne feroient le serment ; et ne le feroient, sinon avec ceste exception, qu'ils ne porteroient les armes contre le roy de France, en guerre invasive, és païs et seigneuries de l'ancienne obeïssance de la couronne. Ainsi fut ceste levée rompue, et, du peu de nombre qui se contenterent de faire autre serment, les uns passerent en Italie, les autres s'allerent joindre avecques l'armée du comte de Nansau.

En Piemont avoit desja monsieur l'admiral, ensuivant l'ordonnance du Roy, assis la garnison dedans la ville de Turin : en laquelle il mist, pour chef et lieutenant de Roy, messire Claude, seigneur d'Annebault, ayant charge de cinquante hommes d'armes, et chevalier de l'ordre du Roy, et Charles de Coucis, seigneur de Burie, par cy devant nommé ; messire Gabriel, seigneur d'Alegre, avecques sa compagnie de cinquante hommes d'armes. Chevaux legers : le seigneur d'Aussun, cent chevaux ; le seigneur de Termes, cent ; le seigneur de Dessé, cent : outre lesquels y demourerent plusieurs gentilshommes de grosse maison, lesquels s'y voulurent enfermer pour acquerir loz et bruit, et faire service au Roy et à la chose publicque ; entre lesquels furent le seigneur de Piennes, surnommé de Halluin ; le comte de Tonnerre ; le seigneur de Listenay ; Guy Chabot, fils aisné du seigneur de Jarnac ; Paul Chabot, seigneur de Clervaux ; le seigneur d'Escars, messire Louis de Bueil, comte de Sancerre ; François de Vivonne ; Charles de Cossé, seigneur de Brissac ; Jean, seigneur Do ; Jean de Clermont, seigneur de Traves. De gens de pied y demourerent les seigneurs d'Auchy et de Canny, avecques chacun mille hommes picards ; La Salle, avecques mille Normans ; Quincy, avecques mille Champenois ; Lartigue Dieu, cinq cens Gascons ; le capitaine Blanche, cinq cens ; Anguar, cinq cens ; le seigneur Marc Antoine de Cusan, avecques deux mille Italiens : et desquels gens de pied demoura chef et capitaine general, ledit messire Charles de Coucis, seigneur de Burie, lieutenant pour le Roy, avec ledit seigneur d'Annebault. Ledit seigneur amiral, avec sa compagnie de cent hommes d'armes ; celle de monseigneur le mareschal d'Aubigny, aussi de cent ; celle du seigneur de La Roche-du-Maine, de cinquante ; et celle du seigneur de Villebon, de cinquante ; les lansquenets du comte Guillaume, avec le reste de l'armée, se retira dedans Pignerol, et le surplus de son armée bailla au marquis de Saluces (1), le laissant en sa place lieutenant general du Roy.

Estant à Pignerol, il eut un messager de la part dudit seigneur marquis, luy demandant renfort de gens, par ce qu'il disoit se sentir trop foible, attendu la grande puissance qu'il entendoit venir contre luy : parquoy il luy renvoya la compagnie du seigneur de Bonneval, absent, la conduisant alors le seigneur de Brosses, son lieutenant; les seigneurs de La Roche-du-Maine et de Villebon, avec leurs compagnies, chacune de cinquante hommes d'armes ; celle du seigneur de Montejean, de cent hommes d'armes, conduitte par le seigneur de Vassé et de La Jaille; et celle du seigneur Jean Paule de Cere, soixante; le chevalier d'Ambres, avec mille hommes de pied gascons ; et le seigneur de Saint-Aubin, avec mille Normans : le capitaine Wartis, navarrois, cinq cens hommes de pied : lesquels, dés le jour mesme, vindrent loger à Vigon, et de là à Villefranche ; et de là envoyerent à Savillan, sçavoir audit seigneur marquis ce qu'ils auroient à faire. Lequel, deux jours apres, escrivit au seigneur de La Roche du Maine, pour le faire sçavoir au seigneur de Villebon, qu'eux deux, au lendemain matin, s'en vinssent à Villeneufve du Sollier; et qu'il s'y trouveroit accompagné du seigneur de Montpesat, du

---

(1) *Au marquis de Saluces* : François de Saluces. Le Roi croyoit pouvoir compter sur sa fidélité. Michel-Antoine, son frère aîné, étoit mort au service de la France, en 1528, dans le royaume de Naples. Ses deux autres frères étoient en France : Jean Louis, qui avoit pris le parti de l'Empereur, s'y trouvoit prisonnier sur parole, et Gabriel avoit été nommé par François I à l'évêché d'Aire, en Gascogne.

comte de Pontreme et autres, pour adviser aux affaires du Roy. A quoy ils obeïrent ; et dés le matin entrerent en conseil, et apres disner le continuerent, sans aucune chose conclurre, sinon que ledit marquis ordonna que les seigneurs de La Jaille et de Vassé, lieutenans du seigneur de Montejean, rameneroient sa compagnie en France : et, sans autre conclusion, s'en retourna chacun au lieu dont il estoit party, jusques à ce que ledit seigneur marquis les remandast.

Deux jours apres, il les manda de rechef venir avec leurs compagnies au lieu de Savillan, ordonnant au seigneur de Villebon qu'il s'y en vint devant faire les logis, et au seigneur de La Roche du Maine, de demourer derriere avec les bandes, et qu'il advisast à les conduire seurement, par ce que les ennemis estoient en campagne et avec grosse trouppe. Le lendemain qu'ils furent arrivez audit lieu de Savillan, y vint le seigneur de Montpesat, venant de Fossan, où il avoit esté pour ordonner la fortification du lieu. Monseigneur le marquis, ouy le rapport dudit seigneur de Montpesat, et l'opinion qu'il avoit, encores que les murailles dudit lieu fussent merveilleusement foibles, de la pouvoir ce nonobstant tenir, en ayant quelque espace de temps à la remparer et y parfaire des bastions de terre qu'il y avoit faict commencer, ne se voulut condescendre à ceste opinion, ains fut d'avis de renvoyer tout ce qu'il avoit de gens de guerre en France, et d'envoyer le sieur de Verets en poste vers le Roy, pour luy faire entendre ceste deliberation, et les raisons à ce le mouvans : sçavoir est qu'estant desja l'ennemy si pres, et avecques si grosse puissance, il n'y avoit ordre ne moyen de pouvoir à temps fortifier et rendre tenable aucune autre ville de Piemont que celle de Turin; et que de retenir gens outre ceux qui ja y estoient, c'estoit les perdre à escient.

Les capitaines luy respondirent qu'ils estoient là pour luy obeïr ainsi qu'à lieutenant general du Roy, et qu'ils avoient commandement d'aviser le faire; que toutefois il leur sembloit, pour le bien et service du Roy, devoir tenir encores une ou deux places, outre celle de Turin, à cause que, n'en tenant qu'une, c'estoit ouvrir à l'ennemy le passage en France, laissant seulement un siege volant à Turin, ou, paravanture, luy donner occasion, n'ayant à faire qu'à une place, et qui n'estoit encores en deuë et suffisante fortification, d'y convertir entierement ses forces, et, quoy qu'il luy coustast, l'emporter d'assault, afin que, passant en France, il ne laissast rien derriere qui luy fust ennemy; et persistoit le seigneur de Montpesat en son opinion de tenir Fossan. Le seigneur de La Roche du Maine estoit d'advis que lon tint plustost Cony, à cause que la ville estoit plus grande, et par ainsi capable de plus grosse garnison; aussi qu'il y avoit moins à fortifier qu'il n'y avoit à Fossan; car, enfermant les fauxbourgs avecques la ville, il ne pouvoit avoir plus hault de quatre à cinq cens pas à remparer; aussi que desja les vivres et munitions y estoient, lesquels, en tenant Fossan, il y faudroit faire conduire dudit lieu de Cony : joinct qu'à l'entour on auroit à commandement les païs de Saluces, du Dauphiné et de Provence; et pourroit on mettre le comte Guillaume, avecques ses lansquenets, à Barselonne, ou ailleurs où lon adviseroit pour le mieux, et quelques autres garnisons à Demons, à Roquesparviere et autres places à leur doz : en quoy faisant on donneroit à l'ennemy beaucoup à penser, avant qu'il vint mettre le siege audit Cony, ou qu'il entreprint, en le laissant derriere, de passer outre la montaigne. Plusieurs des autres capitaines se rengerent à ceste opinion, et le seigneur de Montpesat offrit luy-mesme de se mettre en laquelle des deux il luy seroit ordonné, priant, sur toutes choses, que lon prist quelque briefve conclusion, sans perdre temps en deliberations, qui se devroit employer à l'execution.

Monseigneur le Marquis, quoy qu'on luy remonstrast, ne voulut pour ce jour prendre autre conclusion, sinon qu'au lendemain iroient le sieur de La Roche du Maine et le seigneur Chrestofle Guascho revisiter la ville de Fossan ; et que, leur rapport ouy, se prendroit lors une conclusion de ce que lon auroit à faire. Audit lendemain, allerent les dessusnommez à Fossan, et retournerent le mesme jour, estant ledit sieur de La Roche du Maine encores plus avant fondé que le jour precedant en sa premiere opinion de Cony, et d'autant plus qu'à Fossan il n'y avoit eaue que de cinq puis, et d'une fontaine hors la ville, que l'ennemy, en l'assiegeant, facilement leur pouvoit oster. Le marquis, cherchant (ainsi que depuis il a esté sceu) matiere de dissimulation et temporisement, ne voulut encores conclurre, ains ordonna qu'au lendemain iroient avecques luy tous les capitaines et de cheval et de pied, pour en conclurre audit Fossan, sur le lieu, et meneroient chacun sa compagnie ou bande, prestes à demourer dedans, au cas qu'il fust trouvé raisonnable de le tenir ; et, au cas que non, d'aller pareillement visiter la ville de

Cony, et, ne la trouvant deffensable, se retirer tous
ensemble le chemin de France; et que luy entreprendroit de faire conduire l'artillerie apres eux, et la faire
passer la montagne seurement. Les capitaines ne furent point de cest advis, alleguans que ce seroit chose
honteuse (ores que force leur fust de se retirer) abandonner leur artillerie: et aussi peu estoient ils d'advis
de mener à Fossan toutes leurs bandes, y consommer
les vivres, dont ils auroient besoing s'il advenoit qu'ils
la deliberassent tenir. Mais le marquis persista d'y
mener tout, en disant qu'ils n'y coucheroient plus
hault d'une nuict; et de ceste sienne deliberation advisa le Roy par le sieur de Verets, en poste, combien
que desja luy en avoit donné autre: ensemble manda
qu'il ne pouvoit tirer obeïssance des capitaines.

Arrivez qu'ils furent à Fossan, trouverent qu'en
usant de bonne diligence, ils auroient temps assez de
parachever les bastions encommencez, s'y employans
les gens de guerre avecques huict à neuf cens pionniers qui avoient commencé l'ouvrage, et que, du
Mont-Devis (qui n'estoit loing d'eux), ils y pourroient
faire venir des vivres, sans toucher à ceux de Cony, et,
par ce moyen, faire au Roy ce service, qu'en tenant
l'une et l'autre ville, arrester l'ennemy sur cul, et
donner temps à noz forces de se reünir et joindre
ensemble. Tel fut l'advis et deliberation de tous les
capitaines, et le declarerent ainsi audit seigneur marquis, en le priant de promptement se vouloir resouldre: pour ce jour ne voulut il encores conclurre, remettant la chose en deliberation jusques au lendemain.
Et ce pendant les pionniers s'enfuirent tout au long
de la nuict, en sorte qu'il n'en demoura point qua-

rante ; et depuis a esté sceu que ledit marquis les en avoit faict fuir. Combien que pour lors il ne fut sceu, bien y eut des gens beaucoup en la compagnie qui prindrent grand souspeçon sur luy, et mesmement quand, au lendemain, il se monstroit entierement resolu de vouloir tenir la ville, ce que jamais il n'avoit trouvé bon ce pendant qu'il y avoit moyen de la mettre en deffense ; tellement que ceux qui n'osoient souspeçonner si mal de luy, ne pouvoient toutesfois n'attribuer ceste mutation à trop grande legereté ou faulte de resolution. Autres en y avoient qui pensoient pis, et ne trouvoient bon que le comte de Pocquepaille, qui estoit à luy, alloit et venoit ordinairement au camp des ennemis ; mais il couvroit lesdittes allées et venues sur sa querelle de Montferrat, disant que, soubs umbre de ladite querelle, il l'envoyoit pour entendre nouvelles de leurs entreprises et deliberations ; à quoy les uns adjoustoient foy, les autres non. Le seigneur Martin du Bellay, en plein conseil et devant tous, luy dist qu'un chevaucheur d'escuirie du Roy, nommé Bonsot, venant de Milan, avoit passé par Ast, et y avoit veu marqué le logis dudit seigneur marquis aupres de celuy de l'Empereur : à quoy ledit Marquis, en soubsriant, respondit estre bien asseuré que ledit du Bellay n'en croyoit rien, ne pareillement autre de la compagnie.

Tous asseurerent que non, et qu'ils le tenoient pour si gentil prince, qu'il ne voudroit faire une si grande meschanceté, mais bien le prioient de vouloir prendre conclusion aux affaires, et ne perdre plus de temps en si longues et irresolues deliberations. Alors il leur dist que la dissimulation dont il avoit usé, avoit esté pour cognoistre quel cueur et volonté avoient, non pas les capitaines, desquels il n'avoit jamais doubté, mais leurs soldats et gens de guerre ; lesquels voyant en si bonne volonté, il se vouloit resouldre de tenir Fossan, et les prioit qu'en ensuivant la promesse et instance qu'ils en avoient faicte, ils se deliberassent d'y faire leur devoir ; et que, le nombre ordonné de ceux qui devroient y demourer, ils delibereroient apres sur le faict de Cony. Les capitaines replicquoient qu'en leur rendant les pionniers qui alors y estoient quand ils offrirent à la tenir, ou autres en pareil nombre, eux, nonobstant le temps perdu en rien faisant, seroient prests d'acomplir leur promesse, et mettroient peine d'en rendre bon compte, luy remonstrant toutesfois le peu d'apparence qu'il y avoit de tant avoir perdu de temps en dissimulation et sans avoir aucune chose fortifié ne remparé. Le marquis, monstrant d'estre bien marry, entre les autres choses, de la fuitte des pionniers, arrivée si mal à propos, reconfortoit les capitaines, en leur disant que de son marquisat il feroit venir, du jour au lendemain, le double d'autant de pionniers, et tous à demy aguerris, et qui au besoin serviroient et de gens de guerre et de pionniers. Mais ce pendant n'en venoit pas un : luy tous les jours assembloit le conseil en sa chambre ; mais, au partir, les capitaines n'en rapportoient conclusion, sinon que leurs vivres tous les jours appetissoient, pour cause du grand nombre de gens qu'ils estoient, et du Mont-Devis ne d'ailleurs il n'en venoit ne tant ne quand.

Vous avez par cy devant entendu comment le marquis, dés le commencement, et avant la depesche du seigneur de Verets, qu'il envoya du sceu des capitaines, avoit faict sçavoir au Roy la grosse puissance qu'avoit l'Empereur, et la desobeïssance que luy trouvoit aux capitaines qu'on luy avoit laissez ; et, qu'à ceste cause, il ne veoit moyen de pouvoir tenir ne Fossan ne Cony, et que le mieux qu'il sçauroit faire estoit de renvoyer en France tout ce qu'il avoit de gens de guerre, outre ceux de Turin. Le Roy, incontinant ceste nouvelle ouye, depescha le sieur d'Eschenais en diligence vers lesdits sieurs marquis et capitaines, pour entendre et sçavoir comment il en alloit, en les priant tresexpressement que, sur tous les services qu'ils luy voudroient faire, ils usassent de toute possibilité pour tenir lesdittes villes, de peur qu'il eust l'ennemy si soudainement sur les bras en son royaume, que ses forces ne fussent à temps reünies et mises ensemble pour le recueillir : en ce faisant, il leur promettoit estre prest avant le terme d'un mois ou de trois sepmaines, pour envoyer les secourir, s'ils pouvoient tenir jusques à tant et rompre ceste premiere impetuosité de l'ennemy ; qui seroit faict à luy et à son royaume un tel service, que jamais il ne le mettroit en oubly : quand toutesfois elles ne leur sembleroient estre gardables, qu'il aymoit trop mieux, avant que perdre tant de gens de bien, qu'ils se retirassent, se sauvant et son artillerie. Ledit sieur d'Eschenais trouva les capitaines en la meilleure volonté du monde ; mais, pour-autant que l'Empereur et toutes ses forces estoient si pres (car, à la verité, le siege fut mis devant Fossan, au dedans de huict jours apres), ils craignoient bien d'entreprendre à les garder, estans les villes si mal remparées, et eux sans pionniers et sans moyen d'en recouvrer : et se plaignoient fort de la dissimulation du marquis, lequel avoit tant laissé couler de temps sans y besongner et sans se resouldre : aussi compterent les souspeçons qu'ils avoient contre luy. De maniere que peu s'en falloit que, se departant du tout de la deliberation de les garder, ils ne pensassent seulement qu'à sauver les hommes et l'artillerie; et si n'en trouvoient pas les moyens aisez, attendue la prochaineté de l'ennemy, sinon que de la retirer en quelque place de seureté. Le marquis vouloit qu'on la mist à Raveil, un chasteau sien qu'il disoit inexpugnable (et veritablement est fort malaisé à prendre); mais les capitaines, encores qu'ils ne luy voulussent declarer, ne s'osoient toutesfois fier de la mettre en sa puissance; et fut parlé de la envoyer à Roquespareviere, moyennant que lon trouvast, par visitation de la place, qu'elle y peust estre seurement. Et, à ceste cause, furent envoyez pour la visiter lesdits d'Eschenais et le seigneur Chrestofle Guasco et autres; lesquels rapporterent que l'artillerie n'y demoureroit point seurement.

Sur ce differant, arriva le sieur de Sansac, envoyé par le Roy en poste, apres avoir entendu la charge du seigneur de Verets, et ce qu'il avoit davantage rapporté de la cognoissance qu'il avoit des choses; lequel Sansac, outre les lettres qu'il apportoit audit sieur marquis, en avoit de particulieres, avecques creance au seigneur de Montpesat et autres capitaines, par lesquelles expressement le Roy les prioit qu'ils essayassent plus que le possible, à tenir l'une desdittes places seulement quinze jours, et qu'en ce faisant ils luy feroient un service inestimable. Parquoy ils conclurent entr'eux, et le declarerent audit seigneur marquis, de s'en mettre au hazard, et de servir chacun de pionnier. Ledit marquis leur demanda en laquelle des deux villes ils se voudroient plustost hazarder, ou s'ils estoient d'advis de les tenir toutes deux. Et, sur la response qu'ils firent qu'à luy estoit (ayant desja ouy leurs opinions) de conclurre laquelle ils tiendroient, mais que les deux, ils y veoient alors peu d'apparence, veu le peu d'ordre que lon y avoit mis, et que mieux valoit en bien garder une, que de se mettre au danger que l'une fist perdre l'autre ; « Et je vueil (dist-il « adoncques) les garder toutes deux ; et, pource que « vous, monsieur de La Roche, tenez ceste cy pour « la plus foible, je vueil y demourer en personne. » Et sur ce, ledit sieur de La Roche, en se monstrant et offrant soy-mesme: « Voicy, dit-il, un aussi homme « de bien qui de bon cueur y demourera quand et « vous, et pour vous y obeïr ainsi que la raison « veult. »

Les autres capitaines ne peurent bien estre de cest accord, et nonobstant qu'ils se couvrissent d'autre excuse, disant qu'il n'estoit raisonnable qu'un lieutenant general du Roy se laissast assieger en la premiere place et plus prochaine du danger, à cause que ce seroit donner cueur aux ennemis de la forcer, en intention que, luy pris, l'entreprise seroit vaincue, et aux assiegez oster toute esperance du secours qu'ils pourroient à un besoing esperer du lieutenant general du Roy : parquoy il leur sembloit beaucoup meilleur et plus à propos que, laissant à Fossan telle force qu'il jugeroit estre suffisante, luy, avecques le surplus de son armée, se retirast à Cony, pour le tenir tant qu'il pourroit ; et, ce pendant qu'ils entendroient à remparer et fortifier la ville, il fist de son costé diligence de leur faire amener vins et farines, dont à Cony et aux environs y avoit grande abondance, et audit Fossan bien peu, et mesmement de farines et de moulins point, et aussi peu dequoy en faire. Si n'estoit ce toutesfois la principale intention qui les mouvoit à l'en dissuader; mais ils craignoient que, demourant audit Fossan, il baillast et la place et eux ensemble és mains de l'ennemy; car le souspeçon tousjours croissoit sur luy, et leur venoit de plusieurs lieux advertissement qu'il avoit traitté avecques l'Empereur: ils n'en osoient neantmoins encores faire semblant, avant que sçavoir l'intention du Roy. Pour ce soir, il arresta (quelque chose qu'on luy eust remonstré) de demourer audit Fossan, et y retenir avecques luy le seigneur de La Roche-du-Maine et autres, jusques au parfaict de deux cens hommes d'armes et trois mille hommes de pied; le surplus envoyer dedans Cony. Ainsi se departit le conseil; et, au lendemain matin, avant soleil levé, ledit sieur marquis fist rappeller les capitaines, pour adviser et conclurre ce que seroit à faire.

Assemblez qu'ils furent, le sieur de Montpesat luy demanda sur quelle chose ils avoient à deliberer, et si le soir precedant ils avoient pas prise leur conclusion : à quoy il respondit, en s'addressant au seigneur de La Roche, que les paroles du soir, à l'aventure, ne ressembleroient point à celles du matin : et, sur ce que ledit seigneur de La Roche luy replicqua que les siennes, quant à luy, estoient telles au matin qu'au soir, il luy dist que non pas les siennes pour ceste fois; car il vouloit que les seigneurs de Montpesat, de Villebon et ledit de La Roche, avecques leurs compagnies; et le seigneur de La Rocque, avecques celle du grand escuyer ; et les capitaines Anglure et Sainct Aubin, avecques leurs bandes, chacune de mille hommes de pied champenois et normans ; Wartiz, avecques la sienne, de cinq cens Gascons ; et Sainct Petre Corse, avecques les Italiens qu'il avoit, en nombre de trois à quatre cens, demourassent audit Fossan : et que luy, apres disner, s'en iroit à Cony avecques le surplus de la trouppe, et leur renvoiroit le chevalier d'Ambres avec sa bande, qui estoit de mille Gascons, lesquels serviroient de faire escorte aux vivres, artillerie, boullets et munitions qu'il promettoit leur envoyer. Et sur ceste conclusion, disna ; puis s'en partit, laissant à Fossan les capitaines et gens de guerre dessusdits, et pour capitaine general et lieutenant du Roy, pour commander à tous, ledit sieur de Montpesat, chevalier de l'Ordre.

Apres le partement dudit sieur marquis, vindrent nouvelles, combien que non certaines, au sieur de Montpesat et autres capitaines estans à Fossan, comment ledit marquis, auparavant ceste conclusion prise (c'est à sçavoir, alors qu'il tenoit propos de s'enfermer quand et eux en laditte ville de Fossan), avoit mandé ceste sienne deliberation au seigneur Antoine de Leve, l'admonnestant qu'il y vint hastivement, et sans se travailler d'y amener grosse artillerie ; car il luy bailleroit ensemble la ville et les hommes entre mains : aussi que, depuis son partement pour aller à Cony, il avoit renvoyé vers ledit Antoine de Leve, luy donner advis de ceste mutation, et le faire haster de venir avant que la ville fust en deffense, par-ce qu'un chacun mettoit la main à l'euvre, autant capitaines que soldats, et pourroient en bien peu de temps mettre la ville en deffense ; mais qu'en se hastant de venir, il n'y trouveroit aucune resistence ; et que, se presentant devant l'une des portes, ceux de dedans s'en iroient par l'autre. Ce qui plus feit adjouster de foy à cest advertissement, fut que le marquis ne leur tenoit promesse de leur envoyer les vins, farines, artillerie, boullets et munitions qu'il leur avoit promis. Et, à ceste cause, le sieur de Montpesat, accompagné du sieur de Sansac, du sieur de Castelpers, son lieutenant, et de vingt chevaux, se delibera d'aller vers luy jusques à Cony, sçavoir à quoy tenoit qu'il n'en avoit nouvelles. Si trouva ledit sieur marquis faisant fort l'empesché à mettre ordre au partement desdittes munitions ; et avoit desja faict tirer une longue coulevrine et trois canons, et faisoit charger les boullets et poudres, et des farines environ de douze cens sacs, avecques bonne quantité de vins, et, en presence dudit sieur de Montpesat, feit acheminer l'artillerie, luy promettant qu'avant la nuict le tout seroit rendu audit Fossan.

Le sieur de Montpesat, se confiant en la parole dudit marquis, accompagnée de l'apparence qu'il voyoit de l'execution, et aussi pource qu'il ne vouloit estre longuement absent de sa charge, s'en retourna plein d'esperance à Fossan, le chevalier d'Ambres, et sa bande de mille hommes de pied gascons, avecques luy ; mais apres luy arriverent seulement un canon et une longue coulevrine, cinq caques de pouldre, et quelques boullets, mais peu, et d'autre calibre que n'estoient les pieces : tout le surplus, de vins, artillerie et munitions, fut par ledit marquis envoyé à sa maison de Raveil, et luy dés la nuict ensuivant s'y retira. Ce fut fait le jeudy septieme jour de juing; et le mardy ensuivant, environ les deux heures apres midy, arriva l'avant-garde du seigneur Antoine de Leve, lequel, au mandement dudit marquis, estoit party de devant Turin dés le vendredy precedant, y laissant, pour continuer le siege, le nombre de dix mille hommes, soubs la charge de Scalingue, gouverneur d'Ast, et ce jour vint coucher à Carmagnolle : et le mesme jour, fut depesché, par le seigneur d'Annebault, messire Jean de Cambray, son lieutenant, pour sçavoir des nouvelles du Roy, et luy en faire sçavoir de celles de Piemont. Et en ce temps mourut monseigneur Jean, duc d'Albanie, chevalier de l'ordre du Roy, capitaine de cent hommes d'armes, et gouverneur de Bourbonnois, Auvergne, Forests et Beaujolois : son gouvernement fut donné à messire Jean de Bretaigne, duc d'Estampes, et sa compagnie, partie en deux ; la moitié fut donnée à monsieur de Chabannes, baron de Curton, et l'autre moitié à monsieur de La Fayette. Aussi mourut messire Louis d'Orleans, duc de Longueville et comte de Dunois, aussi chevalier de l'ordre, et capitaine de cinquante lances : la compagnie duquel fut baillée à messire Louis d'Orleans, son frere, marquis de Rothelin. L'avantgarde du seigneur Antoine de Leve repoulsa le guet de ceux de Fossan, à son arrivée, et faillit à prendre ceux qui estoient au convent de Saint-François, hors la ville, faisans abbatre le clocher de l'eglise, et autres edifices dudit convent qui pouvoient nuire à la deffense de la ville : et là se dressa une grosse escarmouche entre laditte avantgarde et ceux de dedans, qui sortirent au secours et pour retirer leurs pionniers, dont en y avoit desja eu aucuns de morts et blecez. A ceste saillie moururent des Imperiaux beaucoup, et non seulement de coups de main et de arquebutte, mais aussi de l'artillerie de dedans, qui feit grandement son devoir à favoriser noz gens. La nuict survenant, separa ceste escarmouche ; et arriva le seigneur Antoine de Leve, avecques toute sa force, qui se vint loger à la portée d'une arquebuse, pres la ville, audit convent de Sainct-François, qui, pour la briefveté du temps, et pour avoir peu de pionniers, n'avoit esté parachevé d'abattre.

Le sieur d'Eschenais, qui, apres la conclusion prise de garder Fossan, avoit repris la poste, estoit cependant arrivé devers le Roy, et luy avoit rendu compte de ce qu'il avoit veu et entendu, et mesmement du departement du marquis, et du souspeçon que lon avoit sur luy : chose qui ne pouvoit entrer en l'entendement de ceux qui l'oyoient dire ; car, ayant esté ledit marquis nourry dés enfance avecques le Roy, ayant eu de luy bon estat pour s'entretenir ce pendant que le marquis Michel Antoine, son frere, avoit vescu ; ayant esté faict par luy chevalier de son ordre; son marquisat ayant esté par arrest adjugé au Roy (comme il a esté recité cy devant), à cause de la felonnie et rebellion commise par le marquis Jean Louis, aisné de la maison, apres le deces du marquis Michel ; et en ayant le Roy faict don et baillé investiture audit marquis François ; luy ayant davantage donné freschement de la conqueste faicte sur le duc de Savoye, jusques au nombre de quarante six (1) villes estans la fleur du Piemont, et montans plus en revenu que ne faisoit son marquisat : au surplus, luy ayant

---

(1) *Dix-sept*, suivant l'édition de 1572.

tant faict d'honneur et monstré de confiance, que de l'avoir faict son lieutenant general et luy bailler sa force entre mains, le cas insolite et nouveau, et duquel il ne se trouve aucun exemple en toutes histoires du temps passé, rendoit la chose à un chacun, non que difficile, mais impossible à croire. Et certainement il ne fut encores jamais veu, ouy, ne leu, qu'un chef d'armée feist une faulte si orde et infame, que d'attirer et mettre (en tant qu'à luy en a esté) dedans le cueur et és entrailles du royaume de son prince, bien meritant de luy en un recours de fortune assez prospere, et alors que moins on s'en donnoit de garde, une armée ennemie, autant puissante, exercitée et bien en ordre, qu'il en ayt point esté veu de la memoire des hommes. Je vueil que Vitellius ait esté abandonné par Cecinna, prenant le party contraire de celuy qui l'avoit honoré et avancé; mais ce fut apres que les affaires dudit Vitellius furent du tout en desespoir, et pour se renger à la fortune, qui à l'un des contendans adjugeoit par son assistence la chose par eux deux ambitieusement pretendue: Stillico, Narses, ayent commis pareille faulte; mais ce fut pour grande et juste occasion d'indignation, et pour se venger de la non meritée ingratitude. Cestuy cy, sans cause d'indignation, a trahy son prince naturel, en cours de fortune assez prospere, et sur le poinct que sondit prince usoit envers luy de meilleur en meilleur traittement, et de plus grand en plus grand avancement en biens, honneur et authorité. Ne fault doncques demander si ceste nouvelle fut au Roy merveilleusement estrange: pour cela toutesfois ne voulut il succomber à fortune; mais, ensuivant sa nature ou coustume, qui tousjours a esté de croistre de cueur en ses adversitez, et d'icelles se resoudre plus terrible et formidable à son ennemy, depescha incontinant le seigneur Jean Paule de Cere, avecques grosse somme de deniers, pour aller en toute diligence se mettre en l'une desdittes places de Fossan et Cony, et, si mestier avoit de gens, lever jusques au nombre de trois mille hommes de pied italiens, et deux cens autres servans sur chevaux legers. Avecques luy renvoya ledit d'Eschenais, et par luy escrivit audit sieur marquis que, pour certaines et bonnes causes, il eust à faire un voyage vers luy, laissant ce pendant ledit seigneur Jean Paule en l'une des places, et le seigneur de Montpesat en l'autre. Mais, arrivez qu'ils furent au col de l'Agnel, ils rencontrerent la compagnie dudit seigneur Jean Paule, et celle du capitaine Bonneval, et le seigneur Chrestofle Guasco avecques mille Italiens dont il avoit la charge, qui s'en retournoient en France; et leur compterent comment Fossan estoit assiegé, le marquis ouvertement revolté contre le Roy, et qu'il avoit envoyé des lettres à la poste, pour faire tenir audit seigneur, et que par icelles (ainsi qu'ils avoient entendu) il luy demandoit congé, alleguant les causes et raisons qui à ce le mouvoient. Parquoy ledit seigneur Jean Paule fut d'advis de temporiser au lieu où il estoit, ce pendant que ledit d'Eschenais iroit vers le Roy, sçavoir ce qu'il luy plairoit ordonner, ceste nouvelle entendue; et, pour ne perdre temps, fit par moyens entendre au seigneur d'Annebault à Turin, et au sieur de Montpesat à Fossan, la cause, tant de sa venue que de son arrest, et la charge qu'il avoit eu du Roy.

Les occasions surquoy fondoit le marquis sa revolte estoient telles, à ce qu'il en dist à messire Martin du Bellay, estant à Fossan, mesme depuis qu'il eust pris le party de l'Empereur, estans ceux dudit Fossan en tresve, jusques à ce qu'ils eussent nouvelles si le Roy auroit agreable la capitulation par eux faicte : que tous marquisats estoient de droict tenus de l'Empire, et que si ses predecesseurs s'estoient retirez de l'obeïssance dudit Empire, pour attribuer la souveraineté au Dauphin de Viennois, luy, qui avoit cognoissance de ce faict, ne pouvoit moins que de retourner à son seigneur naturel. Auquel fut respondu par ledit sieur du Bellay, que, si ses predecesseurs l'avoient tenu anciennement de l'Empire, et luy l'avoit tenu, par temps immemorable, du Dauphiné, il devoit moins que ses predecesseurs se retirer de l'obeïssance de celuy qui l'en avoit investy, non investy mais donné en pur don (car, estant adjugé au Roy par confiscation pour la rebellion de son frere aisné Jean Louis, ledit sieur luy avoit donné); et qu'il n'avoit tiltre que celuy du Roy, comme Dauphin; et si le Dauphin n'y avoit droict, luy n'en pouvoit avoir, mais son frere Jean Louis. En somme, la maladie ne procedoit de là; il estoit homme qui adjoustoit foy aux devins, lesquels luy avoient predit que l'Empereur devoit ceste année deposseder le Roy de son royaume; et mesme offrit audit du Bellay, que l'Empereur estant jouïssant comme il seroit dudit royaume, luy faire plaisir. Or deux choses luy tourmentoient l'esprit : l'une, la craincte qu'il avoit de perdre son Estat; l'autre, l'esperance qu'il avoit, faisant ceste revolte, d'estre favorisé de l'Empereur, en la cause qu'il pretendoit au marquisat de Montferrat; de sorte que, parlant audit du Bellay, dist : « Je n'ay « envie d'aller en France contrefaire le prince de « Melphe, » qu'il vouloit dire estre desherité.

Au demourant, le Roy ordonna et escrivit au sieur de Humieres, qu'outre les cinq cens hommes qu'il avoit levez au païs, pour la garde et seureté des passages, il se servist des bandes du seigneur Chrestofle Guasco, auquel il donna charge de les accomplir jusques au nombre de deux mille hommes, et voulut qu'il servist en celle frontiere, combien qu'il eust faict requeste d'estre employé ailleurs, pour doubte qu'il avoit qu'estant si pres du marquis de Saluces (avecques lequel il avoit longuement et privément hanté, et mesmement, se retirant ledit marquis avecques l'Empereur, avoit demeuré quelques jours avec luy, et, s'il l'eust voulu croire, l'eust entierement suivy, et laissé le service du Roy), on eust paravanture quelque souspeçon et deffiance sur luy : mais le Roy s'y voulut fier, et qu'il demourast là. Et fut aussi envoyé le sieur de La Tour à Essilles, avecques trois cens arquebusiers, et audit sieur de Humieres ordonné mettre bonne garnison dedans Suse, pour avoir souvent nouvelles de la ville de Turin, en laquelle fut renvoyé le capitaine Cambray, dessusnommé, avecques le payement des gens de guerre estans dedans. Aux compagnies du seigneur Jean Paule de Cere et du capitaine Bonneval, fut mandé qu'ils s'en allassent en Provence, pour soulager le Dauphiné ; au comte Guillaume de Fustemberg, qu'il print avecques ses bandes le chemin de Cisteron, et qu'y laissant le bagage, il les conduisist à Barselonne, és terres neufves vivant gratieusement, jusques à ce qu'il eust certaineté que l'Empereur passast deça les monts, et qu'ayant la dessusditte certaineté, il commençast à faire le degast au païs, afin que l'ennemy n'y trouvast vivres n'autre soulagement. A Grenoble fut envoyé quelque quantité de poudres, et une somme de deniers, pour renforcer les estappes; et au sieur de Burie, qui estoit dedans Turin, fut donnée la compagnie de cinquante hommes d'armes qui au paravant avoit esté audit marquis; et le sieur d'Eschenais redepesché, pour aller vers le sieur de Montpesat à Fossan, luy dire, de par le Roy, que s'il estoit possible, il tint encores trente jours, à ce que le secours que ledit seigneur entendoit luy envoyer fust plus puissant et mieux equippé que s'il estoit dressé à la haste; que s'il voyoit toutesfois ne le pouvoir faire, il ne se hazardast tant, que, par trop attendre à parler, il fust contrainct de prendre composition honteuse. Mais ledit sieur d'Eschenais, voyant qu'il ne pouvoit seurement passer, bailla ses lettres et sa creance par escrit, signée de sa main, au seigneur Chrestofle Guasco, qui entreprit de la faire tenir.

Pour retourner à noz gens assiegez audit Fossan, est à sçavoir que, quand ledit siege arriva, le bastion, qui estoit toute la force de la ville (si forteresse y avoit), n'estoit encores de six pieds de hault, et par aucuns endroits la terre estoit dehors plus haulte que ledit bastion : parquoy le seigneur Antoine de Leve, pour faire ses approches avant qu'ils fussent en plus grande deffence, feist, dés le lendemain qu'il fut arrivé, commencer les trenchées, où d'une part et d'autre furent tirez force coups d'arquebuse, et furent tuez beaucoup de ceux de dehors, qui, en faisant leurs trenchées, se descouvroient trop hardiment; aucuns des nostres aussi furent tuez et blecez, cedit jour et autres, en besongnant audit bastion, pour cause de la terre qui estoit, comme j'ay dit, plus haulte dehors que dedans, en sorte que noz gens ne pouvoient y aller ne venir, sans bien grand danger. Pour y obvier, furent la nuict assis des gabions au devant des endroicts que la terre par le dehors estoit la plus haulte; mais, pour autant que la terre dont ils furent remplis estoit seche et non foullée, tout s'en alla en poudre, quand l'artillerie de dehors eust commencé à tirer contre, qui tenoit ceux de dedans en grosse et merveilleuse peine. Pour le premier jour ne pour le second, elle n'avoit encores esté plantée; et fut la principale entente de ceux de dehors faire leurs trenchées et amener leurs gabions, et de ceux de dedans, se remparer et fortifier. Au troisiesme jour, commença la batterie avecques seulement deux canons, et assez lente; la muraille toutesfois estoit si meschante et debile, qu'au lendemain toutes les deffences furent rasées. Environ le soir, il fut arresté par ceux de dedans, de faire une saillie à pied et à cheval, les uns d'un costé, les autres d'autre : le baron de Castelpers, lieutenant du sieur de Montpesat, eut charge de mener les gens de cheval; et le capitaine Wartis, navarrois, les gens de pied : par la porte du chasteau sortirent ceux de cheval, et les gens de pied par la cazematte du bastion, en une valée assez loing de la ville.

Les lansquenets, qui estoient la force du camp imperial, estoient logez dedans la prairie, et, pour estre assez loing du danger, avoient leur guet assez foible, contre la coustume toutesfois de leur nation : le capitaine Wartis, qui en estoit adverty, et qui estoit, comme j'ay dit, sailly à couvert, tira droict en celle part, et d'arrivée leur feit du dommage. Le seigneur de Castelpers commença lors à apparoistre avecques ses chevaux, qui feit donner l'alarme chaude : et pourtant le seigneur Antoine de Leve, qui avoit autour de luy les Espagnols, y envoya tresbonne troupe, en intention de clorre le chemin du retour à ceux de dedans. Ceux qui estoient ordonnez par luy à la garde des trenchées, voyans ainsi courir chacun à l'alarme, y coururent aussi en diligence, laissans l'escorte de leurs pionniers assez debile. Le capitaine Sainct Petre Corse, qui estoit avecques le sieur de Villebon ordonné à la garde du bastion, voyant la garde des trenchées ainsi desgarnie, sortit dehors, et, à l'ayde d'aucuns Champenois et Normans, qui aussi sortirent par un autre costé, donna dedans lesdites trenchées en telle furie, que d'arrivée y tua vingt-cinq ou trente hommes, et contraignit les autres à prendre la fuitte vers le logis du seigneur Antoine de Leve, qui envoya pour les soustenir la plus part de ce qui luy estoit demouré de gens. Ceste meslée fut cause que les premiers qu'il avoit envoyez tournerent chemin pour venir au secours. Noz gens de cheval qui, d'autre costé, voyoient un chacun abandonner le convent pour courir à ceste alarme, tirerent ceste part, aussi pour soustenir le capitaine Sainct Petre, qui avoit roidement repoulsé ceux des trenchées jusques là endroit : et fut contrainct ledit de Leve de se faire porter hors de son logis pour se sauver ; mais fut de si pres suivy, que ses porteurs l'abandonnerent en un bled, où fust pour se tirer hors du danger, ou pour donner occasion de les suivre par autre chemin qu'ils prindrent, et ce pendant guarentir ledit de Leve, qui demouroit en sa chaire caché, pour la haulteur des bleds, qui en ostoit la veue à ceux qui les suivoient; qui fut la cause de sa sauveté. Ce faict, noz gens se retirerent sans perte, mais aucuns blessez, dont par apres en mourut trois ou quatre. Lesdits capitaines Sainct Petre et Wartiz furent tous deux blessez de coups d'arquebuse, l'un en la main, et l'autre au pied; mais furent bientost guariz : avec eux amenerent prisonnier un Napolitain, capitaine de trois cens hommes de pied.

Jusques alors n'avoient encores les ennemis faict batterie bien asprement; car, s'asseurans en ce que leur avoit mandé le marquis, ils ne pensoient point que les assiegez voulussent tenir : laquelle opinion servit beaucoup ausdits assiegez; car le seigneur Antoine de Leve leur avoit tousjours laissé, sur ceste esperance, et encores laissa l'espace de dix ou douze jours, la porte tirant à Cony en liberté, pensant que par là ils se retireroient : qui donnoit ausdits assiegez grand raffreschissement, par ce que de sept puys qu'ils avoient en la ville, les cinq furent taris en deux jours; mais, au moyen de ceste porte ouverte, et à la faveur de leurs arquebusiers, qui leur faisoient escorte, ils s'alloient fournir d'eau à la fontaine, qui de ce costé là estoit au pied de la ville; et sans cela ne leur eust esté possible de tenir. Or entra en fantasie audit de Leve, que lesdits assiegez, pour avoir plus honneste excuse de se retirer, attendissent qu'il eust faict bresche : et, à ceste cause, deux jours apres ladite saillie (laissant toutesfois encores ceste porte ouverte, pour aller à Cony), il feit de bien grand matin commencer à tirer en batterie avec quatre canons; et à tous les coups faulsoient la muraille, et non sans blesser beaucoup de noz gens. Avant le midy eurent faict bresche, et assez rase, par laquelle eussent peu entrer jusques à trente hommes de front; puis cesserent de tirer, environ d'une à deux heures; qui feit penser aux nostres que ce fust pour donner l'assault: et à la verité le pouvoient faire, car il n'y avoit point de fossé au devant, et pouvoient venir au combat ceux de dehors aussi facilement que ceux de dedans: parquoy il fut commandé aux gensd'armes de descendre en une trenchée qui avoit été faicte par derriere la muraille, au dedans de la ville; et, pour les soustenir, furent les gens de pied mis sur le bord d'icelle trenchée.

Les ennemis firent bien contenance de venir à l'assault; qui fut cause que les nostres demourerent tout le jour à ladite bresche, les hommes d'armes l'armet en teste, et les gens de pied selon qu'ils avoient esté ordonnez: et generalement y furent tous, exceptez ceux qui avoient esté ordonnez à se tenir en la place, pour secourir en la part qu'il seroit besoing. Ainsi se passa tout ce jour, et ne fut point donné d'assault : bien mirent les ennemis en leurs trenchées un bon nombre de leurs gens esleuz, qu'ils y firent tenir toute nuict, espians s'ils pourroient surprendre la bresche; et les nostres tindrent aussi toute la nuict cinquante hommes d'armes en leur trenchée, pour obvier à ladite surprise. Les nostres tousjours continuerent, sans gueres prendre repos, à remparer au devant de la bresche, et y firent une trenchée par dedans avecques un rempart, et la trenchée bien flancquée; et chacun en son quartier en fist le semblable, dont jamais ne s'en destournerent, pour quelque ennuy que l'ennemy leur fist, lequel toute la nuict tira par intervalles, en intention de les empescher. Douze jours fut la bresche en ceste sorte, sans qu'il se donnast aucun assault. Le seigneur Antoine de Leve n'y vouloit hazarder ses Espagnols, les reservant à entreprise de plus grosse consequence, par-ce qu'en eux, pour estre tous vieils soldats, estoit entierement toute son esperance; les Italiens n'y vouloient marcher, s'ils n'estoient payez; les Allemans ne s'estimoient point devoir estre moindres en reputation que les Espagnols, et n'y vouloient marcher tous seuls.

En somme, ledit de Leve se delibera de ne les point assaillir, tant pour raison dudit differend, que pour l'asseurance qu'il avoit d'emporter bien tost la ville par famine, et sans y hazarder ses gens hors de besoing; car il pensoit bien de vray que les assiegez n'avoient ne vin ne farines, et, si bien ils avoient quelques bleds, ils n'avoient point de moulins, et les manouvriers qu'ils avoient euz au paravant pour en faire, en avoient esté dés le commencement renvoyez par le marquis avec les pionniers; et, ores que parmy les bandes des gens de pied il se trouvast quelques maistres du mestier, ils y estoient sans outils : et avecques ce, du peu de provision qu'ils eussent, et dequoy que ce fust, ledit marquis avoit luy-mesme faict la description, apres y avoir tenu le plus long temps qu'il luy fut possible un nombre superflu de gens pour les faire plustost consumer et faillir; et la description qu'il en avoit faicte, l'avoit il envoyée deslors audit de Leve. En effect, dés le seiziesme jour du siege, se trouverent les capitaines reduits jusques à là qu'à vivre megrement, ils n'en avoient plus que pour quatre ou cinq jours, à toute extremité; et de poudres, à peine pour soustenir un assault: de secours de France, avoient eu nouvelles certaines que de quinze jours ils n'en pouvoient esperer; du costé du marquis, point, car ils sçavoient bien qu'il estoit devenu. Or n'eust encores jamais pensé le seigneur de Leve que leurs vivres eussent tant duré que desja ils avoient; car, en matiere de mengeaille, il tenoit la nation françoise pour malaisée à contenter de peu : parquoy il pouvoit croire que le marquis eust mal diligemment faict sa description ; et commençoit moult à s'ennuyer de tant perdre de temps à une telle ville : et pource feit il dresser ses canons au droict du boullevert qu'il pensoit luy estre plus dommageable s'il luy eust convenu venir à l'assault.

Le sieur de Villebon avoit la charge dudit boullevert avecques ses cinquante hommes d'armes, et Sainct Petre Corse, avecques trois cens hommes de pied, pour les soustenir; et n'en bougeoient ne jour ne nuict avec laditte trouppe. Les ennemis, y ayans dressé leur artillerie, n'eurent pas grandement canonné, qu'ils n'eussent tout desemparé un parapect qu'il y avoit, faict de bois et chambries seulement entassez l'une sur l'autre, et sans terre, sinon peu. Battant plus bas, ils commencerent à plonger dedans le boulevert; et courut un bruict en la ville, qu'ils dressoient une platteforme pour battre en cavalier et plonger au dedans du bastion. Laquelle consideration (avecques la petite provision de vivres et de pouldres, et l'advertissement qu'ils avoient eu du Roy, à eux envoyé par le moyen du seigneur Chrestofle Guasco, qu'ils n'atendissent tant à composer, que force leur fust de faire composition honteuse) fut cause qu'ils deviserent ensemble de trouver quelque honneste moyen de faire que non eux, mais l'ennemy parlast le premier, afin qu'ils en eussent de tant plus gratieuse raison. Cherchant l'occasion, elle s'y offrit d'elle mesme; car le seigneur Antoine de Leve envoya un trompette demander un prisonnier; et, pource qu'il avoit cognoissance au sieur de La Roche du Maine, pour avoir esté ledit de La Roche prisonnier autour de luy apres la bataille de Pavie, il donna charge au trompette de le saluer de sa part, et luy demander s'il luy ennuyoit point d'estre si long temps sans boire vin. Le sieur de La Roche luy respondit que veritablement luy ennuyroit il, au cas qu'il fust en ceste necessité; que toutesfois il la supporteroit pour son honneur et pour le service du maistre : et pour donner à cognoistre qu'il n'estoit là reduict, en bailla deux flascons au trompette, pour presenter en son nom audit seigneur de Leve. Le trompette, entre autres choses, en devisant avecques les capitaines, leur demanda s'ils sçavoient pas bien que le marquis de Saluces estoit au service de l'Empereur : à quoy le sieur de Montpesat respondit que non, et que jamais il ne le croiroit sans avoir, luy-mesmes ou quelqu'un de ses gens, parlé audit marquis. Sur ceste occasion, ledit de Leve, au lendemain matin, envoya le mesme trompette, nommé Augustin, dire aux dessusdits capitaines que, s'ils luy envoyoient un gentilhomme, lequel pourroit venir à seureté avecques le trompette, il leur donneroit asseurance que le marquis estoit au service de l'Empereur : ensemble envoya

recommandations et remerciement audit sieur de La
Roche du Maine, et des amandes, des concombres, et
autres fruicts nouveaux, en luy mandant qu'il avoit
bien bonne envie de le veoir. Au sieur de Montpesat
et autres capitaines sembla estre à propos d'envoyer
quelqu'un vers luy quand et le trompette; et y fut envoyé un gentilhomme de Perigort, homme d'armes de
la compagnie dudit sieur de Montpesat, nommé, ledit
gentilhomme, Sainct Martin.

Arrivé que fut ledit Sainct Martin, apres avoir salué
ledit seigneur Antoine de Leve de la part dudit sieur
de Montpesat, il luy demanda que son plaisir fust luy
donner saufconduit pour aller jusques à Saluces, parler au marquis et sçavoir la verité de ses affaires. Surquoy ledit de Leve prenant la parole : « Je sçay, dit-
« il, mon gentilhomme, que vous n'estes icy venu
« demander le marquis en esperance de le trouver à
« Saluces, car il est en Ast avecques l'Empereur; et si
« vous en estes en doubte, je vous donneray demain,
« si vous voulez retourner, un trompette qui vous y
« conduira: mais j'enten tresbien que vous n'avez ceste
« charge de le demander, sinon pour une couleur et
« vous servir d'excuse, pour venir sentir de moy ce que
« je voudroy dire, et quelle grace je vous voudroy faire
« pour vous tirer de la necessité où vous estes; la-
« quelle je sçay assez quelle vous l'avez, car j'ay icy
« la description de tous les vivres et munitions que
« le marquis vous a laissez (et en ce disant luy mons-
« tra, signée de la main du marquis.) Or fault il con-
« clurre necessairement, quelque bon mesnagement
« dont vous avez usé, et que maintenant vous soyez
« bien pres du but; et m'esbahy, au demourant, com-

« ment voz capitaines, qui sont gens de guerre, se sont
« voulu enfermer en une si pauvre ville qu'est ceste-cy.
« Tant y a que l'Empereur est prince debonnaire, et
« n'est point cruel envers les Chrestiens, mais seulement
« en veult aux Infideles : parquoy je conseille à voz ca-
« pitaines et à vous, que, sans autrement envoyer au
« marquis, vous addressiez à moy, et je seray moyen
« que l'Empereur vous usera de misericorde. Entre
« autres, vous direz au sieur de La Roche du Maine
« que, pour la cognoissance que j'ay de luy, j'ay grand
« regret qu'il soit où il est, et là où je pourray luy faire
« plaisir, je le feray de tresbon cueur, et, comme celuy
« qui l'ayme, luy conseille de bien penser à ce que
« je luy mande. » Le gentilhomme luy respondit qu'il
n'avoit charge de parler, et aussi peu d'ouïr parler
un tel langage, et qu'en la ville il ne s'estoit point ap-
perceu qu'ils en eussent occasion; que toutefois il
en feroit volontiers le rapport au lieutenant du Roy
et aux capitaines, et qu'au lendemain il viendroit
prendre le trompette pour le conduire en Ast, et luy
rapporteroit la response qu'ils luy auroient faicte.

Les capitaines, apres longue deliberation faicte, furent d'avis que ledit Sainct Martin, gentilhomme de Perigort, retournant le lendemain prendre le trompette,
essayast d'entendre du seigneur de Leve quelle composition il leur voudroit faire : et trouvant ledit Sainct
Martin l'occasion, tint au sieur de Leve lesdits propos.
A quoy il respondit que, si l'un des capitaines venoit
vers luy pour en traitter, il l'offriroit telle, qu'ils n'auroient cause de la reffuser : ce que ledit Sainct Martin
promist de raporter aux capitaines; lesquels conclurent
d'y envoyer le lendemain; et y alla le sieur de Ville-

bon (¹), conduit par le mesme trompette. Le seigneur de Leve luy tint d'arrivée semblables propos qu'il avoit faict audit Sainct Martin, y adjoustant que, nonobstant qu'il fust bien asseuré d'avoir la ville quand il voudroit, à sa discretion, il vouloit neantmoins user de ceste courtoisie et gratieuseté aux capitaines, gentilshommes et gens de bien qui estoient dedans, que de les laisser sortir leurs vies sauves et sans rançon, à chacun le baston blanc au poing. A quoy le sieur de Villebon respondit qu'il luy parloit un langage qu'il n'avoit point accoustumé d'ouir; parquoy il luy prioit luy donner congé de s'en retourner, en l'asseurant que dedans la ville il n'y avoit telle necessité qu'il se persuadoit, et, quand elle y aviendroit, qu'encores estoient assez gens de bien pour luy faire couster la moitié de son armée avant qu'estre mis à ceste raison. Et sur-ce, prenant congé sans autre replicque, s'en retourna dedans la ville, où il feit rapport aux autres capitaines de ce qu'il avoit trouvé audit de Leve : lesquels, tous d'un commun accord, se resolurent de mourir plustost en gens de bien, que d'accepter composition si honteuse. Le jour ensuivant, dés le matin, fut Augustin le trompette à la porte de la ville, apportant encores des fruicts nouveaux, avecques gratieuses recommandations au sieur de La Roche du Maine; disant que le seigneur Antoine de Leve s'esbahissoit, veu qu'il n'estoit jamais venu homme de son costé par lequel il ne fist à sçavoir audit de La Roche le desir qu'il avoit de le veoir; ce nonobstant, il ne luy en avoit jamais faict response : adjoustant que, s'il luy plaisoit

(¹) *Le sieur de Villebon* : ce gentilhomme étoit prévôt de Paris. Il faisoit la guerre d'Italie avec cinquante hommes d'armes.

venir disner avecques luy, ce luy seroit un grand plaisir, et se mettroit volontiers en debvoir de le bien traitter.

Le sieur de Montpesat et tous les autres capitaines estoient à la porte quand le trompette y arriva ; et avecques eux estoit le sieur de Sainct Martin, dessus nommé, qui les pria, veu les affaires telles qu'elles estoient, de bien peser et les paroles du trompette et ce qu'aucuns d'eux mesmes avoient ouy des propos que le seigneur de Leve avoit tenuz dudit sieur de La Roche ; et qu'à son advis, ledit de Leve ayant esprouvé que sa braveté de paroles ne les avoit point estonnez, il seroit homme de tenir plus gratieux propos audit sieur de La Roche. Tous s'accorderent à ceste opinion ; et ledit de La Roche, ne voulant estre opiniastre, feit response au trompette, puis que le seigneur de Leve avoit tant envie de le veoir, qu'au lendemain matin il iroit disner avecques luy, mais que ce fust de bien bonne heure. Ne tarda pas demie heure, que le trompette fut de retour à la porte, avec quatre petits penniers de poires ; et apporta response qu'au lendemain, à sept heures, il viendroit querir ledit de La Roche : à quoy il ne faillit ; mais le sieur de La Roche s'excusa pour le matin, et remist de se trouver vers luy à midy. A l'heure ditte, le vint querir le trompette ; avecques luy alla le chevalier d'Ambres, et à leur arrivée furent recueillis de plusieurs gentilshommes italiens, allemans, espagnols, que le seigneur de Leve avoit envoyez audevant : luy se fist apporter en sa chaire, pour les embrasser. Et apres plusieurs ceremonies et propos longs et superfluz à racompter, perseverant ledit sieur de La Roche de ne vouloir rendre la ville, sinon en sortant ainsi qu'ils y estoient entrez, le seigneur de Leve replicqua qu'ils ne pouvoient faire ores que luy le consentist, car le marquis ne leur avoit laissé que dix chevaux d'artillerie, qui n'estoit nombre suffisant pour l'emmener toute, et, replicquant le seigneur de La Roche qu'ils en emmeneroient au moins ce qu'ils pourroient, ne voulut toutefois accorder d'en laisser emmener. Aussi ne vouloit consentir que les hommes d'armes et archers emmenassent, sinon un cheval de service, et que les enseignes aussi demourassent; apres consentit bien qu'elles fussent emportées, mais non pas desployées. Et finablement fut accordée la composition, soubs les articles qui ensuivent.

« Premierement, que lesdits sieurs capitaines françois pourroient (si bon leur sembloit) tenir la ville jusques à la fin du mois complet, à commencer du jour et datte des lettres du Roy, dont estoient desja passez quatre jours; et qu'au dessusdit terme du mois complet, ils la consigneroient audit seigneur Antoine de Leve : et de ce faire bailleroient dés à present ostages, dont luy, seigneur de La Roche du Maine, seroit l'un, et autres deux ou trois gentilshommes de sa maison. Si toutesfois il leur sembloit et venoit à propos d'en desloger plustost, que faire le pourroient, avecques les mesmes conditions subsequentes. *Item*, que si, durant ledit terme, le roy de France ou son armée venoit lever le siege estant devant la ville, ou autrement luy donner secours, ledit sieur Antoine restitueroit les ostages, et laisseroit la ville en la forme et estat qu'elle estoit lors; aussi qu'ausdits sieurs capitaines, durant ledit temps, ne seroit loisible de fortifier laditte ville, ne d'y faire autres rempars que ceux qui ja y estoient, sauf qu'à la breche qui estoit tombée, il leur seroit permis de la racoustrer, et que ledit seigneur Antoine bailleroit deslors un gentilhomme des siens pour regarder en quel estat elle estoit. *Item*, que, durant ledit temps ne seroit donné aucun empeschement ou trouble à ceux de dedans, et que ledit de Leve retireroit ce pendant son armée delà le pont d'Esture. Quant à l'artillerie et munitions, et tous les grands chevaux qui excederoient la haulteur de six palmes et quatre doigts, demoureroient dedans la ville, sinon le nombre de douze chevaux, tels que voudroient choisir les capitaines, lieutenans, enseignes et guidons. Qu'au demourant, ils sortiroient enseignes desployées, avecques tout le reste de leurs chevaux au dessoubs de laditte mesure, de leurs courtaux, bestes d'emble, mulles, mullets et bagage; promettant de les asseurer et faire accompagner jusques en lieu de sauveté, au païs et obeïssance du Roy, et de leur faire provision de ponts et vivres par le chemin. *Item*, que ledit seigneur Antoine permettoit au sieur de Montpesat envoyer un ou deux ou trois gentilshommes vers le Roy, tels qu'il voudroit choisir, et les feroit accompagner juques à l'entrée des païs du Roy, par gens qui les attendroient douze jours au lieu où ils les laisseroient, pour les raconduire au retour en seureté. Plus, permettoit ledit de Leve que l'argent passast seurement, venant de France, pour le payement desdits gens de guerre estans en la ville. »

Lesquels articles ainsi accordez, voulut le seigneur Antoine faire signer audit sieur de La Roche, qui le reffusa, disant qu'il en vouloit communiquer et faire le rapport au sieur de Montpesat et à ses autres compagnons ; aussi que de les signer il appartenoit audit sieur de Montpesat, qui estoit chef en la garnison et chevalier de l'ordre du Roy ; mais que le lendemain il le luy ameneroit en une chapelle à mi-chemin de son logis et de la ville, et que là tout se parferoit. Ainsi qu'il le promist il l'accomplit, et se presentant pour ostage, et avec luy le sieur de La Palisse, fils unicque de feu monsieur le mareschal de Chabannes, et le sieur d'Assier, aussi fils unicque de monsieur le grand escuyer de France ; desquels il se contenta, disant que tousjours l'avoit trouvé homme de parole et raisonnable. Il luy feit alors une requeste, avant qu'il y eust aucune chose signée, en le priant tresinstamment (veu qu'il l'avoit trouvé tel) qu'il l'asseurast de ne l'en refuser aucunement : ce que ledit seigneur de Leve luy accorda et asseura, pensant que la requeste deust estre du bon traittement, et de laisser aller lesdits jeunes ostagers passer aucunement le temps avec les dames. Mais le sieur de La Roche, ayant eu son asseurance, luy demanda que, durant ledit terme accordé, il fist aux gens de Fossan, pour eux et pour leurs chevaux, delivrer vivres en payant, et qu'autrement, s'il advenoit qu'ils eussent secours, il ne les rendroit en l'estat qu'ils estoient à l'heure de la composition. Le seigneur de Leve monstra contenance d'avoir à desplaisir ceste requeste : ce nonobstant il l'accorda, soubs declaration qu'ils n'en prendroient, sinon ce que leur en faudroit par chacun jour, et non plus. Et fut cest article adjousté aux precedens. Et, ce faict, en furent escrits deux originaux, dont l'un, signé du seing et seellé du seel dudit de Leve, fut baillé au sieur de

Montpesat, et audit de Leve l'autre, soubs le seing et seel dudit Montpesat.

Le vingtquatriesme jour du mois de juing, audit an 1536, fut le sieur de Sansac depesché vers le Roy, avecques ceste nouvelle. Durant ce terme, sourdirent quelques altercations entre noz gens et les ennemis: mais il y fut par les capitaines si bien pourveu des deux costez, qu'il n'en advint inconvenient; et alloient les François de Fossan au camp de l'Empereur, aussi privéement que dedans la ville. Environ huict jours apres ceste capitulation, l'Empereur, qui estoit venu d'Ast à Savillan, vint visiter le camp du seigneur Antoine, accompagné de plusieurs princes et seigneurs, comme sont les ducs de Savoye, d'Albe, Baviere, de Brunsvich, des princes de Salerne et de Bisignan, des marquis du Guast et autres; et, y arrivant environ les six heures du matin, feit mettre toute son armée en bataille, pour la veoir; et, la trouvant belle et bien en ordre à son gré, fist appeller le sieur de La Roche du Maine et ses compagnons, afin de la leur monstrer : lesquels y vindrent à cheval, avecques leurs sayes accoustumez à vestir sur le harnois, ainsi qu'ils estoient semez de croix blanches, et tout à cheval luy firent la reverence. Il estendit un bras, et embrassa le sieur de La Roche du Maine, puis le feit couvrir pour le chault, disant qu'il ne vouloit pas qu'il fust malade, mais vouloit bien luy faire plaisir, et qu'il luy vouloit faire veoir son armée. A quoy ledit de La Roche repliqua qu'estant telle ainsi qu'il l'estimoit estre, c'estoit bien le rebours de luy faire plaisir que de la luy faire monstrer; car si elle estoit bien pietre et ruinée, plus de plaisir y prendroit-il qu'à la veoir belle, sinon qu'ils s'accordassent ensemble, luy et son maistre, sans faire combatre l'une contre l'autre, au si grand dommage de la chrestienté, deux si puissantes armées comme ils pourroient eux deux la mettre sus ; et que, si tous deux estoient bien conseillez, ils s'apoincteroient, et tiendroient, eux deux, et Turc et tous autres en subjection : mais de penser deffaire l'un l'autre, ils s'abuseroient, car, quelque armée qu'il luy sceust monstrer, le Roy luy en presenteroit en barbe une aussi belle ; et quant ores ceste premiere qu'il auroit dressée seroit deffaicte, que Dieu ne voulust, il en auroit remis sus une autre dedans quinze jours, et mettroit, en un besoin, autant de gentilshommes à pied comme ledit sieur Empereur avoit en ceste armée de gens de toutes sortes. Sur-ce, retournant à sa premiere parole, qu'ils feroient tresbien de s'accorder, et d'employer d'un commun accord ces tant puissantes et belles armées au service de la foy chrestienne, l'Empereur à ce luy replicqua qu'il n'ignoroit point les forces du Roy, aussi cognoissoit-il bien les siennes ; et quant à s'accorder ensemble, c'estoient propos ausquels il n'auroit jamais les oreilles bouchées, mais qu'on les tint ainsi qu'il appartient.

A tant il ordonna au marquis du Guast et à un seigneur espagnol de luy aller monstrer et à ses compagnons toute son armée, et commanda de les mener disner avecques les princes d'Allemagne, et qu'apres disner il les verroit encores : ce qu'il fist, et demanda de rechef audit seigneur de La Roche qu'il luy sembloit de l'armée qu'il avoit veuë ; lequel respondit qu'il l'avoit trouvée tresbelle, et que c'estoit seulement dommage qu'elle n'estoit employée en autre entreprise.

L'Empereur luy demanda où il presumoit qu'il la vouloit employer : ledit de La Roche luy dit que c'estoit en Provence. L'Empereur luy fist responce que les Provenceaux estoient ses subjects : le sieur de La Roche luy respondit qu'il les trouveroit ses subjects fort rebelles et mal obeïssans. Or en devisoit l'Empereur en un langage, que lon cognoissoit facilement qu'il s'estoit persuadé que jamais le Roy ne seroit pour luy resister; et s'avança jusques à demander combien de journées il pouvoit encores avoir depuis le lieu où ils estoient jusques à Paris : à quoy ledit de La Roche respondit que, s'il entendoit journées pour batailles, il pouvoit encores y en avoir une douzaine pour le moins, sinon que l'agresseur eust la teste rompue dés la premiere. Sur ceste response, se print l'Empereur à soubsrire; et luy dist quelqu'un des assistans qui cognoissoit ledit de La Roche : « Je vous avoye bien dit, Sire, « qu'il vous sçauroit dire quelque mot s'il vouloit. » Et l'Empereur, en reprenant la parole, redoubla que là où on parleroit de paix ainsi qu'il appartenoit, on ne trouveroit qu'il y eust les oreilles closes; et, en ce disant, luy donna gratieusement congé, recommandant que luy et ses compagnons fussent humainement traittez.

Le marquis de Saluces hantoit aucunefois avecques eux, et s'efforçoit entierement à les persuader qu'ils se retirassent en France, sans attendre le terme qui leur estoit accordé, alleguant qu'il leur pourroit, en l'attendant, mal prendre, d'autant que l'Empereur estoit deliberé de marcher outre; et que, s'ils demouroient derriere, les païsans pourroient leur donner sur la queue et les deffaire, pour le moins leur donner un gros ennuy ; mais ils persisterent d'attendre le retour de Sansac, et luy repliquoient que, si l'Empereur, avecques toute sa puissance, avoit crainct de leur donner assault, ayant bresche plus que raisonnable, par plus forte raison craindroient les païsans de les assaillir. En somme, ils attendirent la venue de Sansac, et le jour du terme : qui greva beaucoup aux ennemis, car ils ne les vouloient laisser derriere, de peur qu'ils eussent moyen de se renforcer et leur donner des affaires sur la queue, ou d'assaillir le nombre des gens qu'ils entendoient laisser à l'entretenement du siege de Turin : si est-ce qu'à l'Empereur il desplaisoit grandement de tant donner de loisir au Roy de se preparer et fortifier.

Le sieur de Sansac venu, et le jour prefix arrivé, le chevalier Cicongne, milannois, ordonné par le seigneur Antoine de Leve, et le sieur de Sainct Martin, par plusieurs fois cy devant nommé, de la part de ceux de Fossan, mesurerent les chevaux qui devroient sortir dehors ; en quoy ledit Cicongne usa d'exorbitante rigueur ; et, outre celle dont il usa, fut encores tenu beaucoup de tort à d'aucuns gentils hommes françois (¹), ausquels furent ostez des chevaux desja visitez et jugez estre de la mesure accordée, aussi plusieurs hacquenées et autres bestes d'amble, contrevenant aux articles de la capitulation ; mais force fut qu'ils endurassent, estant le camp de l'Empereur

---

(¹) *Beaucoup de tort à d'aucuns gentils hommes françois* : Dupleix et Le Feron disent que, dans cette occasion, il n'y eut pas plus de bonne foi d'un côté que de l'autre. Pendant huit jours, les Français rassasièrent de froment, sans les laisser boire, les chevaux qu'ils devoient livrer, de sorte qu'au premier abreuvoir où ces chevaux furent menés, ils burent avec excès, et moururent presque tous.

si pres. Au demourant, ils sortirent en armes et enseignes desployées, autant les gens de pied que les gens de cheval, estant le seigneur Antoine de Leve en sa chaire pour les veoir passer, à deux gects d'arc pres de la porte. Et quand ils furent à demy mille ou environ hors de la ville, fut par aucuns des Imperiaux rué sur le bagage, qui marchoit à la queue des gens de guerre, comme de gens qui pensoient cheminer (ainsi qu'il leur avoit esté promis) en bonne seureté. La charette du sieur de Villebon, entre autres, fut prise et menée en arriere, et faict plusieurs autres detroussemens. Cest alarme rapaisé, les capitaines, pour obvier qu'à l'advenir n'en arrivast de semblables, ordonnerent douze cens hommes de pied, tous gens esleuz, qui de là en avant marcherent tousjours devant le bagage; et sur les aisles, autres trois cens, tous arquebusiers; et sur la queue, jusques à cent cinquante hommes de cheval, des mieux montez et armez, avecques deux cens arquebusiers pour les soustenir; entre lesquels gens de cheval et le bagage, marchoit tout le reste de leurs gens, tant de pied que de cheval, dont messire Martin du Bellay eut la charge des gens de cheval qui demeurerent sur la queue, et le chevalier d'Ambres, des gens de pied.

Et en cest ordre marcherent tout le jour, ayans tousjours sur les aisles une trouppe de la gendarmerie imperiale, laquelle estoit sortie de Villefranche, où elle estoit en garnison, en intention de ruer sur le bagage desdits gens de guerre sortis de Fossan: et firent lesdits Imperiaux quelque contenance de ruer dessus; mais il en fut tué huict ou dix de coups d'arquebuse: parquoy à la fin ils se retirerent, sans oser

enfoncer les nostres, qui ceste nuict coucherent à
Cardey. Et au lendemain marcherent, en pareil ordre,
jusques à un village sis au dessous de Pignerol, ayans
tousjours, ainsi que le jour precedant, les gens de cheval de l'Empereur et sur la queue et sur les aisles,
et s'escarmouchans souvent avecques eux, sans toutesfois y avoir receu aucun dommage. Au troisiesme
jour, de là Pignerol et deçà Perouse, au milieu de la
montagne, se trouverent en grosse troupe les païsans,
qui avoient pris les armes; et, marchans à couvert és
voyes et sentiers de la montagne, en costoyant noz
gens, leur donnerent de l'ennuy beaucoup, et en blesserent plusieurs : à la fin, toutesfois, ils furent repoulsez et contraincts de se retirer avec grosse perte
de leurs gens; car il en fut tué de six à sept vingts
hommes, surpris entre les nostres, qui par deux endroicts avoient gaigné le dessus de la montagne pour
venir enclorre et deffaire laditte trouppe des païsans;
laquelle deffaitte estonna tant les autres, qu'ils ne
penserent plus chacun à autre chose qu'à se sauver.
Et sur le soir arriverent les nostres à Fenestrelles, au
dedans des païs du Roy, à sauveté; duquel lieu fut
depesché messire Martin du Bellay, en poste, pour
avertir le Roy comment les choses estoient passées, et
pour entendre de luy ce qu'il vouloit que fist ceste
trouppe venant de Fossan.

Durant ce siege, et pendant ce terme de la reddition de Fossan, le Roy, encores qu'il n'eust esté deffié
ne par herault ne par lettre, jugea toutefois, en hostilité si descouverte, n'estre à propos d'avoir plus aucuns ambassadeurs ny messagers entre luy et l'Empereur; et, à ceste cause, escrivit à tous les gouverneurs
et capitaines de ses frontieres, que de là en avant ils

arrestassent tous courriers allans à l'Empereur, ou venans de luy ou de ses ministres ; et au sieur de Vely, son ambassadeur, qu'il print congé de l'Empereur. A celuy dudit seigneur Empereur il ordonna pareillement de se retirer ; et, pour le conduire en lieu de seureté hors de son obeissance, luy bailla messire Louis du Perreau de Castillon, l'un des gentilshommes ordinaires de sa chambre, et luy fit, ce nonobstant, honnorable present, ainsi qu'est la coustume de faire aux ambassadeurs des princes ou seigneuries, de l'un à l'autre ; mais ledit ambassadeur, ayant sceu depuis que le sieur de Vely, lequel il rencontra par chemin, n'avoit voulu accepter present dudit seigneur Empereur, envoya celuy qu'il avoit accepté du Roy, au sire de Humieres, dessus nommé, lieutenant du Roy en Dauphiné : peu apres, luy escrivit de Suse, du vingt-cinquiesme jour du mois, comment il avoit un pouvoir de l'Empereur son maistre, pour traitter quelques moyens de paix, s'il plaisoit au Roy d'en envoyer audit sire de Humieres un semblable. Le Roy, du commencement, fist response qu'il n'en envoiroit point, et que les choses estoient trop avant pour entamer propos de paix ; et pensoit bien que c'estoit quelque nouvelle invention pour encores l'amuser ; mais quelques jours apres, voulant tousjours confermer le devoir de son costé, il revocqua ceste depesche, et envoya le pouvoir audit sire de Humieres ; encores depuis il donna passage par son royaume audit ambassadeur, allant, si comme il disoit, pour le bien de la paix, au Païs Bas de l'Empereur. Ce nonobstant, il n'en sortit aucun effect ; et a depuis esté cogneu que l'Empereur avoit usé, par sa confession mesme, de ce moyen, pour abreger le chemin de faire sçavoir de ses nouvelles au comte de Nansau, et pour en avoir des siennes, afin que ses deux armées se reglassent d'une mesme teneur.

Le Roy, qui n'en pensoit pas moins, ne s'endormit, ainsi que l'Empereur avoit eu opinion, sur la venue ne praticque dudit ambassadeur, ains en continuant, ainsi qu'il avoit commencé, de donner ordre à tous ses affaires, depescha Jean cardinal du Bellay, evesque de Paris, pour aller, comme son lieutenant general, en laditte ville et païs circonvoisins, pour y entretenir et asseurer le peuple qu'il ne s'estonnast, ainsi qu'il advient aucunefois entre les peuples non accoustumez aux incommoditez de la guerre, quand ils voyent leur païs assailly par tant et divers endroicts, comme l'Empereur menassoit et procuroit de faire, aussi pour avoir esgard au faict des finances, dont le fons de la recepte des païs circonvoisins estoit à Paris, afin de secourir la Picardie, Champagne et autres lieux de frontiere, selon l'exigence des affaires. Au sire de Humieres ordonna que, retournans noz gens de Fossan, il les departist au long de la montagne, pour asseurer et tenir les passages; et que sur tout il envoyast souvent espies sur espies, pour entendre le convine des ennemis, et quel chemin ils entreprendroient pour faire descente en France; et que, là où ils monstreroient de vouloir prendre le chemin du Mont-Geneve, il envoyast en toute diligence rompre le passage, à force de pionniers, et rompre le cabestan assis sur la montagne, à ce qu'ils ne s'en aydassent à passer leur artillerie; au Chasteau-Dauphin qu'il meist le capitaine Monnein, avec ses gens, et les remplist jusques au nombre de cinq cens. Au seigneur Jean Paul, outre les deniers qu'il luy avoit auparavant faict delivrer pour lever les gens de guerre italiens (ce qu'il fist, et la pluspart en retira du camp des ennemis), il envoya, par Picquet, commissaire ordinaire des guerres, le payement des gens de guerre estans à Turin, afin qu'il essayast de passer outre et le porter en laditte ville; ce que ledit seigneur Jean Paule executa, mais non sans grosse difficulté, à cause que les ennemis avoient garnisons à Bozzolin, à sainct Ambrois, à Rivoles et à Groullian, places assises entre Suse et Turin, en païs estroict, et des deux costez enclos de montagnes : il y passa toutesfois sans perdre aucun de ses gens, sinon un de ses chevaux legers italiens, nommé le comte Sebastian de Monte-Cuculo, et luy blessé d'un coup d'arquebuse en l'espaule, dont il fut guary en peu de jours.

Aussi depescha le sieur de Noailles avecques un tresorier, et le sieur de Bourran, commissaire ordinaire de ses guerres, pour aller faire la monstre et payement des gens de guerre qui retourneroient de Fossan; ausquels, pour le service qu'ils avoient faict, et pour leur ayder à se remonter, il fist donner un quartier, outre ce qu'il leur estoit deu. Et fut baillé audit Noailles, par instruction, de faire marcher la gendarmerie vers Avignon, auquel lieu avoit le Roy deliberé de faire l'amas de son camp, pour apres le faire marcher outre jusques au lieu qu'il seroit avisé. Et pour choisir un lieu commode, furent depeschez messeigneurs le prince de Melfe, napolitain, Stefe Colonne, baron romain, tous deux chevaliers de l'ordre, Poton Raffin, seneschal d'Agenois et capitaine de cent archers de la garde du Roy; et, peu apres, messire Jean de Bonneval, capitaine de cinquante hommes d'armes des ordonnances dudit seigneur, avec commission pour faire le gast, tel que je declareray par cy apres. La depesche faicte dudit Noailles, le Roy, sur l'opinion qu'il avoit tousjours, comme j'ay dit cy dessus, eüe que l'Empereur entreprendroit de passer en Provence, il envoya nouvelle instruction, ordonnant au sire de Humieres faire marcher ladite gendarmerie de Fossan, par ce qu'elle estoit moins que suffisamment remontée, le chemin droict à Marceille, auquel lieu elle pouvoit, sans trop grand nombre de chevaux, faire le service requis à la deffense de la ville ; et furent, pour servir à la campagne, retirées hors de ladite ville la compagnie dudit Bonneval, et autres qui estoient mieux montées et equippées pour ce faire. Par autre depesche, fist ledit seigneur à sçavoir à messire Louis d'Angerand, sieur de Boisrigault, qu'il fist avancer les Suisses de sa levée, et qu'ils prinssent le chemin de Montluel. Auquel lieu se trouva ledit seigneur, au jour qu'ils y passerent, et à chacun des capitaines donna en present une chaine de cinq cens escus, et de là il les fist marcher droict à Valence, auquel lieu il alla bien tost apres, c'est à sçavoir incontinant qu'il eut certaineté que l'Empereur avoit pris le chemin de Provence : et, avant son partement, depescha monseigneur Robert Stuard, chevalier de son ordre, seigneur d'Aubigny, mareschal de France, capitaine de cent lances de ses ordonnances, et de cent archers escossois de sa garde ; messire Jacques Galiot, aussi chevalier de l'ordre, capitaine de cent lances de sesdittes ordonnances, grand escuyer et grand maistre de l'artillerie de France, pour recueillir les capitaines et gens de cheval et de pied qui arriveroient audit lieu d'Avignon; mais, pour y estre chef et son lieutenant general, par sur tous il avoit faict election de messire Anne de Montmorency, aussi chevalier de son ordre, capitaine de cent lances, grand maistre et mareschal, et à present connestable de France, lequel toutesfois il retint encores en sa compagnie jusques au vingtiesme jour du mois de juillet.

L'Empereur, attendant ce pendant le partement des gens de Fossan, et que la delivrance de la ville luy fust faicte, estoit allé sejourner à Saluces, faisant en diligence ses preparatifs; et, au lieu de Savillan, du Montdevis, de Cony et de Tende, faisoit ordinairement besongner tous les moulins et fours qui se trouverent; et feit grosse munition de biscuit, et provision de toutes les bestes de charge qu'il peut recouvrer au païs, pour faire mener apres son camp ledit biscuit et autres vivres. Le seigneur Antoine de Leve, pour aussi ne perdre temps ce-pendant que le jour de la delivrance de Fossan arriveroit, avoit, dés le dernier jour de juing, envoyé sommer la place de Roquesparviere, appartenant à messire Jean de Boller, sieur de Cental; mais le frere dudit Cental, eleu de Riez, luy fist response que la place estoit tenue du Roy, et que luy, comme fidele et bon vassal, n'y laisseroit entrer, sinon par sur son ventre, homme qui ne fust amy du Roy sondit seigneur; et, pour accomplir sa promesse plus seurement, envoya demander secours au sire de Humieres, qui luy envoya tel nombre de gens de guerre et canonniers qu'il luy demanda. Parquoy ledit de Leve ne fist point d'autre entreprise contre laditte place, et fist tourner ses gens vers le Chasteau-Dauphin, en esperance de le surprendre: lesquels, faillans à leur entreprise, se mirent à l'assieger; mais, advertis que les bandes du sieur Chrestofle Guasco et celle du seigneur de La Tour y venoient au secours, ils se retirerent à Sainct Pierre au marquisat de Saluces. Le Roy pourtant ne laissa d'envoyer renfort de gens audit chasteau, par le capitaine Paulin, lieutenant dudit Monein, qui estoit venu vers luy de par ledit Monein, son capitaine.

Audit Savillan arriverent messieurs les cardinaux Trivulce, ordonné d'aller devers le Roy, et le cardinal de Carpy, devers l'Empereur, envoyez par nostre sainct Pere, leur intimer le concile à celebrer en la ville de Mantoue, au vingt-septiesme jour de may, l'an ensuivant, que l'on compteroit 1537; aussi pour moyenner la paix entre lesdits seigneurs Empereur et Roy. Ils furent solennellement recueillis et ouys, en presence de plusieurs princes et autres seigneurs: et quant au faict du concile, l'Empereur y consentit et promist de s'y trouver en personne, et que nul autre que la puissance de Dieu l'en empescheroit: quant à la paix, qu'ils sçavoient bien qu'à Rome il avoit protesté que s'il venoit à la guerre contre le Roy (chose qu'il ne voudroit faire que moult envis), il la feroit de sorte que nulle occasion, quelconque elle fust, luy feroit tourner la teste en arriere, qu'il n'eust executé son intention, disant ne se vouloir departir aucunement d'icelle sienne protestation, sinon que preallablement le Roy eust entierement restitué, reintegré et desdommagé le duc de Savoye; et alors, s'il luy envoyoit demander la paix, il luy respondroit selon que les choses luy sembleroient le requerir.

Au cardinal Trivulce, lequel avoit charge de passer en France vers le Roy, sembla n'estre hors de propos de parler audit seigneur Empereur à part, et pensa que, nonobstant ceste hautaineté qu'il monstroit en public, il luy pourroit particulierement tenir quelques plus gracieux propos, et plus inclinans à raisonnable composition. Son audience obtenue, il demanda, entre autres choses, si, s'accordant le Roy à ce que demandoit Sa Majesté imperiale, de la reintegration du duc de Savoye, ou, à tout le moins, de mettre les choses en sequestre, saditte Majesté seroit contente que luy cardinal, allant vers le Roy, luy tint encores propos qu'en ce faisant, Sa Majesté imperiale rendroit le duché de Milan à monseigneur le duc d'Orleans : à quoy respondit l'Empereur que non ; et le cardinal replicquant, avecques humble requeste, que, pour chose qui fust advenue, il ne changeast de l'opinion qu'il avoit eue de ce faire, et qu'il avoit declarée en si bonne compagnie qu'en plein consistoire de nostre sainct Pere, de son college, de tant d'ambassadeurs estrangers : respondit l'Empereur à cest article, qu'il n'avoit point changé d'opinion, car il n'avoit jamais eu volonté de bailler ledit duché ; seulement avoit voulu donner au Roy bonnes paroles, et chercher tous les moyens de le faire desarmer, ce pendant que luy s'armeroit, ainsi que le Roy en cas pareil avoit, en l'entretenant de belles paroles, assailly et spolié le duc de Savoye. Autre chose n'en peut tirer ledit cardinal, et sur-ce, prenant congé, passa les monts pour venir trouver le Roy. Son collegue demoura encores quelque temps avecques l'Empereur, et puis fut envoyé par luy gouverneur audit duché de Milan.

Tous les preparatifs que faisoit l'Empereur estoient comme pour prendre le chemin de Provence ; luy s'en vantoit, et ne se vouloit laisser desmouvoir de ceste intention ; et ordinairement avoit en main ou devant les yeux, une carte des Alpes et du païs bas de Provence, que luy avoit donnée le marquis de Saluces; et là estudioit si souvent et ententivement, applicquant le tout à ses desirs et affections, que desja il presumoit d'avoir le païs en son bandon ainsi comme il en avoit la carte. Et n'estoit point en ceste sienne persuasion sans y avoir aucuns astipulateurs et qui le servissent d'agreable au lieu de veritable conseil; et, comme ceux qui donnent de l'esperon au cheval courant volontairement et de soy-mesme, l'enhortoient à faire promptement passer son armée deça les monts, pour là y exploitter en ce cours de victoires qu'elle estoit; et poursuivant lequel, ils ne faisoient doubte que sans combat, au moins sans danger, il ne conquist en peu de temps toute la Gaule, moyennant qu'il se hastast de passer; et que de l'occasion que Dieu luy avoit envoyée, telle qu'il n'en vient souvent de pareilles, et qui peu durent quand elles viennent, il voulust user de saison, et avant que le Roy eust temps de se renforcer et preparer à soustenir le faix de son invasion. Et quant à ce dernier article, n'estoient ils point hors de propos, si c'eust esté chose aussi facile à executer qu'à dire. Les autres, et le plus grand nombre, debattoient au contraire, et leur sembloit estre plus à propos de poursuivre la reconqueste encommencée des païs gaignez par le Roy sur le duc de Savoye, et lesquels ils avoient presens et à main, que d'aller assaillir l'autruy et loingtain païs; et d'establir delà les monts un bon repos et seureté, que de venir faire la guerre en France. « De suivre et d'exe« cuter ce conseil, nous esperons, disoient-ils, qu'il « adviendra de deux choses l'une : ou que bien tost « nous paracheverons de recouvrer et nettoyer ce païs

« d'ennemis, ou que le Roy (doubtant qu'ayant vaincu
« ceste entreprise, nous ne passions d'autant plus fors
« et vigoureux sur luy, et mieux aymant faire la
« guerre en païs d'autruy que la soustenir en son
« propre) se deliberera, pour obvier à cest inconve-
« nient, de passer deça avecques toutes ses forces. Ad-
« venant le premier article, alors pourrons nous, sans
« craincte que mutation advienne par deça, marcher
« asseurement contre luy delà les monts. Advenant le
« second, ce nous sera beaucoup plus grand avan-
« tage de l'y attendre et recueillir avecques toutes
« les nostres forces, que si nous allions le combatre
« avecques une partie seulement, en laissant icy l'au-
« tre (comme force nous seroit de faire) à la pour-
« suitte de la susditte conqueste encommencée, et au
« danger que le Roy, se confiant en la bonne obeïs-
« sance et union de ses subjects, et en la force et bon
« ordre mis à la seureté de ses villes, se contente de les
« bien garder et deffendre; et faisant le guast de trois
« ou quatre journées de païs au devant de nous, sans
« y laisser autre chose que solitude et desolation, si-
« non en aucunes places bien munies de vivres, de
« gens, artillerie et munitions, tellement que, par la
« raison de la guerre, nous ne puissions ne devions
« passer outre et les laisser derriere nous, il se vienne
« loger en un camp avantageux, fortifié, couvert des-
« dittes villes, et qu'au siege de chacune il nous ar-
« reste pour le moins autant qu'il a faict devant la
« ville de Fossan, devant laquelle, telle et si peu def-
« fensable que chacun de nous la cognoist, nous avons
« sejourné autant que si c'eust esté pour conquerir
« Paris, ville capitale de France. Cela advenant, pour-
« roit il pas, ce-pendant, nous survenir quelqu'un des

« inconveniens qui autresfois luy sont en pareil cas
« survenus en Italie? Pourra-il pas aussi, voyant l'I-
« talie desnuée de force, y envoyer, si bon luy sem-
« ble, autre nouvelle armée de France, ou en Italie
« mesme, en laquelle, delivrée de la peur et craincte
« de nous, il peult faire lever une armée, soubs la
« charge mesme et par le moyen de ceux qui nagueres
« luy en avoient levée une? Pourra il pas, cela faict,
« meslant la force avecques les praticques, ayant à
« faire à une nation encline naturellement à revoltes et
« mutations, acquerir et peuples et païs, cependant
« que nous serons amusez au devant d'une seule ville?

« Nous ne voudrions, Sire, en cest endroict vous
« apporter mauvais augure, en vous ramentevant à
« combien de grands princes et seigneurs est autrefois
« advenu, non seulement de perdre du leur en vou-
« lant trop pertinacement envahir autruy, mais d'y
« recevoir telle perte qu'onc depuis eux ne leur race
« n'ont eu moyen de s'en ressouldre; ne dire que (si
« les choses autrefois advenues sont tousjours en pos-
« sibilité d'advenir encores, tant que les raisons et
« conditions seront pareilles) nul homme ne peult te-
« merairement et inconsiderément assaillir autruy,
« qui ne se mette grandement au mesme hazard : car
« nous sçavons bien que les forces de vous, Sire, sont
« telles, voz querelles si justement fondées, voz entre-
« prises si bien pesées, la faveur de Dieu et de fortune
« si bien accompagnans vostre vertu, que tel inconve-
« nient ne peult vous advenir; mais, seulement pour
« acquitter nostre debvoir, et, à ce que sur les diffi-
« cultez que nous mettons en avant vous pourvoyez se-
« lon vostre prudence accoustumée, avons bien voulu
« les vous ramentevoir, et vous faire souvenir que vous

« aurez à faire à une nation qui, en son païs et dehors,
« a tousjours esté fort belliqueuse, mais en son païs a
« esté plus retenue et mieux usant de conseil qu'elle
« ne faict dehors ; à une nation qui jamais par autre
« que vous ne fut battue, sans que le vainqueur y ait
« receu tresgrosse perte ; à une nation, laquelle, en-
« cores que vous ayez souvent vaincue, si a ce esté
« de sorte que jusques icy nous ne cognoissons encores
« en riens que vous soyez enforcy sur elle de voz vic-
« toires, ne qu'elle soit debilitée pour toutes ses pertes.

« Toutes ces raisons ne nous desmouveroient tou-
« tesfois que nous ne suivissions vostre opinion et
« de ceux qui à nostre advis y adherent fidelement,
« et paraventure plus prudemment que nous, si nous
« n'avions à combattre que l'ennemy ; mais nous avons
« à combattre les destroicts des Alpes, à vaincre un
« long et malaisé chemin, et, cela vaincu, nous ne
« trouverons en aucun lieu, ne pour aller en avant
« ne pour faire sejour, amitié, bien-vueillance ne
« seureté. Jusques icy vous avez tousjours conduit
« vostre armée par païs d'amis, mieux aymant le re-
« pos que d'irriter noz forces. Derriere, nous avons
« le païs obeïssant et les passages ouverts, pour avoir
« et vivres et renfort de gens à toutes heures que be-
« soing sera : d'icy en avant, en quelque part que
« nous tournions la teste, nous aurons, devant et der-
« riere, et par les costez, toutes choses ennemies et
« contraires, et (qui n'est petitement à craindre) un
« aer mal-sain et tresdangereux à gens qui ne l'ont
« accoustumé, si vous entreprenez, ainsi qu'est vostre
« intention, de faire vostre passage en Provence : de
« maniere, Sire, que plus difficile nous sera le com-
« bat du long et mauvais chemin, de la faulte de vi-

« vres, de l'intemperie de l'aer, de la famine et pes-
« tilence qui en resulteront, que ne sera le combat
« de l'ennemy, lequel deffera moins de noz gens, que
« ne fera le moindre de noz autres susdits adversaires.
« C'est, Sire, ce que principalement nous craignons,
« et qui nous tient en ceste opinion de n'envahir le
« païs d'autruy, devant que luy ait en cestuy cy posé
« les armes, sans moyen et possibilité de les reprendre ;
« en laquelle nous voudrions persister, si nous ne pen-
« sions certainement que vous sçachez quelque chose
« à vostre avantage que nous ne sçavons, et que para-
« venture la raison ne veult qu'aucuns de nous sça-
« chent encores. »

Telle fut la remonstrance de la pluspart de ses capitaines, et, entre les autres, du seigneur Antoine de Leve, lequel, jusques à se vouloir faire mettre à genoux hors de sa chaire, le requeroit et supplioit de se laisser persuader à ses bons, loyaux et anciens serviteurs. Aucuns toutesfois estoient d'opinion que secretement ledit de Leve estoit d'advis [1] que l'Empereur passast deçà ; mais, du vouloir et sceu dudit seigneur, il monstroit devant le monde et publiquement le contraire, afin que, venant l'Empereur au dessus de son entreprise (ainsi qu'il en avoit bonne esperance, voire s'en tenoit pour asseuré), toute la gloire et honneur en fust attribué audit seigneur Empereur, et dit par le monde que son cueur avoit esté si grand, sa prevoyance et conduitte si bonne, que, contre l'opinion

[1] *Secretement ledit de Leve estoit d'avis :* on avoit prédit à de Lèves qu'il seroit vice-roi de France, et que son tombeau prendroit place à Saint-Denis au milieu de ceux des rois. Les gens crédules remarquèrent qu'il mourut dans un lieu nommé Saint-Denis, en Provence, et que son corps fut porté dans l'église de Saint-Denis de Milan.

de tous, il eust osé entrer, et eust eu la prudence de conduire à heureuse fin une entreprise desesperée.

L'Empereur doncques, ce neantmoins, persistant tousjours en sa deliberation, print la parole, et, concluant, usa de ceste remonstrance : « Si je n'avoye, « dit-il, certaine cognoissance, et de la guerre que « nous entreprenons, et de l'ennemy auquel nous « avons à faire, et de nous mesmes, qui avons à l'exe- « cuter, je ne blasmeroy point, ains approuveroy « plustost et ensuivroy ceste deliberation, ou, pour « mieux dire, consideration vostre ; mais, cognoissant « que nous l'entreprenons contre un infracteur de « foy allant à l'encontre de ses traittez, et qui, con- « trevenant à iceux, a contre le duc de Savoye (com- « pris au traitté de Cambray, ainsi que noz autres « confederez), commencé la guerre, qu'il sçavoit bien « estre reduitte contre nous, je ne fay point de « doubte que nous n'ayons Dieu pour nous, lequel « est juste juge et vindicateur rigoureux des traittez « non observez et de la foy violée. Et adjousteray « que nous avons à faire à un ennemy contre lequel « nous avons eu, presque vingt ans durans, une perpe- « tuelle victoire, et telle (afin que je vous face enten- « dre au contraire de vostre dire, nous estre demouré « chose pour nous sentir d'avoir esté vainqueurs, et à « eux d'avoir esté vaincus), que nous jouïssons en- « cores du duché de Milan, pour tesmoignage et bu- « tin d'icelle nostre victoire : ce qui nous doit mou- « voir à retenir en ceste guerre les cueur et esperance, « tels que vaincueurs, et leur laisser l'effroy et le de- « sespoir, tels que les vaincus ont accoustumé tous- « jours d'avoir. Contrepesant noz forces outre ces « deux poincts, avec celles de l'ennemy, et que nous

« les avons, quant au nombre, trop plus grosses, et,
« quant à la qualité, mieux estoffées de gens experi-
« mentez à la guerre, tellement qu'en laissant une
« partie deça, encores nous demourera-il dequoy
« fournir à la puissance de l'ennemy, tel que l'avons,
« je ne trouve point si grand inconvenient, comme
« vous le me faictes, ne de separer et deviser nosdittes
« forces, ne de passer les monts et assaillir nostre
« ennemy en France.

« Et pour entrer par ce second poinct, lequel nous
« fera retomber sur l'autre, je vous pourroy alleguer
« infinité d'exemples, esquels plusieurs assaillis en
« leur païs ont diverty l'ennemy en le contre-assaillant
« au sien, et, sauvant le leur, ont acquis et tenu ce-
« luy dudit ennemy : mais j'ayme mieux fonder mes
« entreprises sur la raison, qui est tousjours certaine,
« que sur l'exemple, qui à bien grande difficulté se
« peult alleguer en cas entierement pareil, et en tous
« ses poincts esgal et semblable. Vous me dittes que
« nous devrions, avant que transferer la guerre en
« France, la parachever deça les monts, et nettoyer
« le païs de ce qui reste icy de noz ennemis : je tien
« au contraire, et non pour une seule raison, qu'il
« faict pour nous de passer de là, plustost que d'entre-
« tenir la guerre sur le nostre et de noz amis, et de
« plustost la faire en France, que de la soustenir en
« Italie : laquelle, en ayant esté vexée et travaillée
« par si long temps, toutes raisons veulent que nous
« l'espargnions maintenant, et la laissions, puis qu'il
« nous est loisible, reposer et reprendre ses esprits
« ce pendant que France sera, en son tour, courue,
« gastée, pillée, bruslée, esprouvant la craincte, l'es-
« pouventement, la consternation et fuitte du peuple,

« le sac et robement de maisons, la desolation, ruine
« et feu des villes, et autres telles malheuretez ac-
« compagnantes la guerre, qui par trente ans ont
« presque continuellement regné sur Italie. Paris et
« la couronne de France fault qu'il soit le prix et le
« loyer de ceste victoire, non pas Turin et le Piemont.

« Jusques icy nous avons trop enduré au Roy faire
« la guerre sur l'autruy; contraignons le un peu, à
« bon escient, de venir au poinct de deffendre le sien :
« voyons si le François autant dedans que dehors son
« royaume est ainsi gentil compagnon; si dedans il
« est si sage et retenu comme vous dittes. Ne cognois-
« sez vous point sa nature par tant d'espreuves que
« vous en avez faictes, qu'il ne vault sinon à une pre-
« miere impetuosité? A dissimuler et temporiser il
« s'anneantit et pert courage. Et d'autre part je co-
« gnoy le Roy estre prince de cueur si haultain, voire
« plustost temeraire, qu'il s'estimeroit avoir receu une
« grosse honte, s'il me laissoit entrer et sejourner en
« son royaume, sans qu'il me vint presenter la ba-
« taille; et s'il la me presente, qui est celuy de vous
« qui ne se tienne asseuré de la victoire? Croyez moy,
« certainement que le seul moyen de mettre fin à ceste
« guerre, c'est qu'il soit, outre ce qu'il est, empereur
« et roy des Espagnes, en ma place; ou moy, en la
« sienne, roy de France, outre ce que je suis; et pour
« en venir à bout, il nous fault approcher de plus
« pres, et le chercher aux entrailles de son royaume,
« non pas nous amuser en ce païs, en attendant qu'il y
« passe, pour luy donner moyen, espargnant son
« païs, qui luy foncera tousjours argent, de venir
« faire icy vivre son armée à noz despens, et l'enri-
« chir du pillage de ce dont nous devons chercher de

« nous prevalloir à la soulde et entretenement des
« nostres. Et n'est rien plus vray que le rebours de ce
« que vous craignez, qu'en France il ait plus grande
« commodité de se renforcer de gens : tout au con-
« traire, s'il passe deça, l'esperance de la proye, par la
« licence et liberté qu'il baillera de piller et mettre
« tout à sac en païs de conqueste, luy attirera tous les
« jours gens nouveaux : ce que je suis seur qu'il n'aura
« point en France ; car, y tenant police, comme rai-
« son veult qu'il face en ses païs, tout ce que pourra
« faire le soldat sera de vivre de sa soulde à bien
« grande peine, et peu se trouvera de gens qui, sans
« esperance d'autre prouffit, vueillent venir, pour la
« simple soulde, gaigner des coups ou la mort à l'en-
« contre de nous. Et y laschant la bride pour attirer
« le soldat, il foulera son peuple ; et, où l'ennemy ne
« pourra parvenir si tost, l'amy pillera et dissipera
« les vivres ; les deniers royaux n'en seront de si bon
« revenu ; mutineries, seditions, rebellions en advien-
« dront ; et mesmement, si le Roy se joue à nous don-
« ner le passe-temps de veoir cest exemple de justice
« et vengence divine, que luy, qui a tant gasté, pillé,
« bruslé le païs d'autruy, gaste, pille, brusle luy
« mesme son propre, comme vous craignez qu'il face
« au devant de moy, executant de luy mesme ce que
« faisant l'ennemy encores le feroit à grand regret.
« Parquoy cela n'est chose qui m'estonne, ne pour
« laquelle nous laissions d'avoir vivres à suffisance ;
« car, outre l'ordre que j'y ay mis, nous passerons si
« avant en ses païs, que nous en aurons, et qui ne
« nous cousteront rien, en abondance.

« Et quant à ce que vous craignez qu'il se renforce
« du costé de deça, je vous assure que je luy ay

« dressé assez d'autres empeschemens ailleurs, pour
« luy en faire divertir la pensée; car, outre ceste ar-
« mée, à laquelle je ne fay point doubte qu'il ne s'a-
« dresse avecques toutes ses forces, et celle que vous
« sçavez estre desja preste pour descendre en Picar-
« die, soubs la charge des comtes de Nansau et de
« Reux, et autre qui au devant de moy se viendra
« joindre par le costé de Languedoc, qu'à la requeste
« de l'Imperatrice, mes royaumes d'Espagne mettent
« sus, et vers laquelle j'envoye presentement vingt-
« trois galleres, pour luy faire clairement entendre ma
« deliberation, et le temps qu'elle devra commencer
« à marcher, j'en fay encores dresser une autre, pour
« descendre, au fort des affaires, en Champagne, et de
« là passer en Bourgongne; esquelles deux provinces
« elle sera pour faire, avecques les moyens que lon m'y
« donne, non moindre effect en mon service que fe-
« ront les autres, chacune en son endroict. De ma-
« niere qu'ayant si beaux et grands preparatifs en tant
« de lieux, et le Roy si entrepris qu'il ne sçauroit à
« temps assembler forces suffisantes pour en un mesme
« temps resister à tant d'armes, et ores que je n'eusse
« les intelligences que j'y ay, il est impossible que,
« d'une part ou d'autre, nous ne gaignions de vive
« force l'entrée jusques au dedans du cueur de son
« royaume, et face tel amas de gens que bon luy sem-
« blera. Separons et divisons hardiment noz forces, en
« laissant ce peu de nombre de gens qui est requis à
« entretenir le siege devant Turin : ce que nous me-
« nerons avecques nous par delà sera tousjours suffi-
« sant à le combattre, principalement s'il veult (ainsi
« que vous l'avez proposé) diviser et separer luy-
« mesme les siennes à la garde et deffense des villes

« qu'il aura deliberé de tenir et fortifier à l'encontre
« de moy; joinct que vous cognoissez tous, aussi bien
« que moy, quels gens de guerre sont les François à
« pied. A cheval ils se veulent faire estimer quelque
« chose, et, à la verité, ils y sont plus duicts et accous-
« tumez ; mais vous sçavez qu'à Fossan et à Conflans,
« nous leur avons entierement desmonté deux cens
« cinquante hommes d'armes ; à Turin y en a pres de
« deux cens qui ne peuvent esperer meilleure fortune;
« les autres bandes qui ont esté deça, ne peuvent estre
« sinon à demy deffaites, pour avoir en si peu de
« temps et sans sejour faict le voyage de passer et re-
« passer les monts : en sorte que vous avez à com-
« battre le reste et les reliques, et non la gendarme-
« rie accoustumée de France. Tout leur refuge et
« esperance gisoit és lansquenets et Suisses, desquels
« ils faisoient compte de recouvrer à leur appetit et
« commandement; mais nous avons, Dieu mercy,
« donné si bon ordre, que de lansquenets ils n'en au-
« ront plus, et de ceux qu'ils ont, je ne dy pas tous
« les moyens que j'ay en main de les leur faire perdre;
« et des Suisses j'ay promesse certaine et asseurée,
« qu'à leurs gens ils ne donneront congé d'aller au
« service de prince quelconque hors de leurs païs.

« A ceste cause, je suis encores tousjours en ceste
« opinion de laisser icy raisonnable force pour entre-
« tenir le siege de Turin, et, avecques la trouppe que
« nous avons icy et ce que nous retirerons encores
« d'Italiens, passer en France, et faire (nonobstant
« les difficultez que vous avez prudentement discou-
« rues) le chemin de Provence, en suivant le long de
« la marine. Car, quant à la difficulté des passages,

« nous ne donnerons cest honneur aux François,
« qu'ils la sçachent mieux supporter que nous : quant
« aux vivres, nous y avons pourveu, et par la voye de
« la mer en serons ordinairement secourus. Aussi par
« la mesme voye ferons porter nostre artillerie et ba-
« gage, qui par l'autre chemin seroit chose de trop
« grande coustange. Et quant à l'intemperie et incom-
« modité de l'aer du païs, elle n'y est point plus ve-
« hemente que celle de Afrique, que ceste armée a
« vertueusement soufferte. Et toutes choses conside-
« rées, je ne voy chose en somme qui me face moins
« doubter que ceste victoire nous soit trop hazardeuse,
« que contre un ennemy si surpris et despourveu de
« bonnes gens de guerre peu honnorable.

« Voilà en conclusion mon advis; mais non que j'y
« vueille estre opiniastre, ains ay deliberé de prendre
« telle resolution, conseil et courage, que me donne-
« ront mes soldats, lesquels sont ceux que nous avons
« à mettre en euvre. Chacun de vous face assembler
« les siens, et sortir les enseignes aux champs, à ce
« que je les voye tous ensemble, et parle à eux pu-
« blicquement. » En peu d'heure, estant chacun adverty, avant la main fut ceste concion assemblée; et
l'Empereur, apres avoir un peu regardé, leur commença parler en ceste maniere.

« Je ne voy, compagnons, à l'entour de moy, en
« quelque part que je tourne les yeux, sinon tous bons
« visages, annonçans et me mettans ainsi qu'en evi-
« dence l'affection telle qu'elle est dedans voz cueurs.
« Je voy une armée si florissante, et composée de
« gens tous esleuz, et comme choisis l'un apres l'au-
« tre; les gens de pied, tous vrais soldats et veterans;

« la cavallerie si bien equippée ; telle compagnie d'ar-
« tillerie, et si bien estoffée de tout ce qu'il luy fault,
« qu'à mon advis, nous n'aurons plus faulte, sinon
« d'ennemy qui ose nous attendre, et ne nous priver
« du moyen d'esprouver la vertu de ceste armée : tant
« y a que deça les monts nous ne pouvons le trouver
« tel qu'il vaille et soit digne que nous y employons
« une telle puissance. Ils estoient icy advolez comme
« une volée d'oiseaulx au pillage d'un champ semé ;
« aussi à la vostre arrivée se sont ils retirez, ainsi que
« la mesme volée d'oiseaulx s'enfuit au premier coup
« de traict qu'elle a ouy. Maintenant nous sommes en
« deliberation, à sçavoir si nous devons aller cher-
« cher de là les monts un ennemy moins indigne de
« nostre effort, ou si nous devons attendre qu'il nous
« vienne chercher icy : l'y attendant, nous destruisons
« le païs qui est nostre, et vous autres consommez
« vostre soulde sans en prouffiter ; encores n'est il à
« croire qu'il y vienne jusques icy. Les François, avant
« qu'avoir esprouvé noz forces, se sont entretenus à
« la guerre plus temerairement que constamment, à
« l'encontre de nous, ainsi qu'ils sont bouillans et pre-
« cipitans de nature ; mais je cuide qu'ils ne l'entre-
« prendront, maintenant qu'ils ont, si souvent et à
« leur grand dommage, esprouvé que nous sommes
« autres gens qu'ils ne sont. En les allant chercher
« par delà, je croy qu'aussi peu attendront ils le choc,
« comme ils ont faict deça les monts, sinon que nous
« voulussions penser qu'ayant leurs forces à present
« diminuées d'un tiers, ils eussent plus de cueur et
« d'esperance qu'ils n'en ont eu quand ils les avoient
« entieres. Tout ce qu'ils feront, sera de tenir un peu
« de contenance, et aujourd'huy reculer une journée

« en arriere, demain une autre, et sans jamais nous
« faire resistence. Et si, d'avanture, necessité les con-
« traignoit de venir au combat, à quoy le cueur ja-
« mais ne les menera, vous devez indubitablement
« estre asseurez que la fortune de la guerre, comme
« vray juge, fera incliner la victoire de nostre costé,
« où est le bon droict, et qui poursuivons la repara-
« tion de foy violée, avec restitution des choses sur-
« prises au prejudice de noz traittez. Reste à sçavoir
« seulement si vous estes ceux mesmes que vous avez
« esté, si vous avez deliberé de faire ainsi que vous
« avez appris et accoustumé, c'est à dire, si vous avez
« du cueur assez pour passer les monts, et pour, je ne
« dy combattre ne conquerir le royaume de France,
« mais aller accepter la victoire contre l'ennemy, et
« la conqueste dudit royaume, qui à vous se presente.
« Si vous n'avez du cueur assez, icy nous fault de-
« mourer, et vitupereusement faillir à nostre fortune
« qui s'offre; si autrement, ce me sera tesmoignage de
« vostre vertu, cueur, et volonté, si vous eslevez
« joyeusement une acclamation et cry militaire,
« comme si maintenant vous aviez à marcher en ba-
« taille. » A ces parolles, tous s'escrierent unanimement,
demandans à marcher et passer outre. Et l'Empereur
alors, en collaudant leur promptitude de foy et courage : « Ma bonne fortune, compagnons, sera, dit-il,
« celle qui accompagnera ceste vostre acclamation,
« et prosperera ce que nous entreprendrons; et cer-
« tainement, si le roy de France avoit telles gens
« comme vous estes, et je les avoy tels qu'il les a, j'ay
« desja dit en bonne compagnie, et de rechef dy en-
« cores, que je me feroy lier les mains derriere, pour
« m'aller rendre prisonnier, et luy demander mise-

« ricorde, à telles conditions que bon luy sembleroit
« de les m'imposer; et suis asseuré qu'il le feroit, s'il
« vous cognoissoit tels que je vous cognoy, et s'il sçavoit
« au demourant d'autres entreprises secrettes, qui à
« present ne sont à declarer, lesquelles me rendront
« la conqueste de France si facile, que j'espere en
« peu de jours estre paisiblement obey en la ville de
« Paris (1). »

Telle fut la departie de la concion; et ces propos
avoit il prononcez avec si asseurée contenance, que le
cueur sembloit redoubler à ces gens, et ne leur ennuyoit sinon que sur l'heure on ne les faisoit marcher
en avant. Quelles estoient ces secretes entreprises dont
il parloit? je n'ay encores sceu entendre. Vray est
que, peu apres, fut descouvert un traitté qu'il avoit
sur la ville de Langres, dont nous parlerons en l'autre prochain livre de ces Memoires. Aucuns penserent
qu'il eust quelques grandes intelligences en France,
par le moyen du marquis de Saluces; et à ce croire
les induisoit l'estrangeté de son affaire, et le peu d'aparence qu'ils trouvoient qu'un homme qui n'estoit
sans experience des choses de ce monde (outre le
blasme qu'il s'estoit acquis à perpetuité), eust voulu
se faire ennemy de son seigneur et prince naturel, et
qui tost ou tard le pouvoit ruiner en un instant, sinon
qu'il ne fust seul de sa partie, et qu'avant qu'abandonner le Roy, il se fust persuadé quelque telle et si
grande ruine prochaine dudit seigneur, que pour jamais il ne deust plus avoir cause de la craindre. Et de
faict, le duc Guillaume de Baviere, en racomptant,

(1) *Obey en la ville de Paris :* on dit qu'après avoir prononcé ce
discours, l'Empereur fit écrire à l'historien Paul Jove de faire provision
d'encre et de plumes, parce qu'il alloit lui tailler de la besogne.

dés le mois de juing precedant, au sieur de Langey, lors estant, ainsi que j'ay dit, en Alemagne, ce qu'il avoit entendu de l'affaire dudit marquis, faisoit son compte, et le disoit sçavoir de gens estans pres de la personne de l'Empereur (à l'aventure du duc Louis de Baviere, son frere), que ledit marquis ne se trouveroit estre seul de ceste pratique, et qu'en France y avoit d'autres assez, tenans secretement ce mesme party, et qui en leur saison se descouvreroient.

Autres estimoient que l'Empereur tint ces propos, ainsi que plusieurs bons chefs de guerre en ont tenu par le passé, disans qu'ils avoient une embusche secrette contre leur ennemy, et le faisoient en partie pour accroistre le cueur de leurs gens, et en partie pour mettre leurdit ennemy en souspeçon et deffiance des siens : chose qui a souvent gasté de grosses et importantes entreprises. Autres, depuis qu'ils entendirent la confession du comte Sebastien de Monte-Cuculo, imaginerent que ceste fust la secrette entreprise, en laquelle prenoit l'Empereur une si grosse asseurance, comme s'il se fust fondé sur la mort esperéé du Roy et de messeigneurs ses enfans [1], en s'asseurant qu'eux estans morts, il passeroit sans grande resistance à travers le royaume de France; mais ceste esperance est si meschante, qu'il ne me sçauroit entrer en teste qu'un si grand prince que luy voulust user d'une si malheureuse et damnable trahison. Toutesfois, ceux qui en ont ce souspeçon se sont fondez en ce que ledit Sebastian dit avoir esté par ledit seigneur interrogé s'il sçavoit bien l'ordre et façon que

[1] *La mort esperéé du Roy et de messeigneurs ses enfans :* tout porte à croire que la mort du Dauphin, qui arriva peu de temps après, fut naturelle. (Voyez l'Introduction.)

tenoit le Roy à son boire et à son manger. Aussi que, alors que le seigneur dom Ferrand de Gonzague presenta ledit Sebastian à l'Empereur, en disant qu'il estoit appareillé à ce qu'il avoit promis à luy et au seigneur Antoine de Leve, et eux, de par luy, à Sa Majesté, si ledit seigneur Empereur eust entendu que leurs propos eussent esté de la praticque de quelques villes ou places, en France ou ailleurs (ce que disent ceux qui ne s'osent persuader une telle meschanceté avoir trouvé lieu au cueur de prince), il n'eust eu que faire de s'informer dudit Sebastian du boire et du manger du Roy.

Encores en a confermé aucuns en ce souspeçon, que le seigneur dom Loppes de Sorie, ambassadeur à Venise pour sadite Majesté imperiale, s'enqueroit, sur le temps que ces choses avindrent, qui seroit roy de France, et contre qui auroit ledit seigneur Empereur à poursuivre ceste guerre, au cas que le Roy et messeigneurs ses enfans allassent de vie à trespas : chose qui sembloit estre hors de propos et impertinente à s'enquerir, s'il n'eust eu quelque opinion de mort prochaine d'iceux seigneurs.

En conclusion, quiconques ait esté autheur de cest enorme empoisonnement (car je ne le sçay, Dieu le sçait, et n'en voudroy blasmer personne à tort), l'Empereur, plein de grande asseurance de remporter heureuse issue de son entreprise, se resolut sur icelle de passer, ainsi qu'il fist, en Provence : dont depuis il se repentit souvent, et de sa bouche a declaré au Roy, combien, ayant jusques alors faict profession de croire conseil, il s'estoit mal trouvé de se gouverner à sa teste.

TABLE DES MATIÈRES

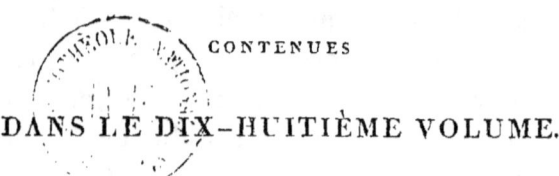

CONTENUES

DANS LE DIX-HUITIÈME VOLUME.

MEMOIRES DE MARTIN DU BELLAY.

Troisiesme livre.	Page 1
Sommaire du troisiesme livre.	2
Quatriesme livre.	113
Sommaire du quatriesme livre.	114
Cinquiesme livre (par Guillaume du Bellay).	283
Sommaire du cinquiesme livre.	284
Sixiesme livre (par Guillaume du Bellay).	393
Sommaire du sixiesme livre.	394

FIN DU DIX-HUITIÈME VOLUME.

www.ingramcontent.com/pod-product-compliance
Lightning Source LLC
Chambersburg PA
CBHW070839230426
43667CB00011B/1863